歧路彷徨

明代小讀書人的
選擇與困境

張藝曦 ──── 著

目次

導論

三股風潮與小讀書人

　　首先說明「小讀書人」這個詞的意思，以及為何用這個詞。士或士大夫有很多重的身分及角色，過去很長一段時間，人們會從政治或社會控制的視角來談士階層，或視之為特權階級，而以士紳或鄉紳稱之。但從思想文化史的角度來看，我們卻不應過度放大這些政治身分或特權的重要性，至少不應以為士階層只有這幾個面向而已。所以在此處用小讀書人這個詞，正是希望儘量避免僅從士紳或地方精英的角度來看這些人。所謂的小讀書人，指的是地方上的一般士人，這類士人多半只有中低級的功名，或是沒有功名的布衣處士，他們會有在地的聲名及影響力，但沒有跨地域的聲望，而在面對流行的思想或文化風潮時，他們無力位居要角，而且會隨風潮而擺盪，甚至當風潮交錯時，可能為此而徘徊彷徨不易抉擇。這些小讀書人或許不是歷史舞臺的主角，但這些人反而更貼近當時大多數人的處境，藉由觀察這些二三流小讀書人的活動，我們可更具體了解一般人的生活與世界觀。

　　「小讀書人」是我近幾年開始自覺使用的詞，但這本書所收錄的論文，則有數篇是更早以前寫作的文章。我曾猶豫是否要全面用小讀書人來取代士人這個詞，但發現有其難度，一方面一旦名詞更換，便須重新梳理上下文句的語氣或文句的脈絡，一方面也確實很難完全不用士人這個詞，所以最後決定不作改動，而僅在導論稍作說明。

　　我的前作，是從博士論文改寫而成的《社群、家族與王學的鄉里

實踐：以明中晚期江西吉水、安福兩縣為例》，談明中晚期陽明心學在江西的草根化運動，便與地方上的小讀書人有關。我注意到這些小讀書人在心學流風的影響下，除了參與講學以外，也進行包括田土丈量、賦役改革等工作，以實踐心學的萬物一體理想。從大儒到小讀書人，共同參與這些地方事務，這既是心學的具體實踐，也讓心學藉此深入到人們的日常生活中。

本書所收錄論文，是我在博士論文完成以後，繼續深入或發展的課題，這些論文涉及的時段跨越十六至十七世紀，也就是明中晚期，主要仍從思想史取徑，以我關心的陽明心學的發展及變動這個命題出發，並涉及文學復古運動與明末的制藝風潮，這三股運動或風潮如麻花捲般交纏一起。陽明心學與文學復古運動先起，萬曆年間臻於極盛而漸走下坡，制藝風潮後起而凌駕並主導明末的風氣，人們所熟悉的江西豫章社、江南復社，都是制藝風潮下的產物及具代表性的社集。

陽明心學運動與文學復古運動都不僅在精英士人圈流行，而且更廣及於中下層士人，甚至布衣、處士，也就是本書所說的小讀書人，對明中晚期的士人文化、城市生活帶來很大的影響。兩運動讓這些小讀書人在讀書的眼光，以及對詩古文辭的態度，都起了很大的轉變。

文學復古運動吸引小讀書人投入到詩古文辭的創作中，並且帶起蒐獵古籍的熱潮。復古派的詩古文辭主張是「文必秦漢，詩必盛唐」，允許人們採取模擬的方式作詩古文辭，由於有具體的方式及標準，於是吸引一些小讀書人投入。這些小讀書人平日能夠寫點詩，但往往自覺上不了檯面而孤芳自賞，或即使詩作在友人間流傳也不敢以詩人自居，如今則勇於嘗試。另一方面，由於需要可供模擬的範本，於是帶起蒐羅與重刊古籍的風氣，隨著一些過去罕見或未見的古籍紛紛問世，讓過去所罕見罕聞或未知的知識重新被研習，在此刺激之下，不僅開拓了人們的知識與眼光，而且不再執著於高文典冊，甚至願意把過去視為方伎小道的知識用來解釋儒經──知識是有高低層級之分

的，儒經最高而小說甚低，而當時便有人主張不僅子史集的書籍有益於對儒經的理解，甚至連農工醫卜小說之類的書也有閱讀的價值。

陽明心學則有兩條主線可觀察：一條線是從思想文化史談心性良知之說及其影響，研究者會把焦點放在王畿、王艮這些大儒，討論其良知說，生平作為，以及末流的流弊。無論是對大儒或其流弊的討論，都對良知說持正面肯定的看法，凸出其樂觀解放、讓人自我作主，甚至有赤手搏龍蛇，掀翻宇宙的力量。如熊十力《讀經示要》，在字裡行間可以讓人明顯感受到他對傳統學術的強烈信心及滿溢的生命力，驅策讀者必須苟日新日日新又日新。熊十力以下，新儒家對此談論甚多，而且一代代堅持不變，從內聖開出外王，以及對內聖的生命力光輝的看法，亦影響當代學人甚深。持類似見解的雖以新儒家旗幟最鮮明，但不只有新儒家而已。這一代學人的主張有其時代背景因素，處在傳統遭遇外來挑戰，幾乎失去立足點的時代，而且外在的時局世事騷動不安，於是試圖在傳統學術中找到心性良知為堅固的立足點，據此得到自信與力量，以開創新局。

另一條線即注意陽明心學對庶民百姓的啟蒙，以及對基層鄉里社會的影響，由於涉及地方史、地方社會，讓小讀書人得以進入研究者的視野內。研究者注意到，儘管陽明心學沒有挑戰儒經的崇高地位，但因讓人依己之良知自作新解，鬆綁了對儒經的閱讀及解釋，也帶來知識的解放，這對小讀書人產生極大的影響。明初以來小讀書人治儒經，往往會從大儒的註解註疏入手，小讀書人對儒經未必沒有個人的見解，對大儒的註解註疏也未必沒有疑惑，但即使有見解，卻不以為有價值，對大儒的註解有疑問，卻未必敢說。陽明心學訴諸良知心性，及對個人見解的肯定，很可能鬆動大儒成說的權威，這讓小讀書人開始敢於陳述自我見解及疑惑。小讀書人所自提的新解，儘管是很個人的，只能夠在三五好友或小圈子間流傳，不像大儒的註解是公共公開而被人審視及閱讀，但在陽明心學鼎盛流行時，由於許多地方舉行講

會，舉凡家會、族會、鄉會，以及一縣或跨縣的大會，於是讓小讀書人的見解可以在鄉里間的家會、族會發表自我見解並發揮影響力。

陽明心學除了藉由講學活動及畫像而廣泛流傳於地方社會以外，心學家的語錄或文章，如《傳習錄》、古本《大學》等小書，羅洪先的冬夏兩遊記，也對陽明心學的傳播起到很大的作用。由於很多小讀書人連前往他地參加講學都有困難，或者是參加講會活動以後回鄉，卻孤立無友，所以必須另有傳揚心學的載體，而這些書籍便起了很大的作用。在講學活動衰退以後，書籍仍持續刊刻流傳，尤其在明末制藝風潮興起後，陽明心學的書籍更普遍被人從制藝寫作的角度閱讀。陽明心學從某個角度來說，就是對儒經的解釋，古本《大學》就是很好的例子，而致良知說，除了從心性道德的角度來理解以外，其實也是一種對儒經的註解及解釋的原點。所以明末坊間流行的一些科舉用書，便不時援引心學論點以解經，如萬曆年間坊間有不少掛名湯賓尹的科舉用書，其中便有一些對儒經的註解是直接引用心學的說法。也因此，我們必須正視明末的制藝風潮，以及從陽明心學到制藝風潮兩者之間的關係，而且不能只談大儒，也必須看小讀書人的日常生活世界。

一個時代會有各種思潮或學風同時流行，多元競逐而眾聲喧譁。明中期有陽明心學運動與文學復古運動同時競逐，一些傑出頂尖之士往往因某方面有卓越才華或成就而受到矚目，而且傾注其心力於其專才上，所以我們在黃宗羲《明儒學案》上所見的心學家，不少人是以講學為終身職志，而少涉入到其他領域。以王守仁為例，他早年參加李夢陽的詩社，但後來退出，而以心學另闢天地，從此與詩社絕緣。相對的，復古派的文人往往少談心學，亦少有人參與心學講會。但我們若把眼光從引領某個風潮的大人物轉向地方上、鄉里間的小讀書人，便會看到迥異的景象：小讀書人往往同時受到數個風潮的影響，在同時並存的各種風潮之間擺盪徘徊與彷徨，或陷入抉擇的困境，或

試圖為不同風潮找到同時並行的可能性，他們的動態與實踐往往更為複雜而分歧。

以江西為主場景的九篇文章

本書所收錄的九篇文章，都是以江西為主場景，主脈絡則是從陽明心學到制藝風潮的變動。江西作為陽明心學的正統所在，心學獨盛，各類講會數量極多，某些講會規模甚大，甚至可達數千人之多，吸引各地士人遠道參加。相對地，江西雖有復古派詩社，但其聲勢數量皆不足與其相提並論。但僅從陽明心學談陽明心學的方式，用於江西是有困難的，因為陽明心學運動在萬曆朝達到鼎盛以後便趨於中衰，待鄒元標於天啟四年去世以後，江右陽明學派後繼無人，這也讓江西的思想史敘述在進入明末便難以下筆，但偏偏陽明心學仍不斷被明末清初的人提起，無論是喜愛或厭惡皆然。厭惡者如顧炎武所說的明亡於心學的痛心疾首之詞，卻可見陽明心學在明末有其重要角色，所以我們有必要注意陽明心學在明末對制藝寫作的影響。

第一章〈明中晚期思想文化風潮與士人活動〉是概論性的短文，以便讀者可以較快掌握相關的思想文化脈絡及背景。該篇主要談三股風潮下的社集活動，包括復古派的詩社、心學講會，以及制藝文社。至於對社集及風潮的深入研究，未來將另以專書處理。

第二章〈《傳習錄》與古本《大學》的流傳及其影響〉主要討論陽明心學如何在小讀書人間流傳流行。在明中期陽明心學流行的過程中，一些大儒或知名學者經常在各地舉行講學活動，但這些講學活動往往受到時間與地域的限制，作用相對有其局限。相對的，一些著錄講學語的小冊子卻發揮很大的作用，其中尤以《傳習錄》與古本《大學》占了十分重要的角色，許多小讀書人、布衣處士，甚至平民百姓，

常是透過閱讀這幾本小冊子而接觸了解這門學問。

　　第三章〈陽明畫像的流傳及其作用〉，則是從畫像談陽明心學的流傳。我認為陽明心學主要以三種途徑流傳及發揮影響力，分別是講會、《傳習錄》及《大學》古本等小書，以及畫像。不少學者已注意講會活動，我則談到《傳習錄》與《大學》古本的流傳，但很少人討論畫像的影響。畫像跟心學家的聖人形象有關，所以在陽明心學流行的年代，士人或百姓不僅信從其說，還會崇祀某位心學大儒的畫像，而這類崇祀的行為還跟儒學的宗教化有關。

　　第四章到第七章則主要以李鼎與涂伯昌為主角，二人在當代只算是二三流的小讀書人，既未列名在《明儒學案》或《列朝詩集》，也不為研究者所注意，但他們其實代表了大多數讀書人的處境，藉由觀察這些二三流小讀書人的活動，也讓我們在研究那些大名字大人物之餘，可以回頭來看一般讀書人的生活與世界觀。

　　李鼎是萬曆朝江西南昌一個不甚知名的小讀書人，過去研究者僅知他曾註解過淨明道的典籍，在秋月觀暎教授的大作中，則只提到他的字，以李長卿稱之，而未提其名。但其實作為一位地方上的小讀書人，李鼎深受各種風潮的影響。李鼎本身頗有才幹，他主動參與各種活動，既作詩、參加詩社，也接觸心學，同時還教導制藝，並且注意到制藝風潮的興起。但到了晚年，他日益轉向三教合一下的淨明道及其龍沙讖預言，而且返回南昌等待讖言的實現。當時的龍沙讖預言在三教合一之風的推波助瀾下，已在江南、江西等地士人的圈中引起一種類似宗教的狂熱，在文人、心學家及許多士人群體間發酵。值得注意的是，李鼎認為經世與出世是同質而相連的，即令出世亦不違經世，也可以說，醉心於淨明道信仰，以及期待龍沙讖預言的實現，是李鼎在各種風潮下所作出的最後選擇。

　　第七章〈風潮遞嬗下的地方小讀書人〉談江西新城的鄧元錫與涂

伯昌，並以涂伯昌為中心。新城是僻處邊遠山區的小地方，遠離江西的文教中心，而鄧元錫與涂伯昌都不甚知名。鄧元錫尚被選入《明儒學案》，列為江右陽明學派的一員，但很少受到世人注意，至於涂伯昌則幾乎不為人所知，若非《四庫全書存目叢書》中收錄他的文集，也許不會有人注意到他。也因此，這篇文章完成之初，便有人批評像涂伯昌這種不知名的人物，不具有研究價值。這個意見所反映的是專門的思想史研究眼光與判斷，涂伯昌既無深刻的思想創見，又未具有廣泛的影響力，所以在思想史研究中難有一席地。但我們若不從思想史，而是從小讀書人的生活及境遇來看的話，涂伯昌卻是非常好的例子。涂伯昌是在鄧元錫所留下的心學風氣下成長，但卻須面對心學在江西的退潮，由於他對心學的種種疑難無法得到滿意的答案，加上他為生計而須專心舉業，以及面對制藝風潮的興起，於是如何在心學與制藝之間取得平衡，便成為長期困擾他的問題，而他最後求得的答案──制藝是心學的更進一步，才讓他終於可以在兩股風潮的困境中脫身而出。

第八章〈明及清初地方小讀書人的社集活動〉則聚焦在金溪一地，不再鎖定於個別人物，而是直接討論金溪當地的小讀書人，這些人甚至連文集都沒有留下，以致於我們必須利用族譜資料才能重構他們的生活。金溪是陸九淵的故鄉，有其理學氛圍及傳統，所以心學很快進入金溪，並且吸引當地士人舉行心學講會，而隨著明末心學學風的退潮，我們也看到當地的社集形式從心學講會轉向制藝文社，這些小讀書人也從談心論性，轉向寫作制藝文章。

第九章〈從一目十行、日誦萬言看中國近世士人的博覽強記之風〉則是從具體的記誦能力要求看小讀書人如何應對科舉考試的壓力。不少士人必須壓縮或犧牲睡眠時間，日夜苦讀，以換取心理壓力的舒解。而且在科舉考試的壓力下，原本只是作為矜炫的日誦萬言的才華，變成士人應備的技能，而讓士人在日常生活中不斷承受偌大的壓力。

心學與小讀書人的困境

　　我們在許多大儒語錄中常可見小讀書人前來請教、尋求釋疑，一些反覆被問的問題中，不少是關於生活上的瑣事，諸如生計、家人等。如徐愛最初請教於王守仁的，便是如何服侍父母等事，羅洪先與王畿之間在討論求道時也同時涉及如何對待家庭家人的問題。在〈冬遊記〉羅洪先與王畿的對談中，王畿說必須棄得世界，而所謂的世界，既包括功名，也包括家庭，所以王畿本人無日不講道，而且主張家庭之念重一分，求道之念就淡一分，但這豈是一般人能行的？即令是求道之忱甚切的羅洪先，與王畿靜坐後返家，得知髮妻已逝的消息，內心恐亦不能無感，更何況是一般人。余英時先生的《朱熹的歷史世界》告訴我們，一些表面看似是心性義理名詞的對話，但其實常有實際的指涉，指涉當時的政治事件。我們可以據此推想，小讀書人在遭遇日常生活的困頓而疑惑時，應也會將這些疑惑妝點為心性的語言來問，而大儒便須耐心開導，不厭其煩一而再再而三重複類似的話。從這些語錄對話，一方面顯示大儒徹悟良知，能夠八面受問，應答開解如流，但一方面卻也顯示這些小讀書人容易迷惘不安，而且無法當下承擔良知、一悟即悟，反而是悟了又迷的困境。

　　關於陽明心學的流傳與作用，研究者傾向作成功的敘事，摘取一些小讀書人教化全家、全族或全村的個案，但我們在讀這類研究的時候必須警覺，正是因為這類成功個案不常見，才會成為學術論文的題目。在這些成功敘事以外，小讀書人所面臨的往往是心性良知與日常生活的扞格與角力。在陽明心學鼎盛流行的時期，小讀書人較容易有大儒可問，有師友扶持，以及在追逐流行風氣的心理下尚可維持對心性義理良知的堅持，然而一旦陽明心學中衰以後呢？

　　李鼎是很好的個案，可視為是小讀書人在心學運動與文學復古運動的大風潮由盛轉衰時，遭遇困境而尋求突破的例子。李鼎是個很有

趣的人,他既接觸心學,也與復古派的人往來,而且持經世之志,因未能大展長才,中年以後便停留在揚州講學,但某年他突然從江南返回江西,只因龍沙讖預言實現之日將至,他登上江西南昌的西山,結廬於此,他真心想像與期待在第一時間迎接八百地仙的到來。也因此,當我發現預言未實現時,當下的反應是:李鼎呢,他後來怎麼辦?於是帶點焦急的心情來回翻查他的文集,直到發現有一篇文章,內容及口氣貌似是在預言落空後的發言,經考證後亦確定如此,才終於鬆了口氣。李鼎中年在揚州,晚年在南昌,都以制藝授徒維生,而且對制藝頗有一番見解。傾心龍沙讖預言可視為是李鼎在心學與復古派的高遠理想無從實踐以後,尋到的另一條路。至於他晚年返鄉後對制藝的推崇,則可視為是制藝風潮將起未盛的先聲。

心學與詩古文辭,畢竟是個人的愛好,而與科考及功名的關係並不直接,所以也不直接牽涉到個人與家庭家族的前途。心學大儒如王畿,他終身講學,每日汲汲皇皇只為覓此一線之傳;如羅洪先,人們多把注意力放在他所作的冬夏兩遊記中他探求心學內涵的過程,以及他與王畿、聶豹等人的往來交遊。但一般的小讀書人恐怕少有像王、羅等人的求道熱忱及條件,許多人或是為生活所累,或是為科舉功名所苦惱。四庫館臣把「應舉」與「窮經」分作兩途,[1]專意矢志於「窮經」可以是精英讀書人的理念與堅持,但對小讀書人而言,窮經與應舉兩事必須合辦,心性良知與科舉考試之間必須是和諧的,心性良知不僅不能妨礙,而且必須有利於科考的準備。所以心學家在發展其覺民行

1　明初以經義為科目,但盡棄漢、唐古註疏,而編纂《四書五經大全》等書,以供人們研習。所以四庫館臣指稱:「蓋自胡廣等《五經大全》一出,應舉、窮經,久分兩事。」此處的窮經專指研習漢、唐古註疏而言,見永瑢等撰,《四庫全書總目》(北京:中華書局,1965),頁129。由於陽明心學與詩古文辭也與科考沒有直接關係。所以本書取用應舉、窮經二分之說,把窮經用來泛指與科考無關的一些學問。地方上的小讀書人窮經、研習古註疏的情形,可參見張藝曦,〈經學、書院與家族:南宋末到明初江西吉水的學術發展〉,《新史學》,23:4(臺北,2012),頁7-60。

道這一途的時候，小讀書人一腳涉足於此，另一腳卻在尋求心學與科考的結合。小讀書人無法像大儒一樣，時時以全面樂觀的立場，從心性良知得到希望與力量，他們也致良知，希求一悟，但在既悟以後，卻可能又再迷惘，而且再次被大儒所批評的習氣所困擾。但小讀書人不僅難以完全擺脫或摒斥習氣，而且甚至不得不接受這些習氣是日常生活中的必然。大儒可以風光登壇講道，生活上有僮僕服侍，但小讀書人須思生計，須為家人謀食，他們無法像王畿一樣，每日汲汲皇皇只為求道，相反地，他們只能在日常生活中為心性良知找到一小部分的空間及時間（就像神父時時禱告，而信眾卻只有睡前才有時間與精神可以禱告一樣）。即使在心學鼎盛，空氣中都是對人性及良知的樂觀言論與氛圍時，小讀書人也樂觀，但樂觀中卻可能有遲疑，遲疑中有不安。

涂伯昌正是在陽明心學與制藝寫作之間彷徨不安的小讀書人，他少年時因心學的啟發，而前往江右陽明心學的重鎮吉安問學，希冀能有所徹悟，以利於他對儒經的理解及制藝的寫作。但兩年的時光下來，換來的結果是他在舟中放聲大哭。這些不安，直到他中年在心學與制藝間取得平衡，才讓他能夠安定下來——但偏偏此時外在世界的局勢卻日益危殆不安。對涂伯昌這樣的小讀書人，高談心性是奢侈的，因為他連日常的生計都有問題，而必須靠著教導族人制藝，賴以維持極簡的生活，這使他不得不在乎以制藝求取功名。也因此，他得到制藝是心學更進一步的結論，並不讓人驚訝。心學與制藝，在學術思想層面是不同的兩條線，但對小讀書人而言，這兩條線相結合，才是最好的發展。涂伯昌的這個結論同樣適用於其他必須在生計與功名間掙扎的小讀書人。

我始終記得而難以忘懷的一幕，是涂伯昌及其妻在山中孤苦度日的生活，寒冬時既無可供保暖的衣物，即連三餐溫飽也成問題，最窮時甚至只有一杯沸水可飲。其妻笑對涂伯昌說：「他日富貴，慎勿相

忘。」初入手涂伯昌的文集時，頗不解文集為何題作「一杯水」，或許這是他未曾一日或忘昔日誓言的心意吧。而涂伯昌的彷徨不安，以及不能無視於功名，必須在制藝中求取應舉以外的意義，或許也是當世其他小讀書人的共同寫照。

附記

重新整理自己的這些著作，我不無驚訝地發現自己過去幾年自覺或不自覺的，始終持續關心陽明心學在近代對人們生活的影響，而且我所注意的，多半是那些被動接受心學，以及讀心學書籍的小讀書人。有此關懷可能正緣於我就是在當代社會中無足輕重的小讀書人，既無力改變現實，更時時被現實的種種所牽絆。心學大儒能輕易說出棄家棄子棄世界等語，而我不僅說不出口，而且我始終堅信，家庭與學問之間必須以孩子為重。也可能是這個緣故，我對那些受制於種種現實因素條件下的小讀書人頗有同感。今日學界越來越多聚焦在大區域、大議題，讓我不免覺得自己也許是最後一批關心這些小讀書人的喜怒哀樂及日常生活的人，此後這些小讀書人便將會再回到故紙堆中了。也因此，勾勒敘述這些小讀書人的故事，看似毫無意義，但我仍希望藉此與他們道別。

在此請容許我很不學術地引用一則故事，這則故事出自浦澤直樹先生的《Monster》一書，故事的大略內容是：

有隻會吃人的怪物，它沒有名字，所以到處找尋名字，每遇到它喜歡的人，它便會向人提議讓它附身，那人會得到它的力量，代價則是必須把名字給它。怪物得到名字以後很高興，也很滿意，但每每幸福的日子過不了多久，怪物就會忍不住想吃掉所附身的人，而且把周遭的所有人也一併吃掉，等到全部的人都被吃光，

怪物就會前往下一個村莊，尋找新的名字。

某天，它遇到一個人，那人有一個很棒的名字，而且答應把名字給它。怪物附到那人身上，很快樂，可是同樣過不多久，怪物又想把那人吃掉，它忍耐著、煎熬著，因為它不想放棄好不容易得到的幸福生活。

最後，它終於還是受不了而吃掉那人，只是這次它竟仍保有名字。但此時的世界卻只剩下它一個，它雖然有了名字，卻沒有人可以叫這個名字。

約翰，這個名字多麼好聽。

同樣的我也想說：這些人的名字多麼好聽。

在多年前，我曾起心動念想寫沒有名字的人的故事，但既然沒有名字，自然不會有或找不到著作，相關的資料文獻也很少，所以我轉而關注地方上的小讀書人。小讀書人有名字，但他們的名字並不響亮，所以人們對這些名字不是視而不見聽而不聞，就是嗤之以鼻。我最常收到的質疑是：這些人都只是一些無足輕重的小人物，除了你以外，沒有人注意，甚至沒有人聽過，能有什麼研究的價值呢？

我總會想，當一個人出生時，他／她的父母如何絞盡腦汁想為孩子取一個好名字，讓每個人都讚賞與喜愛，並且讓這個名字如通靈寶玉般跟隨孩子一生。但放到學術研究上，放在歷史上，許許多多的名字只因為不夠響亮而被蔑視。殊不知，其實你我都是沒有響亮名字的人，而你我都終將作古，都將被歷史所捨棄，一群將被捨棄的人，捨棄掉另一群人，這是何等諷刺的景象。

我總不禁想為這些無足輕重的小讀書人抱不平，想為他們留下名字，所以這本書中的主配角，大多數是人們所不熟悉或不曾好好注意

過的小名字小人物，他們不像那些大名字大人物，只須把名字亮出來，就值得一篇論文。這些小人物的名字能夠進入研究者的筆下，往往也有賴一些些的偶然。無論是小讀書人，或小讀書人的研究者，終將被歷史所淘汰，但在被淘汰前的某個偶然的時空中，能夠有幾篇文章寫下他們的故事，也許仍有著一些些的幸運與價值。

　　這本書的出版，最初只是個念想，由於受到譚徐鋒兄的鼓勵才付諸實行，連書名也是我們兩人幾次線上討論以後，徐鋒兄幫忙敲定的。我是個很優柔寡斷的人，往往需要有朋友一起作決定才能安心。這本書的修訂過程中得到不少朋友的幫忙：林勝彩兄利用課餘之暇校訂書目，讓紛亂的參考書目統一格式。李旻恒學弟分別統一繁體版與簡體版的註腳格式，若沒有他的幫忙，這本書的出版恐怕遙遙無期。王廷君學妹把繁體版的內容重新看過一次，指出不同章節內容重複的部分，讓本書不至於過於冗繁拖沓。同時必須感謝陽明交大出版社主編程惠芳小姐及陳建安先生，在兩人的協助下，順利通過審查程序，而陳建安先生更幫忙校閱全書書稿，才讓本書的繁體版得以順利出版。

　　在這本書送審及後續等待出版期間，我看了一部韓劇《我的大叔》（나의 아지씨）。我不是會追劇的人，所以看的往往都是退流行的戲，但它帶給我很大的悸動，劇中的許許多多社會底層的人事物，都跟我過去所見者相似。劇中那可憐的女孩蹲在橋邊哭的一幕，讓我久久不能釋懷。我反覆在想，如果我們所研究的思想、文化及生活，跟這個孩子沒有一點直接或間接的關係，那又有什麼意思呢？！

　　待在思想史領域越久，我對永恆的真理越沒有興趣，對於大人物超越時空的思想也沒有深究的意願。作為在某個時空中短暫存在的我，能夠了解什麼是永恆或超越嗎？既然如此，我寧願關心的是某個時空中的某些人，他們沒有出類拔萃的成就，或被人信服稱道傳頌的

思想，他們所擁有的，充其量就是被生活及被文化所捆綁的人生。也因此，我們不能只是把思想當作腦袋中有邏輯的想法而已，思想不僅有許許多多的層次，而且每個層次都會與生活或文化中的某些制度或人事物結合而變換成另一個模樣，最後甚至變形成不像思想的思想。這些都是值得我們給予更多關心的部分。

第一章
明中晚期
思想文化風潮與士人活動 *

一、明中晚期的三股風潮

　　明中晚期正值十六到十七世紀，是經濟發展達到高峰，而思想、文學、藝術各方面活動也十分多元而活躍的年代。跟兩宋相比，兩宋士人在文化的開創有很大的貢獻，如宋明理學是宋始而明繼之，文學有唐宋八大家而以宋人為主，在藝術上亦多精彩之作，而明人則是享受此創獲成果，並發揚而形成風潮。因此我們不應只是討論個別精英的作為，也必須看當時的流行風潮。明中晚期有三股風潮，分別是文學復古運動、心學運動，以及明末的制藝風潮。這三股風潮的領導者都是赫赫有名的人物，如前、後七子（尤其是後七子）領導的文學復古運動、心學有王守仁，以及明末制藝文社中最知名的復社領袖張溥（1602-1641）、張采（1596-1648）二人。

　　文學復古運動與心學運動的高峰主要在明中期，兩個運動的共同傾向是擴大參與成員，讓詩文寫作或心性討論不僅是精英士大夫的專利，也能夠吸引更多士人——尤其是中下層士人，甚至布衣、處士的

---

* 本章文稿以〈明中晚期的思想文化風潮與士人活動〉原刊於 2019 年《中華文物學會年刊》（臺北：中華文物學會），頁 174-182。於收錄本專書時略作增刪，謹此說明。

參與。然而詩文寫作與心性學說畢竟有其門檻，加上士人的志趣有別，所以不少士人不在這兩股風潮中。尤其詩文寫作的雅俗之別，[1]以及心學家對末流的譴責，顯示這兩個運動的參與者也被作出區別，區別成雅的與俗的、正統的與異端的。所以明末的第三個運動——制藝風潮便很值得注意，制藝（八股文）可說是士階層的專利，而這股風潮便以囊括全體士階層為目標，如萬時華（1590-1639）說：

　　世掺觚能以詩賦擅者什四五，不能為制舉藝者，百無一焉。[2]

萬時華是明末江西南昌人，以詩文與制藝聞名，也是南昌當地詩社與制藝文社的領袖，所以他的評論應可信。在他的估算，能詩文者僅十之四五，想來能談心性者的比例亦不高於此數，而相較下全體士人皆能作八股文，所以明末制藝風潮對士階層的影響力遂遠高於前面兩股風潮，而改革八股文便可糾正士風。[3]

　　以下依流行的時間次序，看明中期的文學復古運動與心學運動，以及明末的制藝風潮。

1　如顧天埈說：「夫雅俗之辨微矣，僅僅詩與文之能不能耶！」就是以雅、俗作區別，把僅能搖筆吟哦，但不能作出好詩文的人劃出圈外。見顧天埈，《顧太史文集》（收入《四庫禁燬書叢刊》，集部第 9 冊，北京：北京出版社，2000，據明崇禎刻本影印），卷 3，頁 25-26。

2　萬時華，《溉園初集》（收入《四庫禁燬書叢刊》，集部第 144 冊，據明末刻本影印），卷 2，〈彙刻西子蕆序〉，頁 24-25。

3　所以從明末到清初，「士風」始終是許多文獻中的關鍵詞。見王昌偉，〈明末清初秦地文人在揚州的結社活動〉，收入張藝曦、王昌偉、許齊雄、何淑宜主編，《結社的藝術：16-18 世紀東亞世界的文人社集》（臺北：聯經出版事業公司，2020），頁 327-354。該文指出揚州直社的階層色彩，該社以「古／俗」劃出界限，以區別士人與非士人。

二、復古派

　　文學復古運動下的士人生活，較受人矚目者即士人間的交遊、詩文聚會與宴樂。這類活動往往發生在作為文化消費中心的城市，尤其是江南的城市。

　　江南是全國的文化中心，也是精英聚集之地，所以我們在江南可以看到各種面向的文化發展，若說江南文化是全國文化具體而微的濃縮精萃，應不至於太誇大。當時江南一些深具文化底蘊的城市，如蘇州、杭州，士人之間的往來各具特色。蘇州有沈周（1427-1509）、祝允明（1460-1526）、文徵明（1470-1559）、唐寅（1470-1524）等人，合稱明四大家，過去學界對四大家的研究較偏重在其藝術成就，但我們不應忽略文徵明除了以書畫著稱以外，也主持蘇州的文壇，並且有不少門人弟子，而文家幾代能人輩出，文徵明的次子文嘉（1501-1583）、侄子文伯仁（1502-1575）皆以書畫著稱，長子文彭（1498-1573）的篆刻有名於世，文彭的孫子文震亨（1585-1645）作《長物志》為傳世之作，文震孟（1574-1636）編《諸子彙函》則與八股文及諸子學有關，所以蘇州可說是詩文與書畫藝術風氣極盛的城市。杭州則是個充滿休閒氣氛的城市，張岱（1597-1679）的《西湖夢尋》與《陶庵夢憶》兩本小書，提供人們對杭州士人其奢侈品味生活的許多了解與想像。我們可以從張岱的描述中充分感受到愉快與遊樂的日常生活。史景遷根據這兩本書所寫的《前朝夢憶》，則是把這些生活更故事化。

　　相對於蘇、杭這些各具特色的城市，作為明代兩京制下的首都南京，大約自成化、弘治朝以後成為江南的文化中心，吸引四面八方的士人雲集於此，儘管城市本身的特色不如蘇、杭明顯，但反而更適合用來說明士人在城市中的交遊與生活。

　　有關南京的人事物甚多，跟文學復古運動有關且重要的，即南京當地的詩社。較早有嘉靖年間主盟南京文壇的顧璘（1476-1545），以

所居息園而舉行的社集。顧璘是復古派的代表之一，聲望頗高，而他在息園舉行的社集，除了詩文的唱和以外，同時也是文藝論壇，讓士人在此交流議論，此講壇甚至成為當時四方仰望的文藝中心。[4]顧璘之後，隆慶年間有陳芹主持青溪社，可稱之為南京社集之再盛。以及再過二十餘年，福建曹學佺（1575-1646）主持社集，則是南京社集的極盛期。[5]

　　我們不應把詩社看得太嚴肅而正式。詩作是士人表達個人情感或意志的方式，而參加詩社及彼此吟詩唱和，則可說是士人日常活動的一部分，也是士文化的基本元素。所以詩社可以是很隨意的，既沒有固定成員，人們來來去去，穿梭在不同詩社間，而地點或舉行方式也不固定，私人園林、荒廢寺院，或山林之間都可聚會，而在社中，人們或唱和，或議論，或飲酒唱曲，一如宴遊般的自在。

　　除了詩社的唱和以外，大量古籍的刊刻也是在這波風潮下值得注意的現象。前、後七子所領袖的復古派，對詩、文主張可簡單歸納為「文必秦漢，詩必盛唐」，由於必須學習秦漢文，所以有不少人積極蒐訪古籍。固然蒐訪古籍者未必都是復古派，但毋寧說復古派更推動了這個風氣。如當時便有人提出抄書社的構想，這是由焦竑（1540-1620）、趙琦美（1563-1624）、梅鼎祚（1549-1615）、馮夢禎（1546-1605）所訂下的約定，四人都是知名的藏書家及博學之士，所以有意每三年約集海內藏書家在南京相會，相互傳抄彼此所得的善本圖書。[6]

4　以上請參考王鴻泰，〈城市舞台──明後期南京的城市游樂與文藝社群〉，收入張藝曦等編，《結社的藝術：16-18世紀東亞世界的文人社集》，頁29-73。

5　錢謙益，《列朝詩集小傳》（上海：上海古籍出版社，2008），丁集上，頁462-463，「附見金陵社集諸詩人」條。但錢謙益把陳芹的青溪社定年在萬曆初年，朱彝尊修正其說，以為青溪社應在隆慶五年（1571）。見朱彝尊，《靜志居詩話》（收入《續修四庫全書》，第1698冊，據清嘉慶二十四年〔1821〕扶荔山房刻本影印），卷14，「陳芹」條，頁12。

6　梅鼎祚，《鹿裘石室集》（收入《四庫禁燬書叢刊》，集部第58冊，據明天啟三年〔1623〕

　　儘管抄書社的約定最後並未實現，但在文學復古運動的推波助瀾下，各地士人積極蒐獵先秦兩漢以前的典籍，加上當時印刷術與出版業的發達，於是許多過去罕見、少見或不易得的古籍都被一一重新校訂出版，並廣泛流通於人手之間。如《寶顏堂秘笈》、《漢魏叢書》，便是明人輯佚的成果，其中有部分書籍因未見宋代目錄登載而被視為佚書，直到此時才有刻本。此外，也有一些被判斷為偽書者，如《竹書紀年》、《十六國春秋》，其實是輯佚而成，只是因為編者擅自改動原書形式，才會招致他人非議。[7]

　　當時既有一些士人參與社集活動，也有一些士人蒐獵輯佚罕見書或未見書，將其傳抄或出版。但在同一時期，另有一批人——主要是心學家，他們對詩文古籍的興趣都不高，他們所談的是心性道德，而書本知識則被視為是聞見之知，不足以與心性道德的德性之知相提並論，這批人在文學陣營以外形成另外一個世界。

三、陽明心學

　　過去對陽明心學的研究較側重它的庶民性，以及啟蒙或解放的那一面，而泰州學派的領袖人物王艮（1483-1541）出身灶丁，加上門下也有一些人是陶匠、樵夫或其他行業，所以人們以泰州學派為例，希望找到更多庶民參與講學活動的資料，同時還給泰州學派另一個稱呼——「左派王學」。不過，近年通過對文集、日記、族譜、地方志等文獻的廣泛蒐檢，我個人越來越傾向認為，參與心學講會者，即使沒有士的身分，往往也是布衣、處士，這些人儘管沒有功名，但仍是

　　玄白堂影印），卷13，〈又答王元禎〉，頁8。

7　蒙文通，《古史甄微》（成都：巴蜀書社，1999），〈中國歷代農產量的擴大和賦役制度及學術思想的演變〉，頁377。

廣義的士。灶丁、陶匠、樵夫參與講學只算是少數的個案。

　　至於陽明心學的啟蒙或解放的那一面，也跟人們對心學的某些想像有關，過去不少人把焦點放在陽明心學衝決網羅、突破既定禮儀或規範的約束上，所以很長一段時間，陽明心學給人的印象，是以良知為最高準則，不顧世俗眼光，凡是合乎良知的事，即令不合乎禮儀制度或道德規範，亦能夠一往直前。同樣也是泰州學派的例子，即顏鈞（1504-1596）與李贄（1527-1602）這兩位在左派王學的研究中赫赫有名的人物。傳言顏鈞曾在某次講會突然就地打滾，說：「試看我良知。」[8] 李贄則是標榜「不以孔子之是非為是非」，所以言行常引起很多爭議，包括他與女弟子的往來，以及他對歷史人物的極端評價。[9] 李贄把自己所作的書定名為《藏書》與《焚書》，一方面是為了吸引世人的眼光，一方面也是凸顯他在書中的論點與世俗之見迥異，而必須藏諸名山，或終將遭到焚棄的命運。

　　但我們應進一步考慮：解放的另一面其實會帶來更大的自我約束，儘管陽明心學講究良知作主，良知優位於制度與規範之上，但凡事依恃良知的結果，反而讓人更容易陷入焦慮與緊張之中。我在思考此點時，常會聯想起《新約聖經》上記載耶穌的話，祂說：「我來不是要廢掉（律法和先知），而是要成全。」我們若是把眼光從顏鈞、李贄這些人移開，便可發現陽明心學雖然挑戰既有的規範或制度，但他們只是重新定義或修改規範或制度，而並不是對其置之不理。不僅如此，由於必須用自我的良知作最終的裁判，所以有些人在實踐上反而會變得更嚴格而苛刻。

8　打滾事的傳言見耿定向，〈答周柳塘〉，附在李贄，《李溫陵集》（收入《續修四庫全書》，第1352冊，據明刻本影印），卷4，頁17，〈答周柳塘〉開頭。李贄對此事的看法亦見同信。

9　李贄給女弟子的書信，見李贄，《焚書》（北京：中華書局，1974），卷4，〈觀音問‧答澹然師〉，頁462-470。在《藏書》中，李贄給予某些歷史人物特別的評語，如稱秦始皇是千古一帝，卓文君與司馬相如私奔是實現自我價值等等。

　　王畿（1497-1583）的門人李蕘就是很好的例子。王畿是王守仁
（1472-1529）最知名的大弟子，他不屬於泰州學派，但他主張「現成
良知」，樂觀認為良知自然天成，不須費力把捉，這跟泰州學派的特
色頗為相近，所以李贄便受其影響甚大。但有趣的是，王畿的弟子李
蕘在日常生活間所表現出來的，卻是對言行舉止謹小慎微，不能有絲
毫違失，據載：

> （李蕘）作《克念圖》，從龍溪王先生游，終日正容默坐。時出城
> 市，默自數步而行，或時迴步，從前路起再整步，期不失尺寸。[10]

　　李蕘作《克念圖》，從名稱可知，他是要克制不當的念頭，這已
是較嚴肅的修養方式，跟王畿標榜的「現成良知」頗有出入。而他在
行走時，竟然默數步數，推想他是要求每一個步伐都須大小一致，所
以每走一段路，若步數不對，便回到起點重走一遍。這種對極細微事
皆錙銖必較的程度，若跟前述顏鈞、李贄的行事風格相較，幾乎是天
壤之別。

　　心學家的「友論」也有兩面性。心學家講究師友夾持，亦即不能
在家閉門造車，而必須外出尋師問友，心學講會正是希望藉由聚會達
到以友輔仁的結果。所以心學家十分強調朋友間的關係，這部分向來
被許多研究者所津津樂道。但其實師友夾持、以友輔仁或友論，可以
是很正面的，也可以給人很大的壓力。像知名的心學家羅洪先（1504-
1564），他的門人弟子陳昌積，有進士功名，按理說是政治與社會地
位皆極高的人，但他卻因為羅洪先不見他，而幾乎不知所措，他說：

> 屬旨謂不必輕來，來亦不能延住靜所，留講旬月，此則明明取瑟

10　李天植，《龍湫集》（哈佛大學燕京圖書館藏清乾隆十七年〔1752〕刊本），《附刊》，「李
　　蕘條」，頁 2-3。

之意。……憫惘數日，不能下食，是非效爭憐之妾婦，實深傷為
域外之宵人耳。[11]

陳昌積因為不能參與會講而幾乎不能進食，「域外之宵人」則是他自
認已被羅洪先看作化外之人。

　　陽明心學的這種兩面性會隨著時局的變動而讓人偏向兩端的某一
端。在一個樂觀的時代，人們若對良知充滿正面態度，我們便會看到
許多良知帶來解放，以及向下傳播，為庶民及農工商人帶來啟蒙的例
子。而一旦氣氛有變或處在動盪時局中，即使是精英士大夫亦不免懷
疑自己是否真實把握良知，而陷入高度焦慮中。如清初便有一群士人
組織省過會，在這個會中完全看不到明中期的樂觀氣氛，反而會中士
人憂心自己的日常言行有所偏離，而充滿警覺與不安的緊張感。[12] 此
正凸顯出，當儒學發展到探索人內在最隱微的心思意念，而且要求人
必須正視這些心思意念並把握得當，最後很容易讓人陷入高度的不安
中。儒經說的「毋自欺」，其實是很難達成的理想，因為人很難完全
誠實面對自己，但心學卻要求人必須做到這點。於是一旦離開明中期
的樂觀氣氛以後，人們在面對陽明心學，往往會有非常深沉的恐懼與
無力感。

　　此外，對許多人來說，心性學說畢竟較為抽象，人們除了聆聽講
學或閱讀心學家的語錄以外，更想看到具體的心學理想之體現，也就
是聖人。誰是聖人？除了古代聖賢以外，心學家——尤其是王守仁，
其實就是當代的聖人。所以陽明心學流行的高峰，王守仁的塑、畫像，

11　陳昌積，《龍津原集》（臺北國家圖書館藏明嘉靖間毛汝麒等校刊本），卷5，〈又復念菴先
　　生書〉，頁前73。

12　王汎森，〈明末清初的人譜與省過會〉，《中央研究院歷史語言研究所集刊》，63本3分（臺
　　北，1993），頁679-712。

不僅在書院等公共空間供人崇祀，同時被懸掛於私人書室中敬拜。[13] 過去人們共同崇祀的是孔子像，[14] 如今則另有王守仁像。

陽明心學的風潮雖然廣泛及於不同階層，從上層精英士大夫到中下層士人都有不少人受此風潮的影響，但畢竟不是人人皆願潛心學習理學，如同時期便有不少人醉心於詩文寫作而不習理學。所以陽明心學影響力的大幅擴大，則跟它與明末制藝風潮的結合有關。所謂的制藝風潮，若用淺白的話說，就是一場八股文寫作大會，八股文解釋儒經，所以會跟心學有所交集。

四、制藝（八股文）

制藝是明代科舉考試所用的文體，過去我們受到顧炎武（1613-1682）、黃宗羲（1610-1695）等人的言論影響，所以很容易對制藝有先入為主的負面印象，如顧炎武有「八股之害等於焚書」的激烈之論，黃宗羲則把明文之不競歸罪於士人專注於科舉業，這也導致長期以來，人們沒有正面看待明末的制藝風潮。但其實這一波風潮，是繼文學復古運動與心學運動以後更大的一股風潮，把全體的士人都捲入其中。許多士人不僅勤於練習制藝，把個人的制藝文稿刊刻出版，同時各地士人結成大大小小的制藝文社，並刊行社稿，加上一些名家對八股文進行挑選並作批註，這類選本往往有很大的影響力。所以我們若是翻看明末士人的文集，經常會看到大量為八股文文稿、社稿或選本

13　相關研究見本書第三章，〈陽明畫像的流傳及其作用〉。

14　如清初江西謝文洊（1615-1681）便把孔子畫像懸諸堂前率弟子參拜，而在無孔子像時，則書孔子名於紙幀上以代替。見謝鳴謙輯，《程山謝明學先生年譜》，附於謝文洊，《謝程山集》（收入《四庫全書存目叢書》，集部第 209 冊，臺南：莊嚴文化事業公司，1997，據清道光三十年〔1850〕刻謝程山先生全書影印），「康熙元年條」，頁 12。

所作的序跋，另外也會有一些對八股文文體的嚴肅討論。

在此風潮中，八股文除了作為應試求取功名的手段以外，還跟文風、士風與國運相聯繫。今人對此也許會感到不可思議而難以索解，但對明人而言卻是很合理的思考。首先，儒經是士人對這個世界認知的基礎，而八股文則是對儒經義理的詮釋及發揮，而比起一般的詩文，八股文是更為正式而嚴肅的文體。其次，八股文是明代獨創的新文體，所以發展這個新文體，可以讓明朝與前代比肩，而不必再屈居於秦漢文或盛唐詩之下。第三，也是更重要的是，由於士人個個皆須習八股文，所以端正八股文的文風，除了可以正確詮釋儒經、發展新文體以外，還可以糾正士風，而士風會進一步影響國運。所以便有士人是從倡導八股文這個新文體，以及重新詮釋儒經的角度，來推動這股新風潮。

明末制藝風潮中兩個最知名的社集，一是江南的復社，一是江西的豫章社，兩社之間有合作有競爭。兩社都主張改革八股文，試圖以八股文改造文風、士風與國運。復社還積極涉入政治事務中，而有「小東林」之稱。所以明末一波波的政治鬥爭中，幾乎都有以復社為首的這些制藝文社成員參與。

明末制藝風潮的形成，可說是由心學運動與文學復古運動為其創造條件。文學復古運動的影響較偏在外緣，由於明中期以後，許多罕見、未見書紛紛刊刻問世，自然對士人的知識系統帶來不小的衝擊，並且進一步影響士人對儒經的解釋。蒙文通（1894-1968）先生對此慧眼獨具指出：

> 在不讀唐以後書的口號下 ，開創了讀古書的風尚，把束縛在宋學末流的膚陋之弊，予以一次洗刷。清代漢學家所重視的一些古籍，明人都已經加以注意而進行了一些工作。[15]

　　明末諸子書的流行及諸子學的復興，便是很明顯的例子。很多已數百年無人聞問的子書，如今都因重刊而被重新閱讀與審視，並有人援引其說來解釋儒經。天啟年間甚至一度流行把諸子書的內容寫入制藝中。託名歸有光（1507-1571），而有文震孟作序的《諸子彙函》，就是這波諸子書熱潮下的產物。

　　心學看似跟八股文沒有直接關係，但因八股文詮解儒經，而心學也詮釋儒經，所以兩者有所交集重疊。尤其心學主張以個體良知為判準，不必依循先儒的註解，既讓士人對儒經有更多解釋的空間，也讓八股文寫作有較大的自由。倘若對儒經的解釋必須緊縮在先儒的註解下，八股文寫作必然綁手綁腳，而難以施展。也因此，當明末心學講會不復昔日盛況，甚至日趨衰微之際，心學學說卻因影響坊間流行的四書註解，而使其重要性不減反增。當時坊間流行的四書註解，不少註解內容跟朱熹《四書集註》的解釋有所出入，反而跟心學學說有互通之處。

　　以上所談是明中晚期三股風潮間的關係，以及形成明末制藝風潮的條件。從理想面來說，明末士人從事八股文寫作，既是發展新文體，也抱持糾正士風、影響國運的希望，因此明末的幾個知名制藝文社，並不像一般人口中所說的科舉補習班，我們若看復社與豫章社的主張及活動，兩社成員所想做的，早已遠遠超出科舉考試之外，所以兩社共同提出「尊經復古」的口號，以及重視經書的主張。由於明代科考主要以四書場為最關鍵，五經場僅須以一經應試即可，所以兩社的主張跟應試其實已經沒有很大關係。

　　但我們仍不應忽視，對大多數士人而言，他們仍將科考視為是晉升之階的關鍵，也是個人及整個家族的未來之所繫，所以我們也應該

15　蒙文通，《古史甄微》，〈中國歷代農產量的擴大和賦役制度及學術思想的演變〉，頁376。

看現實生活中，一般士人如何面對科舉考試及八股文寫作的壓力。

　　過去我對士人睡眠時間的研究[16]便指出，從明初到明中晚期，士人有因讀書而延遲就寢的趨勢，如明初大儒李時勉（1374-1450）訓誡士人「讀書宜二更即止」，但晚明謝肇淛（1567-1624）則說「夜讀書不可過子時」──二更是晚間九至十一點，子時（即三更）是半夜十一點至次日凌晨一點。就寢時間已整整往後延長一個更次。造成就寢時間延後應跟科考壓力有關。明中期以後參加科舉的人數越來越多，但錄取名額未能相應增加，愈來愈多士人屢試屢敗，甚至還有十舉不第的。除了錄取率低以外，汰選的標準不一，造成才學高者未必便有得第把握，更增加士人內在的緊張與壓力。當時常見許多才學傲視同儕者淹蹇不第，即令奪得一第，也是多年以後的事。如李若愚，當他終於被錄取後，主試官員很感慨告訴他，當年自己求學階段就已久聞其名，尤其教導他制藝的老師更常以其文為範本命己習誦，不料今日竟然主客易勢至此。李若愚不禁當場痛哭失聲。[17]

　　面對如此沉重的壓力，士人內心的焦慮之深是可想而知的，也因此驅使許多士人投注更多心力讀書，為求一第拚命用功而犧牲睡眠。科舉與健康既然不可兼得，只能去此取彼，因此便如謝肇淛所說，有人熬夜苦讀而弄壞身體，嚴重者甚至可能因此喪生。[18]在此心態背景

16　以下所述請見張藝曦，〈明代士人的睡眠時間與睡眠觀念〉，《明代研究通訊》，5（臺北，2002），頁 35-55。

17　沈德符撰，黎欣點校，《萬曆野獲編》（北京：文化藝術出版社，1998），卷 16，頁 454-455。當時為名諸生卻屢試不第的例子不少，有的甚至因此抑鬱而卒的。地方志中便有一例：「周氏，龔汝騏妻，汝騏為名諸生，秋試不捷，抑鬱抱病死。」沈德潛、顧詒祿纂，許治修，（乾隆）《元和縣志》（揚州：江蘇廣陵古籍刻印社，1991，據乾隆二十六年〔1761〕刻本影印），卷 28，頁 18。

18　各地方志便收錄不少這方面的資料，如孫鳴菴纂，（康熙）《吳縣志》（揚州：江蘇廣陵古籍刻印社，1989，據康熙三十年〔1691〕刻本影印），卷 55，頁 16：「杜氏嫁劉炳，炳業儒攻苦，嬰疾卒。」沈德潛、顧詒祿纂，許治修，（乾隆）《元和縣志》，卷 28，頁 18：「杜

下，社會上甚至流傳一些神異故事，內容竟是鬼神也顯靈要求士人不能多睡，而應「起來讀書」：

> （王鑑）少讀書時，每至四鼓，呼「王秀才起來讀書」。起蚤不聞，稍遲則呼，甚異焉。一晚，出蹲岩下，伺至四鼓，果至，呼之，公見，乃紅衣婦也。公未及問，婦先給曰：「爾背後有人。」公甫回顧，其婦頓失。[19]

當時既有士人以「先起後眠」為標榜，「勞瘵不少解」，[20]看在父母眼中未嘗不心痛，也有勸誡阻止的：

> 光為舉子業，夜分起讀，輒為戒曰：「兒勿苦！吾聞亥、子之交，血行經心，設令勩形神得官，於輕重計不亦左乎？欲速不速，不欲速速之，非善為速者也。」[21]

但恐怕發揮不了多大的作用。當時甚至有人家中三子，前二子皆因讀書過勞相繼殂逝，逼使父母強力介入阻止幼子求學，以免再因讀書而絕後了。[22]

涂伯昌（？-1650）是另一個值得介紹的例子，我們可看到一位地

氏，諸生陳三錫妻，三錫為仁錫從弟，力學早夭。」

19　李中馥，《原李耳載》（北京：中華書局，1997），頁 120。

20　劉應秋，《劉大司成文集》（臺北國家圖書館藏明吉水劉氏家刊本），卷 8，〈雲山黃先生傳〉，頁 1。

21　陳獻章撰，孫通海點校，《陳獻章集》（北京：中華書局，1987），卷 1，〈寶安林彥愈墓誌銘〉，頁 89。

22　劉孔當撰，劉以城編，《劉喜聞先生集》（東京：高橋情報，1993，據日本內閣文庫藏明萬曆三十九年〔1611〕陳邦瞻校刊本影印），卷 6，頁 7。

方上的制藝作手，在考取中高級功名前的生活。涂伯昌是明末江西新城縣人，新城位於山區，所以涂伯昌直到崇禎年間才因赴鄉試而離開新城，而他的制藝馬上得到江右四大家的讚賞，並為其延譽。但在此之前，涂伯昌其實有一段十分黯淡艱苦的日子，他在萬曆晚期與妻子隱居仙居山間，不與世人往來，以利於他專心練習制藝，這段期間他所作制藝皆天真獨往，非平日所能及。但也是在這段期間，他的生活十分困苦，而且日甚一日，他與其妻有時一天只有共食一瓜及沸水數杯而已。[23] 到了後來，甚至連保暖的衣物也沒有，即令寒冬也只有夏布敝衣，而他的妻子卻笑著跟他說：「他日富貴，慎無相忘。」[24]

　　涂伯昌之妻不久後去世，儘管數年後涂伯昌考取舉人，脫離貧困的日子，卻已不能再與其妻同歡。涂伯昌始終沒有忘掉這段過往，他以簡短而看似平淡的文字，訴說那段與妻子同甘共苦的日子。涂伯昌將其文集署名作「一杯水」，所懷念的也許正是與妻子一起喝水度日的時光。

小結

　　明中晚期是一個各種思潮風潮興起而多元競逐的年代，本章所談的三股風潮，儘管文學復古運動與心學運動在明中期為其高峰，而明末有制藝風潮凌駕其上，但其實無論在明中或晚期，三股風潮都同時並存，而交互激盪，只是彼此的高峰期各有不同而已。

　　文學復古運動與心學運動都有擴大參與成員的趨勢，但士階層受

23　涂伯昌，《涂子一杯水》（收入《四庫全書存目叢書》，集部第 193 冊，據清康熙四十五年〔1706〕涂見春刻本影印），卷 3，〈辛乙稿序〉，頁 77。

24　涂伯昌，《涂子一杯水》，卷 3，〈丙庚稿序〉，頁 78。

此兩波風潮影響的比例其實並未過半，而且還有雅／俗、正統／異端的劃分。我們若換個角度看，也可將雅／俗、正統／異端的區辨視為是理想與實際的落差——也就是理想上是追求雅，希望人人皆致良知，但實際上仍難免流於庸俗與末流的放蕩。同樣的，制藝風潮也有糾正改革士風的理想，與追求個人功名利祿的實際之落差。

在前兩波風潮中，不喜作詩或談心性義理的人，但有選擇而可相對保有自主的空間。但制藝風潮既把全部的士階層捲入，無人可以置身事外，於是士人只有在改革文風士風的理想與追求一己之利的實際之間作出選擇。從好的一面看，這讓士人可以發展制藝文體，而不致只是虛耗時光在無益之事。但從另一面看，卻也可能帶給士人無比的壓力。

本書我借用四庫館臣的「應舉」與「窮經」來概括這兩條路，以及這兩條路的分歧對士人所造成的壓力與緊張。從這個角度看，繼陽明心學與文學復古運動之後而有制藝風潮，也是很自然的發展了。

第二章

《傳習錄》與古本《大學》的流傳及其影響[*]

前言

侯瑞・夏提葉（Roger Chartier）在關於法國大革命的研究中指出小冊子在資訊的傳播上發揮不可忽視的重大作用，以及這些小冊子如何將革命的理念傳播到社會的中下層。[1] 而關於宗教改革時期的研究也多論及當時印刷術的進步，如何促成許多關於宗教改革的資訊更廣泛地傳播，並在社會上造成深遠的影響，使其不致流於局限在教士或精英階層間的辯論而已。[2] 馬克・愛德華茲（Mark U. Edwards）則總結一些相關研究，指出由於馬丁・路德（Martin Luther）翻譯拉丁文聖經，加上當代印刷術的發達，使此一經典文本不再為一部分的人所掌握，而馬丁・路德人人可與上帝直接溝通的理想更可能得到教士階層以外的人了解與支持，最後終於主導了整個辯論的進行。[3]

---

* 本章文稿以〈明中晚期古本《大學》與《傳習錄》的流傳及影響〉原刊於 2006 年《漢學研究》，第 24 卷第 1 期，頁 235-268。於收錄本專書時略作增刪，謹此說明。

1 Roger Chartier, translated by Lydia G. Cochrane, *The Cultural Origins of the French Revolution* (Durham, N.C.: Duke University Press, 1991), ch.3, and 4.

2 Lucien Febvre and Henri-Jean Martin, translated by David Gerard, *The Coming of the Book: the Impact of Printing 1450-1800* (London: N.L.B., 1976).

　　若將眼光放到中國史上，兩宋以後印刷術的發達使得書籍的流傳及傳播更加便利，於是學術傳播的管道除了人對人的直接傳講以外，也比以前更方便可以藉書籍刊刻流傳的方式進行，尤其明中期以後的經濟發展更促使書籍刊刻的數量繁增，遂使同時期的陽明學流傳除了利用講學的口頭傳說宣講以外，書籍的流通也發揮相當大的作用，而不應被忽略。[4] 我們在討論明中晚期陽明學的興起與流行這件重大的文化現象時，多注意到一些大人物如何接受了陽明學，以及他們如何將這套學術透過講學的方式傳播，又或者從講會與書院的舉行與興建看講學活動的興盛與繁榮，但卻常忽略掉陽明學傳播的對象，除了這些大思想家或者大人物以外，還有許多地方的中下層士人、布衣、處士，甚至一般的平民百姓，這些人也是支持陽明學活動的主要成員，這些人如何接觸並接受這門學術，是很值得發問的主題。因此，我們除了注意陽明學學術思想的創發革新，以及講學宣揚其學這兩事以外，《大學》古本與《傳習錄》這兩本小書對陽明學流傳所發揮的作用也不應忽視。這三者有如鼎之三足，共同構成陽明學在明中晚期跨階層流行的基礎條件。

　　在陽明學風潮最盛的十六世紀，浙中、泰州與江右可說是陽明學眾多學派中最具代表性，吸引最多人目光的三個學派。其中江右陽明學派以鄒守益（1491-1562）、歐陽德（1496-1554）、羅洪先、聶豹（1487-1563）等人為首，不僅在當時甚具影響力，並被視為是陽明學的正統所在。[5] 這些江右陽明學派的領袖人物，多數出自位於江西中部的吉安府，因此以下多以江右陽明學派，尤其是以吉安府為主，看《傳

3　Mark U. Edwards, Printing, *Propaganda, and Martin Luther*(Berkeley: University of California Press, 1994), ch.1, 4, and 5.

4　關於明代出版史的研究，請見繆詠禾，《明代出版史稿》（南京：江蘇人民出版社，2000）。

5　黃宗羲撰，沈芝盈點校，《明儒學案》（臺北：里仁書局，1987），頁333。

習錄》與《大學》古本在陽明學的流傳中扮演的角色，以及所發生的作用與影響。

一、陽明學講學

宋明理學著名的特色之一即其講學活動，這些講學活動多數是由理學學者自行召集人們聚講，大體分作兩種形式，一是講會，一是書院講學，講會的舉行場所並不固定，但若人們常在某一地聚講，時日既久便有可能興建書院作為固定的講學場所。講會的靈活性強，書院的建制化程度高。

無論是講會或書院講學，都跟官方正式體制中的學校教育不盡相同，不僅講學活動中所講的內容未必與官方意識形態相合，同時也跟士人所關心的舉業內容稍有隔閡，不過這些講學活動的資金來源卻常得到官方的資助，尤其在興建書院這類大工程中，由官方資助興建的書院所占的比例更是居高不下，據曹松葉指出，明代書院官辦與民辦的比例各為83.17％與15.11％，兩者高下相差懸殊，[6] 至於書院何以多為官辦的詳細原因未能盡知，但應與官方經費較為充足，在興建書院時可以公帑支出或攤派到稅賦上，尤其以公權力介入，在土地的取得與建築的維護上都較不困難有關。

講學活動之盛至少從南宋便已開始。南宋程朱學者倡導講學甚力，這些講學活動跟學校教育所代表的官學形成強烈的對比，其中朱熹（1130-1220）與陸九淵（1139-1193）二人齊集鵝湖論學又最著名，但至明初而講學之風衰，不僅舉行講會的記錄變少，明初程朱學者在講

6　曹松葉，〈宋元明清書院概況〉，《國立中山大學語言歷史學研究所週刊》第10集（1929-1930）第111期，頁3-31；第112期，頁13-31；第113期，頁3-27；第114期，頁3-24；第115期，頁8-21。

學的態度上也已跟南宋程朱學者不同，我們雖仍可見到一些布衣、士人前往程朱學者門下學習的故事，但聚眾講學之類的事確很少見了。[7]直到明中期才有王守仁及其門人弟子在各地倡導講會，興建書院，掀起新一波講學的熱潮，這也使現代學者注意到陽明學頗有不同於官學教育、不同於明初程朱學之處，還有人認為陽明學能夠迅速傳播，主要在於講學活動的倡導舉行。[8]

陽明學講學有其卓然特出之處，由於陽明學者經常深入地方鄉里間講學，講學的對象常不局限於士大夫或可能成為士大夫的士人群體，[9]王時槐（1522-1605）的一段話很可用來說明：

> 今郡邑有庠序以造士，書院之設，視庠序造士之意則一，乃其所以為造士之實，則尤大有補裨者焉！何者？蓋不專以詞藝為常課，而直迪以存天理去人欲，束躬勵行，而踐之人倫事物之間。……不專以位分稱師弟，而鄉之賢大夫、先生、長者，與四方之名儒碩彥皆得集焉，環聽及於童孺，訓告聞於里社。[10]

王時槐首先接受書院作為士人讀書考試場所的基調，來到書院的人當然以讀書人為多，但王時槐更進一步指出在書院所學的除了作文的技藝以外，還有存天理去人欲這些道德學說，於是強調「滿街人都

7　盛朗西，《中國書院制度》（臺北：華世出版社，1977），頁77。

8　呂妙芬，〈導言〉，在氏著，《陽明學士人社群——歷史、思想與實踐》（臺北：中央研究院近代史研究所，2003），頁21。

9　余英時，〈明代理學與政治文化發微〉，在氏著，《宋明理學與政治文化》（臺北：允晨文化實業有限公司，2004），頁249-332。

10　王時槐，《友慶堂合稿》（收入《四庫全書存目叢書》，集部第114冊，據清光緒三十三年〔1907〕重刻本影印），卷3，〈白鷺書院志序〉，頁18-19。

是聖人」[11]、人人都有良知、良知即聖的陽明學，遂藉此為平民百姓開了一扇門，讓這些人也有接觸陽明學的機會，這也是為何明中期以後不時可見一些平民百姓、農工商賈，甚至僮僕廝役參與陽明學講學的原因。這些講學的內容常流傳於鄉里、深入閭里基層之間，如安福鄒守益每次講學的時候，都有幾百人爭著來聽，甚至「僮僕亦樂聽，其間至有感悟卒為孝子者」，[12]又如安福南鄉「窮山邃谷，田夫野老，莫不知有講學」。[13]至於書院之公議，不僅使得「士之居於鄉者，以薄倫為醜行，出而仕者，以贓貨為穢身」，即使是「村夫野豎，時有違忒，尤恐書院得聞而招公議之誚」。[14]

　　不過書院的空間畢竟有限，所能容納的人數不多，在此先天條件的限制下，有資格常來書院講學的人大部分還是以士人為主。有鑑於應讓基層士民百姓得到更多講學的機會，有人還主張走出書院之外隨眾聚講，也就是書院外的講會，這類講會的影響力常比書院還廣還人，如左派王學便以從事社會講學活動聞名於世。吉安陽明學者中也不乏這類人物，如安福西鄉布衣賀宗孔，他因不滿於鄉里風俗的澆漓，又見書院所能容納的人數有限，因此憂心如焚，恨不得能夠「隆書院到於天」，讓每一個人都能入內聽講，也因此他一直試圖說服當地陽明學者劉元卿（1544-1609）走出書院，挨家挨戶登門講學，把學術傳到社會的每一個角落。[15]儘管劉元卿終未將他的提議付諸實踐，但賀宗孔

11　王守仁，《傳習錄》，收入王守仁撰，吳光等編校，《王陽明全集》（新編本），第1冊，卷3，《語錄三》，頁127。

12　鄒德涵，《鄒聚所先生文集》（收入《四庫全書存目叢書》，集部第157冊，據明萬曆鄒袞刻本影印），卷3，〈文莊府君傳〉，頁53。

13　劉垂寶，〈復真講學記〉，在姚濬昌等修，周立瀛等纂，（同治）《安福縣志》（收入《中國方志叢書‧華中地方‧江西省》，第773號，臺北：成文出版社，1989，據同治十一年〔1872〕刻本影印），卷17，頁38-39。

14　王時槐，〈道東書院志序〉，在姚濬昌等修，周立瀛等纂，（同治）《安福縣志》，卷17，頁7-8。

15　劉元卿，《劉聘君全集》（收入《四庫全書存目叢書》，集部第154冊，據清咸豐二年〔1852〕

仍利用家會與鄉會這類鄉里講學活動影響其族人與鄉人，奠定陽明學在當地基層的勢力。

比較讓人好奇的是，在陽明學初興之際，講學活動尚未大盛前，這門學術又是透過何種管道廣為流傳並為人所知？何以許多未曾聽過講學的人，一旦得知他地有陽明學講學，便不惜遠道前往聽講？顯然除了親身參與講學以外，人們還有其他接觸陽明學的管道與入口，其中古本《大學》與《傳習錄》這兩本小書便扮演了很關鍵的角色，而其刊刻流傳也對當時陽明學的流行起了極大的作用。

二、古本《大學》

在宋明理學六百多年的發展史中，由於四書學的興起，四書逐漸取代五經成為士人入門乃至於成學的基本書目，明初既以程朱學為官方意識形態的正統，於是以朱熹所註釋的《四書集註》為主的許多程朱學經典，也先後成為士人獵取功名的必讀書籍之一，尤其科舉又常以四書學那一場考試定勝負。[16]《集註》的重要性不言可喻。

四書中的《論語》、《孟子》二書是孔、孟的個人語錄及其與門人弟子對話的結集，內容多屬對話性質，較無明顯可見的思想系統，因此《大學》、《中庸》這兩本相傳並非孔、孟所親作的小書在宋明兩代甚受重視，《中庸》內容偏重在心性義理的討論，《大學》則是系統完備，從個人的修身之法，乃至於將來的齊家、治國、平天下的種種步驟都一一完整陳述，因此地位更凌駕《中庸》甚至《論》、《孟》

重刻本影印），卷 8，〈一溪賀君行狀〉，頁 27。

16 林麗月，〈科場競爭與天下之「公」：明代科舉區域配額問題的一些考察〉，《國立臺灣師範大學歷史學報》，20（臺北，1992），頁 43-74。

之上。由於朱熹曾作改本，[17]王守仁卻棄改本而復古本，明代程朱學與陽明學兩門學術遂不斷集中在《大學》版本與經文解釋上相互交鋒，而《大學》也成為貫串宋明理學六百年中，最受重視、爭議也最大的一本書。

　　除了《大學》改本以外，程朱學還透過《近思錄》這本小書提供士人求學的指引，《近思錄》是由朱熹與呂祖謙（1137-1181）二人合編而成，全書掇取北宋五子中周敦頤、張載（1020-1077）與二程等四人著作中關於大體而切於日用者編成，雖然只是薄薄的一本書，但已把個人的格致誠身乃至於修齊治平的工夫全部講過。[18]

　　《近思錄》在編定完成後，作為經典的地位日高，如陳淳（1159-1223）便將《近思錄》跟《四書》並提，認為這是初學入道之門，[19]所以我們常見士人在接觸理學之初，父母或師長便命其先讀《近思錄》，即使在成學後仍須經常回頭溫習。尹襄（1434-1526）說：「嘗聞之先正，四子者，六經之階梯，斯錄者，四子之階梯。近承先生長者之教，亦

17　在朱熹之前，程顥、程頤分別有〈明道先生改正大學〉與〈伊川先生改正大學〉，在此之前更有鄭玄的古本《大學》與孔穎達《禮記正義》本大學。朱熹主要依據二程的本子再作考訂，並別為序次與補充，這使朱熹所改正以後的改本，內容介乎《禮記正義》本與二程的本子之間。朱熹的改本較諸二程的本子更凸顯了「明明德」、「親民」、「止於至善」這三綱領的重要性，並對《大學》的內容作字句的修正，如以「新民」取代「親民」，以「此謂知本」為衍文，並斷定「所謂齊其家」的「其」為衍字，同時加上自製的「補傳」。而朱熹另作《大學章句》、《或問》，與其改本互為表裡。相關的討論，請見高橋進，《朱熹と王陽明——物と心と理の比較思想論——》（東京：國書刊行會，1977），第4、5兩章，頁174-266。

18　陳榮捷指出，《近思錄》是我國第一本哲學選輯，也是此後《性理大全》等書的典型，《性理大全》又是明清兩代科考的根基，可謂是《近思錄》影響之擴大。而在《近思錄》之後，朱熹之友劉子澄編《近思續錄》，明末也有高攀龍《朱子節要》，皆依《近思錄》分十四目，《近思錄》的內容形式竟可支配哲學選錄之風氣達七八百年之久。請見陳榮捷，〈朱子之近思錄〉，在氏著，《朱學論集》（臺北：臺灣學生書局，1982），頁123。

19　關於《大學》或《近思錄》何者應為初學入門之書的討論，請見李紀祥，〈入道之序：由「陳（淳）、黃（幹）之歧」到李滉《聖學十圖》〉，《國立中央大學文學院人文學報》，24（桃園，2001），頁241-337。

以斯錄為先務。」[20] 這代表了明初程朱學者對《近思錄》的基本認識。胡居仁（1434-1484）表示：「學者當以《小學》、《近思錄》，熟讀體驗，有所得，然後方可博觀古今。」[21] 也是在同一脈絡下的發言。

　　《近思錄》作為程朱學的入門書籍，卻不易起到宣傳的作用，主要關鍵在於這本書包羅的主題範圍太廣，加上內容多半是單方面的講話與教導，因此在閱讀與理解上都較吃力，所以許多人除了應科考的需要以外，並未深入研習此書。加上當時坊間流行的版本也不一定完整無誤，如尹襄便指出，他幼時所讀的《近思錄》是當時頗為傳布的版本，但這個版本的章節次序其實已被後人重新編次，以致決裂無章，但竟無人察覺此事，顯示當時人們並未好好讀這本書，此一現象使他頗為震驚。[22]

20　尹襄，《巽峰集》（收入《四庫全書存目叢書》，集部第 67 冊，據清光緒七年〔1881〕永錫堂刻本影印），卷 6，頁 15。

21　胡居仁的這段話收錄在張伯行，《小學集解》（收入《四庫全書存目叢書》，子部第 3 冊，據清同治重刻正誼堂全書本影印），卷首，〈小學輯說〉，頁 10。

22　尹襄，〈書近思錄後〉，《巽峰集》，卷 6，頁 14-15。至於朱熹所編的另一本書——《小學》也是引導士人入門的書籍，但其內容卻又不只局限在初學入門的工夫而已，而是把初學乃至於成賢成聖的工夫全部講過。而《小學》也遭遇同樣的命運，成化年間程朱學者陳選尊信此書，並為其註釋作《小學句讀》，但流傳不廣，年歲既久後便漸失傳。見王時槐，〈刻小學句讀後序〉，《友慶堂合稿》，卷 3，頁 2。廣東黃佐便指出：「子朱子《小學》，凡數十萬言，教人之道備矣。後學所當尊信，終身誦之者也。然書既浩繁，理涉宏奧，世俗訓蒙，乃或置之而以他書為先。」黃佐，《小學古訓》（收入《嶺南遺書》，清道光三十年〔1850〕南海伍氏粵雅堂文字歡娛室刊本），卷首，〈小學古訓引〉，頁 1。於是有感而作《小學古訓》，主要採取《小學》內篇中最切要者，並旁及他書。時人給的評語是：「朱子《小學》繁而詳，泰泉《古訓》簡而要。惟其繁而詳也，初學之士遽難以求通；惟其簡而要也，幼稚之童亦可以遍誦。」（方田，〈小學古訓集解敘〉，收入黃佐，《小學古訓》，卷首，頁 1。）泰泉是黃佐的號。顯然即使是程朱學者也對《小學》這本書頗有微詞，至於《小學古訓》相對於《小學》雖已是簡而要了，但其內容仍然流於枝節，故流傳似亦不廣。嘉靖年間的學術官僚胡松便一針見血地指出《小學》由於「時雜大人長者之言，而非小子之所及知」，「初學小生猶苦難讀」，加上「所採傳記百家語多簡奧，加之貞婦烈女之行，宜別為書而悉附戴」，所以「幼學病其繁」。見胡松，《胡莊肅公集》（收入《四庫全書存目叢書》，集部第 91 冊，據明萬曆十三年〔1585〕胡梗刻本影印），卷 1，〈刪正小學序〉，頁 24。而湛若水也批評朱熹當

　　明初程朱學者在學術上主要守兩宋程朱學的矩矱，但更偏向內心
性的探索，[23] 並在成、弘年間有過一段重振發展的時期，以吉安府一府
先後就有永豐羅倫（1431-1468）與泰和羅欽順（1465-1547）兩位程朱學
的大家，另外包括吉水的李中（1478-1542）、羅僑（1472-1534）等等，
都是在當地頗有聲望的人物。不過，程朱學在當時遭遇一些困境。若
是限制在其學說思想的部分來看，程朱學與心性修養有關的《大學》
格致說與朱熹的格物補傳，其實困擾了不少士人，許多人對此都有不
少疑義而不得解，而此一經典閱讀上的困難致使許多士人陷入學術的
焦慮中，而程朱學者卻未必成功回應解決這些問題。此外，明初程朱
學者對於講學活動與興建書院等事並不熱衷，而是抱希望於學校教育
體制內的改革，[24] 所以如章懋（1436-1521）與羅欽順二人還曾因共同主

　　初編定此書的時候，「雜取他書，既非古書之舊」，「又其有明倫等篇，皆已是大學之事」，
　　所以他採取「禮記諸篇中有小學事者」編成《古小學》一書刊行。見湛若水，《湛甘泉先生
　　文集》（收入《四庫全書存目叢書》，集部第 56-57 冊，據清康熙二十年〔1681〕黃楷刻本
　　影印），卷 4，〈知新後語〉，頁 2-3；同前書，卷 17，〈古小學序〉，頁 16-17。此後，儘
　　管胡松、甚至陽明學者王時槐等人都曾重新刊刻《小學》或相關書籍，但這本曾是童蒙入
　　門必讀的書籍已漸被邊緣化，漸不再是閱讀與眾所矚目的中心了。
　　《近思錄》的復興則是明末清初陽學退潮、由王返朱的思潮興起以後的事，所以從十七世
　　紀以後，一系列模仿《近思錄》的輯錄也陸續出現，如高攀龍的《朱子節要》、江起鵬的《近
　　思補錄》、孫承澤的《學約續編》、劉源淥的《近思續錄》、朱顯祖的《朱子近思錄》、汪
　　佑的《五子近思錄》、張伯行的《續近思錄》、《廣近思錄》等等。請見陳榮捷，〈性理精
　　義與十七世紀之程朱學派〉，在氏著《朱學論集》，頁 408-409；王汎森，〈清初思想趨向與
　　《劉子節要》——兼論清初戴山學派的分裂〉，《中央研究院歷史語言研究所集刊》，68：2
　　（臺北，1997），頁 417-448，尤其是註 4。

23　陳榮捷，〈早期明代之程朱學派〉，在氏著，《朱學論集》，頁 331-351。

24　如崔銑便持反對的態度，所以當時官方欲為建後渠書院，便為崔銑所婉拒，因為他更希望的
　　是官學的改革，而非在官學之外另立書院。原文如下：「士業有官學，而又立書院，則居之
　　者有異所，必得抗志古昔修業科舉之外者方稱之，今難其人。士生熙世，垂涎榮利，千百其
　　思，以冀必然，故近者舉業靡濫，經由盲迷，僕老矣，又可助之乎？……望鈞令勿再布，以
　　動漁者之妄幸。」崔銑，《洹詞》，在《景印文淵閣四庫全書》（臺北：臺灣商務印書館，
　　1983，據國立故宮博物院藏本影印），第 1267 冊，卷 10，〈復河南憲司書〉，頁 20。同樣的，
　　羅欽順也未立書院講學。至於羅倫雖曾講學，但卻刻意選在金牛洞這個偏僻人跡罕至之地，
　　跟後來的陽明學者大張旗鼓講學的行為實不能相提並論。

持南京國子監留下一段佳話，[25] 這也使其學術的流傳，相較於後起的陽明學更受到範圍與階層的限制。

相對於此，王守仁在倡導學術時，則是無日不聚講，即使在平宸濠之亂兵戎倥傯之際仍未輟，而此講學之風在嘉靖年間更隨陽明學流行而臻於極盛，不僅各地書院林立，連大學士徐階（1503-1583）等政府官員也在京師靈濟宮講學。至於在講學活動未盛或陽明學者的腳步所未及的地方，《大學》古本與《傳習錄》這兩本小冊子便取代講學發揮作用。

陽明學在知識論上與實際操作上，採取兩種不同對待文字的態度。在知識論層面，程朱學學說強調經典閱讀的博學審問，對文字的依賴較深，而陽明學超知識的特質，相對使其更願意擺脫典籍的糾纏，直探內在心性的本源，所以在聞見之知與德性之知的劃分中，程朱學尚強調兩者兼治，陽明學則很明白的偏向後者了。[26] 但在學術傳播這類實際的操作上，陽明學者甚至比程朱學者更懂得利用文字的力量，除了在《大學》版本與解釋上與程朱學競爭經典的解釋權外，更透過《傳習錄》的廣泛流傳傳播其學術，進一步壓縮了程朱學的空間。以下我將先討論王守仁提出《大學》古本的影響與作用。

陽明學者首先在《大學》這本書作文章。兩宋理學學者大力抬高《四書》的地位，其中有系統有組織的儒學學說常須取給於《學》、《庸》二書。《中庸》內容偏向義理為多，在心性道德的探索上可提供不少資源，[27] 若論開務成物、內聖外王的理想，則非《大學》不可，

25　黃宗羲撰，沈芝盈點校，《明儒學案》，頁 1077：「弘治中，（章懋）起為南京祭酒，會父喪，力辭。廷議必欲其出，添設司業，虛位以待之。終制就官，六館之士，人人自以為得師。」

26　余英時，〈清代思想史的一個新解釋〉，在氏著，《論戴震與章學誠：清代中期學術思想史的研究》（北京：生活・讀書・新知三聯書店，2005），頁 322-356。

27　王守仁弟子指出，王守仁接初見之士時，必借《學》、《庸》首章，以指示聖學之全功，使

尤其《大學》明列出的八步理想，更使宋明儒者對此醉心不已，這也是《大學》在宋明理學六百年的發展中受到高度重視的內在原因。

但《大學》所列出的八步理想卻有不少疑義存在，尤其「致知在格物」一句，宋明儒者聚訟紛紜不能得解。若在漢唐以經學為重的時代，這類問題即使被人發現了，也只是輕輕帶過，未必深究，但在四書學成為顯學，加上《大學》又是指示成就外王理想之書，字字句句都必須仔細推敲琢磨，於是許多爭議也就隨之而起。《大學》字句文字解釋的不同，甚至還可能關係到不同學術路數、不同學派的學說基礎的不同。

這個問題在朱熹作《大學》改本時便已顯題化了。若就改本的形式來看，朱熹將《大學》分經一章，傳十章。經，是聖人所作，再由聖人弟子口傳闡釋而成十章的傳。分經分傳的好處，在於綱舉目張，條目明晰，但其弊則在割裂文本，同時並無充分的證據證明這個動作的正當性，不免引人懷疑朱熹持何標準甚至受何天啟而知道經傳的分別？尤其是將經文改動調整次序的動作，反而為後世許多不同的《大學》改本作了示範。

再就改本的內容來看，《大學》八目明言「致知在格物」，程朱學理解格物的方式將「物」字指涉及於外在的客觀世界，因此必須今日格一物，明日格一物，窮盡天下之物以後豁然貫通而得其理。儘管程朱學藉此肯定外在客觀知識的存在與價值，但同時又將此一客觀知識建立在內在心性的窮理上，因此並未為此客觀知識在其知識論上安上一個確定自明的位置。所謂一旦豁然貫通，顯然過於抽象，一般士人很難精確掌握其意。

知從入之路，便跟《學》、《庸》兩書的性質有關。王守仁，《王陽明全集》（臺北：大申書局，1983），《王陽明文集》，卷6，〈大學問〉，頁89。

　　上述問題長期困擾了不少士人，這也是在王守仁提出古本《大學》後迅速得到許多回響的重要原因。古本《大學》出自《禮記》，在程朱學當道、四書學如日中天的時代，五經越來越被邊緣化的結果，即使有人注意到《禮記》這本書中有古本《大學》，但在《大學》改本嚴整的理論系統籠罩下，未必會把它當作一回事看，所以直到王守仁提出此編，才又受到時人的重視。[28] 而令人驚訝的是，這部《大學》在王守仁的解釋下，竟可首尾貫串，一氣呵成，完全沒有割裂的毛病，更沒有或經或傳的問題，而其八步的工夫與意義也跟程朱學有所出入。朱熹的改本把八步視為一個階段一個階段往上攀升的過程，自個人修身始，往上是齊家、治國，最高一層是平天下，這種解經的方式很容易使人把修身、齊家視為治國、平天下的過渡階段，治國、平天下作為八步的終點。在王守仁手上，「格」被解作「正」，「格物」是「正其不正以歸於正」，於是格物、致知、誠意、正心，變成一個連續不能分別階段的工夫，他不再希圖涵括自然世界的知識，而把天下萬事萬物都歸約至於一心，也因此避免了程朱學區別內外又須打通為一的困境。這篇文字被重新標舉出來，固然跟王守仁個人對古本《大學》的領悟有關，但這個做法卻對當時與後世造成相當大的震撼與波瀾。

　　古本《大學》的提出，其意義已不僅是書籍版本異同的問題或提出解經的新說而已，而是直搗程朱學的核心價值。若其說成立，《大學》改本勢必難以並存，而其解釋權也將落入陽明學者手上，此後更將挑戰、壓縮程朱學的格物窮理乃至於其他基本學說的生存空間。這些學說的基本立場一旦動搖，更將進一步危及程朱學的學術權威。

28　直到王守仁提出古本《大學》，藏在五經中的這篇文字才受到人們的注意，所以王守仁的好友湛甘泉在談古本《大學》時還特別強調「於十三經得大學古本」。湛若水，《湛甘泉先生文集》，卷17，〈古大學測序〉，頁14。

　　不少程朱學者也看出事件的嚴重性，若任其發展，勢將不可收拾。在王守仁尚未明白提倡古本《大學》之前，傾向程朱學的毛憲（1469-1535）常與王守仁、湛若水（1466-1560）等人往來論學，[29] 聽聞此事後趕緊去函阻止：

> 間讀朱子《大全》，見得此老於天下事無不格，而理無不窮，真天挺豪傑，足以繼往而開來也。近聞士大夫私議門下欲改《大學》格字，訓為正，又病敬之一字為綴，豈其然乎？因風望示喻，以釋此疑。[30]

　　據此可知當時士大夫間已為王守仁的新說私相議論不已，毛憲先稱讚朱熹一番，再說士大夫對王守仁的議論可能有失真之嫌，期待王守仁能夠悔悟自清。此後毛憲還因與王守仁的大弟子鄒守益同在南京講學而論辯知行合一之旨。[31] 在吉安地區，當地程朱學者與陽明學者之間也陸續發生不少論辯，如吉水程朱學者李中便於嘉靖十三年（1534）兩次致函王守仁的弟子鄒守益討論此事，第一封信還只是點到為止，表示「近者聞一二後生慢罵宋儒，毀斥古訓，似此個習氣滋蔓，為害非細」。第二封信便直接指出重點──「嘗見《大學》古本凡三家，尋繹屢年，終不能無疑，先儒更定固未為得，今日定其為古本，而以為無一二之錯誤，恐未得為的當」。[32] 用字遣詞還頗含蓄。另一位程朱學代表人物羅欽順則是正面迎擊反駁王守仁的格物說，此後更與王守

29　永瑢等撰，《四庫全書總目》，頁 1573。

30　毛憲，《古菴毛先生文集》（收入《四庫全書存目叢書》，集部第 67 冊，據明嘉靖四十一年〔1562〕毛訢刻本影印），卷 2，〈又奉王陽明書〉，頁 5-6。

31　鄒守益，《東廓鄒先生文集》（收入《四庫全書存目叢書》，集部第 65-66 冊，據清刻本影印），卷 9，〈古菴子傳〉，頁 10-13；同前書，卷 5，〈復毛古菴式之〉，頁 23-24。

32　李中，《谷平先生文集》（收入《四庫全書存目叢書》，集部第 71 冊，據清光緒十三年〔1887〕吉永葆元堂刻本影印），卷 3，〈答鄒謙之〉，頁 20、22。

仁的弟子歐陽德反覆爭持。[33] 這場辯論最後並無勝負可言，但王守仁的古本《大學》在當時引起的震撼卻已使許多人跟隨其腳步，重新審視《大學》版本以及經典解釋的問題，並且紛紛提出己說。[34] 許多對朱熹《大學》改本存有疑問的人，更多毅然轉向陽明學，大力推廣古本《大學》的鄒守益就是一例。[35]

古本《大學》只有經文而無註釋，所以陽明學者在出版古本《大學》時，除了古本的原文與王守仁的自序傍註以外，還會將〈大學問〉這篇王守仁與門人弟子討論為何復《大學》古本的大文章也一起附上，有些版本還可見到鄒守益的跋文，萬曆年間王時槐更把鄒守益與羅洪先討論《大學》的語錄也加了進去。[36] 即使如此，全本的篇幅仍然不大。

三、《傳習錄》

從書籍刊刻的角度來看，正德十三年（1518）是十分關鍵的一年，這一年王守仁分別刊刻了古本《大學》、《傳習錄》與〈朱子晚年定論〉，〈朱子晚年定論〉後來更輯入《傳習錄》一起流傳。由於古本《大學》以及所附的〈大學問〉、序、跋、註文篇幅有限，一般人仍不易

---

33 請見羅欽順，《困知記》（北京：中華書局，1990），〈困知記附錄〉，「論學書信」，頁108-113、117-127、166-170、171-174。

34 相關研究請見李紀祥，《兩宋以來大學改本之研究》（臺北：臺灣學生書局，1988）。

35 鄒守益的父親鄒賢，進士出身，因此鄒守益九歲便曾隨其父宦遊南京，拜見羅欽順這位程朱學的大家，並蒙其讚賞。等到他考取進士以後，雖因王守仁巡撫南贛的地緣之便前往謁見，但當時目的只在求王守仁為其父作墓誌銘，等到他聽了王守仁講學豁然有悟，表示「往吾疑程、朱補《大學》，先格物窮理，而《中庸》首慎獨，兩不相蒙，今釋然，格致之即慎獨也」，於是稱弟子。黃宗羲撰，沈芝盈點校，《明儒學案》，頁333-334。

36 王守仁，〈大學問〉，在王守仁撰，吳光、錢明、董平、姚延福編校，《王陽明全集》（新編本）（杭州：浙江古籍出版社，2010），第3冊，卷26，《續編一》，頁1014-1021；王時槐，〈刻大學古本跋〉，《友慶堂合稿》，卷5，頁29。

藉著這本書上手了解全部的陽明學學說，於是《傳習錄》這本王守仁與門人弟子論說的小書，成為人們了解陽明學思想的真正關鍵所在，而其影響之大更在古本《大學》之上，至於其編定與流傳，更引起當時乃至於整個明中後期思想文化上的震動。

　　《傳習錄》有許多不同的版本，而〈朱子晚年定論〉最初是以單篇的形式流行，後來附入《傳習錄》中。據〈定論〉卷首錢德洪（1496-1574）序言：

> 〈定論〉首刻於南贛。朱子病目靜久，忽悟聖學之淵藪，乃大悔中年注述誤己誤人，遍告同志。師閱之，喜己學與晦翁同，手錄一卷，門人刻行之。自是為朱子論異同者寡矣。師曰：「無意中得此一助」。[37]

　　〈定論〉的主要目的之一是在攻擊當時的程朱學，利用朱熹晚年之悔，指其「誤己誤人」，並以「己學與晦翁同」，使傾向程朱學的人更容易接受陽明學的新說。由於陽明學強調致良知，不免令人聯想到南宋專主尊德性的陸九淵之學，朱、陸異同是理學史上的一樁公案，[38]〈定論〉的編定則帶有一些為陸學申冤的意思，王守仁在致汪循（1496

---

[37] 王守仁撰，吳光等編校，《王陽明全集》（新編本），第 1 冊，卷 3，《語錄三》，頁 139。陳來曾得日本學者所贈之《陽明先生遺言錄》影印本，而據《遺言錄》一書論其與《傳習錄》的關係，以及全書本《傳習錄》形成的歷史，請見陳來，〈《遺言錄》與《傳習錄》〉，在氏著，《中國近世思想史研究》（北京：商務印書館，2003），頁 589-604。

[38] 錢穆在《朱子新學案》的〈朱子象山學術異同〉篇中，反駁王守仁〈朱子晚年定論〉的謬誤所在。他指出，朱熹素主尊德、道問學兩兼之說，這個立場從中年到晚年始終一貫，因此在朱學中若有陸學所謂尊德性的部分，其實是朱陸思想本有相通之處。而陽明學凡遇朱熹言論可與陸九淵相通者，便指為朱熹自悔己學而改以相從，則是完全荒謬不通的說法。《朱子新學案》的書評請見陳來，〈《朱子新學案》述評〉，在氏著，《中國近世思想史研究》，頁 221-239。關於〈朱子晚年定論〉的研究，亦可參見吉田公平，《陸象山と王陽明》（東京：研文出版社，1990），Ⅲ-4『朱子晚年定論』，頁 204-264。

年進士）函中說：

> 朱陸異同之辯，固守仁平日之所召尤速謗者，亦嘗欲為一書以明
> 陸學之非禪，見朱說亦有未定者，又恐世之學者先懷黨同伐異之
> 心，將觀其言而不入，反激怒焉。乃取朱子晚年悔悟之說，集為
> 小冊，名曰朱子晚年定論，使具眼者自擇焉，將二家之學不待辯
> 說而自明矣。近門人輩刻之雲都，士夫見之往往亦有啟發者。[39]

　　汪循出身休寧，這是程朱學勢力最盛的幾個地區之一，他曾遊於
程朱學者莊昹（1432-1498）之門，與王守仁曾有過幾番論辯。[40] 這封信
應即兩人往來論辯的書信之一。[41] 如果說《傳習錄》主要在申明己說，
〈定論〉則多少帶有入程朱學之室操戈的意思。[42] 而從汪循、羅欽順等
程朱學者亟與王守仁論辯的情形來看，此文應對當時的程朱學造成不
小的傷害。[43] 陽明後學如王叔果也輯陸九淵語錄以明其非禪，並取朱熹
晚年之論相參照，合為一錄。[44] 張元忭則仿〈定論〉而作《朱子摘編》，
並附朱熹悟後詩作以前後呼應。

　　《傳習錄》全書內容主要包括王守仁與幾位弟子之間問答的記

39　汪循，《汪仁峰外集》（收入《四庫全書存目叢書》，集部第47冊，據清康熙刻本影印），
　　卷3，頁16-17。

40　永瑢等撰，《四庫全書總目》，頁1565。

41　汪循的回信請見汪循，《汪仁峰文集》（收入《四庫全書存目叢書》，集部第47冊，據清康
　　熙刻本影印），卷5，〈復王都憲〉，頁15-19。

42　關於〈定論〉內容的分析，請見高橋進，《朱熹と王陽明――物と心と理の比較思想論》，
　　第2章，頁45-106。

43　相對地，湛若水則頗喜此文，故曰：「〈朱子晚年定論〉一編尤為獨見。」湛若水，《湛甘
　　泉先生文集》，卷7，〈答陽明都憲〉，頁12。

44　湯日昭、王光蘊纂修，（萬曆）《溫州府志》（收入《四庫全書存目叢書》，史部第210-211
　　冊，據明萬曆刻本影印），卷11，〈人物一〉，頁23-24。

錄，以及一部分王守仁與其他學者的書信辯難，既不像高文典冊般艱
澀難懂，又十分易於上手，士人不僅可以藉此接觸到跟程朱學不同思
路的新說，王守仁與弟子之間一問一答的方式，也幫助士人問出他們
心中的疑惑，並代讀者把問題作了釐清與解釋。[45]《傳習錄》一開卷的
地方，就是王守仁與其弟子徐愛（1487-1517）的問答，並聚焦在《大學》
改本與古本的問題上，剖析朱熹改「新民」與王守仁「親民」說之間
的不同，此後更涉及對「格物」的理解，以及其他種種解經方式的異
同，這些對《大學》版本與經文解釋的疑惑所作的剖析與解釋，正可
作為士人學習的指引。關於《大學》的討論只占《傳習錄》一部分的
篇幅，其他還有王守仁所反覆闡明的知行合一、心即理、致良知等說，
以及拔本塞源論、成色分兩說、天泉證道等等，最後收束於〈朱子晚
年定論〉，這些都是陽明學學說的精華，也是當時最受矚目的新說。
透過這些概念的提出，不僅成功介紹與定義了陽明學，同時更一層層
地剝開程朱學學說的束縛，把新舊兩說之間許多糾纏不清的關係重作
釐清。

在與弟子的問答記錄中，王守仁往往採取非常明快、一針見血的
作法，一刀截斷新舊兩說的糾纏關係，對聽者與讀者而言，這都是一
種能夠刺激思考並重新質疑舊說的機會，尤其在程朱學已經主導思想
界數百年之久後，更可藉此突破成見、重新審視與反思其說。以王守
仁與其得意弟子徐愛的問答為例，徐愛是最早跟隨王守仁學習的人，
很早就聽過王守仁談他自己的許多思想見解，這些思想見解對當時人
顯然非常新奇穎異，甚至可能很少有人想過，因此乍聽其說並不容易
了解。在王、徐二人的問答中，儘管王守仁幾次向徐愛反覆解釋其說，
但徐愛所能領悟者仍然有限，王守仁不得不感歎「此說之蔽久矣」、

---

45 如劉元卿在接觸陽明學以後，閉門考索先儒語錄，卻無所得，於是毅然投入劉陽門下。這裡
所說的先儒語錄，應也包括《近思錄》在內。黃宗羲撰，沈芝盈點校，《明儒學案》，頁
498。

「豈一語所能悟」，徐愛最後雖在不斷與王守仁的互動下有所悟入，但仍然感到「舊說纏於胸中，尚有未脫然者」。[46] 同樣的情形也發生在胡瀚身上，胡瀚是餘姚人，與王守仁同鄉，他十八歲就向王守仁問學，而在王守仁授其致良知之學後，他必須「反覆終日」，才終於躍然而起，表示「先生之教劈破愚蒙」。[47] 顯然舊說與新說之間存在十分微妙而難以截然二分的關係，也因此王守仁必須採取果斷明快的手法，把己說與舊說的關係截然劈斷、分成兩途，凸顯己說的殊異性；加上他作〈拔本塞源論〉、〈朱子晚年定論〉，反覆申明新說大不同於舊說之處，以及舊說的宗主朱熹晚年自悔其說的故事，更進一步加深讀者的印象，認為新說優於舊說，而且兩說頗有扞格不能相容之處。

當時在人手之間流傳的《傳習錄》發揮了很大的作用與指引的功能，人們可以自修的方式研習《傳習錄》迅速掌握陽明學要旨，這種利用小冊子闡揚己學的方式，不僅可在短時間內吸引更多讀者的眼光，另一方面，陽明學強調個人的自得與悟入，不膠著於師承的關係與學術的淵源，因此留給讀者自我發展的空間甚大，即便無法親自拜入心學家門下或聽其講學，仍可透過這本小書掌握陽明學的精要，並且迅速了解當時熱烈討論的重要議題，而摩挲熟讀此書使其可更容易打入陽明學的學術社群中。透過《傳習錄》的流傳，陽明學的影響層面迅速擴大，包括士紳、中下層士人乃至於布衣平民，許多人都曾讀過這本小冊子，也透過這本小冊子而接觸陽明學。蔡汝楠（1516-1565）說：「《傳習》一編，斯道之輿，載道有具，唯人自驅」，[48] 很生動地說明了《傳習錄》的功能與特色。

46　王守仁，《傳習錄》，收入王守仁撰，吳光等編校，《王陽明全集》（新編本），第1冊，卷1，《語錄一》，頁2-19。

47　黃宗羲撰，沈芝盈點校，《明儒學案》，頁330。

48　蔡汝楠，《自知堂集》（收入《四庫全書存目叢書》，集部第97冊，據明嘉靖刻本影印），卷15，〈陽明先生像贊〉，頁11。

　　這類事例頗多，如遠在河南的尤時熙（1503-1580），因為當地未有著名陽明學者，他便透過閱讀《傳習錄》而接觸陽明學。他讀了以後，「寖讀寖入，寖入寖透」，此後更於「齋中設文成位，晨起必焚香拜，來學者必令展謁」。[49] 而他也常與人往來討論，如問人：「陽明先生語近看又如何？」陽明先生語當指語錄，即《傳習錄》。[50] 如泰州學派的健將羅汝芳（1515-1588），他年少時便以道學自任，學習各種屏息私念的工夫，到了廢寢忘食的地步，甚至還因此生了重病，他的父親見他如此，於是示之以《傳習錄》使讀，他的疾病才得痊癒。[51] 又如新淦諸生饒良士，因為準備舉業生病而懷疑是否應以科舉之學竟其終身，後來閱讀《傳習錄》發現「道至邇至易矣，舍是他營，是謂大惑」，於是一心向學，不再顧戀功名舉業。死前還念念不忘此書，遺言吩咐放一本《傳習錄》在他棺中，「以識吾志」。[52]

　　吉水羅洪先也是一例。羅洪先從小便因心慕羅倫而有志於聖學，他所慕的聖學，自然是羅倫所屬的程朱學陣營所定義下的聖學。[53] 他當時尚未接觸陽明學。等到王守仁在正德年間展開其講學活動後，首先吸引不少吉安士人遠道前往其故鄉浙江會稽問學，[54] 此後王守仁擔任南

49　張元忭，〈河南西川尤先生墓誌銘〉，在尤時熙，《擬學小記》（收入《四庫全書存目叢書》，子部第 9 冊，據清同治三年〔1864〕刻本影印），《附錄》，卷上，頁 30。

50　尤時熙，《擬學小記》，卷 4，〈答李雨山三〉，頁 14。

51　黃宗羲撰，沈芝盈點校，《明儒學案》，頁 781。

52　羅洪先，《念菴文集》，收入《景印文淵閣四庫全書》，第 1275 冊，卷 16，〈明故饒良士孫烈婦合葬志銘〉，頁 9-10。

53　黃宗羲撰，沈芝盈點校，《明儒學案》，頁 388。

54　當時安福三舍劉氏的子弟前往越中問學的多達十餘人，包括劉文敏、劉邦采、劉曉等人，以及尹一仁，都見姚濬昌等修，周立瀛等纂，（同治）《安福縣志》，卷 11，頁 4、12、13、17。泰和則有曾忭，事蹟見楊訒、徐迪惠等纂，（道光）《泰和縣志》（收入《中國方志叢書‧華中地方‧江西省》，第 839 號，據清道光六年〔1826〕刊本影印），卷 21，頁 18。安福與泰和都是吉安府的一縣。

贛巡撫，由於南贛恰與吉安相毗鄰，更激起許多吉安地方士人前往問學的決心。此時羅洪先年方十四，正隨其姻親姐夫周汝芳學習舉業，由於周汝芳曾師王守仁，便常利用習舉業之便為羅洪先講解陽明學，使得羅洪先也起了往南贛問學之念，不過被其父羅循大力阻止。羅循反對的理由不詳，但推測跟他希望羅洪先全心準備舉業，以及羅循本身的學術立場傾向程朱學有關。所以等到嘉靖四年（1525）羅洪先以《書經》舉江西鄉試第八十名，因父疾而輟次年會試，居鄉在家無所事事時，羅循便要羅洪先拜入李中門下。從羅倫到李中，都是當地著名的程朱學者。[55]

　　但羅洪先並未從此拘泥在程朱學的格套中，他仍然透過其他管道接觸陽明學這門新興的學術。儘管當初企圖前往南贛聽講不果，但羅洪先仍然透過周汝芳取得《傳習錄》一書，「讀之忘寢食」，[56] 尤其對〈答羅整菴少宰書〉一文頗有感動。[57] 周汝芳只有舉人功名，與羅洪先同輩，兩人分別是吉水同水鄉泥田周氏與黃澄溪羅氏兩大家族的年輕子弟，這些年輕子弟彼此私下交流著長輩所不贊成的陽明學資訊，而《傳習錄》正是主要的憑藉。

55　以上請見（廬陵）《平溪羅氏四修族譜》（上海圖書館藏民國一經堂木活字本），卷3，《行誌》，〈左贊善羅文恭公行誌〉，無頁碼；與黃宗羲撰，沈芝盈點校，《明儒學案》，頁389；與胡直，《衡廬精舍藏稿》，收入《景印文淵閣四庫全書》，第1287冊，卷23，〈念菴先生行狀〉，頁5-6。

56　根據《平溪羅氏四修族譜》：「年十四，未屬文，其女兄周汝芳為訓舉業法，始習舉業。配泥田大俊卿曾直女。後汝芳師王文成公，於庭時時為語學問正傳及冀元亨篤力處，文恭公於是慨然有志於聖賢之學。」見（廬陵）《平溪羅氏四修族譜》，卷3，《行誌》，〈左贊善羅文恭公行誌〉，無頁碼。又據《明儒學案》載：「幼聞陽明講學虔臺，心即向慕，比《傳習錄》出，讀之至忘寢食。」錢德洪則指出：「子年十四時，欲見師於贛，父母不聽，則及門者素志也。」黃宗羲撰，沈芝盈點校，《明儒學案》，頁388-389。可知羅洪先年十四時，因周汝芳的緣故而知陽明學，並欲往南贛拜謁王守仁，被其父母所阻，於是讀《傳習錄》而習陽明學。據此羅洪先從周汝芳處取得《傳習錄》的可能性很大，所以我作此推測。

57　羅洪先，《念菴文集》，卷3，〈答周洞巖〉，頁70。

　　羅洪先的故事並非特案，當時不少吉安士人都因讀過這本小書心嚮往之甚至前往問學。如安福三舍劉氏的劉曉，他是吉安地區最早拜入王守仁門下的人，當正德年間王守仁在浙中講學時，劉曉正任新寧令，他不惜棄官前往問學，並與王守仁身邊的兩名弟子徐愛、薛侃（1486-1545）彼此切磋討論，[58] 此後更帶回王守仁的「論學語」，推測其內容除了劉曉個人所錄的筆記外，應還包括徐愛、薛侃二人與王守仁之間的問答紀錄，[59] 這些問答紀錄後來更被編入成為《傳習錄》的主要內容之一。他所帶回的「論學語」，則廣泛流傳於三舍劉氏的年輕子弟手中。與劉曉同族的族人劉文敏（1490-1572），他二十三歲時與族人劉邦采（1492-1578）共同學習，思考如何能夠自立於天地間，為此甚至焦慮煩惱而無法入眠，直到他讀《傳習錄》接觸到陽明學的思想，發現所論格物致知之旨與宋儒異，於是「展轉研思，恍若有悟，遂決信不疑」，此後他又感到有親承師授的必要，便動身前往浙江會稽，從此就一意以致良知為鵠的了。[60] 三舍劉氏家族的其他子弟同樣也受影響，紛紛跟隨劉文敏的腳步歸入陽明學陣營。安福北鄉歐陽瑜亦偕其兄歐陽瓅前往浙中王守仁門下問學，回鄉後眼見當地鄉里可與討論陽明學的同志不多，所以在得知南鄉劉邦采等人也曾赴浙中後，更

58　姚濬昌等修，周立瀛等纂，（同治）《安福縣志》，卷11，〈儒林〉，頁12。根據《年譜》記載，王守仁在正德九年（1514）任南京鴻臚寺卿，且次年便北上京師，可知劉曉是在此年前往求學。而據族譜載劉曉是「挂冠往受業焉」，因此可知他是在任新寧令後前往的，請見劉氏合族修，（安福）《三舍劉氏六續族譜》（收入《中國族譜集成‧劉氏族譜》，第13-14冊，成都：巴蜀書社，1995，據清光緒三十一年（1905）刻本影印），卷30，〈家傳八〉，頁28。

59　據方志載，劉文敏從劉曉處得讀劉曉所錄的王守仁論學語與《傳習錄》。不過《傳習錄》最早的版本是正德十三年（1918）由薛侃編輯而成，當時尚無此書。劉曉在浙中問學期間，既常與徐愛、薛侃等人往來切磋學術，因此推測所謂的《傳習錄》應指徐、薛與王守仁的問答而言。請見姚濬昌等修，周立瀛等纂，（同治）《安福縣志》，卷11，〈理學〉，頁4；同前書，卷11，〈儒林〉，頁12。

60　黃宗羲撰，沈芝盈點校，《明儒學案》，頁431；王時槐，《友慶堂合稿》，卷3，〈兩峰劉先生志銘〉，頁52。

不惜遠下南鄉與其印證學術，而在沒有講學同志時，便「昕夕惟玩文成公所著《傳習錄》一帙，即使應試亦必攜以往」，[61] 後來他還常在包袱中裝數冊《傳習錄》行走路上，人呼為賣藥客，他則說自己是賣書而非賣藥，至於所賣的當然是《傳習錄》。[62] 同樣的，吉水劉方興因慕王守仁的良知之學，於是拜南贛陽明學者黃弘綱（1492-1561）為師，黃弘綱則授其《傳習錄》。此後劉方興更回吉安府走訪鄒守益、聶豹等人，聽其講學。[63] 羅洪先的兩位得意門生羅文祥因得王守仁格物論，讀後率弟同拜入羅洪先門下，[64] 文江兩生之一的趙弼也是讀《傳習錄》有感，毅然思自樹，不甘逐庸流。[65]

　　泰州學派的代表人物之一顏鈞也是一例。顏鈞是吉安府永新縣人，他的兄長顏鑰是地方上小有名氣的學者，當他在白鹿洞接觸陽明學學說時，親自抄錄了一份《傳習錄》帶回家中給顏鈞參考，而這本小書卻改變了顏鈞的一生。顏鈞這位識字不多的布衣平民，在讀了《傳習錄》以後便開始致力儒學的講學與教化工作，積極「聚眾講耕讀孝弟」，並立萃和會，受召集來聽講的人甚至達七百人之多，而他所講的正是受《傳習錄》啟發的心性之學，不到兩個月的時間，已經「老者八、九十歲，牧童十二、三歲，各透心性靈竅，信口各自吟哦，為詩為歌，為頌為贊」，而值得注意的是，顏鈞在此之前不曾聽過講學，僅僅透過《傳習錄》接觸陽明學，即使後來參與青原講會，也跟與會者理念不合，不能接受其說，但卻已在教化工作上收到「喧赫震村谷，

61　（安福）《續修安福令歐陽公通譜》（上海圖書館藏民國二十六年〔1937〕影印本），《理學志》，〈三溪公傳〉，頁 15-17。

62　（萬曆）《吉安府志》（北京：書目文獻出版社，1991，據明萬曆十三年〔1585〕刻本影印），卷 28，〈隱逸傳〉，頁 12-13。

63　胡直，《衡廬精舍藏稿》，卷 25，〈平樂府節推劉公墓誌銘〉，頁 17。

64　羅洪先，《念菴文集》，卷 16，〈明故羅生汝奎墓志銘〉，頁 6-7

65　羅洪先，《念菴文集》，卷 15，〈文江兩生墓志銘〉，頁 8-9。

閭里為仁風」的成效，[66]《傳習錄》的自修、參悟與實踐，才是顏鈞教
化鄉里的動力來源所在。這也正好印證前文所說的，在講學活動已觸
及或未觸及的地方，可以藉助像《傳習錄》這類小書，讓那些自修《傳
習錄》有得的人憑藉自己悟出的道理向人宣講，轉手再傳播給沒有機
會透過閱讀而接觸陽明學的下民了解。

　　當時《傳習錄》的流風所及，即連僧人或傾向佛學的士人也受其
影響。僧人中有讀《傳習錄》有悟的：「（法聚）居天池山二十餘年，
登坐說法，趨道者甚眾。……好為韻語，忽自謂出家兒當為生死，嗜
此何益？遂誓志參學，觀陽明《傳習錄》，謂與禪禮不殊，乃以偈趨
叩，陽明以偈答之。」[67]至於傾向佛學的士人則可以萬曆年間的吉水羅
大紘（1586 年進士）為例，羅大紘雖是陽明學陣營中一分子，但其學術
雜染了非常濃重的佛學色彩，在他談到為學歷程時便指出，自己年輕
時也曾苦心參究程朱的格物之學，雖然時有自得，但終究感到格物與
致知不相干涉，為此困擾不已，但即使如此，他仍不敢疑心是程朱解
經出了問題，反而認為自己的資質太過魯鈍不能領悟。等到弱冠之年，
友人贈他一本《傳習錄》，羅大紘一讀之下，「便與神契，若自暗室
睹白日」，於是每天捧在手上玩習。儘管不久他又感到致知與格物不
相聯貫，二十年後才又因讀佛學使他大悟而積疑盡除，但他仍下結論
表示，自己所悟的雖與《傳習錄》稍異毫末，「然非《傳習錄》推開
眼翳，終死在宋儒窠臼不得脫也，則王文成為百世之師，豈顧問哉！」[68]
這裡幾乎把王守仁與孔子等同齊觀，都以百世師尊之了。

66　黃宣民，〈顏鈞年譜〉，收入顏鈞，《顏鈞集》（北京：中國社會科學出版社，1996），頁
　　122-123。

67　蘇晉仁、蕭鍊子選輯，《歷代釋道人物志》（成都：巴蜀書社，1998），總頁 359。

68　羅大紘，《紫原文集》（收入《四庫禁燬書叢刊》，集部第 139 冊，據明末刻本影印），卷 6，
　　〈東撫臺王公〉，頁 30。

　　當時《傳習錄》流傳甚廣，常見陽明學者或在書院、[69]或藉任官之便而在任地刊刻《傳習錄》。[70]至於《文集》與《文錄》也具一定的影響力，受這些書啟發影響者也不少，如永豐劉籌的兒子劉煥文，本身只是諸生的身分，但在讀過《文集》、得聞良知之學以後，便前往鄒守益、羅洪先門下學習。[71]前述尤時熙本人雖因《傳習錄》而有悟，但仍常讀《文錄》，[72]而他教子的方式之一，就是要求其子常看《文集》，[73]這跟鄒守益命子讀《傳習錄》的做法相當類似。此外，《王陽明年譜》也成為許多陽明學信徒求道過程中的參考手冊——在宋明理學的傳統中，年譜常有修身借鑑的功用，因此參詳某人的年譜，便是參詳他道德奮鬥的過程。[74]這幾本書在傳播乃至於幫助士人了解陽明學上，都扮演了相當分量的角色。

　　除了與王守仁直接相關的著作以外，陽明學者也常有許多講學語錄在社會上廣泛流傳，陽明學者之間還經常互贈語錄，如左派王學的

69　一些傾向陽明學的高級官員如胡宗憲，甚至資助陽明學者在書院刊刻《傳習錄》等書：「（總制胡公）命同門杭貳守唐堯臣重刻先師《文錄》、《傳習錄》於書院，以嘉惠諸生。」見鄒守益，《東廓鄒先生遺稿》（臺北國家圖書館藏嘉靖末年刊本），卷4，〈天真書院改建仰止祠記〉，頁5-6。當時常見當父親的人用語錄來教育子女的記錄：「余兒時，家君每課以東廓先生言，時余未知其何謂也。稍長，始知家君曾受學東廓先生，因竊至教，想望其風。」許吳儒，〈世德作求尚友千古冊〉，在鄒德涵，《鄒聚所先生外集》（收入《四庫全書存目叢書》，集部第157冊，據明萬曆鄒衰刻本影印），頁58。

70　如錢鶴洲（號）任江陰知縣時便與當地陽明學者薛甲合作，刊刻《傳習錄》以廣其傳。請見薛甲，《畏齋薛先生藝文類稿》（收入《北京圖書館古籍珍本叢刊》，第110冊，北京：書目文獻出版社，1988，據明隆慶刻本影印），卷6，〈刻傳習錄序〉，頁17-19。並請參見下一節的討論。

71　王建中等修，劉繹等纂，（同治）《永豐縣志》（收入《中國方志叢書·華中地方·江西省》，第760號，據清同治十三年〔1874〕刻本影印），卷25，頁8。

72　尤時熙，《擬學小記》，《續錄》，卷3，〈上晴川劉師〉，頁13。

73　尤時熙，《擬學小記》，《續錄》，卷3，〈寄示沫兒〉，頁37。

74　請見王汎森，〈日譜與明末清初思想家——以顏李學派為主的討論〉，《中央研究院歷史語言研究所集刊》，69：2（臺北，1998），頁245-294。

代表人物羅汝芳便常贈人王艮的語錄。[75] 敘述個人求道心路歷程的文章也很通行，如羅洪先的〈冬游記〉與〈夏游記〉這兩篇自述為學歷程的短文就不斷轉手流傳於學者、士人之間，人們不僅藉此窺見作者的學術根柢造詣，更可因此而有所感發領悟。[76] 聶豹就特別刊刻〈夏遊記〉並為其作序。[77] 鄒守益也把〈冬游記〉連同《大學》古本、《或問》等書寄給學生作為求學的參考。[78] 胡松（1503-1566）則自述在讀過羅洪先的冬夏兩〈遊記〉與論學書信後才了解羅洪先的苦心孤詣，在「所以憂墮溺，捄詖離，正人心，端士習，而防其淫且蕩者，真復抉腎腸嘔心肺，其心更切於余之所感」。[79] 而如尤時熙的《擬學小記》，雖然內容多是他個人的學術心得，但這本書卻在地方上與聖諭六言、《聖諭衍》這些教民書籍同時刊刻流傳於鄉閭里甲之間。[80]

必須指出的是，包括《傳習錄》在內的這些小冊子的流傳與講學活動兩者是並行不悖的，閱讀的熱潮並不因為講學活動的流行而有所稍歇。在陽明學講學尚未盛行以前，不少士人固然必須透過《傳習錄》的閱讀才有接觸陽明學的機會，但即便陽明學聲勢已經如日中天、講

---

75 羅汝芳曾藉靈濟宮講學之便贈送與會的楊應詔兩冊《王心齋語錄》。楊應詔師事程朱學者呂柟，而對王畿、王艮等人的學術稍有微詞，羅汝芳應是希望藉語錄使他對王艮的學術能有所改觀。請見楊應詔，《天游山人集》（收入《北京圖書館古籍珍本叢刊》，第110冊，北京：書目文獻出版社，1988），卷13，〈與羅近溪書〉，頁13-16。

76 相關討論請見 Pei-yi Wu, *The Confucian's Progress: Autobiographical Writings in Traditional China*（Princeton: Princeton University Press, 1990），pp.93-141.

77 見聶豹，《雙江聶先生文集》（收入《四庫全書存目叢書》，集部第72冊，據明嘉靖四十三年〔1564〕吳鳳瑞刻隆慶六年〔1572〕印本影印），卷6，〈刻夏遊記序〉，頁17-18。

78 見鄒守益，《東廓鄒先生文集》，卷5，〈又與董生兆時〉，頁48。

79 胡松，《胡莊肅公集》，卷2，〈刻念菴文集序〉，頁3。如熊過在寫給羅洪先的好友唐順之的書信中談到他讀〈冬游記〉的感想：「見此兄〈冬游記〉，殊為懇切，末附龍溪數語，則雖覺其自出少異，然沈著痛快。」熊過，《南沙先生文集》（收入《四庫全書存目叢書》，集部第91冊，據明泰昌元年〔1620〕熊胤衡刻本影印），卷4，〈與唐荊川書〉，頁29。

80 尤時熙，《擬學小記》，《續錄》，卷4，〈答化鯉十四〉，頁54-55。

學活動頻仍之際，《傳習錄》仍然不失為接人入門的最好指引。如安福鄒守益教育孩子的方式就是讓他們讀《傳習錄》，其長子鄒義正是受這本小書的啟發才積極參與講學活動。如羅洪先的幾名弟子——趙弼、羅汝奎等人，儘管已經跟隨在羅洪先身邊學習，但還是靠讀了《傳習錄》以後才毅然決然下定決心，亟思有所樹立。[81] 即連萬曆年間安福陽明學的後勁劉元卿，先是考索宋儒語錄，但無所得，於是轉而披讀《傳習錄》而有悟，並且毅然決定外出問學，最後拜入湖北陽明學者耿定向（1524-1596）門下。[82] 即使到了民國年間，錢穆先生還特別為《傳習錄》作一節要，希望讓已經不習慣閱讀古籍的一般大眾有更多接觸陽明學的機會。[83]

四、吉安程朱學者的對抗或轉向

綜合以上所談的，陽明學對於程朱學的挑戰除了思想上的創新以外，在行動上則表現在兩方面：一是講學，一是《傳習錄》這類小冊子的刊刻傳播。此處便專以吉安一地為例，說明程朱學者的對抗與轉向的實況。

81　羅洪先，《念菴文集》，卷15，〈文江兩生墓志銘〉，頁8-9；同前書，卷16，〈明故羅生汝奎墓志銘〉，頁6-7。

82　黃宗羲（1610-1695）指劉元卿「考索於先儒語錄，未之有得也」，若據鄒元標所作墓誌銘可知此「先儒語錄」即宋儒語錄。請見黃宗羲撰，沈芝盈點校，《明儒學案》，頁498；與鄒元標，〈瀘瀟劉先生墓誌銘〉，收入（安福）《南溪劉氏續修族譜》（上海圖書館藏清崇本堂木活字本），〈祠墓紀〉，頁12。劉元卿向其友劉應峰談到自己讀《傳習錄》有悟的過程：「迺蚤莫觀王氏《傳習錄》，輒回視返聞，以求所謂心體者，久若有睹注，則心自沾沾喜，以為道在此。」劉元卿，《劉聘君全集》，卷2，〈又簡劉養旦先生〉，頁2。

83　請見錢穆，《講堂遺錄》（上），收入《錢賓四先生全集》丙編，第52冊（臺北：聯經出版事業公司，1995），頁222；錢穆，〈王陽明先生傳習錄及大學問節本〉，在氏著，《中國學術思想史論叢》七（臺北：東大圖書公司，1979），頁95-123。

　　吉安在經歷宸濠之亂與王守仁巡撫南贛講學以後，吸引許多中下層士人前往問學，緊接著安福惜陰會的舉行，意味陽明學開始以建制化的形式傳播其學，此後講會、書院逐一成立，陽明學可以更具草根性的方式在當地紮根，不少未曾外出求學的人也可就近得到接觸陽明學講學的機會與資訊，而不少人也因此而信從陽明學。吉安陽明學者常選擇在府縣城或鄉里交通便利處建立書院，[84] 一些從其他鄉里前來參與講學的人，還常抱怨交通不夠方便，甚至乾脆就近建立書院的。惜陰會的舉行，乃至於書院的成立，都使陽明學勢力得到更進一步的擴展，相對的吉安當地程朱學者的勢力範圍則日漸萎縮。

　　至於《傳習錄》則常被當作打開程朱學缺口的一項利器。陽明學者常藉任官之便，在程朱學勢力強固的地區刊刻《傳習錄》等書，達到攻擊對手與傳播學術的目的。如浙江一帶學術頗受莊㫤、章懋等程朱學者的影響，所以王守仁在世時，便曾特地與莊㫤的女婿王宏（號巴山）論學，由於此人是莊㫤的女婿，加上頗有學術，在後輩學者中很有影響力，「若轉得巴山，則六合之士皆可轉矣」，[85] 鄒守益形容當時王守仁「忍咳與談，談劇復咳，咳止復談」，至於效果如何則未知。不過《傳習錄》對陽明學在當地的流傳倒是頗有助益，當時越中「學

84　安福分作東、南、西、北四鄉，而當地的幾所重要書院，多位於水路幹線流經之地。若從西鄉始，中道會館位於洋溪這個交通樞紐之地，往西南走四十里即復禮書院，相反的若沿洋溪往東北接瀘水，便可直達橫屋的識仁書院，再沿瀘水往東到縣城附近，城北有宗孔書院，城內則有復古書院。瀘水再往東經梅田則是東鄉道東書院，此後南向過洋口再折而往東，鄰近的蒙潭有同善書院，再沿舟湖水往西走可達舟湖的復真書院，若再繼續西行到彭坊鄉，再轉陸路也可銜接中道會館與復禮書院。除了復禮書院與中道會館之間的交通必須轉經一段陸路以外，從中道會館、識仁書院、宗孔書院、復古書院、道東書院、同善書院、到復真書院，都位於水路系統的幹線上。而除了復古書院作為縣城書院，其餘的幾間書院正是復古以外最重要的四鄉書院。而除了復古書院作為縣城書院，其餘的幾間書院正是復古以外最重要的四鄉書院。姚濬昌等修，周立瀛等纂，（同治）《安福縣志》，卷5，頁10：「按書院惟復古公於一邑，若東之道東，南之復真、同善，西之識仁、復禮、中道，北之宗孔，則又各鄉所建者。」

85　鄒守益，《東廓鄒先生文集》，卷5，〈簡歐南野崇一〉，頁27。

濂洛者，矩範有章先生（懋）在，不敢越步武，新建（王守仁）說出，群喙爭鳴為異端」，與王守仁的及門弟子徐愛並稱江左二徐的蘭溪徐袍，雖未曾拜入王守仁門下，但「獨嗜其旨，手《傳習錄》為贊」，毅然以學自樹立，並影響其族而成家學，傳至其孫徐學聚常與陽明學者往來，並在萬曆年間任吉水知縣時為當地的陽明學者鄒元標（1551-1624）建仁文書院。[86]

　　福建八閩之地也是程朱學的重鎮，即使在陽明學全盛時期，當地仍有不少程朱學者，先後有蔡清（1453-1508）、陳琛（1477-1545）、林希元（1481-1565）、張岳（1492-1552）等人起而主持學術，以致他們得意地宣稱——「姚江之學大行於東南，而閩士莫之遵，其掛陽明弟子之錄者，閩無一焉」。[87]有鑑於此，聶豹、朱衡兩位陽明學者都藉任官之便，在當地倡導陽明學，而他們選擇刊刻的書籍之一，就是《傳習錄》與古本《大學》這兩本小書，[88]聶豹更興建養正書院作為倡學之地。[89]同樣的，宋儀望（1516-1580，1547 年進士）督學閩南時，不僅時時與學校諸生講說王門學術，並特地把《傳習錄》這本小書加入《文粹》在學校中刊行，同時刊行的還有鄒守益、歐陽德二人文選，[90]做法與聶、朱二人如出一轍。對於陝西呂柟（1479-1542）一支的程朱學術，宋儀望也挾巡按陝西之勢，大舉刊刻《陽明先生文集》、《陽明先生文粹》

86　鄒元標，《願學集》，收入《景印文淵閣四庫全書》，第 1294 冊，卷 6 上，〈故孝廉贈承德郎工部都水清吏司主事晉贈福建右布政白谷徐公墓誌銘〉，頁 35-37。

87　李光地，《榕村集》，收入《景印文淵閣四庫全書》，第 1324 冊，卷 13，〈重修蔡虛齋先生祠引〉，頁 17。

88　聶豹，《雙江聶先生文集》，卷 3，〈重刻傳習錄序〉，頁 1-2；同前書，卷 3，〈重刻大學古本序〉，頁 4-5；與朱衡，《朱鎮山先生集》（臺北國立故宮博物院藏北平圖書館善本書膠片，據明萬曆十九年（1591）嶺南陳宗愈愁源刊本攝製），卷 15，頁 11-14。

89　聶豹，《雙江聶先生文集》，卷 5，〈重建養正書院記〉，頁 25-28。

90　曾同亨，《泉湖山房稿》（東京：高橋情報，1991，據日本內閣文庫藏明刊本影印），卷 22，〈嘉議大夫大理寺卿華陽宋公墓誌銘〉，頁 10。

等書。[91]

　　程朱學者對於《傳習錄》所帶來的閱讀風潮與震撼未始沒有警覺。《明史》說：「時王守仁《傳習錄》始出，士大夫多力排之。」[92]力排其學的士大夫中有不少就是程朱學者，如福建林希元，與王守仁同時，他師承蔡清所主張的程朱學術，因此對《傳習錄》一書攻擊不遺餘力。[93]同時也有許多人利用個人對陽明學的了解與經歷轉而攻擊陽明學，如徐學謨（1522-1593）的老師殷子義，本受致良知說的感動，但後來懷疑其說，認為「知亦有次第」，於是「更宗紫陽」，轉入程朱學陣營，徐學謨在其師墓誌銘中寫其心路歷程：

> 先生之學初宗姚江，若有味乎致良知之說，以儒者之方便法門在是，已悟中庸三知之指，謂知亦有次弟，生知既不恒有，藉令學知而下盡去聞見，而虛事揣摩，其能以徑造乎？乃更宗紫陽，而少剗其支離，以符會於孔氏博約之訓。[94]

　　另一位著名的反陽明學的章袞（？，1523年進士），更直截了當地表示陽明學終究是不如程朱學的，因為最初「一時之心目雖若開明，特久之，滋味自覺蕭索，且凌高屬空，無可執著。而陽明務觝晦翁以信其說，或不暇詳考其始終條理，而力攻其一言一節之差；或不肯深

91　宋儀望，《華陽館文集》，卷1，〈河東重刻陽明先生文集序〉，頁7-9；同前書，卷1，〈刻陽明先生文粹序〉，頁9-11。在此之前，嘉靖二十九年（1550）有閻東在此刊刻《文集》，見吳震，《明代知識界講學活動繫年 1522-1602》（上海：學林出版社，2003），頁170。

92　張廷玉等撰，鄭天挺點校，《新校本明史》（北京：中華書局，1995），頁7286。

93　永瑢等撰，《四庫全書總目》，頁1577。

94　徐學謨，《歸有園稿》（收入《四庫全書存目叢書》，集部第125冊，據明萬曆二十一年〔1593〕張汝濟刻四十年徐元嘏重修本影印），卷6，〈明故淮安府學訓導方齋殷先生墓志〉，頁25。

求其立言之本意，而亟議其影響依似之末」。[95]

朱熹的鄉人休寧汪尚和也曾對朱、王兩家之學有過一番反省，說：

> 尚和亦嘗從學於陽明王先生，王先生講知行合一之義，切中時學
> 浮泛之病，顧學者聽之不審，傳之太過，遂至于貶吾朱夫子焉。
> 尚和是以深痛之，倣《伊洛淵源》，有是錄也，使天下後世知朱
> 夫子與一時門弟子問答者，固非若今之論矣。[96]

汪尚和儘管曾受學於王守仁，聞其「知行合一」之旨，但因朱、
王兩家分立的結果，使他不得不仿《伊洛淵源錄》，另作《紫陽道脈
錄》倡導朱子學，他所反對的「今之論」，則更暗指收入《傳習錄》
中的〈朱子晚年定論〉。

由於陽明學者利用《傳習錄》等書大肆傳播己說與攻擊程朱學，
徐問在廣東程朱學者黃佐（1489-1566）的鼓勵下，寫作《讀書劄記》
第二冊以闢王守仁之說，並跟程朱學大家羅欽順就此事交換意見。[97] 值
得注意的是，徐問儘管極不喜陽明學，並曾向羅欽順抱怨「王氏之學
本諸象山緒餘，至今眩惑人聽，雖有高才亦溺於此」，認為此為「道
心不明，仁義否塞，而世道污隆之機」，故作《讀書劄記》第二冊，
但如四庫館臣指出：「今核其所闢各條，大都託之『或謂』，又稱為『近
學』、『世學』，而並未斥言。蓋是時陽明學盛行，羽翼者眾，故問
不欲顯加排擯。」可以想見當時陽明學勢力之大與流行之盛，竟連徐

95　章袞，《章介菴文集》（收入《四庫全書存目叢書》，集部第 81 冊，據清乾隆十八年〔1753〕
　　章文先刻本影印），卷 11，頁 15。

96　呂柟，《涇野先生文集》（收入《四庫全書存目叢書》，集部第 60 冊，據明嘉靖三十四年
　　〔1555〕于德昌刻本影印），卷 5，〈紫陽道脈錄序〉，頁 23。

97　徐問，《山堂續稿》（收入《四庫全書存目叢書》，集部第 54 冊，據明嘉靖二十年〔1638〕
　　張志選刻崇禎十一年〔1638〕徐邦式重修本影印），卷 3，〈答羅整菴先生〉，頁 10-11。

問這位關心世道污隆的程朱學者也不願直攖其鋒。[98]此外也有人將朱熹的文字擇其要者撮為《朱子文抄》一書梓行以利傳播其學。[99]

　　吉安府也有反陽明學的勢力，其中泰和羅欽順最可為代表。羅欽順長年居官在外，在被奪職為民後，他先以書信多次與王守仁辯論格物致知之旨，王守仁的回信收入《傳習錄》卷中的〈答羅整菴少宰書〉，羅欽順有鑑於《傳習錄》的流傳之速與吉安中下層士人受其影響之大，於是著手刊印他所作的《困知記》這本小冊子。[100]王守仁的弟子歐陽德因與羅欽順同鄉，在收到羅欽順所贈《困知記》以後，兩人之間又發生一番激辯。[101]

　　羅欽順的這些努力最後並未發揮太大的作用。一方面在於他回應陽明學的時機似乎已晚，陽明學在中下層士人間的勢力已成，不易再被撼動，所以當時已入老境的羅欽順所辯論的對象，竟是當地歐陽家族的年輕子弟歐陽德，兩代之問似已有鴻溝存在。另　方面，《困知記》雖然受到一些士紳、尤其是程朱學者的重視與讚賞，[102]但其影響

98　以上請見徐問，《山堂續稿》，卷3，〈答羅整菴先生〉，頁10-11；與永瑢等撰，《四庫全書總目》，頁792。

99　呂柟，《涇野先生文集》，卷13，〈晦菴朱子文抄序〉，頁12-14。

100　關於羅欽順與王守仁的書信問答，以及《困知記》與《傳習錄》刊刻時間的對照，請見山下龍二，《陽明學の研究——展開篇》（東京：現代情報社，1971），頁113。

101　歐陽德，《歐陽南野先生文集》（收入《四庫全書存目叢書》，集部第80冊，據明嘉靖刻本影印），卷1，〈答羅整菴先生寄困知記〉，頁14-24；同前書，卷20，〈冢宰整菴羅公八十壽〉，頁1。關於羅欽順與王守仁、歐陽德之間的辯論分析，請見錢穆，〈羅整菴學述〉，收入氏著《中國學術思想史論叢》七，頁45-67；羅欽順思想的研究，請見鍾彩鈞，〈羅整菴的理氣論〉，《中國文哲研究集刊》，6（臺北，1995），頁199-220；〈羅整菴的經世思想與其政治社會背景〉，《中國文哲研究集刊》，8（臺北，1996），頁197-226；〈上海復旦大學藏《整菴續稿》及其價值〉，《中國文哲研究通訊》，5：3（臺北，1995），頁137-141。而尹星凡使用了《閩城羅氏族譜》簡略敘述了羅欽順的生平，頗有參考價值，請見尹星凡，〈羅欽順及其《困知記》〉，在鄭曉江主編，《江右思想家研究》（北京：中國社會科學出版社，2003），頁230-241。

102　如尹臺、歐陽鐸這些在學術上比較同情程朱學的士紳學者。尹臺，《洞麓堂集》，收入《景

力以及對一般中下層士人的吸引力恐怕還是不如《傳習錄》來得大，所以我們很少見到中下層士人閱讀這本書有所得或受感動的記載，至於因讀《困知記》而轉向程朱學的例子就更少見了。即使如吉安知府張振之「學必宗朱說」，以官方力量倡導程朱學，命令學校諸生研習《困知記》等書，但效果仍然十分有限。[103]

　　吉安程朱學者無法成功回應陽明學挑戰的窘境，使得許多原本支持程朱學的人也逐漸受到這股學風的影響而改變立場。陽明學在吉安府得勢乃至於大盛，加上陽明學又喜群聚講學，聲氣相感相應的結果，當地程朱學者更形勢單力孤，也因此某些程朱學者如羅欽順，乾脆閉門不再參與當地的學術活動，[104]下迄萬曆年間，泰和當地幾乎已無其學術勢力，此時唯一力主校刻《羅欽順文集》的陽明學者劉渼，所持的理由是「程朱正脈豈可遂廢」。[105]又如吉水羅僑，眼見陽明學從初興到日盛，便在嘉靖十二年（1533）以鄒守益為首舉行青原山講學時應邀前往，並與在座人士論辯不已，但終究無力回天。至於與羅僑同縣

印文淵閣四庫全書》，第1277冊，卷1，〈太宰羅整菴先生壽榮錄序〉，頁35-37。歐陽鐸，《歐陽恭簡公文集》（收入《四庫全書存目叢書》，集部第64冊，據明嘉靖刻本影印），卷5，〈困知記後序〉，頁2-3。又如崔銑這位程朱學者在讀了《困知記》以後很高興的寫信給羅欽順，表示：「今之論學者行其書矣，右象山，表慈湖，小程氏，斥文公，歎顏子之後無傳，銑雖未之敢從，恒以寡昧自疑。及得我公《困知記》讀之，抉邪有據，申正造精，乃自信而立，自今苟存一日，或進跬步，皆奉明訓，感佩不忘，輒以此意敷衍成詞以獻。」崔銑，《洹詞》，卷10，〈與太宰整菴羅公書〉，頁15。

103 余之禎、王時槐等纂修，（萬曆）《吉安府志》，卷17，頁又9-10。府志上記載張振之「在郡三年，忽不自懌，遂棄官歸」，也許跟他想在陽明學的大本營吉安府推廣程朱學的效果不佳有關吧！

104 過庭訓，《本朝分省人物考》（收入《續修四庫全書》，第535冊，據明天啟刻本影印），卷67，〈江西吉安府五〉，「羅欽順」條，頁2-3。

105 定祥修，劉繹纂，（光緒）《吉安府志》（收入《中國方志叢書・華中地方・江西省》，第251號，據清光緒元年〔1875〕刊本影印），卷31，頁36。當時吉安府司理劉憲寵署泰和縣令，並主持泰和縣丈量畝田的工作，因此也協助刻此文集。曾同亨，《泉湖山房稿》，卷6，〈贈郡司理行素劉公考績序〉，頁9；同前書，卷13，〈劉司理署太和縣畝田記〉，頁27-30。

的李中乾脆以生病為由婉拒了鄒守益的邀請，並轉往他地養病與教授
程朱學了。[106] 程朱學在當地聲光之黯淡可見一斑。

陽明學在吉安流行的過程中，最初遭遇不少人的反對，其中有來
自地方士紳，也有來自傾程朱學者，但隨著小冊子的流傳，許多傾向
程朱學的人也漸向陽明學靠攏，受到古本《大學》這本小書影響而轉
向的尹臺（1506-1579）就是一例。《四庫全書總目》指尹臺「攻擊姚
江之學甚力」，「亦可謂屹然不移」，將其歸入程朱學陣營。[107] 但尹
臺的學術其實曾有變化，使他變化的原因有二，一是陽明學者的言行
事為，一是古本《大學》。關於尹臺學術轉變的記載如下：

> 尹臺，字崇基，號洞山，永新人，……明年，陞南祭酒，……遂
> 改北，道三茅，時鄉士胡直（1517-1585）為句容教諭，……語曰：
> 吾嘗以新學墮言語鮮躬行，邇歸，頗有觸於鄒羅二公，且見諸士
> 中操節崋崋不尠，則又喜曰：學在吾郡。因重相勗。……先是，
> 嘗割腴田三百畝入社備賑，復歸，乃別建鳳西書院，又割田四百
> 畝給來學。早極崇信紫陽（按：朱熹），趨泰和羅文莊公（按：羅欽
> 順），獨至中年，因有寤於《大學》知本之旨，浸與鄒、羅二公
> 語合，晚年益以明學為首務。讀書至老不倦，為文概主六經，而
> 體裁一準西京，詩歌儷建安天寶間無辨。[108]

嘉靖三十三年（1554）尹臺擔任南京國子監祭酒，期間曾回吉安一
趟，參與鄒守益、羅洪先等人主持的講學活動，目睹陽明學講學的盛

---

106 嘉靖十三年（1534）安福鄒守益與永新甘公亮都力邀李中參加青原講學，但李中皆以病辭。
而同年李中則在隨州報恩寺講程朱學。李中，《谷平先生文集》，卷3，〈答鄒謙之〉，頁
19；同前書，卷3，〈與甘太守欽采〉，頁21；同前書，〈朱學問答〉，卷5，頁14。

107 永瑢等撰，〈提要〉，收入尹臺，《洞麓堂集》，卷首，頁2。

108 過庭訓，《本朝分省人物考》，卷68，〈江西吉安府六〉，「尹臺」條，頁27-29。

況，是促成其改變的關鍵，曾同亨在此有記載：

> 初公之遷南雍，入家展省，艤舟吉水，期鄒文莊、羅文恭兩公，
> 與郡薦紳四方之士訂道術玄潭道院，昕夕弗倦。[109]

第二年他改任北京國子監祭酒，途中恰遇泰和陽明學者胡直，兩人相談竟日，尹臺很感歎地坦承他對陽明學的改觀：「吾嘗以新學墮言說，鮮躬行，邇歸，頗有觸於鄒、羅二公，且見諸士中操節犖犖不尠，則又喜曰：學在吾郡，因重相勗。」[110] 所謂「有觸於」鄒守益、羅洪先二人，應指學術上的討論而言，我們參考前引的資料就更清楚了：

> （尹臺）早極崇信紫陽，觝泰和羅文莊公，獨至中年，因有寤於《大學》知本之旨，浸與鄒、羅二公語合。[111]

原本崇信程朱學的尹臺因讀《大學》這本小書改變立場，而他對《大學》的注意又跟王守仁標舉古本《大學》一事有關，所以他的領悟漸與鄒守益、羅洪先等人的意見相契合，同時與程朱學者如羅欽順等人漸行漸遠。古本《大學》影響之大又是一證。

尹臺的學術轉向以後，對書院講學的態度也轉趨積極。尹臺指出：「比歲郡諸邑士並倡講會，興正學，所在重書院之建」，而其效果則是「士爭相濯磨，其效彬彬著盛」，這跟前述尹臺有感於「諸士中操節犖犖」的自白正好相映，顯示講學對士人的教化效果甚彰，並已得

109　曾同亨，《泉湖山房稿》，卷21，〈南京禮部尚書洞山尹公神道碑〉，頁27。

110　過庭訓，《本朝分省人物考》，卷68，〈江西吉安府六〉，「尹臺」條，頁28。

111　過庭訓，《本朝分省人物考》，卷68，〈江西吉安府六〉，「尹臺」條，頁29。

到尹臺的注意。但先前尹臺眼見永新的學術活動相對於安福等縣「獨絀焉」、「莫之興舉，矜佩歎以為恥」的現象，儘管心中頗多感慨，卻遲遲沒有採取任何具體行動。等到他從南京歸鄉，有悟於《大學》之旨，學術轉向陽明學陣營以後，終於積極主張講學，甚至與知縣合作共同建立崇正書院，「使一邑士眾講會周旋其間」，包括會規也模仿安福復古、復真兩書院的會規內容而定。[112]

除了書院的興建以外，尹臺還致力於家族救濟與鄉里建設上，當時尹臺雖在南京任官，但「思以社法糾里族」，因此與在地士人戴有孚合作，並由戴有孚總其事。戴有孚，永新梅田人，其家族屬於當地的名門望族，族高祖戴禮與其祖父戴僖，都是進士出身，[113] 所以有能力負責這類事，加上戴有孚本身也曾跟隨安福的陽明學者劉邦采、王時槐等人講究理學，在學術的內在要求下，於是欣然答應，並慨然以為己任，捐貲割田，不遺餘力。據說里社完成運作以後，「禮讓蒸布，訟爭不作，里父老咸義其行」。[114]

小結

一門學術能夠流行並取得主流地位，其學術內容是最基礎也最關鍵的部分，倘若其學說並無太多創造或吸引人處，並不易引起大規模的流行。尤其陽明學面對程朱學的既定勢力，不僅必須挑戰程朱學，更須在學說有所創造，有所樹立，才可能在明中晚期眾說競逐的思想場域中開出一片天地。但一門學術的成功，還必須加上一些外在的條

112　尹臺，《洞麓堂集》，卷4，〈崇正書院記〉，頁9-10。

113　王翰等修，陳善言等纂，（乾隆）《永新縣志》（收入《中國方志叢書·華中地方·江西省》，第756號，據清乾隆十一年〔1746〕刊本影印），卷8，頁19。

114　王翰等修，陳善言等纂，（乾隆）《永新縣志》，卷8，頁32-33。

件與優勢，其中講學活動的流行，以及《傳習錄》與古本《大學》等書的刊刻流傳二事，正是陽明學得以在正德、嘉靖年間迅速流傳的重要助力。本章把焦點集中在後者。

明中晚期許多人因讀《傳習錄》或古本《大學》而接受陽明學，許多傾向程朱學的人也因此轉入陽明學陣營。古本《大學》的爭議，有效區隔開陽明學與程朱學的不同，並為人們解答了許多存於心中難解的疑惑，而《傳習錄》涵括陽明學最重要幾個論題的討論，也使人們透過閱讀可以馬上對陽明學學說有初步的上手。因此在江右陽明學的重鎮吉安府中，包括羅洪先這些學術領袖以及不少中下層士人在內，都是透過這些書籍接觸甚至接受陽明學，而陽明學者除了利用講學傳播己說並挑戰程朱學以外，同時也把戰線延伸到書籍的流布與閱讀上。講學活動的舉行常受到時空與人數的限制，相對的，書籍流布的範圍則甚廣泛，對學說傳播所能發揮的效果遂甚可觀。尹臺學術的轉向就是一個很好的例子。這也凸顯了在講學活動以外，書籍流布對學說的傳播及其對時人的影響，都頗具意義與重要性。

第三章
陽明畫像的流傳及其作用 [*]

前言

　　本章主要處理兩個主題，一是陽明（王守仁）畫像在明代的流行，以及士人對這些畫像的評論；一是人們拜畫像的行為，以及拜畫像所代表的意義。

　　明中晚期陽明學的流行，講學活動起了很大的作用，但也有其局限，儘管一些大儒的講學常可吸引數百人甚至數千人的參與，盛況空前，不過人數依然有限。參與講學的人各自回到鄉里及家族後，雖也可以透過在地講學或與人交流而發揮影響力，但陽明學所講究的是對心性的徹悟，這些聽講後的小讀書人所作的二手傳播，畢竟不如大儒親身講授來得有效。也因此，除了講學以外，還須有《傳習錄》等書以助流傳，在陽明學最盛的明中晚期，包括《傳習錄》、古本《大學》，以及大儒語錄或文集的刊刻與流通，使得一些沒有機會親聆大儒聲欬的士人，仍可披覽這類書籍而接觸其學。相對於此，較少人注意到塑畫像作為聖人形象具體化，以及有強化人們對學術認同與歸屬的作用。理學家因對成聖的追求，致力符合聖人形象，使其塑畫像被賦予特別意義，人們不僅在書院或講會中掛立其像，即使在私人的空間中，

* 本章文稿以〈明代陽明畫像的流傳及其作用：兼及清代的發展〉原刊於 2016 年《思想史 5：明清思想史》（臺北：聯經出版公司），頁 95-155。於收錄本專書時略作增刪，謹此說明。

也有人敬拜理學家畫像，其中以陽明畫像最常見。講學活動的舉行、《傳習錄》等書的流通，加上塑畫像（尤其是陽明畫像），可說是陽明學的三寶。

塑畫像的傳統由來已久，如聖賢圖像、孔子聖跡圖都廣為人知，[1]兩宋以來的程朱學者也有塑畫像，如弘治、正德年間的畫家郭詡（1456-1532），便曾受江西豐城程朱學者楊廉（1452-1525）之託，作孔子及二程、朱熹一聖三賢共四幅像，[2]其中〈文公先生像〉至今仍存。[3]郭詡所擅長不在人物畫像的寫真，所以他所作的人物容貌及其形象特徵是比較模糊而不精確的，如他也作周濂溪像以示王守仁，但王守仁所贈詩卻說——「郭生揮寫最超群，夢想形容恐未真」。[4]但此幅〈文公先生像〉，人物特徵十分明顯，應有所本。國立故宮博物院典藏之宋朱熹〈尺牘〉冊前副頁有「宋徽國朱文公遺像」（見章末，圖1），作者不詳，或與郭詡同時代人之作，兩幅畫像頗相似，顯示當時應流行某樣式的朱熹像畫法。

所以明中晚期為陽明學者作像並非創舉罕例。陽明像跟一般聖賢像或理學家像間的差異所在，在於陽明學本身，而不在像的畫法或作法有何特殊處。陽明學較諸其他時代的儒學，應是精英色彩最淡，最接近基層社會的一支，由於更多觸及基層士人、布衣或庶民百姓，使陽明像發揮更大的作用，甚至帶有宗教化的色彩，例如有人敬祀崇拜

1　目前的《聖跡圖》最早的版本是正統九年的刊本，見鄭振鐸，〈《聖跡圖》跋〉，收錄於《中國古代版畫叢刊》1（上海：上海古籍出版社，1988），頁390-392。

2　楊廉，《楊文恪公文集》（收入《續修四庫全書》，第1332冊，據明刻本影印），卷26，〈送清狂山人歸泰和序〉，頁8。

3　此幅畫像經過幾次拍賣，所以未能確定其收藏地，請見郭詡，〈文公先生像軸〉，「明郭詡繪畫作品欣賞」，https://kknews.cc/zh-tw/culture/6kebo43.html（2021/08/02）。

4　王守仁撰，吳光等編校，《王陽明全集》（新編本），第3冊，卷29，《續編四》，〈題郭詡濂溪圖〉，1120-1121。

陽明畫像，也有因扶乩見王守仁而作像的例子（後詳）。一如《傳習錄》之前雖已有《近思錄》，而《傳習錄》的作用更大且廣；兩宋程朱學者雖有講學活動，但跟陽明心學相比，效果不可同日而語；同樣地，陽明像也因時代及學術性質，而跟過往的聖賢圖像或理學家像有著不同的意義。

儒學士人的塑畫像常置於孔廟、學宮等公共空間中供人崇祀，人們可藉敬拜塑畫像宣示其學術依歸，這在私人興建的書院尤其明顯。宋明兩代，程朱學或陽明學門人陸續在各地興建書院，而書院所崇祀的塑畫像，多可具體反映其學術宗主所在，如浙江天真書院崇祀王守仁，但程朱學者所興建如晚明東林書院，崇祀名單中便無任何跟陽明心學相關的人。[5]

塑畫像可讓人直接想像聖賢形象，效果較諸書籍文字更為直接，而置於公共空間，接觸的人多，作用也大。但除非是像王艮留卜遊孔廟而有感發的記錄（王艮所見是木主而不是像），[6]否則充其量只能統計各地書院的塑畫像的數目多寡。加上這類塑畫像還涉及許多複雜的政治因素，包括禮制（如大禮議中改像為木主）、祠祀禮儀、官方權力的干涉或滲透，以及地方輿論或期待等，使我們很難確定塑畫像的影響大小。因此本章雖未忽略公共空間的像，但未以此為主進行討論。此外，書籍上也常見畫像附隨在文集卷首，或是如歷代聖賢畫像之類的版刻畫像，藉由摹寫或刊刻而大量流通，儘管也有人對此類畫像帶

5　東林書院所崇祀的是木主而非塑畫像，但反映學術宗主的作用是類似的，見斐大中等修，秦緗業等纂，（光緒）《無錫金匱縣志》（收入《中國方志叢書·華中地方·江蘇省》，第21號，臺北：成文出版社，1970，據清光緒七年〔1881〕刊本影印），卷6，頁16。及至今日，外雙溪錢穆故居仍可見朱熹的塑像，錢先生著作等身，既有《朱子新學案》，也有心學方面的論著，又有《中國近三百年學術史》，但據其書案所置的朱子像，便可知其學術歸屬所在。

6　王元鼎輯，《年譜》，收入《王心齋先生全集》（臺北：廣文書局，1979，據日本嘉永元年〔1848〕刻本影印），卷1，頁2，「丁卯武宗正德二年二十五歲」條。

有崇敬之情的記載，[7] 但直接相關的資料很少，所以未把版刻書籍的像列入討論。

　　相對於此，士人收藏某畫像於齋中，個人或其小群體對畫像予以題詠，或在日常生活間敬祀崇拜，這類個人性的行為則富含特殊意義，所以本章便以這類在私人空間中的畫像為主展開討論。時間斷限集中在心學流行的明中晚期至清初的這段時間。由於清中期有理學的復興，而與畫像對越或崇敬的現象也隨之而興，所以最後一節略及入清以後士人如何看待陽明畫像，以及清中葉的一些變化。

　　本章使用的三個詞稍有區別：理學家包含程朱陸王廣義的理學各學派士人；明中晚期心學家主要指江門心學與陽明心學士人；陽明學者則專指陽明心學的士人。

一、日常生活中的塑畫像

　　畫像的分類存在多種標準，有的按描繪對象而分，如聖賢像；有的按情節內容而分，如雅集圖；有的按表現形式分為頭像、半身像、整身像、單人像、群像等。單國強把畫像分作幾類：歷史人物像、帝王像、官僚縉紳像、文人名士像、庶民像、女性像、畫家自畫像，[8] 若加上塑像，種類可能更多，難以在一篇文章中全部涉及。本章主題是心學家的像，所以此處談人們在日常生活中較容易接觸到的、跟儒學士人有關的地方先賢像及孔子像。

7　如吳訥在補注熊節（1199 年進士）的《性理群書》時，便將原編的宋儒畫像部分刪除不載，因其認為聖賢畫像有如真人臨在，人不宜與其宴處一室。

8　單國強，〈肖像畫類型芻議〉，《故宮博物院院刊》，1990 年 4 期（北京，1990），頁 11-23。

　　地方先賢像常見於當地的鄉賢祠或先賢的專祠等，一般是為當地的知名人物作的塑畫像，以供地方士民百姓瞻仰崇祀，如江西永新陽明學者劉朝璽去世後百姓爭相肖像祭祀：

> （劉）朝璽，……永新炎村石泉里人，世為禾川仕族。……公且為德于鄉，如議南兌半折，及社倉諸事，沒，使里人爭肖像祀公。[9]

也有個別士人收藏先賢像，如江西泰和王思（1481-1524），他是明初大學士王直（1379-1462）的曾孫，仰慕吉安當地先賢文天祥（1236-1283），所以不僅訪求文天祥遺像，而且在求得遺像後，出入奉像偕行。[10]

　　孔子像多藏於孔廟或地方學校，如北宋李公麟（1049-1106）的《宣聖及七十二賢贊》，儘管原作已失傳，但宋高宗按此圖及贊語刻成石碑，立於杭州太學旁，至今仍保存在杭州的孔廟中。[11] 在理學流行的年代，書院講學或講會舉行前，常有拜孔子像的儀式，如王守仁的大弟子鄒守益在祁門的講會，會約便規定拜孔子像：

> 復定邑中之會，春秋在範山書屋，夏冬在全交館，相與拜聖像，宣聖諭，勸善規過，以篤實輝光，共明斯學。[12]

聖像即孔子像。清初謝文洊（1615-1681）講學時亦然，他把孔子畫像

9　鄒元標撰，周汝登等編，《鄒子存真集》（東京：高橋情報，1991，據日本內閣文庫藏明天啟二年〔1622〕序李生文重刊本影印），卷7，〈大中大夫雲南參政致仕前兵科給事中侍經筵官念南劉公銘〉，頁82-84。

10　鄒守益，《東廓鄒先生文集》，卷1，〈改齋文集序〉，頁47-48。

11　趙榆，〈孫悅漢及其收藏的宣聖及七十二賢贊圖卷〉，《收藏家》，2002年1期（北京，2002），頁49-51。

12　鄒守益，《東廓鄒先生文集》，卷7，〈書祁門同志會約〉，頁21。

懸諸堂前率弟子參拜，而在無孔子像時，則書孔子名於紙幀上以代替，據載：

> （康熙元年）夏五月，張令（按：南豐縣令張繡鑑）歸奉家傳元人所
> 繪孔聖像，拜納程山，曰：「此像唯先生得拜之，繡鑑不敢私也。」
> 先生拜受，懸諸尊洛堂前，設紙帳，朔望及會講日，率弟子啟帳
> 焚香四拜，乃登講席。先是亦拜，書紙幀耳。[13]

南豐知縣張繡鑑贈像的理由是：「此像唯先生得拜之」，顯示像還跟學術宗主或道統有關（後詳）。此像在謝文洊臨終前傳予門人曾日都，後懸於程山學舍。[14] 張繡鑑所贈像來自家傳，可知孔子像除了置於公共空間，也在人手間流傳，如艾南英（1583-1646）家亦世藏孔子畫像。[15]

　　最常見的父母或祖先的塑畫像，有的擺在家族祠堂供族人敬拜，有的則在家中神龕供奉。前者如明初靖難之變死節的盧陵曾鳳韶（1374-1402）、曾子禎二人，在嘉靖年間政治忌諱漸淡後，曾氏子弟以士紳曾孔化為代表，積極尋訪二人畫像，據說所訪得兩幅畫像凜凜猶生，曾孔化一見之下，馬上哭拜在地，並提請地方官員創建二忠祠以祭拜之。[16] 後者如有人把父母畫像編作一冊，隨身攜帶；程朱學者尹襄的朋友柯信便有一本《永感冊》，冊中有其父母遺像，柯信出入攜

13　謝鳴謙輯，《程山謝明學先生年譜》，附於謝文洊，《謝程山集》，「康熙元年條」，頁12。

14　包發鸞修，趙惟仁等纂，《民國南豐縣志》（收入《中國地方志集成‧江西府縣志輯》，第58冊，南京：江蘇古籍出版社，1996，據民國十三年〔1924〕鉛印本影印），卷3，〈古蹟〉，頁40。

15　艾南英，《天傭子集》（臺北：藝文印書館，1980，據清道光十六年〔1836〕重刻本影印），卷10，〈家藏孔夫子像贊併序〉，頁1-2。

16　王慎中，《玩芳堂摘稿》（收入《四庫全書存目叢書》，集部第88冊，據明嘉靖二十九年〔1550〕蔡克廉刻本印），卷2，〈曾氏二忠祠記〉，頁9-10。

以自隨，「庶幾吾親之在目而不敢忘」。[17] 此外，民間常常流行一類故事，即孝子追思早逝的父母，而繪出父母畫像，又或者是人子未能得見父或母，但因夢而知其父或母之面貌形象，所繪畫像維妙維肖。如三吳陸氏的例子：

> 陸翁起三吳世家，少以博學雄文蜚英庠校，居常痛父蚤世，追思不已，至援筆繪像，儼若生存，人以為孝誠所感。[18]

這類故事往往因敘述簡略而頗富戲劇化。涂伯昌（？-1650）的〈孤子夢記〉則詳載其曲折的過程，因頗有趣，節錄於下：

> 有幼失父者，夜夢其親，旦走告耆老曰：「夜夢吾父，吾父鬚眉若是，衣冠若是。」曰：「是非汝父也，汝父鬚眉若是，衣冠若是。」歸而假寐，復夢其親，與耆老之言無異。告耆老曰：「吾昨又夢吾父，與耆老言同。非耆老言，吾幾不識父也。」耆老曰：「予言試汝也。汝前所夢者真也，汝後所夢者夢也。汝前所夢無因也，汝後所夢因吾也。」失父者涕泗交頤，皇皇不敢自信。……聞鄉之人，有畫父像者，展拜而形神俱爽，恍然見父也。氣稍定，神稍清，熟視之，先所夢者真也，後所夢者夢也。由是數夢其親，與先之夢無異。[19]

　　記中指出，孤子幼失其父，夢其親而走告當地耆老，形容夢中所見父親面貌與穿著，但耆老不僅故意否定，還另作一番形容，孤子受

17　尹襄，《巽峰集》，卷9，〈永感冊序〉，頁12。

18　曾同亨，《泉湖山房稿》，卷20，〈封都察院右僉都御史南溟陸公偕配陳恭人合葬墓表〉，頁23。

19　涂伯昌，《涂子一杯水》，卷4，〈孤子夢記〉，頁54。

耆老的言語暗示，於是復夢其父，跟著耆老所形容一致。待知耆老誑己後，孤子皇皇不能自信，所幸有人曾畫其父像，孤子見此像後，才終於肯定最初所夢的父親形象無誤。[20]

無論是學校、書院、鄉賢祠或父母祖宗的塑像畫，儒學士人都曾爭議是否應設像，及「像」是否像或不像等細節。塑畫像流行於日常生活之中，相關討論自然不少，加上有時又涉及政治事件（如大禮議）而更形複雜，因此不應以二分法簡單區別贊成或反對設像兩邊。但程頤（1033-1107）反對設像的言論對時人及後世頗具影響力，應可代表當時的主流看法。據載程頤在跟學生討論祭禮時，強調禮以義起，所以富豪及士人願行祭禮者，可置影堂以祭，但不可用畫像，他的理由是：

> 若用影祭，須無一毫差可方，若多一莖鬚，便是他人。[21]

儘管程頤未必禁絕塑畫像，但對塑畫像能否代表父母持保留的態度。相對於此，明中晚期不少陽明學者常把重點放在人子的孝心，孝心可以在畫像上得到具體投射的對象，如鄒德涵（1538-1581）表示：「思親者肖其像而祀之，非祀夫像也，因像以志思耳矣。」[22]雖然沒有直接

20　人子常會持這類父祖畫像請人題像贊。湯來賀曾為王仲鳴作像贊，題曰：「聞君夙昔，孝友和平。觀茲遺像，儼兮若生。子姓拜瞻，翼翼兢兢。致慤則著，視于無形。惟述追乎厥德，斯丕振乎家聲。」見湯來賀，《內省齋文集》（收入《四庫全書存目叢書》，集部第199冊，據清康熙書林五車樓刻本影印），卷28，〈王仲鳴像贊〉，頁11。著眼在子孫睹父祖遺像，不僅瞻拜，還能追惟祖德，丕振家聲。有趣的是，文末謝文洊為此像贊作評曰：「為人子孫題祖父像贊，當以此種為式。」

21　程顥、程頤撰，潘富恩導讀，《二程遺書》（上海：上海古籍出版社，2000），卷22上，〈伊川雜錄〉，頁341。明初宋濂也沿襲此說，表示：「人為物靈，其變態千萬，一毫不類，則他人矣。」宋濂，《宋學士文集》（臺北：臺灣商務印書館，1965，《萬有文庫》本），卷37，〈贈傳神陳德顏序〉，頁644。

22　鄒德溥，《鄒泗山先生文集》（中央研究院傅斯年圖書館藏安成紹恩堂藏板清刊本），卷2，

反對程頤之說，但所強調點已有不同。

　　上述的像，包括塑像、木像，以及畫像。塑像多半不常移動而固定在公共空間，而木像與畫像則可隨身攜帶，或置於私人處所。所以以下的討論將偏重在畫像與木像，尤其是以流傳最廣的陽明畫像為主進行討論。

二、理學家的聖人形象

　　士人文集或筆記資料中不乏關於個人畫像的記載，相關記載的數量與頻率隨著時代越後而增加，尤其明中晚期常見士人與畫家交遊，其中不乏理學之士與知名畫家往來的例子。如郭詡為林俊（1452-1527）畫像，林俊許為妙品，於是推薦給邵寶（1460-1527）為其作像。[23] 此後肖像畫的技法持續有創新，到十七世紀即晚明左右，畫家對面部的描繪有突破性的發展，如活躍於南京、江南一帶的曾鯨（1568-1650），他透過「渲染數十層」、「必分凹凸」的技法，使所描繪的人物面容更自然，所以許多人都委託他畫像，[24] 於是類似與畫家交遊的例子更不罕見。

〈畏聖錄序〉，頁 7。

23　數年後郭詡將成品寄予邵寶，邵寶雖覺不類己貌，然因頗似有道者之容，於是仍寶而藏之且作詩贊。見邵寶，《容春堂集》，收入《文淵閣四庫全書》，第 1258 冊，《續集》，卷 8，〈贊郭詡所寫小像〉，頁 23。

24　鄧麗華，〈從曾鯨肖像畫看晚明文人個人形象的建立〉（臺北：國立臺灣師範大學碩士論文，1991）。曾鯨似曾根據陽明門人的描述而作「陽明先生肖像」，見錢明，《王陽明及其學派論考》（北京：人民出版社，2009），第 9 章，〈陽明之遺像──形象考〉，頁 175。除了這些著名畫家以外，還有大量默默無聞的肖像畫家與民間畫工，他們往往數代畫像寫影，技法純熟，民間人家流傳的祖先畫像幾乎都是出自他們之手。這些民間畫工常用「傳神小稿」，作為為人家的子孫追摹祖先或父母畫像時，供其選擇近似形貌用的樣譜，見華人德，〈明清肖像畫略論〉，《藝術家》，218 期（臺北，1993），頁 236-245。

　　理學家的塑畫像除了像與不像以外，還有道德理想的體現這層含義，簡言之即聖人形象。作聖是理學家修身的目標，也是其理想人格的完成，理學家對此事的關懷最深。兩宋程朱學與陽明心學各有其聖人觀，兩者雖承認聖人可為，但對成聖的標準卻有不同。兩宋程朱學的聖人觀精英色彩較濃，在朱熹的口中筆下，聖人常被描寫成至高至善、難以企及的境界，一般人必須終其一生追求才有達成目標的可能，加上兩宋程朱學的格物窮理之說，必須窮盡天下之物之理才能豁然貫通，更增作聖的難度，強化了聖人可望不可即的形象，因此兩宋程朱學者並不輕易許人為聖。

　　對程朱學的成聖標準，自陳獻章（1428-1500）已有異議，王守仁則有「滿街人都是聖人」[25]之說，很簡捷直接地表達聖人易為的觀點，上自賢人君子，下至愚夫愚婦，只須致其良知，便能作聖。尤其是成色分兩說，把原本高高在上的聖人形象，以堯、舜、周、孔這些遠古聖王跟一般的庶民百姓同等並列。即使堯舜周孔也只是致其良知，今人只須致其良知亦能作聖。

　　聖人易為說有其時代背景脈絡。陳獻章生前已被尊為「活孟子」，與亞聖孟子相提並論，[26]顯示程朱學的聖人難為說已有鬆動的跡象。隨著陽明心學的流行，聖人可為、易為之說更加普及，如劉元卿的族人劉本振僅是一般庶民，在復禮書院聽劉元卿說聖人可為，了解自己也可當聖人，遂踴躍而起，從此折節力學。[27]在此聖人易為的風氣下，甚至有人自許為聖，萬曆年間流傳的一則笑話生動的描寫了這股流風：一名狂生先許堯、舜、文王、孔子為聖人，但待數到孟子，卻遲疑良

25　王守仁，《傳習錄》，收入王守仁撰，吳光等編校，《王陽明全集》（新編本），第1冊，卷3，《語錄三》，頁127。

26　胡直，《衡廬精舍藏稿》，卷10，〈刻白沙先生文集序〉，頁2。

27　劉孔當撰，劉以城編，《劉喜聞先生集》，卷4，〈石鱗公傳〉，頁20。

久不願屈第五指，以為孟子英氣太露，不免讓人懷疑未能優入聖域，於是——「旁有人拱立曰：宇宙間第五位聖人，莫非公乎？遂下第五指，曰：不敢」。[28]

　　儘管有上述荒誕的故事，顯示當時人不再把聖人視為可為卻難及的境界，但我們仍可推想，實際上應有許多人仍不自信己能成聖，也因此鄒守益的孫子鄒德涵（1571年進士）在年輕聲名未起時，在復古書院講學中，便因對聖人的見解而引起轟動，據其弟鄒德溥（1583年進士）說：

> 伯兄起後進行，直任以聖人為必可學，則眾閧目為狂生。[29]

聖人可為是整個宋明理學最基本的概念，參與講學的又都是對理學有興趣的士人，竟因鄒德涵說聖人可為即目為狂生，頗不合理。推測「直任」二字，應即鄒德涵以己可成聖之意。從旁觀眾人目鄒德涵為狂生的反應看，顯示即使在萬曆年間陽明心學流行的高峰時，仍有不少人對自己能否成聖頗為猶豫。這也正可說明一個看似矛盾但又可兩存的現象：人們一方面相信聖人不僅可為而且易為，一方面又尊崇少數儒學士人尤其是心學家，視之為聖人或類似聖人的形象。

　　也因此，在王守仁生前與死後，門下弟子已有尊其為聖的意味，許多陽明學者反覆向世人宣稱，陽明學確是聖學無疑。[30]他們不把陽明學放到宋元以來的理學脈絡來理解，而是以王守仁承接孔聖嫡傳，與

28　劉元卿，《劉聘君全集》，卷12，〈第五位聖人〉，頁78。

29　鄒德溥，〈伯兄汝海行狀〉，收入鄒德涵，《鄒聚所先生外集》，頁94。

30　黃宗羲撰，沈芝盈點校，《明儒學案》，《師說‧鄒守益東廓》，頁8；同前書，卷13，〈浙中王門學案三‧黃久菴先生綰〉，頁280；同前書，卷18，〈江右王門學案三‧文恭羅念菴先生洪先〉，頁390、418。

孔門弟子顏、曾等人並列，[31] 他們雖未明言王守仁是聖人，但其實已相距不遠。如羅大紘稱王守仁為百世之師，[32] 耿定向則是仿《史記》〈孔子世家〉的體例而作〈新建侯文成王先生世家〉，把王守仁與孔子、王門與孔門都等量齊觀了。[33]

　　不少陽明後學也被形容為聖人或類似聖人，如浙江紹興府的范瓘被百姓稱作「范聖人」。[34] 如江右陽明學者，他們一方面透過舉行各式講學活動的舉行，向當地士民百姓傳講學術，一方面投身於社會福利事業，為地方興利除弊，而被當地士民百姓視為接近聖人般的人物，鄒守益即是顯例，[35] 而在劉元卿死後，門人弟子為建「近聖館」以祭祀，推崇之情之高不言可喻。對當地士民而言，鄒守益、劉元卿幾乎就是當世聖人。

31　呂妙芬，〈顏子之傳：一個為陽明學爭取正統的聲音〉，《漢學研究》，15：1（臺北，1997），頁 73-92。在陽明學者所編纂的地方志上，往往可見他們自許超越宋元諸儒而直接承接聖學嫡傳。如萬曆年間知府余之禎掛名，而實由王時槐、劉元卿與羅大紘主編的《吉安府志》，〈理學傳〉便只列陽明學者，而宋元明初的其他理學家則被歸入〈儒學傳〉中。相關研究見張藝曦，〈吉安府價值觀的轉變──以兩本府志為中心的分析〉，在氏著，《社群、家族與王學的鄉里實踐》（臺北：國立臺灣大學出版委員會，2006），〈附錄二〉，頁 403-432。

32　羅大紘，《紫原文集》，卷 6，〈東撫臺王公〉，頁 30。

33　耿定向，《耿天臺先生文集》（收入《四庫全書存目叢書》，集部第 131 冊，據明萬曆二十六年〔1598〕劉元卿刻本影印），卷 13，〈新建侯文成王先生世家〉，頁 18-49。《四庫全書總目》已指出此點：「（耿）定向之學，歸宿在王守仁。故集中第十三卷以薛瑄諸人為列傳，而以守仁為世家。此蓋陰用《史記·孔子世家》之例，不但以守仁封新建伯也。」見永瑢等撰，《四庫全書總目》，卷 178，總頁 1601。

34　「（范瓘）少從新建學，卓然以古聖賢自期，晚歲所造益深，……平居無戲言，步趨不越尺寸，里中人無老幼，皆以范聖人呼之。……有司屢表其閭，立石里中，曰：范處士里。」見蕭良幹等修，張元忭等纂，（萬曆）《紹興府志》（收入《中國方志叢書·華中地方·浙江省》，第 520 號，臺北：成文出版社，1983，據明萬曆十五年〔1587〕刊本影印），卷 43，〈鄉賢〉，頁 32-33。

35　宋儀望，《華陽館文集》，卷 11，〈明故中順大夫南京國子監祭酒前太常少卿兼翰林院侍讀學士追贈禮部侍郎謚文莊鄒東廓先生行狀〉，頁 24。

三、明中晚期陽明畫像的製作與流傳

　　正是在前述脈絡下，陽明像不只是一般的人物像，還有其特殊意義，因此門人弟子後學除了在公共空間立塑畫像，也製作許多陽明畫像，這些畫像流傳於人手之間，甚至被當作日常敬拜的對象。因此本節的討論除了公共空間的像以外，主要以陽明畫像的製作及流傳為主。由於陽明心學發展之初，江門心學亦與其抗衡，雖迅速中衰，[36] 聲勢不如陽明心學，但仍有其影響力，所以也兼論江門心學學者的像。

　　公共空間的陽明塑畫像常被置於門人弟子所建的書院及舉行講會處，以王畿在天真書院所塑像最著名：

> （王畿）服心喪三年，建天真書院于省，肖文成像其中，且以館四方來學者。歲舉春秋仲丁之祭，無問及門、私淑，胥以期集，祭畢，分席講堂，呈所見于公取正焉。心喪畢，壬辰（1532）始赴廷對。[37]

關於天真書院的資料不少，我們很容易從其他資料得知此處是塑像而非畫像。天真書院是浙江陽明學的重鎮之一，所以許多人會前往此地講學並拜謁遺像。又如浙東周汝登（1547-1629）則是與友人結會，祭告於當地奉祀王守仁的祠廟，此祠廟中便有陽明像：

> 己亥（1599）季秋，先生（按：周汝登）同石匱陶公及郡友數十人，共祭告陽明之祠，定為月會之期。[38]

36　潘振泰，〈明代江門心學的崛起與式微〉，《新史學》，7：2（臺北，1996），頁1-46。

37　過庭訓，《本朝分省人物考》，卷51，〈浙江紹興府三〉，「王畿」條，頁23。

38　周汝登，《東越證學錄》（收入《四庫全書存目叢書》，集部第165冊，據明萬曆刻本影印），卷4，〈越中會語〉，頁5-6。

　　也有崇奉木主的例子，[39] 如河南尤時熙，屬於北方王門學派，他早年因讀《傳習錄》而有悟，於是崇奉王守仁神主於書齋中，士人來學時都須隨其展謁神主：

> 大指率祖文成，而得於體驗者為多。蓋自一見《傳習錄》，寢讀寢入，寢入寢透，齋中設文成位，晨起必焚香拜，來學者，必令展謁，其尊信若此。[40]

　　此間書齋應跟書屋的性質類似，既是私人讀書處，也是公開講學的場所。據此亦可見《傳習錄》對當時人的影響。

　　根據錢明考察，目前現存於國內外的陽明畫像、木雕像及銅像，估計有四十種以上。按時代與國別分，則可分為明清遺存塑畫像、日韓所藏像，及近人塑像三類。遺像的種類有燕居像、朝服像、封爵像、布衣像及戎裝像。[41] 錢明在文中所舉的明清遺存塑畫像，以目前現存的為主，多半是塑像、石刻畫像，或是附見於族譜或文集卷首的畫像，明代單幅畫像仍存的不多。所以下文除了幾幅畫像的分析以外，也將輔以文字記錄的內容展開討論。

　　陽明畫像流傳雖多且廣，但著名畫師則數蔡世新一人。王守仁生前曾找許多畫師為其作像，但因相貌特殊，所以始終沒有能夠讓王守仁點頭的作品，直到王守仁擔任南贛巡撫期間，有人介紹蔡世新給他，

39　當時拜神主者不乏其人，如東臺縣的吳愛、繆好信，也因慕王艮其人其學，在家中奉祀其木主。見周右修，蔡復午等纂，（嘉慶）《東臺縣志》（收入《中國地方志集成・江蘇府縣志輯》，第 60 冊，南京：鳳凰出版社，2008，據嘉慶二十二年〔1817〕鉛印本影印），卷 24，〈儒林〉，頁 6-7。另請參考呂妙芬，〈明清士人在家拜聖賢的禮儀實踐〉，《臺大歷史學報》第 57 卷（臺北，2016），頁 229-268。

40　張元忭，〈河南西川尤先生墓誌銘〉，收入尤時熙，《擬學小記》，附錄卷上，頁 30。

41　錢明，《王陽明及其學派論考》，第 9 章，〈陽明之遺像──形象考〉，頁 152-189。

蔡當時只是一位無多大聲名的年輕畫師，卻畫出了讓王守仁滿意的
像，據載：

> 王文成鎮虔，日以寫貌進者閱數十人，咸不稱意。蓋文成骨法稜
> 峭，畫者皆正而寫之，顴鼻之間最難肖似。世新幼年隨其師進，
> 乃從傍作一側相，立得其真。文成大喜，延之幕府，名以是起。[42]

蔡世新一畫成名。蔡世新所作的陽明畫像不少，在王守仁卒後，門人
周汝員（1493-1558）在越中所建的新建伯祠，所用的就是蔡世新版本
的像。[43] 若據吳慶坻（1848-1924）所述，有一幅王守仁的燕居授書小像
即蔡世新所作，小像上有葛曉的跋，跋語說：

> 先生像為蔡世新所傳者極多，惟以多故隨手輒肖，然至小者亦徑
> 尺。[44]

葛曉是浙江上虞人，應是晚明曾過手此畫的收藏家，且與陶望齡
（1562-1609）有過往來，[45] 其言應可信。

　　蔡世新所繪的陽明像究竟形象若何呢？目前所存有兩件歸於其名
下的作品：一為上海博物館所藏的白描〈陽明先生小像〉（圖 2），

42　朱謀垔，《畫史會要》，收入《景印文淵閣四庫全書》，第 816 冊，卷 4，頁 58。

43　王守仁撰，吳光等編校，《王陽明全集》（新編本），第 4 冊，卷 35，《年譜附錄一》：「嘉
　　靖十六年丁酉十月，門人周汝員建新建伯祠於越」條，頁 1346：「師沒後，同門相繼來居，
　　依依不忍去。是年，汝員與知府湯紹恩拓地建祠於樓前。取南康蔡世新肖師像，每年春秋二
　　仲月，郡守率有司主行時祀。」此祠應即前述萬曆年間周汝登及其友人共祭告的陽明祠。

44　吳慶坻撰，張文其、劉德麟點校，《蕉廊脞錄》（北京：中華書局，1990），卷 7，〈王守仁
　　燕居授書小像〉，頁 200-202。

45　在陶望齡的《歇菴集》中有與葛曉往來的書信，見陶望齡，《歇菴集》（收入《續修四庫全書》，
　　第 1365 冊，據明萬曆喬時敏等刻本影印），卷 12，〈答葛雲岳〉，頁 30。

作四分之三側面像，畫中陽明先生束髮無帽，盤坐在大方巾上，右手
持書靠於腿上，此書似為身側兩函疊置書冊的第一本，腰間所繫繩帶，
其尾端結成兩穗，自衣襬間露出。描繪人物臉部的線條、衣褶與臂肘
的呼應關係等處可見並非真正一流畫家的手筆，正反應著記載中蔡世
新原本並非有名畫家的實況。其用筆尚屬敬謹，且對人物眼眶上部的
輪廓、繩帶於衣袍中的壓疊轉折、書函中書冊的空缺等細節多有著墨，
並非僅憑人物畫一般格套完成的畫作，或許真為蔡世新當日所見陽明
先生燕居時的景象。畫幅雖未署款，但有「蔡世新印」、「少壑父」、
「寫以自藏」三方印，應為傳世最可靠的蔡世新陽明像。「寫以自藏」
印亦頗有趣，似乎代表了此畫為蔡世新私藏版本。畫幅玉池有清人許
康衢題跋，應亦見此印文，故稱「蔡少壑氏，虔南畫史，能詩。嘗與
陽明先生遊，時相唱和。此幀為王文成公寫貌以自珍。古人交誼之深，
於此可見」，畫幅左下端另有「後裔王壽祁敬藏」的題識，可見此畫
於蔡世新之後，亦曾為王陽明後裔所藏。另一件是《王陽明法書集》
所錄，據載藏於中國歷史博物館（今改名中國國家博物館），為正面
設色本〈王陽明畫像〉（圖3），據說也是蔡世新所繪，此作人物面
容亦有許多細節，例如上唇上方髭鬚共分四段，鬢髮亦較豐盛，或許
為王陽明較年輕時之相貌。惜尚未得見較清楚之圖像，究竟是否真跡，
尚難考訂。但似乎兩者皆為當時普遍獲得接受的王陽明形象。

　　與白描側面像類似的作品較多，也許正如《畫史會要》所記，是
本自蔡世新得到王陽明認可的側面像之作。如上海博物館另藏的一本
佚名〈大儒王陽明先生像〉（圖4），或是普林斯頓大學所藏的佚名〈王
陽明像〉（圖5）、藏處不明的〈天泉坐月圖〉，[46] 特別是鄒守益等人

46　圖見（傳）曾鯨〈天泉坐月圖〉，Poly Auction 2010/01/23，拍品674號。該作與普林斯頓大
　　學所藏〈王陽明像〉雖背景及家具有異，但陽明先生形象相似，皆著高冠端坐案前，或舉筆
　　欲書，或持卷審閱，或許曾為陽明畫像的一種方便「應用」的模式。如後文提及之蔡懋德之
　　子摹寫的「侍親問道圖」，亦不無可能以此模式繪製。曾鯨很可能描繪過陽明像，我所知的

編纂的《王陽明先生圖譜》[47]中大部分亦均為此類側面像。作為王守仁幾大弟子之一的鄒守益，採用的應是王陽明認同的圖像。因此，此圖譜雖是較簡略的刊本，但對於我們了解陽明學興盛時期流行的王守仁形象，有極大的助益。《王陽明先生圖譜》中亦有少部分使用如設色本般的全正面形象。因此應可推測當時此類正面像亦有獲得弟子認同的版本，或者亦如現存題名所示，亦出自蔡世新之手。

　　《王陽明先生圖譜》展現了門人弟子頗執著於上述兩種圖像類型。圖譜中自其二十二歲開始的王守仁面目便與晚年形貌無甚差異（圖6、7）——除了面容消瘦、顴骨突出外，嘴唇上下以及兩頰下緣均蓄鬚。受託為此圖譜繪製其一生行誼圖像的畫家，無論是否是蔡世新，應都被要求不可妄自想像王守仁的容貌，因此可說自其「成年」之後，都一體應用「已獲認證」的王陽明像。我們若是考慮到《畫史會要》描述王守仁講究己之肖像，曾有數十人為其寫像，都無法得到王守仁的認可事，則得其認可的蔡世新，應可靠廣大徒眾對陽明像的需求而擁有相當可靠的市場。相對於此，《聖賢像傳》所收的王陽明像，其五官與其他聖賢如出一轍，服飾姿態也多雷同。對比此類不重賦予人物獨特性的像傳，無論是蔡世新或《王陽明先生圖譜》所針對的群眾，似乎亟欲見到王陽明確切的長相，並因見到其形貌而感到快慰。茅坤（1512-1601）的這則故事，便可放到這個脈絡下理解：

　　　陽明先生沒，而四海之門生故吏，及嘗提兵所過州縣蠻夷之廬，
　　　爭像而事之。當是時，陽明先生之像遍天下，而豫章間所傳特類

　　　兩件傳稱作品，除了上述的〈天泉坐月圖〉，另有標為崇禎三年（1630）曾鯨款的高冠側面
　　　半身像。

47　鄒守益的《王陽明先生圖譜》分別收錄在《北京圖書館藏珍本年譜叢刊》第43冊（北京：北
　　京圖書館出版社，1998，據民國三十年〔1941〕本影印），及《四庫未收書輯刊》第四輯第
　　17冊（北京：北京出版社，1997，據清鈔本影印）。

甚。予還金陵，一日，考功何君吉陽刺其所爲像者過予，且曰：
即豫章間所善像陽明先生而名者也。[48]

善像陽明先生而名者指蔡世新，此段文字的前半段所指的像，可
能是塑像或畫像，但後半段的遍天下之像，既牽涉到流傳，加上此
文是茅坤為蔡世新所作序，所以應指畫像而言。何吉陽即何遷（1501-
1574），湛若水的門人，但頗親近陽明學，他跟茅坤在南京的相遇，
應是嘉靖三十七年前幾年事，[49]而嘉靖朝正是陽明學從初興到極盛的時
期，所以隨其門人弟子廣布，畫像流傳也隨之遍天下。蔡世新憑藉為
王守仁畫像而與陽明學者往來，並得其讚譽引薦而聞名。在宴席上，
茅坤請蔡世新即席揮毫作畫，蔡世新頃刻即就，人皆能識其所畫是王
守仁像。[50]茅坤好陽明學，常以未得見其冠裳容貌為恨，如今得見其畫
像，說：

予嘗慕先生與其門弟子誦說其道，往往以不及從之遊，觀其所為
冠裳容貌為恨，今廼得依先生之像類甚者，存而禮謁之，幸矣哉。[51]

既是「存而禮謁之」，顯示不是簡單看過像而已，還有崇敬禮謁之意。
茅坤同時指出，門人弟子不應只是禮謁畫像，還應遵行陽明之道。畫

48　茅坤，《茅鹿門先生文集》（收入《續修四庫全書》，第1344冊，據明萬曆刻本影印），卷
　　11，〈贈畫像者蔡少螯序〉，頁4。

49　何遷晚年任南京刑部侍郎，在嘉靖三十七年（1558）任滿後前往北京，故知是此年的前幾年事，
　　見黃宗羲撰，沈芝盈點校，《明儒學案》，卷27，〈南中王門學案三・文貞徐存齋先生階〉，
　　頁618。

50　「予間攜之，出示所嘗共先生遊者，或覆其半，露其半，即能按識而呼曰：此某先生也。」
　　見茅坤，《茅鹿門先生文集》，卷11，〈贈畫像者蔡少螯序〉，頁4。

51　茅坤，《茅鹿門先生文集》，卷11，〈贈畫像者蔡少螯序〉，頁4。

者苦心孤詣方才得陽明像之神，門人弟子不應連畫者都不如。[52]

　　前引普林斯頓大學的無款〈王陽明像〉，卷首有王守仁坐於書桌前書寫的白描小像，左方有人立侍一旁，畫幅後接著三則王陽明寫給其甥鄭邦瑞的尺牘，更之後是王陽明門人黃綰（1477-1551）、蕭敬德等人題跋。姜一涵認為書蹟與圖像分別為兩個時期所作，畫蹟是民國初年收藏家重新裝裱後，延請畫家添繪者。[53] 不過起首的白描畫像，並不似出自民初畫家手筆，其風格反而讓人聯想到《王陽明先生圖譜》，兩者均意圖表現王守仁的面容特色，靠椅形式亦均為高背、頂端後卷的樣式，不無可能出自同一位畫家之手。且全卷各紙（此卷畫幅一紙、陽明書幅三紙、題跋三紙）接合處所鈐騎縫印，除葉恭綽（1881-1968）、王南屏（1924-1985）藏印鮮明完整外，不乏經重新裱裝而有切損的印蹟，顯為前代藏者之鈐印。畫幅與陽明書幅第一紙的騎縫印中有「青藜館」一印，經查疑為明末著名文士周如砥（1550-1615）藏印，若然，亦可提示該陽明畫像成畫年代必早於周如砥卒年。鄭邦瑞為餘姚人，他所寶藏的此卷，應可視為江南地區流傳之王陽明像之一例。

　　除了蔡世新以外，也有其他人作王守仁像。江南一帶有文徵明的門人陸治（1496-1576）及陳洪綬（1599-1652）作陽明像。陸治所作像還被蔡懋德（1586-1644）之子所摹寫，其子提學江西，在吉安時曾夢謁王守仁而叩學，遂在陽明像上加入其父與己之像，意即己侍父共同問道於王守仁。此圖有八大山人（1626-1705）題「侍親問道圖」五字。[54] 陳洪綬所作〈陽明先生像〉畫軸（圖8）藏於哈佛大學福格美術館藏，

52　茅坤，《茅鹿門先生文集》，卷11，〈贈畫像者蔡少塾序〉，頁5。

53　姜一涵，〈普林斯頓大學美術博物館藏王陽明三札卷〉，《明報月刊》，10：1（香港，1975），頁58-65。

54　方濬頤，《夢園書畫錄》（收入《歷代書畫錄輯刊》5，北京：中國圖書館出版社，2007，據清光緒四年〔1878〕刻本影印），卷17，〈黃匡民侍親問道圖卷〉，頁31-36。

尚未確定其真偽，與現存貴陽扶風山陽明祠的石刻王陽明畫像（圖9，楊儒賓藏）頗近似，[55]除臉部不類外，姿態、衣摺、衣帶之形狀極相似，此應可代表陳洪綬確曾於當時畫過陽明像。亦為江南地區流傳王陽明像之一例。陸治並不以畫人物聞名，他所繪製的陽明像與本人能有幾分相似，頗令人存疑。陳洪綬則善於以變形方式繪製散發奇古風味的人物，亦非寫實派的畫法。因此由江南地區畫家描繪的王陽明像，「存真」或非其要點，創造一個可被接受的「依託」形象，供其徒眾追念即可。可能是次於寫實本的選擇。

此外如黃兆彪，據載：

> 黃兆彪畫王文成公像，瘦而長髯，露齒，後有徐文貞公跋，皆未從祀時語也。[56]

黃兆彪生平不詳，但應是畫師。

我們若是注意一些零散的文字資料，也有不少有關陽明畫像流傳的記載，儘管因資料不夠集中，使我們很難精確分析畫像的來源及流傳的管道，但至少可知王守仁畫像的流行區域。

王守仁的事功多在江西，加上他晚年學術思想圓熟以後，所傳弟子也多半是江西人，所以推測江西當地應有不少王守仁畫像。徐階藉

55　該石刻所本的畫像似已不存，但光緒年間地方人士將此畫像刻在祠之石上，從畫像到石刻的變化，請見劉宗堯纂，（民國）《遷江縣志》（收入《中國方志叢書‧華南地方‧廣西省》，第136號，臺北：成文出版社，1967，據民國二十四年〔1935〕鉛印本影印），頁216-217。此石刻拓本見於張岱編，《陽明先生遺像冊》，收入《中華歷史人物別傳集》，第21冊（北京：線裝書局，2003）中。其中鄭珍的跋文詳細考證該像的來源脈絡。清華大學中文所楊儒賓教授有此石刻全幅的拓本圖像，文字的部分與《陽明先生遺像冊》所錄基本一致，而拓本最前端的陽明像，是《陽明先生遺像冊》所沒有的。本文寫作期間承其慷慨賜寄參考，謹此致謝。

56　袁中道，《珂雪齋遊居柿錄》，收入袁中道撰，錢伯城點校，《珂雪齋集》（上海：上海古籍出版社，2007），下冊，卷2，頁1133。

巡按江西時重修南昌仰止祠，肖王守仁像而祠之，所肖似是畫像。立龍沙會，集學校諸生講學於此。[57] 據載：

> 公（徐階）所稱良知學，本故王文成公守仁，而文成於江西最顯著，自公推行之，且像文成而祀焉。[58]

除了建祠肖像以外，徐階還從士人家中摹王守仁像，分為燕居像與朝衣冠像兩類：

> 陽明先生像一幅，水墨寫。嘉靖己亥（嘉靖十八年，1539），予督學江西，就士人家摹得先生燕居像二，朝衣冠像一。明年庚子夏，以燕居之一贈呂生，此幅是也。[59]

徐階表示呂生所得的燕居像，人覺極似，而「貌殊不武」：

> 予嘗見人言，此像於先生極似。以今觀之，貌殊不武，然獨以武功顯於此，見儒者之作用矣。呂生誠有慕乎，尚於其學求之。[60]

57　王守仁撰，吳光等編校，《王陽明全集》（新編本），卷35，《年譜附錄一》，「（嘉靖）四十三年甲子，少師徐階撰先生像記」條，頁1365-1366。

58　王世貞，〈明特進光祿大夫柱國少師兼太子太師吏部尚書建極殿大學士贈太師諡文貞存齋徐公行狀〉，《弇州山人續稿》（收入《明人文集叢刊》，第1期第22種，臺北：文海出版社，1970，據明崇禎間刊本影印），卷136，頁7。

59　王守仁撰，吳光等編校，《王陽明全集》（新編本），卷35，《年譜附錄一》，「（嘉靖）四十三年甲子，少師徐階撰先生像記」條，頁1365。錢明比對《年譜》與《世經堂集》中的記文內容，發現稍有不同，《世經堂集》說該像是「贈同年淡泉鄭子」，而非《年譜》所說的「贈呂生舒」。錢明推測有可能是兩幅畫分贈鄭、呂二人。見錢明，《王陽明及其學派論考》，第9章，〈陽明之遺像——形象考〉，頁155-156。

60　王守仁撰，吳光等編校，《王陽明全集》（新編本），卷35，《年譜附錄一》，「（嘉靖）四十三年甲子，少師徐階撰先生像記」條，頁1366。

這讓人聯想到《史記・留侯世家》太史公說張良像「狀貌如婦人好女」，所以不能以貌取人的典故。徐階說王守仁以武功顯，但此武功是從其學術發用而來，所以關鍵還在學術而不在武功。學術為體，武功為用，這跟明中期以來的流行觀點是一致的。

　　江西安福張鰲山（1511年進士）也有陽明畫像。張鰲山是進士出身，在宸濠之變時跟隨王守仁勤王。理學上，他原本師事同鄉李宗枋，得求放心之說，據方志所載，李宗枋「日行功過錄」，以功過錄求放心。[61]此後張鰲山轉師王守仁，王守仁的學術講究自得，張鰲山頗受啟發，所以在王守仁卒後，繪陽明畫像以自範。鄒守益記述：

> 張子鰲山繪陽明先師遺像，及彙書翰為一卷，夙夜用以自範。某敬題曰：「會稽師訓」。[62]

　　據「夙夜用以自範」，推測張鰲山可能有敬拜畫像，或與畫像對坐之類的行為。

　　王守仁的故鄉浙江一帶也有許多陽明畫像，如明末黃道周（1585-1646）談到，有人從浙江前往福建漳浦任官，便根據從餘姚帶來的陽明畫像作塑像以祠祀之。[63]晚清李慈銘（1830-1894）也指出——「文成公像越中舊家多有傳者」。[64]此外，清初湖北唐建中因遊江南而得畫

61　姚濬昌等修，周立瀛等纂，（同治）《安福縣志》，卷10，〈名臣〉，頁21。

62　鄒守益著，董平編校整理，《鄒守益集》（南京：鳳凰出版社，2007），卷18，〈題會稽師訓卷〉，頁875。

63　黃道周，《黃石齋先生文集》（收入《續修四庫全書》，第1384冊，據清康熙五十三年〔1714〕鄭玖刻本影印），卷11，〈王文成公碑〉，頁11：「于時主縣治者為天台王公，諱立準，蒞任甫數月，舉百廢，以保甲治諸盜有聲；四明施公蒞吾漳八九年矣，……王公既選勝東郊，負郭臨流，為堂宇甚壯，施公從姚江得文成像，遂貌之。」

64　吳慶坻著，張文其、劉德麟點校，《蕉廊脞錄》，頁200。

像，[65] 並出示予其友萬承蒼（1683-1746），顯示清代江南仍有陽明畫像流傳。

四、陽明畫像的作用

收藏品題

士人常對畫像有所品題，而對理學家畫像的品題或相關文字，常涉及品題者對理學的看法或立場。如華亭董傳策（1550 年進士）雖非理學家，但心慕陽明學，並與陽明學者往來，[66] 所以他在訪陽明祠當晚，夢王守仁與其論學，夢中王守仁以門人弟子空談為憂，囑託董傳策予以規勸。[67] 董傳策應是在此祠中見到陽明像（不確定是塑像或畫像），於是作詩：

> 儒門心脈久多岐，大慧慈湖一派師。拈出良知真指竅，向來實證得居夷。雄風自昔開山嶽，矔像于今肅羽儀。閱世可禁留應跡，誰尋真相破群疑。[68]

65　萬承蒼，《孺廬先生文錄》（收入李祖陶，《國朝文錄續編》，在《續修四庫全書》，第 1671 冊，據清同治七年〔1868〕李氏刻本影印），卷 11，〈王陽明先生畫像記〉，頁 5-7：「唐君赤子遊江南，得王陽明先生畫像，寶而藏之。辛亥（1731）冬，相見於京師，出以授余，俾為記。余每一展視，輒悚然起敬，凝然若有思，如是者三年，未有以復也。……陽明先生畫像，杭州、南安皆有石刻，此幅作辭闕圖，蓋若有隱痛焉。」

66　董傳策親近之叔叔董宜陽亦曾從學於鄒守益，可為當時松江地區受到陽明學浪潮拍擊之一例。董宜陽與鄒守益事，可參考邱士華，〈許初竹岡阡表介述〉，《故宮文物月刊》377 期（臺北，2014），頁 62-71。

67　董傳策，《邕歗稿》（收入《四庫全書存目叢書》，集部第 122 冊，據明萬曆刻本影印），卷 6，〈武夷從陽明祠歸，夜夢訪余論學，殊以空談為憂，若屬余規之云者，窬而賦此以識二首〉，頁 10-11。

68　董傳策，《邕歗稿》，卷 2，〈陽明王先生祠像〉，頁 4-5。

強調致良知之說是真指竅，而王守仁謫貶貴州則是致良知的實證地。
又如鄒元標，則是談其致良知說：

> 登壇濟濟說良知，不著絲毫更數誰。
> 拋却語言諸伎倆，日星千古自昭垂。
> 羣賢列聖無他語，惟一惟精只此中。
> 臘底雪消山盡處，柴門夜夜領春風。
> 辛苦平生幾問津，遲回歧路倍傷神。
> 于今識得先生面，野草閒花一樣春。
> 吾心宇宙有同然，却道金鈒是學禪。
> 不是先生勤指點，誰令吾道日中天。
> 吾鄉先輩盛流傳，疑信相參苦未堅。
> 踏破草鞋無覓處，始知吾道有真詮。
> 人疑此道大圓通，規矩方圓妙不窮。
> 效地法天無兩事，圓神方智總吾宗。[69]

鄒元標的學術偏向悟的一邊，但對規矩準繩持之甚嚴，他在仁文書院
的會約中提出「修悟雙融」之說。[70]因此前引詩的末一段既說此道大圓
通，又說規矩方圓妙不窮，末了以「圓神方智總吾宗」作結。

　　品題並不限於陽明學者，如湛若水曾應地方官員之請，為陽明畫
像題贊，強調其學術上的發明：

> 逃釋逃黃，匪猖匪狂；為知之良，文武弛張。目其鳳凰，鐵其肝腸；

69　鄒元標，《願學集》，卷1，〈題陽明先生像六首〉，頁40-41。
70　鄒元標，《願學集》，卷8，〈仁文會約語〉，頁11-14。

闇然其章，知柔知剛。萬夫之望，茲非陽明先生之相，而中峯大夫程子之藏。[71]

與陽明學對壘的程朱學者也有留下記錄，如張邦奇（1484-1544），與王守仁同時代人，他譏諷王守仁解格物為正物之說是穿鑿附會，[72] 所以題其像說：

屹屹乎楞屬，矯矯乎英異。文事武功，震耀斯世。而其志則凌跨千古，每欲以道而自知也。惜哉乎没也，未幾而天下以道為諱矣。訾飢渴之飲食，謂夢寐為從义，獨何意歟？吾欲起先生於九原，與之反覆辯議，而不可得也，徒為之瞻遺容而興喟。[73]

此處雖談及王守仁的文事武功，但仍著眼在其學術，張邦奇欲起王守仁於地下與之論辯而不可得，只好對像歎息。

與像對坐

除了收藏以外，士人持有這些畫像，往往還有求道與學術上的意義。當時頗流行一些自傳式的遊記或悟道歷程的記載（這讓人很容易聯想起西方的《天路歷程》），這類遊記或悟道歷程，對後學可以起到示範性作用。如鄒守益在王守仁死後，著意編著《王陽明先生圖譜》一書，[74] 或錢德洪等人費心纂述《陽明先生年譜》，都可放在此脈絡下理解。這些大儒在其門人弟子或後學的心中，頗有接近聖人的形象。

71　湛若水，《湛甘泉先生文集》，卷21，〈廣州程貳守所藏新建伯陽明王先生像贊〉，頁52。

72　張邦奇，《張文定公環碧堂集》（收入《續修四庫全書》，第1337冊，據明刻本影印），卷16，〈陽明先生像贊〉，頁15。

73　張邦奇，《張文定公環碧堂集》，卷15，〈陽明先生像贊〉，頁15-16。

74　鄒守益編著此書意旨，可參考王宗沐的序，見鄒守益編，《王陽明先生圖譜》，頁1-2。

文字書寫悟道歷程與氣象，而畫像則是這類聖人形象與氣象的直接體現。

　　畫像可能會被看作真人對待，見畫像時，便彷彿真人臨在而與其對越，可以收到提醒己心的效果。這類與像對坐的傳統，應與《詩經·周頌·清廟》的「對越在天」（即對越上天之意）有關，如楊儒賓教授所指出，對越其實有上天注視監臨之意，而不是人與上天在平等地位的對看。[75] 這也正可解釋當時人懸像對坐的行為。懸陽明像對坐者，以王瓊（1459-1532）最著名，不少筆記小說都有記載：

> 晉溪在本兵時，王文成撫贛，每讀其疏，必稱奇才。平生不見先生面，客有進先生像者，公懸之中堂，焚香對坐，左手抱孫，右手執先生奏讀之，明日入奏事，必盡行其所請。[76]

王瓊是王守仁的上司，他也許只是把畫像視同真人，而跟王守仁的聖人形象未必有關。但其行被晚明曹于汴（1592 年進士）所效法，他亦懸馮應京像與其對坐。[77] 馮應京（1555-1606）是盱眙人，學於吉水鄒元標門下，在《明儒學案》被歸類入江右學案。王世貞（1526-1590）之子王士騏曾作詩頌揚王、曹二人事：

> 尚書懸像拜中丞，僕僕生前豈為名。近見山西曹給事，愛君仿佛似文成。[78]

75　楊儒賓，〈《雅》、《頌》與西周儒家的「對越」精神〉，《中國哲學與文化》第 11 輯（桂林：廣西師範大學出版社，2014），頁 39-67。

76　姚之駰，《元明事類鈔》，收入《文淵閣四庫全書》，第 884 冊，卷 16，頁 24。

77　曹于汴曾作〈慕岡先生像贊〉，在《仰節堂集》，收入《文淵閣四庫全書》，第 1293 冊，卷 9，頁 14。

78　錢謙益撰集，許逸民等點校，《列朝詩集》（北京：中華書局，2007），第 8 冊，丁集第六

詩後則註：「王瓊為大司馬，懸王文成像於署中，日每揖之。安邑曹給事于汴於慕岡亦然。」

　　也有未曾見過王守仁，但懸像事之的例子，如四川遂寧楊名（1505-1559）。王守仁謫貶貴陽時，受貴州提學副使席書（1461-1527）之邀，講學文明書院，並與席書之間有書信往來，楊名與席書兩家是姻親，所以他幼時便曾讀過王、席二人的通信，此後還與羅洪先等陽明學者結社講學。楊名應未見過王守仁，但慕其學術，於是懸其像如見其人：

> 先是吾外舅元山文襄公督學貴陽，王陽明公以部屬劾劉瑾，謫龍場驛。文襄聘居文明書院，相與講定性主靜之旨，有書札還往，方洲幼覽之，心解。至是與同第羅念菴洪先、程松溪文德，泊陽明弟子歐陽南埜德、魏水洲良弼、薛中離侃結社講學，雅契夙心，……懸陽明像于壁，羹牆如見。[79]

　　王守仁以下，其門人弟子也有類似的例子，如習於聶豹門下的聶有善，便懸其師畫像於靜室，對之端坐省身：

> 聶有善，雙溪人，晚得聶貞襄主靜宗旨，年四十，命坅者圖其像，上書太極圖說，懸之靜室，終日端坐省身。[80]

　　　　附見王司勳士麒五首，〈贈馮慕岡二首馮時在詔獄〉，頁 4469。

79　陳講，〈翰林院編修楊公實卿墓志銘〉，在焦竑編纂，《國朝獻徵錄》（臺北：臺灣學生書局，1965），卷 21，頁 106-107。

80　王建中等修，劉繹等纂，（同治）《永豐縣志》，卷 23，〈人物志‧處士〉，頁 28。

敬拜祭祀

除了與畫像對坐，還有敬拜祭祀畫像的行為。祀像的行為常見於家庭或家族中子女祭祀父母，最著名的即丁蘭刻木事親。丁蘭刻木為母形，事之如生，「晨昏定省，以盡誠敬」。[81] 祭祀畫像應是取法於此類孝行故事而來，如葉思忠便有事像如事生之行，據載其父畫像因屋漏雨受潮，於是他跪伏於像前，直到像乾為止：

> 葉思忠，字從本，方基，字本立，俱貴溪諸生，講學於徐波石、甄寒泉之門，共相砥礪，而以致良知為主，以庸言庸行勿自欺為工夫。思忠執親喪，盧墓側，至服闋，偶屋漏雨，濡父像，即懸像跪伏竟日，俟乾乃已。[82]

陽明門人弟子也有祀像的行為，如永豐劉溢（1521 年進士），他遊於羅洪先之門，祀陽明像於家，所祀是畫像或木像不詳：

> 劉溢，字冕峰，永豐秋江人。……祀王文成像於家，與弟沈同遊吉水羅文恭之門。[83]

太湖李之讓，因學宗良知，於是設陽明像祀之，所祀是畫像或木像亦不詳：

> 李之讓，字太初，歲貢生，為桃源教諭，歲旱，民多饑死，縣令猶督逋賦，之讓泣請不聽，遂棄職歸，益精求性命之旨。……其

81　撰者不詳，《孝行錄》（東京：合資會社東京國文社，1922），無頁碼。

82　蔣繼洙等修，李樹藩等纂，（同治）《廣信府志》（收入《中國方志叢書‧華中地方‧江西省》，第 106 號，據清同治十二〔1873〕刊本影印），卷 9 之 3，〈儒林〉，頁 43-44。

83　王建中等修，劉繹等纂，（同治）《永豐縣志》，卷 23，〈人物志‧處士〉，頁 28。

學宗良知，設王陽明先生像祀之，學者稱太初先生。[84]

　　理學特別講究心性的領悟，尤其心學強調迷悟只在一念之間，所以一些人面謁大儒，因大儒的一句話大悟，便如從地獄脫身般重生，所以師弟子間的關係可以到十分緊密的程度。王畿、錢德洪二人在王守仁卒後，為其守喪三年，三年喪是父母喪，顯示二人視王守仁為學術上的父母。羅汝芳事顏鈞亦然，鄒元標描寫二人的相處情形是：「夫顏橫離口語，學非有加於先生，而終身事之不衰，生之縲絏，周之貲財，事之有禮，此祖父不能必之孝子慈孫，而得之先生。」[85] 幾乎跟子女侍奉父母一般無異，小自不敢有違其言，大至終身事奉而無倦色。

　　羅汝芳卒後，也有門人弟子敬拜其像，這可從李至清（萬曆時人）處得到佐證，他因湯顯祖（1550-1616）而專程前往南城拜羅汝芳像，羅汝芳是湯顯祖之師，據載：

> 李至清，號超無，江陰人，初為諸生，能詩，有奇俠氣，已而為頭陀，過臨川，湯顯祖奇之。一日，問若士何師何友，更閱天下幾何人？答云：吾師明德夫子，而友達觀，其人皆已朽矣。達觀以俠，故不可以竟行於世。天下悠悠，令人轉思明德耳。遂至肝拜羅明德像，後又去頭陀為將軍，弓劍之餘，時發憤為韻語，題曰《問劍》，顯祖為之序。[86]

84　符兆鵬等修，趙繼元等纂，（同治）《太湖縣志》（收入《中國方志叢書‧華中地方‧安徽省》，第106號，臺北：成文出版社，1985，據清同治十一年〔1872〕刊本影印），卷22，〈人物志三‧儒林〉，頁1。

85　鄒元標，《願學集》，卷6上，〈明大中大夫雲南參政近溪羅先生墓碑〉，頁51。

86　李人鏡修，梅體萱纂，（同治）《南城縣志》（收入《中國地方志集成‧江西府縣志輯》，第55-56冊，據清同治十二年〔1873〕刻本影印），卷8之8，〈流寓〉，頁13-14。

至於羅汝芳的傳人楊起元（1547-1599）不僅敬拜其師像而已，而且「出入必以其像供養，有事必告而後行」。[87]與此相似的還有周汝登的故事：

> （周汝登）已見近溪，七日無所啟請，偶問「如何是擇善固執」？
> 近溪曰：「擇了這善而固執之者也。」從此便有悟入。近溪嘗以《法
> 苑珠林》示先生，先生覽一二頁，欲有所言，近溪止之，令且看
> 去。先生竦然若鞭背。故先生供近溪像，節日必祭，事之終身。[88]

也是供奉羅汝芳像，終身奉祀。[89]黃宗羲對此評論是：

> 自科舉之學興而師道亡矣，今老師門生之名徧於天下，豈無師哉，
> 由於為師之易，而弟子之所以事其師者，非復古人之萬一矣，猶
> 可謂之師哉！[90]

則是著眼在師弟關係上，而其理想的師弟關係幾乎等同於父子關係。顧憲成（1550-1612）的評論頗有意思：

> 羅近溪以顏山農為聖人，楊復所以羅近溪為聖人。[91]

87　黃宗羲撰，沈芝盈點校，《明儒學案》，卷34，〈泰州學案三·侍郎楊復所先生起元〉，頁805。

88　黃宗羲撰，沈芝盈點校，《明儒學案》，卷36，〈泰州學案五·尚寶周海門先生汝登〉，頁854。

89　方祖猷曾檢查周汝登的《東越證學錄》以及其他相關記載，主張周汝登應算是王畿的門人，受羅汝芳的影響相對較小。因此這段記載很可能是後人在抄錄中把楊起元傳誤移到周汝登傳中。方祖猷，《王畿評傳》（南京：南京大學出版社，2001），頁425-426。

90　黃宗羲，《南雷文定三集》（收入《清代詩文集彙編》，第33冊，上海：上海古籍出版社，2010，據清康熙刻本影印），卷2，〈廣師說〉，頁44。

91　黃宗羲撰，沈芝盈點校，《明儒學案》，卷34，〈泰州學案三·侍郎楊復所先生起元〉，頁806。

顯示這類學術上父母的角色跟聖人形象有關。

　　當時與陽明心學抗衡的江門心學，也有陳獻章像或湛若水像的製作與流傳。湛若水常建書院以奉祀其師，而湛若水的弟子仿而效之，所以二人像都被置於書院等公共空間。如龐嵩（1534 年舉人），廣東南海人，他早年習於王守仁門下，晚年歸鄉從湛若水遊，聞隨處體認天理之說，感歎幾虛此生，[92] 而龐嵩所至之處皆建書院以奉其師：

> 易菴在南海之弼唐，弼唐者，龐振卿先生所居之鄉也，……他所至，則為一書院以奉甘泉，而甘泉平生所至，亦輒為書院以奉白沙，二先生者，皆可謂能尊其師者也。[93]

此處所言的奉白沙、甘泉，除了興建書院以外，應也包括崇祀其像，所崇祀的可能是畫像或塑像，所以龐嵩有〈瞻甘泉遺像詩〉曰：「精華日月在顧首，兩耳之旁南北斗。」[94] 門人後學如史桂芳（1518-1598）也有像而受人尊崇，據載江西萬年縣的蔡毅中，年少受教於史桂芳，史桂芳學宗陳獻章。日後蔡毅中因事過其所居地時，「亟訪師第宅，瞻拜遺像，立傳賦詩，以敘懇誠」。[95]

　　懸像於私室者，則有廣東區準高懸白沙像的例子：

92　瑞麟等修，史澄等纂，（光緒）《廣州府志》（收入《中國方志叢書・華南地方・廣東省》，第 1 號，臺北：成文出版社，1966，據光緒五年〔1879〕刻本影印），卷 116，〈列傳五〉，頁 28-31。

93　屈大均，《翁山文外》（收入《清代詩文集彙編》第 119 冊，據清康熙刻本影印），卷 2，〈過易菴贈龐祖如序〉，頁 1。

94　瑞麟等修，史澄等纂，（光緒）《廣州府志》，卷 161，〈雜錄二〉，頁 8。

95　項珂、劉馥桂等修，（同治）《萬年縣志》（收入《中國方志叢書・華中地方・江西省》，第 258 號，據清同治十年〔1871〕刊本影印），卷 9，〈藝文志總論〉，頁 21。

區準高，字德園，……穎悟博學，年十五補入邑庠，十七食餼，
試輒高等，一時名噪諸生。……生平有器識，善議論，黜浮華，
務為有用之學，齋頭常懸陳白沙小影，嚴師事之。及病，猶賦詩
見志，專以無欲為邪病奇方，其潛心理學，雖死不懈如此。[96]

至於把陳獻章像當作父母像一般敬拜祭祀，則以賀欽（1437-1510）
的故事最為人所熟知。賀欽是浙江定海人，他與陳獻章相識於北京，
聞其學後拜師稱弟子，在辭官歸鄉後，賀欽便懸師像於別室，出告反
面：

賀欽時為給事中，聞白沙論學，歎曰：至性不顯，寶藏猶霾。世
即我用，而我奚以為用。謁白沙執弟子禮，即日抗疏，解官還家，
肖白沙像懸于別室，出告反面。[97]

賀欽的行為已不單純是祭祀先賢或崇禮師尊而已，而是把陳獻章當作
父母一般看待。另有資料記載，賀欽曾率家中子弟敬拜畫像。[98]南海陳
庸（1474年舉人）也有拜像之舉，載於《雒閩源流錄》：

陳庸，字秉常，廣東南海人，力行好古，舉成化甲午，聞江門之
學往師事之。白沙深取其德量，……病革，沐浴更衣，設白沙像，

96　陶兆麟修，蔡逢思纂，（光緒）《高明縣志》（收入《中國方志叢書・華南地方・廣東省》，
　　第186號，臺北：成文出版社，1974，據清光緒二十年〔1894〕刊本影印），卷13，〈列傳二〉，
　　頁41。

97　孫奇逢，《理學宗傳》，收入《孔子文化大全》（濟南：山東友誼書社，1989，據清光緒浙
　　江書局刻本影印），卷20，〈陳白沙公獻章〉，頁27-28。

98　陳仁錫，《無夢園遺集》（收入《續修四庫全書》，第1382冊，據明崇禎八年〔1635〕陳禮
　　錫陳智錫等刻本影印），馬集4，〈重刻醫閭賀先生稿序〉，頁66。

> 焚香再拜而逝。　[99]

此處僅記陳庸卒前設陳獻章像，焚香再拜而逝，但推測平日應已有此像，否則卒前從何處得來？既有此像，平日可能也有焚香祭祀之舉。即使江門心學已衰的萬曆年間，仍有安福陽明學者劉元卿的族人劉燾（1538 年進士），他與陽明學者講學，又嚮慕陳獻章之學，於是前往陳獻章的故鄉，三造其廬，並仿作其遺像，持像歸家崇祀：

> 劉燾，層巖人，性端重樸，雅慕白沙之學，三造其廬，歸仿其遺像祀之，與劉元卿暨諸弟講學。[100]

這類供養祭祀其師畫像的做法，讓人很容易聯想到禪宗的祖師像。[101] 相關研究指出，儒家的圖像常受到佛、道教圖像傳統的影響，如《孔子聖跡圖》便是一例。[102] 早在隋唐時代，前往中國求法的日僧便隨身攜帶中國製的高僧畫像回國，儘管各宗派皆有類似作法，不限於禪宗，但禪宗講究不立文字，以心傳心，所以日本禪僧除了攜帶歷史上的祖師像以外，所師從的中國禪師的像更是必攜之物，這是禪僧給予弟子，作為法脈繼承（印可）的證明。加上禪師的形象常因公案而具體化、複雜化，所以這類畫像也可作為公案的對象，亦即公案的

99　張夏，《雒閩源流錄》（收入《四庫全書存目叢書》，史部第 123 冊，據清康熙二十一年〔1682〕黃昌衢彝敘堂刻本影印），卷 14，〈陳庸〉，頁 10-11。

100　姚濬昌等修，周立瀛等纂，（同治）《安福縣志》，卷 11，〈人物志‧儒林〉，頁 19。

101　有關頂相一辭的理解的變化，可參考長岡龍作編，《講座日本美術史》第 4 卷《造形の場》（東京：東京大學出版會，2005），第 2 章「造形と個別の磁場」，頁 125-150。

102　Julia K. Murray, "The Temple of Confucius and Pictorial Biographies of the Sage," *The Journal of Asian Studies,* Vol.55, No.2（May 1996），pp.269-300.

繪畫表現。[103] 尤其值得注意的是，這類畫像也會在祖師忌辰拈香時張掛，[104] 所以也有學者認為祖師像是作為儀式用或紀念品的性質而被贈與，後來成為禮拜對象。[105] 前述楊起元、周汝登二人學術與禪學在內容上常常只有一間之隔，加上常與僧人往來，儘管缺乏直接的證據證明，但未必沒有可能是受到祖師像的影響。

學術宗主所在

畫像還有代表文化傳承或學術宗主的象徵意義，隨其學術傳承或宗主之別，所拜的像便有不同。前引楊廉請郭詡作二程及朱熹像，便因其以二程、朱熹為學術宗主，所以楊廉獲像後十分珍視，表示這幾幅畫像「使日日而張之，則日日聖賢在目也；時時而張之，則時時聖賢在目也；豈不足以起後學敬仰之心乎！」[106] 相對於此，陽明學者則是敬拜陽明畫像。但有意思的是，當陽明學者前往程朱學風氣濃厚的地方講學時，他們則選擇拜孔子像，如前引鄒守益在祁門舉行講會時，祁門屬徽州府，當地的程朱學風頗盛，而鄒守益選擇拜孔子像，此時我們應看的就不只是拜什麼像，而是不拜什麼像。當地人拜朱子像，但鄒守益卻不拜，從學術宗主競爭的角度來看便極具象徵意義。[107]

103　德永弘道，〈南宋初期の禪宗祖師像について——拙菴德光賛達磨像を中心に〉，《國華》929（東京，1971），頁 7-17；930（東京，1971），頁 5-22。也可參考相井手誠之輔，〈頂相における像主の表象——見心來復象の場合〉，《仏教芸術》282（九州，2005），頁 13-35；李宜蓁，〈入明使節的肖像：妙智院藏《策彥周良像》之研究〉（臺北：國立臺灣大學藝術史研究所碩士論文，2010）。

104　萱場まゆみ，〈頂相と掛真——興国寺本法燈国師像からの考察〉，《美術史研究》33（東京，1995），頁 93-108。

105　T. Griffith Foulk and Robert H. Sharf, "On the Ritual Use of Ch'an Portraiture in Medieval China," *Cahiers d'Extreme-Asie*, no.7（1993），pp.149-219.

106　楊廉，《楊文恪公文集》，卷 26，〈送清狂山人歸泰和序〉，頁 8。

107　拜孔子像有避免爭議及凝聚共識的效果，所以鄒元標在家鄉主持的惜陰會也拜先師像，據載：「家立一會，與家考之，鄉立一會，與鄉考之。凡鄉會之日，設先師像於中庭，焚香而拜，以次列坐。」鄒守益，《東廓鄒先生文集》，卷 7，〈惜陰申約〉，頁 20。

　　學術宗主之別在變局間尤易凸顯。[108] 明清之際，許多人將亡國歸罪於理學，尤其是陽明心學，於是有人藉由拜畫像確立及宣示其學術宗主。如陳確（1604-1677）在詩作中指出：

> 憶昔游山陰，滔滔乘末禩。哲人憂喪亂，不替千秋志。眷言集朋儔，竭蹶三之會。肅肅陽明祠，確時預執事。（原註：癸卯日記：昔歲游山陰，先師時集同人于每月三之日，講學陽明祠，確亦撰杖以從，痛今何可復得。）皇天忽崩積，梁木久顛墜。披圖何儼然，瞻拜時隕涕。呈我辨學書，遑遑不知皋。世士競相非，往復一何亟。古學不可誣，焉能泯同異。竊見兩先生，好辨亦不置。開懷與諸儒，牴牾豈有意。千聖同一心，遐哉俟冥契。[109]

此詩作於康熙二年（1663），「辨學書」應即陳確作於順治十一年（1654）的〈大學辨〉。《大學》一書的爭訟，歷宋元明三代不止，尤其在王守仁提出《大學》古本後，使各式各樣的《大學》改本或解釋層出不窮，即連劉宗周（1578-1645）也曾被豐坊偽作的石經《大學》所惑。[110] 陳確因作〈大學辨〉等篇，受人質疑違離其師劉宗周之學，於是他祭祀王、劉二人畫像，並作詩自攄懷抱，他雖推翻王、劉二人之說，但拜謁畫像之舉則表明他不是站在競爭者或反對者的角色。一如《易經》

108　明清之際便有士人因亡國之痛而拜聖賢圖像，聖賢圖像儼然成為華夷之辨的文化象徵所在。如楊益介便隱於江西西山冰雪堂，列聖賢圖像，作人社，行禮講學陳祭其中，據載：「（楊）益介字友石，明甲申三月之變，椎心頓足，痛不欲生，作採薇之歌，歌畢，放聲而哭於峯下，構冰雪堂，列聖賢圖像，作人社，引集同志之士，行禮講學陳祭其中。」歐陽桂，《西山志》（收入《四庫禁燬書叢刊》，史部第72冊，據清乾隆三十一年〔1765〕梅谷山房刻本影印），卷5，「上天峯」，頁17。

109　陳確，《乾初先生遺集》（收入《清代詩文集彙編》，第20冊，據清陳敬璋餐霞軒抄本影印），《詩集》，卷3，〈癸卯正月三日設陽明山陰兩先生像拜之，呈性解二篇，感賦一首〉，頁3-4。

110　王汎森，〈明代後期的造偽與思想爭論——豐坊與《大學》石經〉，《新史學》，6：4（臺北，1995），頁1-20。

〈蠱卦〉中的「幹父之蠱」，既是修正，又有繼承的意思。[111]陳確所拜奠的王、劉二人畫像可能出自江南一帶的畫師之手。陳確的族人陳之問在寫給黃宗羲的一封信上說：「吳子昇臨陽明先生像，附使者以往。」[112]《國朝畫識》中著錄徽州畫師吳旭，字子升，善人物寫照，[113]有可能是同一人，亦即吳旭畫王守仁像，陳之問託人送去給黃宗羲。因此王、劉二人畫像很可能出自吳旭之手。

秦松岱也是一例。秦松岱是無錫人，因讀《傳習錄》有悟，於是構願學齋，作陽明畫像而奉祀之。無錫是晚明東林書院所在，當地學風更傾向程朱學，加上明末以來對陽明心學的批評日益增多，所以秦松岱崇祀陽明畫像的行為，等於是宣示己之學術宗主。此後他參與江、浙一帶的講學活動，師事從陝西南下江南的李顒（1627-1705）。李顒文集中記載此事：

> 燈巖秦子諱松岱，潛心陽明之學，構願學齋，肖像嚴事。志篤力勤，聞先生講學明倫堂，趨赴拱聽，又會講於東林，徘徊不忍去。[114]

秦松岱之兄秦松齡（1637-1714）以文辭著名，《道南淵源錄》中的〈秦燈巖先生傳〉即出自秦松齡的玄孫秦瀛（1743-1821）之手。[115]秦松岱所

111　與年譜有關的部分，見吳騫編，《陳乾初先生年譜》（收入《北京圖書館藏珍本年譜叢刊》，第68冊，據民國四年〔1915〕鉛印本影印），卷下，康熙2年條，頁17-18。

112　黃宗羲，《南雷文定前集》（收入《清代詩文集彙編》，第33冊，據清康熙刻本影印），《附錄》所附陳之問令升函，頁9。

113　馮金伯，《國朝畫識》（收入《中國歷代畫史匯編》，第4冊，天津：天津古籍出版社，1997，據中華書局聚珍仿宋版精校影印）卷13，頁7。

114　李顒，《二曲集》（收入《清代詩文集彙編》，第105冊，據清康熙三十三年〔1694〕高爾公刻後印本影印），卷10，〈南行述〉，頁10。

115　鄒鍾泉，《道南淵源錄》（收入《四庫未收書輯刊》，第9輯7冊，據清道光二十八年〔1848〕道南祠刻本影印），卷12，〈秦燈巖先生傳〉，頁23。

奉祀的畫像有可能一直留存下來，所以乾隆年間秦瀛也有題陽明畫像詩。[116]

　　當清初施閏章（1618-1683）來江西任官，在青原山舉行會講，鄒元標的弟子李元鼎（1595-1670）奉持羅洪先與鄒元標兩人的遺像，率領當地士人前往講學，據載：

> 時守憲愚山施公開講青原，公持鄒忠介、羅文恭兩先生遺像，率諸生拜階下，使知所宗，言學則首發明良知良能。[117]

　　李元鼎，吉水人，天啟二年（1622）進士，入清後官至兵部左侍郎。李元鼎屬於谷平李氏家族，族祖李中是羅洪先的老師，族父李邦華（1574-1644）則是鄒元標的弟子。羅洪先與鄒元標先後在吉水的講學活動，谷平李氏族人都是主要成員。為了表明當地學術宗主，李元鼎選擇的方式，是率領當地士人，共同奉持羅、鄒二人遺像參與講學。

　　與學術宗主有關的，還有儒釋合流這個長期糾纏陽明心學，造成兩造間存在既緊張、競爭但又常相交集的現象。如廣東番禺屈大均（1630-1696）在明清之際的動亂後為了抗衡釋氏，鼓勵地方士人把理學家畫像懸於堂室中以為師表。前有提及龐嵩往來王守仁、湛若水門下，家中收藏有王、湛及陳獻章畫像，屈大均遂建議龐嵩的曾孫龐嘉謩把三人像加上龐嵩的畫像掛出：

116　秦瀛並非理學中人，所以他的詩中只是簡單誇讚了王守仁的學術與事功：「宗臣遺像鬢毛蒼，公已騎鯨去帝鄉。慷慨誓師傳贛水，艱危得力憶龍場。制科一代勛名在，學術千秋誇談張。莫道蚍蜉能撼樹，斯文日月耀精芒。」秦瀛，《小峴山人詩文集》（收入《續修四庫全書》，第1464冊，據清嘉慶刻本影印），詩集卷11，〈題王文成公遺像〉，頁9。

117　張貞生，《庸書》（收入《四庫全書存目叢書》，集部第229冊，據清康熙十八年〔1679〕張世坤張世坊講學山房刻本影印），卷5，〈李少司馬七十序〉，頁16。

自庚寅變亂以來，吾廣州所有書院皆燬於兵，獨釋氏之宮日新月盛，使吾儒有異教充塞之悲，斯道寂寥之歎。……祖如家中復有白沙、甘泉、陽明與先生（按：龐嵩）遺像，吾欲祖如（按：龐嘉鼇）嘗懸於易菴之堂，以為吾人之師表。[118]

但也有一種情形，是雙方因陽明畫像而有交集，如清初吳謙牧（1631-1659）在一封信中談到他受託裝裱陽明畫像，請施博尋覓善手：

又有一事，乃家仲兄前曾奉懇者，有王文成公遺像，乃龍山許氏家藏，託為裝裱，工人不善，致有損壞，欲煩左右於郡中覓一善手別為裝過。[119]

吳謙牧兄弟是劉宗周的學生，而施博的學術取向則在儒佛之間，如他自述：「余孔氏門牆中人，每兼好禪宗家言」，[120] 二人因畫像而有共通的交契。

當心學家所講學的書院——尤其是具象徵意義的書院被改為佛寺時，也會觸動一些士人的敏感神經。如羅洪先講學的石蓮洞，因位處僻遠而少見人跡，但當石蓮洞及正學書院被僧人買去改建為佛寺時，便有士人無法接受而試圖阻止，[121] 所採取的方式是奉羅洪先木主入屋

118　屈大均，《翁山文外》，卷2，〈過易菴贈龐祖如序〉，頁1-2。

119　吳謙牧，《吳志仁先生遺稿》（中國國家圖書館藏清鈔本），卷5，〈與施易修〉，無頁碼。此條資料是王汎森老師所提供。

120　許三禮，《政學合一集》（收入《四庫全書存目叢書》，子部第165冊，據清康熙刻本影印），不分卷，〈丁己問答〉，頁23。

121　石蓮洞是羅洪先的私人書屋，規模不大，因此在（萬曆）《吉安府志》的〈學校志〉中並未將之列入，請見余之禎，王時槐等纂修，（萬曆）《吉安府志》，卷15，〈學校志〉，頁9。至於石蓮洞南後來又築正學書院，並由羅洪先本人親自作記，但其名雖為「書院」，其實仍未達到一般建制化書院的規模，因此連胡直也只稱之為「正學堂」。請見羅洪先，〈正學書

中正坐。據清初講學石蓮洞的吳雲追述此事：

> 予讀書洞中，周子懋則侍，懋則即周柳川先生之裔孫，柳川即公
> 之賢弟子。自公（按：羅洪先）後中落，僧買正學書院為佛寺，懋
> 則之嚴君周中丞忠節公，俟其佛寺既成，忽自冠帶鼓樂，送公木
> 主，以柳川先生配，入屋中正坐焉。然後責於僧曰：「爾何敢擅
> 買書院乎？」今公木主猶坐洞中，神有所依，中丞之力也。[122]

事件還有後續。羅洪先的裔孫不以木主為足，所以尋訪羅洪先中狀元
時的畫像，拜於書齋二年，才又回到石蓮洞中敬拜木主，吳雲續道：

> 公裔孫為中丞壻，得請公狀元在京，自寫及第謝恩像，朝冠朱衣，
> 象簡黃表，面如滿月，秀目清眉，請至書室，拜禮二年，仍歸於
> 令孫，而後至洞中拜木主焉。[123]

據此可知奉羅洪先木主以阻僧人應有成效，所以石蓮洞中仍奉此木
主。另從敘述內容，畫像因可讓人明白睹見相貌，作用與木主仍稍有
別。

　　還有僧人曾對鄒元標的畫像作出評論，據載：

> 無學，廬陵良家子也，常住西峰寺，……皆以為狂僧也。工詩善
> 書，見鄒南皋畫像，拈筆題曰：「烈著都門，名噪天下。世人見之，

院記〉，在周樹槐等纂修，（道光）《吉水縣志》（收入《中國方志叢書・華中地方・江西省》，
第 766 號，據清道光五年〔1825〕刻本影印），卷 31，頁 7-9；與胡直，〈念菴先生行狀〉，
《衡廬精舍藏稿》，卷 23，頁 15。

122　吳雲，《天門詩文稿》（江西省圖書館藏清鈔本），不分卷，〈石蓮春〉，無頁碼。

123　吳雲，《天門詩文稿》，不分卷，〈石蓮春〉，無頁碼。

謂是仗節死義之臣，無學視之，仍是水田老者。」[124]

鄒元標處在晚明三教合一的風潮下，對二氏並未明顯抵斥，其學偏悟，並跟羅大紘、郭子章（1543-1618）等人共同講學青原山，羅、郭二人的學術都傾向三教合一，所以很容易讓人誤會鄒元標的學術近於禪學。無學的題辭指鄒元標以諫張居正（1525-1582）奪情事聞名天下，但若是除此不論，其實只是一名尋常老翁而已。我們若是考慮到鄒元標作為陽明學者的背景，而題辭只提其諫奪情事，又指其為田邊老者，而完全不及於其悟道與否，則此恐怕跟儒、釋兩家的競爭有關。

五、清代的一些變化

入清以後，陽明學受到不少詬病，一些人或者傾向官方正統的程朱學，或者對理學有所詬病而專志考據，於是對王守仁的態度或所持立場遂有轉變。如以尊程朱學而得意官場的熊賜履（1635-1709）著《閑道錄》，尊朱子而闢陽明，視王守仁為異類。[125] 如翁方綱（1733-1818）便從程朱學的角度批判王守仁，他特別作〈姚江學致良知論〉以駁陽明學，說：

幸至今日，經學昌明，學者皆知奉朱子為正路之導，其承姚江之說者，固當化去門戶之見，平心虛衷，以適於經傳之訓義，……考證之學仍皆聖賢之學也，良知之學則無此學也。[126]

124　謝旻等修，陶成等纂，（雍正）《江西通志》（收入《中國方志叢書‧華中地方‧江西省》，第 782 號，據清雍正十年〔1732〕刊本影印），卷 104，〈仙釋二〉，頁 10。

125　永瑢等撰，《四庫全書總目》，卷 97，「《閑道錄》三卷」條，頁 825。

126　翁方綱，《復初齋文集》（收入《清代詩文集彙編》，第 382 冊，據清李彥章校刻本影印），卷 7，〈姚江學致良知論上〉，頁 5。

　　翁方綱的這段話主要是在綰合理學與考據學的過程中作篩選，而把陽明學篩出了這個圈子外，但並未到深惡痛絕的程度。翁方綱收藏陽明像，曾為此畫像題辭。[127] 清代有部分士人流行在每年蘇軾生日時集會慶祝，[128] 翁方綱同樣也在蘇軾生日當天，將蘇軾像與黃庭堅、顧仲瑛、沈周、毛奇齡、朱彝尊等共六人像一同祭祀。[129] 翁方綱的有趣處在於，他本身既是經學家，卻更推尊文人，而讓幾位經學家都配食於蘇軾之側。[130]

　　儘管清人對心學頗有批判，但仍持續有製作陽明畫像的例子。當時甚至有人透過扶乩拜王守仁為師，且因王守仁入夢而作其畫像，據說畫像上王守仁「凜凜然有生氣」：

陳春噓名昶，陽湖人，入籍大興，中式順天鄉試，出為浙江知縣，歷署桐鄉、秀水、餘姚諸縣事，皆有惠政。在餘姚時，有仙壇一所，相傳陽明先生嘗降此壇。春噓素不信，為駁詰數事，乩中俱能辨雪，乃大服，請受業為弟子。一日早起，忽見陽明先生現形，修髯偉貌，高冠玉立，而面如削瓜，遂下拜，已不見矣。因手摹

127　翁方綱，《復初齋外集》，詩卷第 15，〈新建王文成公像，方綱以去年所得公手書春游詩臨於幀，次韻敬題〉，頁 1：「北學猶堪一脈尋像摹自交河王氏，靜中真意儼冠簪。瓣香俎豆交河近，倒影星辰越水深。客坐空慚挂私祝，春游誰解續高吟。暫來合眼蒲團上，又恐疏蕪少定心。」交河王氏有可能是王蘭生，他是河北交河人，康熙六十年（1721）進士，隨李光地習律呂歷算音韻之學。

128　如畢沅率領屬吏門生禮拜明人陳洪綬所作的蘇軾小像，見錢泳撰，張偉點校，《履園叢話》（北京：中華書局，1979），卷 23，〈雜記上〉，頁 611，「蘇東坡生日會」條。

129　方濬頤有〈毛西河朱竹垞二先生像小幅〉，應即此祭拜所用像，見《夢園書畫錄》，卷 23，頁 34-37。

130　翁方綱在所題詩的詩題，明白表露說：「是日齋中供山谷、玉山、陽明、石田及毛、朱二先生像，以配東坡生日之筵。山谷像不敢以意題也。敬題四軸各一詩」，另一首詩的詩題則是：「黃文節公像雖日懸蘇齋，然以配食之例為詩，則不敢也。載軒編修以摹本來，並奉齋中屬賦」，黃文節即黃庭堅。可知王守仁等人是配食於蘇軾之側。翁方綱，《復初齋外集》，詩卷第 15，頁 14、15。

一像，凜凜然有生氣。余嘗見之，雖老畫師不及也。[131]

這類名人降乩的事件應不罕見，明清不少士人參與降乩活動，所以類似陳春噓因降乩入夢而作陽明畫像，不必是清以後才有。但這類事件在清以後似乎更常見於筆記小說間，似也象徵了陽明畫像與理學、聖人形象的脫鉤。

馴至嘉慶、道光年間，由於時局動亂，一些有識之士思考經世之途，曾燠（1759-1830）對陽明畫像的題辭，應可代表清中葉左右一些憂心時勢官員的立場與態度——不論其理學，而在乎王守仁的事功。曾燠是江西南城人，乾隆四十六年（1781）進士，編有《江西詩徵》，他對宋明理學並無好感，在一首題陸贄從祀孔廟詩詩末，曾燠坦率明言兩宋理學不如漢唐儒者之見，[132] 但他對王守仁卻頗為心儀，曾燠任兩淮鹽政期間，在當地建有題襟館，此館名震大江南北，[133] 而館中便收藏有包括王守仁像的許多畫像。曾燠兩次為王守仁畫像題辭，在一次的題辭上他說：

不畫麒麟閣，誰圖冰雪顏。一官終嶺表，千祀接尼山。性命空談易，經綸實效艱。知兵儒者事，入輔小人患。漢武輕衛枑，周王縱轍環。⋯⋯去思縣世代，拜像重悲潸。今日烽常警，官軍甲久攌，生申何不再，竊願破天慳。[134]

131　錢泳撰，張偉點校，《履園叢話》，卷6，〈耆舊〉，「春噓叔訥兩明府」條，頁167。感謝何淑宜教授提供這條資料。

132　張維屏編撰，陳永正點校，《國朝詩人徵略二編》（廣州：中山大學出版社，2004），卷41，〈曾燠〉，頁1001，〈陸宣公從祀孔廟詩〉附識：「北宋以前無道學之名，自漢至唐，其間忠臣義士直行己意，轟轟烈烈，多有宋以後講學之儒所不能及者。」

133　方濬頤，《二知軒文存》（收入《清代詩文集彙編》，第661冊，據清光緒四年〔1878〕刻本影印），卷20，〈儀董軒記〉，頁1-2。

134　曾燠，《賞雨茅屋詩集》（收入《清代詩文集彙編》，第456冊，據清咸豐十一年〔1861〕

這首詩因達二十四韻，所以此處引文有所省略，此詩起首先說「性命空談易，經綸實效艱」，顯示所重在經綸而不在性命，引文中間省略的部分，則是引用古人故事講王守仁的諸多事功，最後以「拜像重悲灕」，來反應今日缺乏經綸人才以平定禍亂。在另一次的題辭中，曾燠仍把重點放在緬懷王守仁的事功上：

> 學在陽明洞裏天，兵銷彭蠡澤中煙。元黃未起東林黨，黑白幾誣北狩年。乍得披圖覘道氣，想從憂國見華顛。重吟紙尾懷歸句，尚為征蠻緬昔賢。（原註：畫像後附公自書〈雨中歸懷〉一律，有「五月南征想伏波」之句。）[135]

看似是王守仁緬懷先賢，其實又暗喻了曾燠懷想王守仁事功之意。

賀長齡（1785-1848）對王守仁學術與事功的注意，應跟他巡撫貴州的經歷有關。賀長齡出身湖南，是嘉慶、道光年間的經世派大臣與學者，曾主持《皇朝經世文編》的編纂工作，「經世文編」顧名思義即收錄一些跟經世有關的文章，而其體例編排則是以「學術」為首，收錄許多理學方面的文章，其次依序是治體、吏政、戶政、禮政、兵政、刑政，顯示賀長齡在經世事務上給了理學一個位置，正如李慈銘所言：「其實當漢學極盛之後，實欲救漢學之偏，以折衷於宋學，……而又欲合洛閩之性理、東萊之文獻、永嘉之經制、夾漈之考察諸學為一。」[136]

賀長齡在道光十六年後長達九年的時間擔任貴州巡撫，貴州是王

重刻本影印），卷5，〈敬題王文成公畫像二十四韻〉，頁4。

135　曾燠，《賞雨茅屋詩集》，卷5，〈再題王文成公畫像〉，頁4。

136　李慈銘著，由雲龍輯，《越縵堂讀書記》（上海：上海書店出版社，2000），〈集部・總集類〉，「皇朝經世文編」條，頁1205-1206。

守仁當年被謫地與悟道處，當地扶風山陽明祠有大小兩幅王守仁畫像，若據鄭珍（1806-1864）所述，此大小兩幅像，大幅即侯服側面大像，幅高六七尺許，上書封新建侯敕；小像是燕坐小像冊，應類似前述吳慶坻所見的燕居授書小像，王守仁裔孫所藏，先後經唐鑑（1778-1861）、賀長齡之手，最後入扶風山陽明祠中。[137] 賀長齡及其友人戴熙（1805-1860）、何紹基（1800-1874）等都曾為陽明畫像題辭，把陽明畫像跟理學及經世的傾向被緊密聯繫在一起。[138]

　　相對於曾燠與賀長齡重視事功，也有人從考據學轉向兩宋理學。如何紹基之父何凌漢（1772-1840），他在提學浙江時，便曾積極尋訪黃宗羲始編，全祖望續編而成的《宋元學案》，顯示他對兩宋學術的關注。[139] 他還懸掛兩宋理學家的畫像於家中，朝夕瞻仰，據載：

> （何凌漢）居恆莊敬刻屬，無欹坐，無疾趨，獨坐必斂容。急遽時作字，必裁劃正坐而後書。畫鄭君及周子、二程子、張子、朱子像懸齋壁，昕夕瞻仰。家範嚴肅稱於時。[140]

　　何凌漢的做法凸顯他所傾心的是兩宋理學，所以他選擇掛的是北宋五子中除邵雍外的其他四人像，另加上朱熹像。「鄭君」即鄭玄，

137　張岱編，《陽明先生遺像冊》，頁 277。

138　賀長齡，《耐菴詩文存》（收入《清代詩文集彙編》，第 550 冊，據清咸豐十一年〔1861〕刻本影印），詩存卷 3，〈題陽明先生像有引〉，頁 17-18；何紹基，《東洲草堂詩鈔》（收入《清代詩文集彙編》，第 604 冊，據清同治六年〔1867〕長沙無圜刻本影印），卷 10，〈中丞丈人見示陽明先生遺像敬賦書後〉，頁 8；朱䌹，〈題賀中丞藏王文成公畫像〉，見孫雄輯，《道咸同光四朝詩史》，收入《歷代詩史長編》第 18 種（新北：鼎文書局，1971），甲集卷 1，頁 54。

139　相關研究見張藝曦，〈史語所藏《宋儒學案》在清中葉的編纂與流傳〉，《中央研究院歷史語言研究所集刊》，80 本 3 分（臺北，2009），頁 451-505。

140　李元度，《國朝先正事略》（臺北：臺灣中華書局，1965），第 3 冊，卷 24，〈何文安公事略〉，頁 21。

顯示他並未把考據學與理學對立起來。

　　何凌漢之子何紹基不僅曾隨從賀長齡而為陽明畫像題辭，還在北京主持顧祠祭，即崇祀顧炎武的活動，這個活動頗有挑戰當時的考據學的意思。[141]由於顧炎武說過「經學即理學」，所以何紹基對考據學與理學的態度及立場，跟何凌漢差異可能不大。他們雖然反對純粹的考據學，但又未必認為考據學與理學是相悖而不能並立的。何凌漢父子的作為，反映當時學風的轉變與理學的復興。此後直到清末仍不斷有陽明畫像的製作與流傳，以詩書畫三絕著稱的溥心畬（1896-1963），便有〈王文成公像〉（圖 10）的畫作傳世，人物形態與陳洪綬所作的相近。今寄存於國立故宮博物院。

小結

　　本章對陽明像的討論涉及兩部分：一是聖人理想的追求與學術宗主，一是士人對像的崇敬或敬拜。講學有時間與空間的限制，而《傳習錄》等書籍的流傳雖可以讓學術的影響力擴大到更廣的地域，但這類書多半是語錄或一些自傳類的文體，對心學家的悟道過程仍偏重從文字描寫。畫像則可以具體展現理學家的形象，這些形象又跟明人對聖人理想的追求重疊在一起。包括陳獻章、王守仁，以及一些心學家都有畫像流傳，而不少士人收藏這些畫像，或與畫像對越，甚至把畫像當作真人或父母一般敬拜。

　　儒學與社會中下層人民的關係始終不強，而陽明學可能是儒學中走得最遠的一支。在許多相關記載中，都指出陽明學者的講學活動吸

141　王汎森，〈清代儒者的全神堂——《國史儒林傳》與道光年間顧祠祭的成立〉，《中央研究院歷史語言研究所集刊》，79 本 1 分（臺北，2008），頁 63-93。

引一些商人、農夫或百姓的聽講，這批庶民很可能會有人供奉或敬拜王守仁及其門人弟子的畫像，但很可惜沒有這方面的資料留存。本章所討論的對象仍限於士人群體，而尚未對塑畫像與庶民的關係作更多的探討。

入清以後，考據學盛起而理學轉衰，作為官方所承認的程朱學仍不乏隨從者，但以陽明學為主的心學則衰退最多，也因此人們對陽明畫像的崇敬之意遠不如明人。但在清中葉理學復興之際，有志理學者除了蒐集理學相關文獻（如《宋元學案》），另一個具象徵意義的行動就是崇祀畫像。何凌漢懸兩宋理學家畫像，及何紹基祀顧炎武，都可看作是新學風將起的先兆，這些像的崇祀或敬拜活動在清中葉以後所起的作用，也值得將來作更多的觀察。

宋徽國朱文公遺像

圖 1：無款，宋徽國朱文公遺像，臺北，國立故宮博物館藏。

圖2：傳蔡世新，陽明先生小像，上海，上海博物館藏。

圖3：無款，王陽明畫像，北京，
中國歷史博物館（今名中
國國家博物館）藏。轉錄
自計文淵，《王陽明法書
集》（杭州，西冷印社，
1996）。

圖4：無款，大儒王陽明先生像，上海，上海博物館藏。

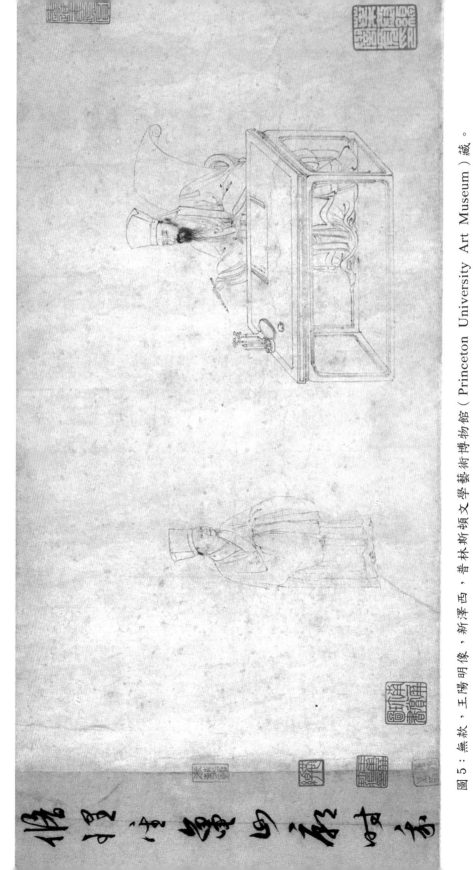

圖 5：無款，王陽明像，新澤西，普林斯頓文學藝術博物館（Princeton University Art Museum）藏。

11

圖 6、7：取自鄒守益編，《王陽明先生
　　　　圖譜》，頁 11、13。

圖8：傳陳洪綬，陽明先生像，麻州，福格博物館（Fogg Museum）藏。

圖9：無款，石刻陽明像，楊儒賓教授藏。

圖 10：溥心畬，王文成公像，臺北，國立故宮博物院藏。

第四章

飛昇出世的期待：
明代士人與龍沙讖 *

前言

　　余英時先生在《中國近世宗教倫理與商人精神》中談到近世儒、釋、道三教的入世傾向，認為新道教中如淨明道與儒學的交涉頗值得注意。在明中晚期的心學運動中，淨明道受到一些心學家如王畿、羅汝芳等人的注意，包括吸引不少士人持循的功過格也跟淨明道有很深的淵源。[1]

---

* 本章文稿以〈飛昇出世的期待：明中晚期士人與龍沙讖〉原刊於2011年《新史學》第22卷第1期，頁 1-57。於收錄本專書時略作增刪，謹此說明。

1　過去關於淨明道的研究，較多著眼於淨明道的傳承流派、經典文本的內容與教義的探討、許遜相關傳說的形成與流衍，近年也有學者蒐集整理其科儀匯編。如專書有秋月觀暎，《中國近世道教の形成──淨明道の基礎的研究》（東京：創文社，1978）；黃小石，《淨明道研究》（成都：巴蜀書社，1999）；毛禮鎂編，《江西省高安縣淨明道科儀本彙編》（臺北：新文豐出版公司，2006）等書。李豐楙，《許遜與薩守堅──鄧志謨道教小說研究》（臺北：臺灣學生書局，1997），討論許遜傳說的形成與衍變，同時從鄧志謨的《鐵樹記》小說看相關的許遜傳說的演變。郭武的《《淨明忠孝全書》研究──以宋、元社會為背景的考察》（北京：中國社會科學出版社，2005）以宋、元兩代為主，所以對淨明道在元末以後的發展，以及儒者與淨明道道士或信徒的往來所談不多，而郭武另有單篇發表的文章，〈元代淨明道與朱陸之學關係略論〉，《宗教學研究》，2（成都，2005），頁 9-14；〈宋、元淨明道與儒學關係綜論──兼談影響宗教融合的因素〉，《宗教哲學》，34（南投，2005），頁 17-34，分析元代淨明道與兩宋理學中的朱陸兩家之學的關係，但所論述多偏重在思想內容的部分。
　　單篇文章則如柳存仁，〈許遜與蘭公〉，收入氏著，《和風堂文集》（中）（上海：上海古籍

　　本章注意到此派教中的「龍沙讖」預言，這道預言以許遜（239？-374）飛昇一千兩百四十年後為期，預言世界大亂，屆時將有八百地仙前來平息亂事；由於預言的時間點正好落在明中晚期左右，因此明中期以後便不斷有人附會各類異象或事件，指稱龍沙讖即將或已經實現。在晚明三教合一的風潮中，龍沙讖更跨越了教派的界限，跟其他信仰結合，而預言的流行區域也從江西廣及於江南一帶，尤其以南京為中心。當時風行一時的曇陽子信仰與衡山二道之說，都分別有其末世預言，而這些預言也跟龍沙讖結合，且廣為人知。

　　有趣的是，晚明部分士人對預言內容曾作出不同的解釋，他們把平亂的八百地仙理解為將有八百人飛昇登仙，吸引不少人的好奇或期待，希望知道自己的名字是否已登錄仙籍，是否能在應讖之期一同飛昇登仙；於是既有士人想藉扶鸞一窺仙籍的內容，也有異人、道士藉此吸引信眾，又或有人對此嗤之以鼻。當時對應讖之期各有不同說法，但大約都落在明末以前，於是當明末各種應讖之期都宣告無效後，信眾中既有失望者，也有人尋求其他解釋，而不信者則更肆力抨擊。這些言論都提供了很好的切入點，方便後人藉以觀察「龍沙讖」預言對明中晚期士人的影響。

　　龍沙讖預言的流行也是晚明儒、道交涉的具體例證；而龍沙讖這個元素在江西、江南一帶流行，並與其他信仰結合，也凸顯了這不只

出版社，1991），頁 714-752；張澤洪，〈淨明道在江南的傳播及其影響——以道教關係史為中心〉，《中國史研究》，3（北京，2002），頁 47-58；李豐楙，〈許遜的顯化與聖蹟：一個非常化祖師形象的歷史刻畫〉，收入李豐楙、廖肇亨主編，《聖傳與詩禪——中國文學與宗教論集》（臺北：中央研究院中國文哲研究所，2007），頁 367-441。周建新，〈客家民間信仰的地域分野：以許真君與三山國王為例〉，《韶關學院學報（社會科學版）》，1（廣東，2002），頁 76-82，則是從客家信仰的角度研究淨明道。三浦秀一則從養生的觀點切入談晚明萬曆年間龍沙讖預言的流行，Shuichi Miura（三浦秀一），"Nourishing Life and Becoming an Immortal: the Case of the Literati of the Wanli Period, Ming China." Paper presented at symposium "An International Workshop on Life, Disease and Death in Western and Eastern History of Ideas and Medicine,"（Needham Research Institute, Cambridge UK, 2004）.

是淨明道與儒學或道教其他教派的交涉，而應被放到三教合一的背景下來理解。三教合一可以是學理學說的統合，也可能是不同教派或信仰中的不同元素彼此間的結合或交涉，龍沙讖預言流行所凸顯的應是後者，當可作為我們理解晚明三教合一思潮的一個事例。

　　本章前半先討論相關預言傳說的演變，以及龍沙讖語如何脫穎而出，為元明以後的士人所熟知；由於預言揭示的年代落在明中期以後，王守仁平宸濠亂也被附會是平定蛟亂。到了晚明，士人所重視的預言內容已從平定蛟亂轉移到個人是否登錄仙籍之內，因此本章後半擬從文化史角度切入，檢視晚明的士人群體對飛昇的期待，以及在三教合一的思潮下，龍沙讖與其他信仰或預言結合的情形，及其所帶來更廣泛的影響。

一、斬蛟傳說與龍沙讖

　　龍沙讖預言須從許遜信仰及其斬蛟傳說談起。日本學者秋月觀暎把許遜信仰的發展分作四期：第一期是以游帷觀為中心，係單純的神仙信仰，具有祠廟信仰的特點。第二期則跨越隋唐北宋，在許遜教團衰退不久，胡慧超（？-703）針對以許遜祠廟為中心的神仙信仰，加入孝道的倫理內涵，促進了新教義的形成。許遜信仰也得到宋代皇室的信奉。第三期則是在遼金入侵的背景下，許遜教團從講孝到講忠孝的轉變；直到第四期元初劉玉（1257-1308）整理教法，方才開創後來的淨明忠孝道。許遜信仰也從單純的斬蛟為民除害，拔宅飛昇，轉變到後來強調忠、孝的淨明忠孝道。[2]

　　淨明道主要的崇祀對象許遜，生於吳赤烏二年（239），而在晉

2　秋月觀暎，《中國近世道教の形成——淨明道の基礎的研究》，頁248-249。

孝武帝寧康二年（374，另一說為三年），舉家拔宅飛昇，在世長達
一百三十六年。傳說許遜在晉武帝年間曾任四川旌陽令，任官期間留
下不少神奇事蹟，如災荒時以靈丹點石成金，使民得以繳納租賦；瘟
疫時以神方救治疾患。此後許遜返回南昌西山修道，並以符籙禁咒驅
瘟，服煉齋醮，濟世度人。許遜最為人所稱頌的，即他收伏製造水患
的蛟蛇，並鑄鐵柱以鎮之。關於斬蛟傳說的結果，至少有三種版本流
傳：一是許遜僅鎮蛟而未斬蛟，留下後來的亂源；[3] 一種則是斬蛟，但
又分為兩種：一是蛟雖被斬，但卻可能再起；[4] 一是許遜留下蛟子未斬，
而此蛟子將來可能作亂。[5] 由於有此伏筆，衍生出松沙讖語與龍沙讖語
兩則預言，而兩則預言同源出《靈劍子》一書。

　　《靈劍子》撰於北宋年間，內容共分八段，分別是〈序〉、〈學
問〉、〈服氣〉、〈道海喻〉、〈暗銘註〉、〈松沙記〉、〈道誡〉、
〈導引勢〉。《靈劍子》述說了兩則預言，第一則是松沙讖語，內容
敘述蛟蛇被許遜斬後，有蛟子從腹而出，但因靈劍不能斬無罪之蛟子，
於是許遜作出預言。節錄相關段落如下：

> （許遜）斬大蛇于西平、建昌之界，有子從腹而出，走投入江，
> 遂飛神劍逐之，緣此蛇子無過，致神劍不誅。上足吳猛云：「蛇
> 子五百年後，當准前害于人民。」予答：「以松壇為記，松枝低
> 覆于壇拂地，合當五百年矣，吾當自下觀之，若不傷害于民，吾
> 之靈劍亦不能誅也。今來豫章之境，五陵之內，相次已去，前後

3　如王義山，《稼村類稿》（收入《四庫全書珍本》，第335冊，臺北：臺灣商務印書館，1969-
　　1970），卷8，〈龍沙道院碑〉，頁8。

4　如鄭元祐，《僑吳集》（收入《元代珍本文集彙刊》，第13冊，臺北：國立中央圖書館，
　　1970，據鈔本影印），卷9，〈伏蛟臺記〉，頁14。

5　如王士性，《廣志繹》（收入《四庫全書存目叢書》，史部第251冊，據清康熙十五年〔1676〕
　　刻本影印），卷4，「龍沙」條，頁24。

有八百人，皆于此得道，而獲昇仙，當此之時，自有後賢以降伏之。」吳君云：「將何物為記？」答曰：「豫章大江中心，忽生沙洲，漸長延下，掩過沙井口，與龍沙相對，遮掩是也。其得道漸修之，各自成功，相次超昇金闕，及為洞府名山主者，道首人師當出豫章之地，大揚吾道。吾著氣法醫書，都五十卷，流傳于世，子請不憂。」[6]

這段預言可分作兩部分：前半部指五百年後（約值唐末）許遜將從天界觀察蛟子是否作亂，蛟子若未作亂則仍不能誅；後半部預言五百年後若蛟子作亂，另有後賢降伏之。同書〈導引勢〉則言及一千兩百四十年內將有八百人飛昇，但此文跟松沙讖語沒有直接關係。茲節錄其文如下：

此導引後一千年中，有道首大揚道氣，於宮商角徵羽，唱閱後多士矣，共八百眾，於二鍊後四元內，相次飛昇矣。一鍊五百年，二鍊一千年，俗以十二年為一周，道以十二年為一紀，一元六十年，四元二百四十年，道為世矣。[7]

一鍊是五百年，一元是六十年，所以「二鍊後四元內」即一千兩百四十年。而宋理宗年間所作的《西山許真君八十五化錄》卷上「小蛇化」，則把松沙讖語跟一千兩百四十年、八百人飛昇之說連在一起，形成所謂的龍沙讖語：

6　由於《靈劍子》原文似有闕漏，故此段引文乃根據《逍遙山萬壽宮通志》上所錄〈松沙記〉而作修改。參見金桂馨、漆逢源纂輯，《逍遙山萬壽宮通志》（收入《中國道觀志叢刊》，第30冊，南京：江蘇古籍出版社，2000，據清光緒四年〔1878〕刊本影印），卷10，〈松沙記〉，頁19-20。

7　許遜，《靈劍子》（收入《中華道藏》，第31冊），〈導引勢〉，頁610。

蛇腹裂，有小蛇自腹中出，長數丈，甘君欲斬之，祖師曰：「彼
未為害，不可妄誅。」……群弟子請追而戮之，祖師曰：「此蛇
五百年後若為民害，當復出誅之。以吾壇前松栢為驗，其枝覆壇
拂地，是其時也。」又預讖云：「吾仙去後一千二百四十年間，
豫章之境，五陵之內，當出地仙八百人，其師出於豫章，大揚吾
教。郡江心忽生沙洲掩過沙井口者，是其時也。」[8]

　　龍沙讖語的出現，或可看作是因宋理宗朝距離許遜飛昇已達七百
多年，遠遠超過松沙讖語五百年的時間，所以把預言年數改作一千兩
百四十年較可自圓其說。[9]元代修纂的《淨明忠孝全書》也採用新說，
顯示結合兩道讖語的作法已得到確認。[10]

　　但清光緒年間的《逍遙山萬壽宮通志》與傅金銓（1765？-？）《濟
一子道書十七種》卻都收錄了一篇〈龍沙讖記〉，此記作者不詳，所
述應讖異象的內容十分複雜，錄其文如下：

許真君曰：吾上昇去一千四百四十年後（按：另有作一千二百四十年
後），有當洪都龍沙入城，柏枝掃地，金陵火燒報恩寺，驪龍下

8　施岑編，《西山許真君八十五化錄》（收入《中華道藏》，第46冊，北京：華夏出版社，
　　2004），卷上，〈小蛇化〉，頁400。

9　此後包括白玉蟾的〈旌陽許真君傳〉、〈許太史真君圖傳〉，以及《淨明忠孝全說》中的〈淨
　　明道師旌陽許真君傳〉與〈西山隱士玉真劉先生傳〉，都將兩道讖語連在一起，而沿襲不替。
　　參見朱越利，〈《靈劍子》的年代、內容及影響〉，收入賴宗賢統籌、詹石窗主編，《道韻》
　　（臺北，中華大道事業公司，2001），第9輯，頁127-148。黃小石指出，《靈劍子》未論及「淨
　　明」且又不注重道法，而有是忠孝倫理、內丹修煉的部分與靈寶淨明派相同，估計是唐代許遜
　　崇拜傳承下來的另一支派，或是其他教派對許遜的依託。參見氏著，《淨明道研究》，頁64-
　　65。但從朱越利的研究看來，《靈劍子》的讖語確對後來淨明道有所影響。何守證的〈靈寶淨
　　明新修九老神印伏魔秘法序〉讖語應是利用松沙讖語所造作的，其說沒有預言一千兩百四十年，
　　但已拋棄了五百年之說。請見朱越利文，頁133-134；黃小石書，頁55-56。

10　黃元吉編集，徐慧校正，《淨明忠孝全書》（收入《正統道藏》，第41冊，臺北：新文豐出
　　版公司，1985），卷1，〈淨明道師旌陽許真君傳〉，頁4-5。

地來地陵，沙湧錢塘江，黃河澄清，暴水衝埧橋斷濠，復築滿埧橋作路，潭水劍龍騰空出輔聖僅，在延平金山，石生石塔，禪僧脫胎，流蹟古心塌，四川古柏顯神，五陵之內，采金烹鑛，洪水漲濠。當此時也，吾道當興。首出者，樵陽子也，八百地仙相繼而出，逐蛟至洪都，而大會聚矣。讖曰：維木維猴，吾心甚憂，洪澤北決，疫癘南流，沙井漲過，孽其浮游，若人斯出，生民之休。強圉大困獻涂月許遜。[11]

　　這段讖語的前半部是敘述相關異象，但因內容過於複雜，流傳恐怕不廣，目前所見的資料也不多。一千兩百四十年的預言落點在明中晚期，引起當時部分士人對預言實現與隨八百地仙飛昇登仙的期待，下文將再詳論；落點在清嘉慶、道光年間的一千四百四十年預言之說，也在清中葉吸引一些人對預言當興的注意。[12]由於一千四百四十年之說在清以前較罕見，所以此說不無可能是較後起的。至於民間傳奇小說所敘述的或人們所熟悉的預言內容往往簡單得多，而以一千兩百四十年為期。[13]一千兩百四十年與一千四百四十年兩說並存於傅金銓《濟一

11　金桂馨、漆逢源纂輯，《逍遙山萬壽宮通志》，卷10，〈龍沙讖記〉，頁21。末後有按語：「讖語即神宵伏蛟鐵券之詞。」

12　傅金銓在道光三年（1823）時曾說：「時已過一千四百五十三年，讖言當興」，參見傅金銓編纂，《樵陽經》（收入《濟一子道書十七種》，據民國十年〔1921〕上海書局石印本影印），卷2，〈許旌陽真君龍沙讖記〉附的按語，頁4。即使清末仍有人繼續相信龍沙讖，如鄭觀應便是顯例，相關研究請見楊俊峰，〈改革者的內心世界——鄭觀應的道教信仰與濟世志業〉，《臺大歷史學報》，35（臺北，2005），頁85-126；范純武，〈飛鸞、修真與辦善——鄭觀應與上海的宗教世界〉，收入巫仁恕、康豹等編，《從城市看中國的現代性》（臺北：中央研究院近代史研究所，2010），頁247-274。

13　如馮夢龍，《警世通言》（收入《古本小說集成》，第316冊，上海：上海古籍出版社，1994，據兼善堂本影印），卷40，〈旌陽宮鐵樹鎮妖〉，頁78；陳弘緒，《江城名蹟》（收入《四庫全書珍本》，第361冊，臺北：臺灣商務印書館，1969-1970），卷3，「妙濟萬壽宮」條，頁39亦作此說。

子道書十七種》中。[14]

　　根據龍沙讖語，應讖之期將有「豫章之師」與「八百弟子」前來平亂。元代劉玉自稱是豫章之師，而在臨終前又說自己只是應讖之初機，八百弟子日後當會再來。於是預言被分作兩階段：師先到，弟子後來。但對不以劉玉為豫章之師的人來說，師與弟子仍可能一齊到來。

　　對於八百弟子是一時俱來，或相次降生後待應讖之期會合，並無定說，但若是相次到來，則會衍生出另一個問題，即：八百弟子如何可能存活如此之久？在前引的某些預言以八百弟子為地仙應可解答此一疑惑。道教的內丹學把仙分作五等：天仙、神仙、地仙、人仙、鬼仙。「地仙」有兩義：一是指有福澤之人；一是在地之仙，但未能飛昇。此處採後一種解釋。由於是在地之仙，因此可以等待應讖之期到來後再會合平亂。至於八百弟子與八百地仙兩種說法之間，也許另有細微差別，即前者有可能是對道內弟子說，後者是對以外的人說，期能更廣泛吸引人們相信，並擴大其說的影響力。

　　無論是松沙讖語，或是後起流行的龍沙讖語，都是對世界可能將亂的預言，但其中對地仙平亂的描述，卻衍生出地仙在平亂後將飛昇登仙的傳說，加上成為地仙的前提是內丹修煉，幾個因素混雜在一起的結果，使得晚明不少修煉內丹的士人往往期待自己能夠列名八百人中，並等待應讖之期飛昇登仙；相對於此，反而越來越少人憂心動亂將起，以及動亂將對百姓生活帶來的影響。

　　有關讖語應驗後的世界，因兩道讖語對此都未多作說明，所以留給後人較大的想像空間，而這類對應讖後世界的想像，有可能跟人們對千年王國的期待有關，這類期待普遍流行於民間，至於龍沙讖語是

14　兩說分見傅金銓編纂，《樵陽經》，卷2，〈許旌陽真君龍沙讖記〉，頁4；傅金銓編纂，《度人梯徑》（收入《濟一子道書十七種》），卷1，頁3，傅金銓註。

否流行於社會基層，受限於相關資料不足而無法深論。[15] 因此本章將只討論龍沙讖與江南士人群體間的關係，以及龍沙讖未應驗後江西與江南士人群體的反應。

二、應驗龍沙讖——從劉玉到王守仁

在前述秋月觀暎為淨明道發展史所劃分的四期中，第三、四兩期是從許遜信仰發展成淨明道的轉變關鍵，其中以何真公與劉玉為代表人物。二人都留下跟讖語相關的文字；前者有相傳何真公弟子所作的〈靈寶淨明新修九老神印伏魔祕法序〉，其文有云：「顧唯龍沙已合，五陵之內應地仙者八百人，而師出於豫章。」[16] 文中因未明言應讖的年數，故不確定所引述的是松沙或龍沙讖語；後者有劉玉弟子所編的《淨明忠孝全書》，由於劉玉所處的年代距離許遜飛昇已超過松沙讖語所說的五百年期限，加上書中的相關文字採取統合兩道讖語的做法，因此所談的應是龍沙讖語；在《淨明忠孝全書》的敘述中，何真公只扮演了過渡階段的角色。

關於何真公其人的說法甚多，學者多有討論。[17] 傳說何真公因見兩宋之際金兵入侵，人民遭受戰亂之苦，於是向許遜祈求救渡，而得到

15　參見野口鐵郎，〈道教的千年王国運動の萌芽〉，收入秋月觀暎編，《道教と宗教文化》（東京：株式會社平河出版社，1987），頁 456-470。李豐楙則對六朝道教的末世論有深入的討論，參見李豐楙，〈六朝道教的末世救劫觀〉，收入沈清松主編，《末世與希望》（臺北：五南圖書出版公司，1999），頁 131-156；李豐楙，〈六朝道教的度救觀——真君、種民與度世〉，《東方宗教研究》，5（臺北，1996），頁 137-160；李豐楙，〈傳承與對應——六朝道經中「末世」說的提出與衍變〉，《中國文哲研究集刊》，9（臺北，1996），頁 91-130。

16　何守證，〈靈寶淨明新修九老神印伏魔祕法序〉，收入《正統道藏》，第 17 冊，頁 2。

17　歷來關於何真公、周真公、何守證的討論甚多，郭武對此有所整理並提出己見，參見郭武，《《淨明忠孝全書》研究—— 以宋、元社會為背景的考察》，頁 195-203。

的回應是許遜降臨並傳授經典，何真公據此以傳度弟子五百餘人，消禳厄會。《淨明忠孝全書》載此傳說：

> 初，都仙太史許真君以晉寧康甲戌（374）歲於豫章西山昇仙，嘗留讖記云：「吾仙去後一千二百四十年間，五陵之內，當出弟子八百人，師出豫章河西岸，大揚吾教。郡江心忽生沙洲掩過沙井口者，是其時也。」至建炎戊申（建炎二年，1128），僅七百年，兵禍熾結，民物塗炭，何真公等致禱真君，勾垂救度，既而降神渝川，諭以辛亥八月望，當降玉隆宮。至期迎俟，日中雲霧鬱勃，自天而下，由殿西徑升玉冊殿，降授《飛仙度人經》、《淨明忠孝大法》，真公得之，建翼真壇，傳度弟子五百餘人，消禳厄會，民賴以安。[18]

引文中的預言內容跟前引《西山許真君八十五化錄》所載龍沙讖語的後半段大約相同，而此處談到的建炎二年，距離許遜飛昇其實已過了七百五十四年，文中的「僅七百年」應只是約略之詞。由於龍沙讖語所預言是一千兩百四十年後的事，對南宋人民等於是一個遙不可及的未來，偏偏當時兵連禍結，生民塗炭，於是何真公向許遜祈求救渡，而回應於此祈求的是有《飛仙度人經》與《淨明忠孝大法》的降授。《正統道藏》有《太上洞玄靈寶飛仙度人經法》五卷，應即此處所說的《飛仙度人經》。何真公據此傳度弟子，以消解災難。但龍沙讖預言尚未應驗。

　　百餘年後，元初劉玉應讖而起。劉玉，號玉真子，是復興淨明道的關鍵人物，一些學者甚至把何真公及其以前人視為舊淨明道，以劉

18　黃元吉編集，徐慧校正，《淨明忠孝全書》，卷1，〈西山隱士玉真劉先生傳〉，頁19。

玉為新淨明道的開端。[19] 劉玉約於元至元十九年到元貞三年間（1282-
1297）在南昌西山一帶展開重建淨明道的活動，期間發生不少仙真降
臨傳說，如胡慧超曾顯現劉玉面前，告訴他將來際遇當如何真公時，
並預言淨明大教將興，五陵之內當出八百弟子，以劉玉為師。據載：

> 迫今二百餘年（按：應為一百餘年），其法寖微，至元壬午（至元
> 十九年，1282），朝命改隆興路為龍興，其年五月，章江門外生一
> 洲。是秋，先生經行西山瀉油岡，遇洞真天師胡君（按：即胡慧超），
> 告以姓字。先生拜問曰：「天師胡為在此？」曰：「龍沙已生，
> 淨明大教將興，當出八百弟子，汝為之師。歲在丙申（元貞二年，
> 1296）臘月庚申，真君下降子家，子際遇如何真公時，今在子夜，
> 故來告子。」言訖不見，先生心竊自喜。[20]

在這次的顯現中，胡慧超告訴劉玉兩件事：一是龍沙已生的異象，一
是劉玉即預言中的「師出豫章」之師，但卻獨漏了年代未講。[21] 可能
的解釋是當時（至元十九年，1282）距離許遜飛昇尚不滿千年，不符合
一千兩百四十年後應讖之說，所以劉玉一方面以胡慧超顯現為據，一
方面則藉胡慧超之言強調龍沙已生的異象，而以此異象作為預言即將
應驗的徵兆；也因此劉玉在跟弟子的一段問答中說：

> 〈龍沙記〉都仙言之千年之前，具載《豫章職方乘》，流傳至今，
> 三尺童子莫不知之，非駕空無根之論也。龍沙自至元壬午生洲，

19　任繼愈主編，《中國道教史（增訂本）》（北京：中國社會科學出版社，2001），下冊，頁
　　756。

20　黃元吉編集，徐慧校正，《淨明忠孝全書》，卷1，〈西山隱士玉真劉先生傳〉，頁19-20。

21　傅金銓編纂，《濟一子道書十七種》，〈龍沙讖記〉：「首出者，樵陽子也，八百地仙相繼而出」
　　這段話，以劉玉為「樵陽子」。參見郭武，〈何真公、周真公與南宋淨明道團的演變〉，《漢
　　學研究》，20：2（臺北，2002），頁192，註13。

綿亙豫章江心，非荒唐無驗之說也。[22]

當劉玉回頭定位他與何真公的異同時，也談到龍沙已生的異象；所以當弟子問為何與何真公所傳法有約、繁之別時，劉玉的回答是：「昔紹興之時，仙期懸隔，權以救世，以法弘教，故繁；今龍沙已生，仙期迫近，急於度人，以道宏教，故約。」[23] 紹興之時即指何真公時，當時距應讖之期尚遠，所以何真公所傳法只是「權以救世」而已；劉玉既是應讖而起，眼見龍沙已生，而知仙期迫近，急於度人，所以所傳法約。龍沙已生的異象正是造成兩人差異的關鍵所在。

龍沙位於南昌城北贛江之濱，據《水經注》載：「贛水，又北逕龍沙西。沙甚潔白高峻，而阤有龍形。連亙五里中，舊俗九月九日升高處也。」《太平寰宇記》則載：「在洲北七里一帶，江沙甚白而高峻，左右居人時見龍跡。」[24] 所謂的龍沙已生，據此段引文可知是指至元十九年（1282）「章江門外生一洲」事。再參考前引許遜的預言：「豫章大江中心，忽生沙洲，漸長延下，掩過沙井口，與龍沙相對遮掩是也。」劉玉既見章江門外已生沙洲，料想他日勢將掩過沙井口，與龍沙相對，所以對門下弟子強調「今龍沙已生，仙期迫近」，而急於度人。儘管如此，直到臨終前劉玉仍未得見此洲掩過沙井口，所以他又囑付弟子：「吾此生為大教初機而來，異時再出，當與八百弟子俱會」，

---

22 黃元吉編集，徐慧校正，《淨明忠孝全書》，卷 4，〈玉真先生語錄外集〉，頁 1。

23 黃元吉編集，徐慧校正，《淨明忠孝全書》，卷 1，〈西山隱士玉真劉先生傳〉，頁 23；跟李鼎《淨明忠孝全傳正訛》中〈淨明揚教劉先生傳〉的內容相較，多了「權以救世」與「急於度人」八字。

24 酈道元，《水經注》（收入《景印文淵閣四庫全書》，第 573 冊），卷 39，頁 18；樂史，《太平寰宇記》（收入《景印文淵閣四庫全書》，第 470 冊），卷 106，頁 6。另可參見許應鑅等修，曾作舟等纂，（同治）《南昌府志》（收入《中國方志叢書・華中地方・江西省》，第 812 號，據清同治十二年〔1873〕刊本影印），卷 2，〈地理〉，頁 42，「龍沙」條，據此條可知龍沙在德勝門外。

主張他只是應讖之初機，未來還有後續。[25] 對此我們可以解釋為：劉玉在世時既未得見仙期到來，於是改弦換轍，改仙期到他未來再出後。前引文中「當出八百弟子，汝為之師」一句，似指劉玉當與八百弟子一齊前來，但劉玉臨終所言則帶出另一種可能的解釋：即「豫章之師」與八百弟子不必同時到來，反而是師先來，作為應讖初機，異時再跟弟子會合。

不知是否受到劉玉之說的影響，活動於元明之際的劉崧（1321-1382，江西泰和人）在為江西興國縣的旌陽道院作記時，也著眼於八百弟子將來，而未提師出豫章一事：

> 余聞西山玉真劉先生初傳淨明忠孝之說於許仙，……昔旌陽之僊去也，謂千二百五十年後，五陵間當有弟子八百人出，以闡吾教，以其時考之，則幾矣。安知其不有在於茲乎？[26]

劉崧是元末江西文壇領袖之一，曾與南昌鐵柱觀道人左克明往來。[27] 此段隱約似以劉玉為豫章之師，而旌陽道院的幾位道人則在八百弟子之列。

儘管如此，未必人人都信劉玉即應讖而起者，諸如胡慧超等人顯現事，也未必能夠說服眾人，如劉崧談及此事時便坦言：「其所謂降臨會遇者，余不得而詳之」。[28] 也因此持續有人期待豫章之師的到來，而當元末胡道玄崛起鄱陽時，配合鐵券問世的異象，便被有些人視為

25　黃元吉編集，徐慧校正，《淨明忠孝全書》，卷1，〈西山隱士玉真劉先生傳〉，頁24-25。

26　劉崧，《槎翁文集》（收入《四庫全書存目叢書》，集部第24冊，據明嘉靖元年〔1522〕徐冠刻本影印），卷5，〈旌陽道院記〉，頁22。

27　劉崧，《槎翁文集》，卷5，〈紫霞滄州樓記〉，頁13-14。

28　劉崧，《槎翁文集》，卷5，〈旌陽道院記〉，頁22。

應識之人。

　　傳說許遜當年除了在南昌城南井鑄鐵為柱，下施八索，以鉤鎖地脈以外；同時鑄鐵蓋覆廬陵玄潭，制其淵藪；並分別以鐵符鎮玄潭與鄱陽湖口，杜絕蛟蛇出入之路。[29] 元末鄱陽湖鐵券曾移位，幸得出身鄱陽當地的胡道玄重新覓得，建伏蛟臺以守護之。元末文壇領袖楊維楨（1296-1370，浙江諸暨人）遊伏蛟臺後，曾敘述其事始末，並以胡道玄為豫章之師：

> 按真君許遜傳，晉永嘉時誅蛟精於鄱，蛟既誅，復埋鐵券於鄱湖口，植靈栢於西山，用制蛟之餘孽也。栢不幸毀於至正甲申〔至正四年，1344〕，明年，鐵券走其所，鄱陽道士胡道玄於東湖之濱，夜見神光燭天，電火下擘，於是就擘所得鐵券，遂築臺東湖之濱，曰：伏蛟。仍瘞券其下，守以銅仙。始真君仙去時，言：「五陵當出地仙八百人振其教，而嗣吾事者在鍾陵。」今鎮蛟之券千年而變，變而蛟復為孽，一旦先幾，俾道玄得之，豈非神陰有授于道玄，而符鍾陵之言乎！[30]

　　對楊維楨而言，「嗣吾事者在鍾陵」應即指豫章之師，所以賦中他說「要以一千年之久，制以八百師之冥」，並把胡道玄與許遜並尊說：「是旌陽之道至道玄而益顯，而道玄之澤與旌陽而罔窮」。[31] 另一位文壇領袖鄭元祐（1292-1364，浙江遂昌人）為伏蛟臺作記時也指出：

> 番陽胡君道玄之生適與懸記合。……茲胡君克紹都仙之烈，應縣

29　黃元吉編集，徐慧校正，《淨明忠孝全書》，卷1，〈淨明道師旌陽許真君傳〉，頁7。

30　楊維楨，《鐵崖賦薰》（收入《續修四庫全書》，第1325冊，據清勞權家抄本影印），卷上，〈伏蛟臺賦〉，頁1。

31　楊維楨，《鐵崖賦薰》，卷上，〈伏蛟臺賦〉，頁2。

記（按：應作懸）之言，睹神幾於未動之兆，伏精怪於欲作之先，
自非仙真神人，斷弗能若是。蒙莊氏曰：「至人之用心若鏡。」
其胡君之謂歟！[32]

胡道玄屬於神霄派，此派創始於北宋江西南豐道士王文卿（1093-
1153），雖與淨明道同屬於符籙派道教，但仍是不同教派，因此胡道
玄既未被列入淨明道的傳承系譜中，而他所宣稱的伏蛟，也只算是淨
明道史上的插曲而已，但此事卻凸顯了龍沙讖預言頗為其他道教教派
人士所知的事實。元末距離許遜飛昇尚未滿千年，但卻先後有劉玉、
胡道玄自稱應讖而起，則可能跟異象的發生有關；前者有龍沙已生的
異象，後者則有鐵券伏蛟事。

同樣因單一事件而使人聯想到龍沙讖的，有明中期王守仁平宸濠
（？-1520）亂事。過去人們較多談到《陽明先生年譜》記載王守仁
曾與鐵柱宮道士談道，以及二十年後二人再度相遇的故事，[33]這位道士
應即淨明道人；但卻較少人注意到許遜斬蛟事與王守仁的關係。[34]

據陽明學者董穀《碧里雜存》〈斬蛟〉條所載：宸濠叛亂初起時，
人心惶惶，於是有人檢出《許真君斬蛟記》這本小書，指陳書上有關
蛟蛇作亂，「後陽明子斬之」的情節，不久傳來王守仁平亂的捷報，
證實這則預言得到應驗。據載：

嘉靖八年（1529）春，金華舉人范信，字成之，謂余言：「寧王初

---

32 鄭元祐，《僑吳集》，卷9，〈伏蛟臺記〉，頁14。

33 錢德洪編，《陽明先生年譜》（收入《宋明理學家年譜》，第11冊，北京：北京圖書館，
2005，據明嘉靖四十三年〔1564〕刻本影印），上卷，頁2-3、8-10，弘治元年、正德二年條。

34 關於王守仁與道教的關係及其諸多交涉，柳存仁已有〈明儒與道教〉、〈王陽明與道教〉、〈王
陽明與佛道兩教〉等一系列文章論及，均收入氏著《和風堂文集》（上海：上海古籍出版社，
1991）。

反時，飛報到金華，知府某不勝憂懼，延士大夫至府議之。范時亦在座，有趙推官者，常州人也，言於知府曰：『公不須憂慮，陽明先生決擒之矣。』袖中舊書一小編，乃《許真君斬蛟記》也。卷末有一行，云：『蛟有遺腹子貽於世，落于江右，後被陽明子斬之。』既而不數日，果聞捷音。」范語如此。

緊接著前段，則是宸濠亂與龍沙讖語相符的敘述：

> （許遜）曰：「吾沒後一千二百四十年間，此妖復出，為民害。豫章之境，五陵之內，當有地仙八百人，出而誅之。」真人生于吳赤烏二年（239）正月二十八日，至晉寧康三年（375）八月朔，年一百三十六歲，拔宅上升云。余考傳記，旌陽存日至今正德己卯（正德十四年，1519），大約適當一千二百四十年之數。且所記鐵柱，實應宸濠之讖，亦異矣哉！……又見江西士人言，寧王初生時，見有白龍自井中出，入于江，非定數而何哉！[35]

這段對話的場景在浙江金華，前文楊維楨、鄭元祐二人也是浙江人，顯示相關預言已從江西傳到江、浙一帶。文中說的《許真君斬蛟記》，該版本已不可得見，現存的斬蛟故事都沒有「後被陽明子斬之」這句話。[36]

---

35 董穀，《碧里雜存》（收入《叢書集成初編》，第2911冊，北京：中華書局，1985，據鹽邑志林本影印），下卷，〈斬蛟〉，頁108-110。徐兆安的論文有論及王守仁與斬蛟事，請見徐兆安，〈英雄與神仙——十六世紀中國士人的經世功業、文辭習氣與道教經驗〉（新竹：國立清華大學歷史研究所碩士論文，2008），頁34。也可參考錢明，〈王陽明的道教情結——以晚年生活為主線〉，《杭州師範學院學報（社會科學版）》，2（杭州，2004），頁24-30。

36 至於一千兩百四十年之說改從許遜存日而不從飛昇當年起算，則可能跟年數不符有關；因為若以正德十四年為應讖之年，則應推為西元279年，而不是許遜飛昇的西元375年，才適合作起算之年，加上許遜飛昇前曾在世達一百多年，所以此處改從許遜存日起算，並以「大約

　　寧王府與淨明道間其實頗有淵源，明初寧獻王朱權（1378-1448）晚年隱居南昌西山，因聞「龍沙有讖，師出豫章」之說，並得一老人授以淨明忠孝之微言，所以自稱前身是南極沖虛真君降生。《逍遙山萬壽宮通志》中的淨明道系譜稱他為「淨明朱真人」。[37]民間甚至有朱權的畫像流傳。[38]以寧王府與淨明道的深厚淵源，加上宸濠曾在叛亂前尋求各類天命之說，推測宸濠應會涉獵淨明道的相關預言。[39]宸濠敗後，便有一則有關寧王府的傳說流行，內容是宸濠出生前，其父曾夢有蛇入宮中，把王府人吞食殆盡的傳說。[40]此傳說可解讀為深受宸濠牽累的寧王府希望藉此稍稍開脫。也因此，與寧王府淵源甚深的淨明道，若藉一些流行傳說與宸濠劃清界限，也就很合理了。如明代傳奇小說《警世通言》的〈旌陽宮鐵樹鎮蛟〉中就有宸濠前往淨明道的祖庭南昌鐵柱宮問卜的情節，問卜的結果未如宸濠所期待，據載：

> 正德戊寅（正德十三年，1518）年間，寧府陰謀不軌，親詣其宮，真君降箕筆云：「三三兩兩兩三三，殺盡江南一檐耽。荷葉敗時黃菊綻，大明依舊鎮江山。」後來果敗。[41]

適當一千二百四十年之數」來帶過年代不盡相符的質疑。

37　金桂馨、漆逢源纂輯，《逍遙山萬壽宮通志》，卷5，〈淨明朱真人傳〉，頁44。

38　羅大紘，《紫原文集》，卷5，〈宗侯近溪翁六十序〉，頁39。

39　我檢查相關記載，只發現宸濠與幾位術士往來，如李自然推其命面，稱宸濠有天子分，李日芳說南昌城內東南有天子氣穴，宸濠也篤信其說，築陽春書院在此氣穴上。參見雷禮等輯，《皇明大政紀》（收入《四庫全書存目叢書》，史部第8冊，據明萬曆三十年〔1602〕秣陵周時泰博古堂刻本影印），卷20，頁20。

40　錢德洪編，《陽明先生年譜》，中卷，頁45，正德十四年條。

41　馮夢龍，《警世通言》，卷40，〈旌陽宮鐵樹鎮妖〉，頁83-84。這則故事原出自鄧志謨的《鐵樹記》，連詩句也相同。參見鄧志謨，《鐵樹記》（收入《古本小說集成》，第196冊，據萬曆癸卯初〔1603〕萃慶堂余泗泉刻本影印），卷2，第15回，〈武昌府郭璞脫凡‧許真君拔宅升天〉，頁56。

　　明末一篇署名「鶴嶺子熊」的文章也談到類似之事：「正嘉之際，江城有為吳濞、淮南之事者，終以自覆，說者謂許君之前知云。」[42]「許君」即許遜，此處說許遜預言宸濠作亂終將自覆，似可與前述的問卜傳說相呼應。這類問卜傳說如何形成，今已難以知曉，但它們確為淨明道取得較有利的立場，既能跟寧王府撇清關係，又可向政府輸誠。宸濠敗後，南昌的鐵柱、萬壽兩宮未被列入整肅名單，也許便與此有關。

　　即便如此，入清之後，不僅寧王後裔仍與淨明道有著剪不斷理還亂的糾葛，如八大山人朱耷（1626？-1705？）在南昌創設青雲譜道院，此道院便跟淨明道淵源甚深。[43]同時也有人繼續談論平宸濠亂與龍沙讖的關係，如康熙年間黃中說：

> 世言龍沙八百地仙之說，余錄此以證焉。蓋晉懷帝永嘉六年（312），距近歲庚申已千三百七十餘年，所云千二百二十四年已過期矣。按其數，宸濠之變，適符其會云。辛酉春日記。[44]

黃中「錄以證焉」的即其文集中的〈許真君傳〉。「庚申」是清康熙十九年（1680），從晉懷帝永嘉六年到正德十四年（1519），經過一千兩百零七年，大體符合一千兩百四十年之數。黃中應是參考了《淨明忠孝全書》〈淨明道師旌陽許真君傳〉一文，文中的許遜預言並無「吾沒後」或「吾仙去後」等字眼，所以選擇從永嘉六年起算。[45]

42　鶴嶺子熊，〈通義下〉，收入金桂馨、漆逢源纂輯，《逍遙山萬壽宮通志》，卷17，頁22。

43　周體觀，《青雲譜志》（收入《中國道觀志叢刊》，第24冊，據民國九年〔1920〕住持徐雲岩重刻本影印），〈青雲譜道院落成記〉，頁11-12。另參見郭武，〈朱道朗與青雲派〉，《宗教學研究》，4（成都，2008.12），頁6-11。

44　黃中，《黃雪瀑集》（收入《四庫未收書輯刊》，第7輯第23冊，據清康熙汲古堂刻本影印），〈許真君傳〉，頁2。

三、龍沙讖與其他流行信仰的結合 [45]

明中晚期因接近一千兩百四十年的應讖之期，與萬壽宮或許真君廟的相關論述常會涉及龍沙讖及應讖之期等傳說。如江西南昌萬恭（1515-1591），他雖非淨明道信徒，在為萬壽宮題辭中卻談到「師今出於豫章」的預言：

> 明難眾諭，幽有神知，毋謂虛化神，神化氣，氣化形，八十五玄功，昔存於鐵柱，會看窮則變，變則通，通則久，千二百載，師今出於豫章。[46]

出身湖廣一帶的陳文燭（1535- ？，1565 年進士），在為南昌許真君廟所作的碑記中則指出「沙洲過沙井口」的異象，說「今時將及」，期待預言應驗，以解民苦厄。由於至元十九年（1282）沙洲便已生成，所以此刻人們期待的是沙洲能夠越積越高，最後掩過沙井口：

> 憶真君上昇，讖云：吾仙去後一千二百四十年間，五陵之內當出弟子八百，師出豫章，大揚吾教，時生沙洲過沙井口。今時將及矣。歲侵苦水，甚於蛟蛇，安得真君之靈福民乎？守土者禱焉。[47]

當時人對應讖地點也有不同的認知，除南昌外，也有人以江南為龍沙讖的應讖之地，所以有「世傳龍沙之會，八百地仙出于江南」一

---

45 黃元吉編集，徐慧校正，《淨明忠孝全書》，卷1，〈淨明道師旌陽許真君傳〉，頁4-5。

46 萬恭，《洞陽子集再續集》（臺北國家圖書館漢學研究中心藏，日本尊經閣文庫明萬曆刊本影印本），卷3，〈萬壽宮題辭〉，頁18。

47 陳文燭，〈許真君廟碑〉，收入范淶修，章潢纂，（萬曆）《新修南昌府志》（北京：書目文獻出版社，1992，據日本內閣文庫藏明萬曆十六年〔1588〕刻本影印），卷28，頁23。

類的說法流行。[48] 即連南昌當地流行的俗諺：「真君讖云：龍沙高過城，南昌出聖人」，也被人從南昌改為江南。[49] 如王士性（1547-1598）《廣志繹》載：「舊有讖云：『龍沙高過城，江南出聖人。』今沙過城十餘年矣。」[50]《廣志繹》作於一五九〇年代前後，而人們對龍沙讖應驗的期待也在此時越趨熱烈。下文將再詳論。

對飛昇的期待：朱長春與虞淳熙

　　除了有沙洲異象外，龍沙讖預言受矚目的關鍵還跟士人對飛昇登仙的期待有關，而在此期待飛昇的心理背景下，原本跟平亂有關的預言，也變得跟動亂的關係越來越小，八百地仙反而成為成功飛昇的指標性人物，下文將再深論。此處先舉兩例說明士人對飛昇的期待，一是信徒，一是非信徒的例子。前者可見於吳悌（1502-1568）　為江西撫州士人胡欽詔所作的墓誌銘，文中談到這位地方小讀書人眼見龍沙讖將屆期，出外尋覓異人學習丹道秘訣，期待服食後可飛昇登仙，最後無功而返的歷程：

> 許旌陽留豫章僊讖，欲應其期，則於僊家者願沒身殫力學焉。自言嘗遇張方士授金丹秘訣，期相尋武夷間，長從不返，不忍遺二親而止；間入雲林，歷三十六峰，採神藥異草，鍊冶鉛永，庶幾點化服食，可得而飛，僊者可致也，而竟無成。[51]

48　陳懿典，《陳學士先生初集》（收入《四庫禁燬書叢刊》，集部第 79 冊，據明萬曆四十八年〔1620〕曹憲來刻本影印），卷 5，〈曹赤之盟兄六十壽序〉，頁 29。陳懿典為萬曆二十年（1592）進士，生卒年不詳。

49　宋懋澄，《九籥集》（收入《續修四庫全書》，第 1374 冊，據明萬曆刻本影印），《續集》，卷 10，〈吳城〉，頁 13。

50　王士性，《廣志繹》，卷 4，「龍沙」條，頁 24。

51　吳悌，《吳疎山先生遺集》（收入《四庫全書存目叢書》，史部第 83 冊，據清咸豐二年〔1852〕頤園刻本影印），卷 4，〈胡生汝宣誌銘〉，頁 9。

　　非信徒而期待飛昇者可以朱長春（1583 年進士）為例，從朱長春的文集中我們並未發現他有接觸淨明道或龍沙讖的跡象，但他卻虔誠期待將來的飛昇，顯示這類心理頗流行於一些士人間。朱長春，字大復，浙江烏程人，以詩文聞名於世，從小喜讀《莊子》。[52]《莊子・逍遙遊》上記載：「藐姑射之山，有神人居焉，肌膚若冰雪，綽約若處子，不食五穀，吸風飲露，乘雲氣，御飛龍，而遊乎四海之外。」應是受到這段話的啟示，朱長春在罷官里居後一意修真煉形，首先不分寒暑只著單衣，隔年又不食五穀，初實行時身形尪弱，後益敷腴，他將此歸因於天行不息之功，里人更視之為真仙出世。[53]

　　由於修真煉形頗有小成，使朱長春誤以為可接著進入「乘雲氣，御飛龍，而遊乎四海之外」的飛昇境界，於是他選定某日，把書桌疊了幾十層高後，緣梯攀至頂端站定，把雙手負於背後，趻起腳尖，作出鷯鳥學飛的模樣，接著往下一跳，滿心以為將可飛昇而去，不料結果卻是墮地重傷，華蓋破裂，幸而不死而已。[54]與朱長春交情甚篤，被視為「目下名士唯足下」的虞淳熙（1553-1621），[55]聽聞此消息後詫異不置，他去函質疑朱長春：「兄云墮裂華蓋，將習飛耶？實驚吾魂。神能飛，形詎可卒習耶？」[56]但其實虞淳熙也是一位「得道畸人」，不僅方術陰符無不通曉，同時也習仙習佛，接觸各類異人奇說。[57]他曾拜

52　朱長春說他「自童熹讀《莊》，至今四易編，標所獨造，時時有異。」參見朱長春，《朱太復文集》（收入《四庫禁燬書叢刊》，集部第83冊，據明萬曆刻本影印），卷32，〈讀莊子跋〉，頁19。

53　朱長春，《朱太復文集》，乙集卷36，〈寄馬函一〉，頁13。

54　錢謙益，《列朝詩集小傳》，丁集下，〈朱主事長春〉，頁621。

55　朱長春，《朱太復文集》，乙集卷35，〈答虞長孺〉，頁1。

56　虞淳熙，《虞德園先生集》（收入《四庫禁燬書叢刊》，集部第43冊，據明末刻本影印），卷24，〈答朱太復〉，頁22。

57　黃汝亨，《寓林集》（收入《四庫禁燬書叢刊》，集部第42-43冊，據明天啟二年〔1622〕武林黃氏原刊本影印），卷15，〈吏部稽勳司員外郎德園虞公墓誌銘〉，頁31-37；錢謙益，

曇陽子（1557-1580）為師，也曾向彭幼朔（？-1626？）習丹道，[58] 曇陽子與彭幼朔二人都是跟龍沙讖預言有關的異人，下文將再談及。

正是在此期待飛昇出世的心理背景下，不少士人紛紛關注起龍沙讖預言，加上在晚明三教合一的思潮下，正統與非正統的信仰同時流行或結合：如有人便曾說所見有三四十人，所聞有百餘家，都誇稱己有秘藏玄訣。[59] 這也讓我們有必要思考一點：倘若龍沙讖只是淨明道個別教派的預言，而從淨明道入明後漸衰的情形來判斷，此預言不至於受到太多人的關心；相對地，若是受到信徒與非信徒的共同矚目，則很可能意味著此預言已超越教派的界限之外。因此龍沙讖跟其他流行信仰結合便不足為異了。[60]

以下我想用曇陽子信仰，以及與其相關的衡山二道為例證，來看包括屠隆（1542-1605）在內的這些江南士人對飛昇登仙的期待，使得像曇陽子這類信仰流行於士人群體間。曇陽子、衡山二道所預示的大亂之日，被認為也是龍沙讖的應讖之期，膾炙人口的〈袁了凡斬蛟記〉即取用曇陽子信仰與龍沙讖語的部分元素，用以嘲諷時事。[61] 由此也可見龍沙讖的影響範圍已超越信仰或教派之外，並為許多人所熟知。

曇陽子信仰

曇陽子信仰流行於萬曆年間，吸引了不少文人士大夫的信從，而

《列朝詩集小傳》，丁集下，〈虞稽勳淳熙〉，頁 619-620。

58　虞淳熙，《虞德園先生集》，卷23，〈上曇陽師〉，頁21-22；同前書，卷25，〈與陳一心〉，頁19。

59　朱長春，《朱太復文集》，乙集卷34，〈寄馬函一談道書〉，頁11-12。

60　當時即連僧人也談龍沙讖，並將龍沙讖跟佛教義理相綰合，參見鄭鄤，《峚陽草堂文集》（收入《四庫禁燬書叢刊》，集部第126冊，據民國二十一年〔1932〕活字本影印），卷10，〈大通來和尚塔碑〉，頁4。

61　關於曇陽子信仰的研究，參見 Ann Waltner, "Tan-Yang-Tzu and Wang Shih-Chen: Visionary and Bureaucrat in the Late Ming," *Late Imperial China* 8:1 （June 1987）, pp. 105-131.

所崇奉的對象即曇陽子本人。曇陽子本名王燾貞，是大學士王錫爵
（1534-1610）之女，本已許配同里徐氏，但曇陽子表示與徐氏無緣，
且將出家以了生死大事，在經過幾次靈驗事跡與仙真接引後，曇陽子
在眾人眼前化去，榮登仙籍。此事本奇，更奇的是王錫爵兄弟及其家
人、王世貞、屠隆，以及沈懋學（1539-1582）、馮夢禎、虞淳熙等人
都曾奉曇陽子為師。有人甚至懷疑湯顯祖的《牡丹亭》就是以曇陽子
事為底本。[62] 王世貞所作的〈曇陽大師傳〉更是廣為流布。[63]

　　以上幾人有不少共同或交集的背景。首先，沈懋學、屠隆、馮夢
禎為同年進士，三人以氣節相尚，皆因反對首輔張居正奪情事而影響
仕途，沈懋學更因率先上書反對奪情而為時人所側目；虞淳熙則因反
張居正而科考遭黜，待張居正敗後方始得第。相似的政治立場，應是
他們會與王錫爵密切往來的背景因素。有學者更猜測王錫爵等人師禮
曇陽子，是想藉此消除張居正對他們再次出山的疑慮。[64] 其次，屠、馮、
虞幾人都是江浙一帶的文社中人，在三教合一風潮的影響下，對一些
非正統信仰會從三教合一的角度來思考，如王世貞之弟王世懋（1536-
1588）便向人宣稱「曇陽大師為三教大宗師」。[65]

　　不過，翻查沈、馮、虞等人的文集，文集中談到曇陽子的部分卻
不多，似乎曇陽子只是眾人信仰的對象之一而已，《列朝詩集小傳》
中沈、馮、虞、王等人的小傳，以及幾人的文集中，也都未提到太多

62　參見龔煒，《巢林筆談》（收入《續修四庫全書》，第 1177 冊，據清乾隆三十年〔1765〕蓼
　　懷閣刻本影印），卷 5，〈牡丹亭非曇陽子事〉，頁 4。

63　如王世懋遊嵩山時隨身攜帶此傳，得便即出示寺中僧人觀覽。參見王世懋，《嵩書》（收入《四
　　庫全書存目叢書》，史部第 232 冊，據明萬曆刻本影印），卷 22，〈宿煖泉寺遊嵩山少林寺記〉，
　　頁 22-29。

64　徐朔方，《屠隆年譜》（收入《晚明曲家年譜》，杭州：浙江古籍出版社，1993），頁 310。

65　王世懋，《王奉常集》（收入《四庫全書存目叢書》，第 133 冊，據明萬曆刻本影印），卷
　　44，〈與趙侍御〉，頁 14。

與曇陽子有關的事。倒是曇陽子化去前所留下的預言頗受注意，而且
被認為與龍沙讖同指一事，如王世貞談到當時兩預言結合的情形，說：

> 今者龍沙高過豫章城，地仙之事當有驗者。而先師曇陽子詩所謂
> 五陵教主，世多不能悉，而注真君傳者，以東門之鎮為宛陵，南
> 門之鎮為浩陵，西門之鎮為鵠陵，北門之鎮為涪陵，中門之鎮為
> 泰陵以實，其分野太遠，而名亦創新，未知其是否。[66]

五陵教主之說跟龍沙讖語中的「五陵之內當出弟子八百人」有關，
但五陵指哪些，則是眾說紛紜，有說五陵即五嶽，此處所引的是其他
新說。至於曇陽子詩及其預言與龍沙讖相符應事則見於《廣志繹》：

> 舊有讖云：「龍沙高過城，江南出聖人。」今沙過城十餘年矣。
> 昔許旌陽斬蛟，蛟子逸去，散遊鄱湖，弟子請悉誅之，旌陽曰：「吾
> 去後一千一百二十年，歲在三丙，五陵之內，當有八百地仙出，
> 自能誅之，毋勞今日盡也。」今正當三丙間，去其歲不及二十年，
> 又有龍沙之應。曇陽子記亦云「五陵為教主，古月一孤峰」，意
> 其所謂聖人者，神仙之流與！[67]

「三丙」不知所指何義，[68]而此處說的一千一百二十年，也跟其他

66　王世貞，《讀書後》（收入《文津閣四庫全書》，第1289冊，北京：商務印書館，2005，據
　　中國國家圖書館藏本影印），卷8，〈書真仙通鑑後〉，頁8。

67　王士性，《廣志繹》，卷4，「龍沙」條，頁24。

68　三丙歲有可能是指年月日都是天干為丙之年，而因僅丙申年才有丙申月，故推測「歲在三丙」
　　指丙申年丙申月丙申日之歲。此段談到「今正當三丙間」，似可解釋為時值兩個三丙歲（即
　　嘉靖十五年〔1536〕與萬曆二十四年〔1596〕）之間；所以整句可解釋為距離下一個三丙歲、
　　萬曆二十四年（1596）不到二十年的時間，已發生龍沙過城的異象。前引王世貞文談到「今
　　者龍沙高過豫章城」，王世貞卒於萬曆十八年（1590），顯示龍沙過城是更早以前的事，與「去
　　其歲不及二十年」的時間大約相符。

人所主張的年數不同，但確與曇陽子的預言有關。

正是在此脈絡下，當萬曆年間日本侵略朝鮮，有人寫作一書，把曇陽子跟許遜斬蛟故事相聯結，故事係以豐臣秀吉（1537-1598）為蛟蛇，最終被曇陽子所殺。沈德符（1578-1642）《萬曆野獲編》曾述及此事：

> 其人（按：即袁黃，1586年進士）故者宿名士，為太倉（按：王錫爵）相公門人，號相知，意其能援手，時競傳聞關白（按：指豐臣秀吉）已死，遂作一書，名《斬蛟記》。首云：「關白平秀吉者，非人亦非妖，蓋蛟也，漏刃于旌陽，化成此酋，素嗜鵝，在朝鮮時，曾謀放萬鵝于海中，關白恣啖，因得劃刃，而主之者，曇陽大師也。」《記》出，遠近駭怪，其同邑先達遂作《關蛟記》詆之，以快宿隙。究之，關白實未死，此君亦未得出山，而太倉相公曾見此《記》與否，皆未可知也。[69]

整段故事即流傳甚廣的《袁了凡斬蛟記》，儘管沈德符指稱作者是袁黃，但據考證此文應係陳繼儒（1558-1639）所作，作為嘲諷袁黃之用。[70]至於《關蛟記》的作者則未詳。檢視陳繼儒的《斬蛟記》原文，以龍沙讖語作開頭：

> 關白平秀吉者，非日本人，非中國人，蓋異類妖孽也。昔旌陽許

69　沈德符，《萬曆野獲編》（收入《明季史料集珍》，第3冊，臺北：偉文圖書公司，1976，據中央研究院歷史語言研究所藏本影印），卷17，〈斬蛟記〉，頁17-18。

70　據孟森先生的考證，《斬蛟記》的作者應是陳繼儒或其友人。《斬蛟記》的主角袁黃曾作《功過格》，與淨明道的關係匪淺，此書的前身《太微仙君功過格》應即淨明道中人所造。但我翻檢袁黃的《兩行齋集》，卻未見袁黃與淨明道有所交涉，亦未見有提及淨明道的言論。請見孟森，〈袁了凡斬蛟記考〉，在氏著，《明清史論著集刊續編》（臺北：南天書局，1987），頁73-80。

真君斬蛟時，有小蛟從腹而出，以未有罪，不加誅。縱入江，歸
大海，至日本之紅鹿江銀蛟山居焉。歷一千二百餘年，所害物類，
不可勝紀。今又化為人，即平秀吉也。[71]

以計除關白事與平宸濠亂有異曲同工之妙，作亂者都被比喻作蛟，而
由曇陽子或王守仁斬之而除害。顯示斬蛟傳說在晚明頗為流行，龍沙
讖語也廣為人知，而有信徒更寄期待於曇陽子除此禍患。

衡山二道

　　曇陽子不是孤例，我們若是追蹤篤信預言之說的屠隆行跡，另有
衡山二道也與預言有關。屠隆先拜曇陽子為師，此後得識李海鷗，李
海鷗宣稱他曾得聞大道於金虛中與衡山二道，並以正訣相授。李海鷗
所授的正訣內容今已不得而知，但據屠隆說，行之頗有奇效，於是信
之愈篤，此後又得金虛中親自傳授，「金先生所傳，較之李君加詳
焉」。[72] 李、金與衡山二道都是當時的異人，而這些人所修煉的功夫都
跟內丹學有關。

　　元明以來的道教，無論是內丹派或符籙派都很重視內丹，淨明道
雖屬符籙派，也以內丹為本，而且內丹修煉甚至會被跟龍沙讖預言連
結一起。元代以內丹學聞名的陳致虛（1290-？）便稱其門人車蘭谷為
玄門棟梁者四十餘年，得金丹之旨，「聞聖人之道矣，宜早修有為之
德，高證無為之功，以應龍沙八百之讖。異時名公鉅卿，必有取法於
子者。」又指其門人明天琭所習內丹是成仙關鍵，說：「知此則到家
有期，可罷問程矣！所冀頭頭會合，口口絫同，慨興進道之心，高中

71　陳繼儒，《斬蛟記》（收入《稀見珍本明清傳奇小說集》，長春：吉林出版社，2007），頁
　　229。

72　屠隆，《栖真館集》（收入《續修四庫全書》，第1360冊，據明萬曆十八年〔1590〕呂氏栖
　　真館刻本影印），卷1，〈贈金虛中先生〉，頁2。

選仙之舉。千年鐵柱，久締龍沙之盟。」[73]

　　及至晚明，則有人把目光焦點放在許遜所著的《石函記》，[74]認為此記與內丹修煉及龍沙讖預言有關。如彭好古（1586年進士，湖北麻城人）以內丹學聞名，便曾校對《石函記》，而其目的則在於「有石函而讖可徵」，他說：

　　（按：許遜）仙去之後，其貽示後人者，《祕範》而外，莫有出於《石函》之一書，……今觀其書，藥物火候，備載無遺，而至言丹藥蟠旋景象，尤為明悉，非實詣者未易懸解也。余不敢自謂得其解，而讐校訛贗，使觀者因文得意，因意得訣，以為八百之倡。夫有《石函》而讖為可徵，有余之讐校，而《石函》為可讀矣。[75]

屠隆亦持此說，指出：

　　許旌陽《石函記》中龍沙期，政在此時，而海內開明疏暢之士，亦往往好譚性命，從事大道，蓋所在有之。前此不聞士大夫丞丞若此，天數與人事，適冥契可喜。[76]

　　有趣的是，屠隆因曇陽子與龍沙讖，深信當時已將屆應讖之期，

73　陳致虛，《金丹大要》（收入閭鶴洲輯，《道書全集》，第1冊，明萬曆辛卯〔1591〕金陵閭氏刊本），卷6，〈與九宮山碧陽子車蘭谷〉，頁9；明天琮，〈序〉，收入陳致虛著，《金丹大要》，總頁2。

74　劉玉則否定此說，參見黃元吉編集，徐慧校正，《淨明忠孝全書》，卷5，〈玉真先生語錄別集〉，頁10。王世貞也表示此書所攢撰「皆不類晉人語」，應是後人模倣為之。王世貞，《讀書後》，卷7，〈書許真君石函記後〉，頁10-11。

75　彭好古，〈石函記題辭〉，收入金桂馨、漆逢源纂輯，《逍遙山萬壽宮通志》，卷17，頁29。

76　屠隆，《栖真館集》，卷16，〈會陳仲醇道兄〉，頁9-10。

並認為李海鷗、金虛中等人都是應讖之人，他說：「旌陽曾著龍沙讖，千載八百群仙趁，豫章為帥應鐵柱，李君無乃其人歟！」[77] 接著又說：

> 許旌陽真君云：「後吾一千二百四十年間，五陵之內，當有地仙八百人出世，而師出豫章，以郡江龍沙生塞驗之。」以其時考之，政符今日，而開化大道，實豫章人。奇矣！奇矣！衡岳兩道者，一為王抱陽，一為薛玄陽，嘗對金君語及此事。[78]

據前後文可知「開化大道，實豫章人」指金虛中。在另一處，屠隆也明確指稱曇陽子、龍沙讖，以及衡山二道的三則預言指同一事：

> 道民憶記曇師有庚寅之期，今將至矣。旌陽太史八百龍沙數，距此時不遠。而金虛中翁所遇衡山王、薛兩真人亦云：「此去二十季後，群仙亂出。」[79]

「庚寅」是萬曆十八年（1590），這與後文提及彭幼朔所預言的年數不同，但不難想見此時對相關預言的期待與心理背景。[80]

77　屠隆，《栖真館集》，卷3，〈贈李海鷗先生歌〉，頁23。

78　屠隆，《栖真館集》，卷13，〈與王恒叔給事〉，頁21。

79　屠隆，《栖真館集》，卷16，〈與王元美司美〉，頁13。相關研究也可參見徐美潔，〈屠隆淨明道信仰及其性靈詩論〉（上海：上海師範大學人文與傳播學院碩士論文，2008），第2、4章。

80　有趣的是，在庚寅年這一年，有一位女性雲鶴子在湖北襄陽尸解，此事受到士大夫注意，並持與曇陽子相提並論。參見焦竑撰，李劍雄點校，《澹園集》（北京：中華書局，1999），〈雲鶴觀碑記〉，頁268。

四、龍沙讖在晚明南京士人間的流行

　　龍沙讖除了流行於江西南昌一帶以外，江浙一帶也不乏信徒或附會者，尤其在作為江南文化中心的南京，這類言論更為流行。晚明南京有各色人物往來，也常見方伎術士在此傳揚其說，龍沙讖正是當時不少文人與理學家注目的焦點之一。理學家陣營中，江右與泰州學派的幾位陽明學者，包括鄒元標、管志道（1536-1608）都曾涉獵龍沙讖預言，文人如屠隆則醉心於此預言，並曾與管志道之間為此有過一番論辯。至於彭幼朔所引起的風潮則是發生在明末南京的另一椿奇事，彭幼朔所斷定的應讖之期、仙籍之說，不僅曾經讓錢謙益（1582-1664）這位知名文人受其迷惑，更吸引江西士人李鼎的信從，李鼎甚至不惜棄家入山，尋求登仙的機會，最後無功而返。以下先看十六世紀末鄒元標在南京的經歷，以及管志道與屠隆的交涉論辯，接著看十七世紀初彭幼朔所引起的風潮。

　　十六世紀末有不少理學家聚集於南京，如萬曆二十年（1592）前後許孚遠（1535-1604）與周汝登（1577年進士），二人因對「無善無惡」之說的見解不同，分別提出「九諦」與「九解」而展開論辯，便是以南京為舞臺而轟動一時。[81] 晚明江右陽明學派的領袖人物鄒元標也曾因任官而佇留南京，鄒元標與屠隆是同榜進士，二人間頗有往來，儘管沒有鄒、屠二人間討論龍沙讖的資料，不過鄒元標確曾接觸過淨明道，但其鮮明的陽明學立場，使其看重的是與倫常規範有關的部分，而對龍沙讖預言敬而遠之。鄒元標回憶當年在南京的經歷說：

> 憶予官白下（按：即南京）時，諸僚友往往譚僊家言，共師一妄男子，妄男子語之云：「昔真君謂年若干後，八百弟子當應時起，龍沙之讖，實今其時。」而所出實錄，曰某，曰某，皆耳相授受。

聞有名字其中者，仙仙乎欲飛。

寶錄應是指八百地仙的仙籍，當時人認為若能列名其中，待將來八百
地仙應讖而起時，便可一起沖舉飛昇登仙。於是龍沙讖不再只是一則
禍亂將起的預言，反而變相為將有八百人成仙的保證。接著鄒元標與
妄男子間有一段對答：

> （妄男子）復密以語余曰：「子名在高等。」余語之曰：「余于君
> 臣父子夫婦昆弟，循省多少缺略，安能譚世外事。」妄男子聞曰：
> 「吾固知是夫距而不吾入，子無乃洩吾藏乎！」

看來鄒元標並不領情，他回歸到淨明道的倫理主張，說：

> 淨明，語體也，忠孝，語行也。體清淨則萬行皆歸，行忠孝則體
> 益員朗。世有不忠君孝親而稱無上道耶？則吾夫子道不遠人語，
> 欺予哉？肯回心從事家庭父子兄弟間，循循雍雍，即員嶠方壺，
> 更無事希蹤霞外矣。[82]

　　鄒元標約於萬曆十六年到十八年（1588-1590）間仕宦南京，而所
陳述的這段故事應即發生在這幾年間。[83]「妄男子」應非後文將談及的
彭幼朔，這也顯示此時已有人在南京宣傳龍沙讖，並吸引不少信徒。[84]

82　以上三段引文參見鄒元標，《鄒子存真集》，卷 2，〈淨明忠孝錄序〉，頁 10-11。

83　《明史·鄒元標傳》載鄒元標任官南京三年，此後家居幾三十年，直到天啟元年（1621）才
　　獲起用，據此可推知他待在南京的時間。張廷玉等撰，鄭天挺點校，《新校本明史》，頁
　　6303-6304。

84　據錢謙益所作〈彭仙翁幼朔〉，萬曆十四、十五年（1586-1587）間彭幼朔尚遊寓四川、潼川
　　州一帶，萬曆二十二年（1594）後始來吳中。所以此人與彭幼朔應不是同一人。

另一位江右陽明學派的領袖人物鄧以讚（1571 年進士，據說鄒元標之學得於鄧以讚處甚多），[85] 則曾接獲屠隆來信談及龍沙讖，屠隆在信中不忘宣傳「五陵八百之期至矣」，且說舉人周光岳因識衡山二道而得見仙籍，而仙籍內容跟不少人都大有關係：

> 楚衡陽有周孝廉光岳先生，授道衡岳真師，修鍊成矣。此公得見仙籍，知先生（按：鄧以讚）在八百數內，為弟四人。雲間陸平泉宗伯，吳門管登之僉憲，平湖陸五臺太宰，吉水鄒爾瞻比部，竝應龍沙讖。[86]

此處說鄒元標在仙籍中，與妄男子之言同出一轍，而且還多了管志道、陸光祖（1521-1597，號五臺居士）、陸樹聲（1509-1605，號平泉）等人，可惜在鄧以讚的文集中未見相關回應。在晚明三教合一的潮流下，鄧、鄒二人雖然親近釋氏之學，但並未失其心學的基本立場，因此鄧以讚正面回應屠隆的可能性不高。

倒是管志道跟屠隆有過一番論辯。管志道在《明儒學案》中被歸入〈泰州學案〉，泰州學派屬於狂放一路，與江右陽明學派的學風大不相同，但管志道是其中較嚴肅且頗有主張並堅持己見的人，《問辨牘》與《續問辨牘》二書中收錄了他與當世人物的往來書信，管志道的信函往往動輒萬言，內容頗為冗沓，但挽救世道的急切之情則溢於言表，所以信中往往反覆以士風澆漓為念，痛斥霸儒、狂禪，主張回歸王道，因此不難想像管志道與屠隆話不投機的情景。屠隆在給管志道的信中說：

85　程嗣章，《明儒講學考》（收入《四庫全書存目叢書》，子部第 29 冊，據清道光四年〔1824〕刻本影印），頁 49。

86　屠隆，《鴻苞》（收入《四庫全書存目叢書》，第 89 冊，據明萬曆三十八年〔1610〕茅元儀刻本影印），卷 40，〈與鄧汝德少宰〉，頁 28。

（屠）隆又觀方今宿德名公，法門龍象，若雲間之陸宗伯（樹聲），平湖之陸太宰（光祖），豫章之鄧汝德（以讚），秀水之馮開之（夢禎），武林之虞長孺（淳熙）……（以下缺葉）。[87]

雖未能得見全段文字，但比對前後文，應指幾人都是士人領袖，也都親炙佛法。信末則以「龍沙期逼矣」為說，並以己名未入名籍為憂：

去歲從靈隱隱者，聞南來消息甚大，而不及愚與先生；今其言亦未見左驗。雖然，脩行在我而已，安問名籍，無名籍而自力，主者豈有成心；有名籍而退林，聖賢焉肯護短。愚與先生勉之矣。[88]

管志道對飛昇及仙籍之說的興趣不高，他曾明白表示——「玄門有飛昇沖舉之奇，不過凡夫奇之耳。」[89]所以管志道在回信中直接澆了屠隆一頭冷水，而且有鑑於屠隆在信中曾說曇陽子是聖人，[90]所以他批評曇陽子，說：

笥中實重曇陽，然乃諱曇陽而稱鸞公，是亦名不當實。儒家不稱孔子為儒童菩薩，道家不稱老子為大迦葉也，恥拜女姑為師，而托言於鸞公，便是修詞不立誠處。見雖圓，矩未方也。[91]

87　管志道，《續問辨牘》（收入《四庫全書存目叢書》，第87冊，據明萬曆刻本影印），卷2，〈答屠儀部赤水丈書〉所附屠隆來信，頁39。

88　管志道，《續問辨牘》，卷2，〈答屠儀部赤水丈書〉所附屠隆來信，頁54。

89　袁黃，《袁了凡先生兩行齋集》（臺北國家圖書館藏，據明天啟四年〔1624〕嘉興袁氏家刊本攝製），卷12，〈重修東嶽行宮記〉，頁2。有趣的是，〈瀛洲仙籍〉中卻赫然有袁黃的名字。〈瀛洲仙籍〉一文作者不詳，載傅金銓編纂，《樵陽經》，卷2，頁4-5。

90　管志道，《續問辨牘》，卷2，〈答屠儀部赤水丈書〉所附屠隆來信，頁44。

91　管志道，《續問辨牘》，卷2，〈答屠儀部赤水丈書〉，頁61。

甚至把矛頭轉向與屠隆同樣沉迷於預言之說的潘士藻（1537-1600）：

> 吾聞之年生潘去華（按：潘士藻）謂曇陽屢降其乩，……箚末謂有
> 「從靈隱隱者聞南來消息甚大，而不及愚與足下。」蓋愚與足下
> 原不在八百地仙之列，焉得及之？此消息出乩仙乎？出幻夢乎？
> 乩固難憑，夢亦難據，但使吾言吾行，誠足以建天地，質鬼神，
> 俟百世而不惑，何乩仙幻夢之有。蓋酷信乩幻之傳消息者，往往
> 誤事。……以世人多滯龍沙之讖，妄有希覬而蹉過目前功德。[92]

　　這段話有兩點值得注意：第一，鄒元標所見的「妄男子」與屠隆
皆夸談名籍，顯示當時是否列名名籍已成為一種流行言說，鄒元標對
此不以為然，但屠隆則頗以為意。第二，管志道所述曇陽子降乩事有
其根據，乩仙應即孫榮祖，又稱慧虛子，當時不少信眾在曇陽子卒後
便透過孫榮祖與曇陽子溝通，不僅屠隆對此篤信不疑，即連王世貞也
曾透過孫榮祖的扶鸞而求得金書《陰符經》。[93]此既可印證前述龍沙讖
與曇陽子信仰結合，而曇陽子信仰又與乩仙有關。

　　屠隆主要活動於十六世紀末，他虔信曇陽子，參與扶鸞，期待龍
沙讖，但這些信仰最終都未能實現他飛昇登仙的想望。據說他在病危
臨終前仍然扶床凝望，期待乩仙孫榮祖可以乘飆輪來迎他登仙，最後
終於惆悵抑鬱而卒。[94]

　　至於被管志道點名的潘士藻，他屬於泰州學派的一員，但頗信扶

92　管志道，《續問辨牘》，卷2，〈答屠儀部赤水丈書〉，頁61-62。

93　錢謙益，《列朝詩集小傳》，丁集上，〈屠儀部隆〉，頁445。王世貞，《弇州山人續稿》（臺
　　北：文海出版社，1970），卷10，〈孫榮祖氏所降僊筆貽我金書《陰符經》跋尾云文陽真人
　　得道時所說白玉蟾翁始表見於世又以長歌四百九十字見贈頗及前生事勉以脩持且勸檀施聊此
　　奉酬併效薄見於奉行仙童宜真子〉，頁8-9；同前書，卷157，〈紫姑仙書陰符經〉，頁9-10。

94　錢謙益，《列朝詩集小傳》，丁集上，〈屠儀部隆〉，頁445。

鸞，甚至有專屬乩仙，名白雲穎，常伴其在密室中相互嘯詠。[95]公安三袁之一的袁中道（1570-1623）敘述潘士藻與乩仙往來的經過，此乩仙疑即白雲穎：

> 公好仙，有乩仙怪于公家，與問答，皆中理解，或時下天篆，作龍飛鳳舞之勢，其言曰：「五陵八百地仙之期已近，公其一數。」又指海內名士某某皆已登仙籍，公殊信之。其言甚多，皆天中事，大約近似陶隱君之《真誥》云。又言前世下土之文人才子，多為仙吏，某人今轉某職。語新奇，娓娓可聽。後愚兄弟每與公言，多婉以止之，欲其舍淼茫而專心性命之學。久之，公亦不復信，惟究心于《易》。[96]

後愚兄弟即公安三袁。乩仙以應讖之期已近為說，既說潘士藻在仙籍中，又稱其他名士亦登仙籍，而所以能夠詳知仙籍內容，應與扶鸞有關，所以文中說「近似陶隱君之《真誥》」，《真誥》正是南朝陶弘景編纂扶鸞書籍而成。對潘士藻的任誕之行，《萬曆野獲編》另有一番描述：

> 潘璽卿雪松士落（按：應作士藻），馮司成癸未（1583）所錄士，滯符臺十年，在京偕諸名士立講會，每云吳猛鎮鐵柱宮，寔多遁去者。許真君約後千年，當生八百散仙，戢此孽魔，今正其時矣。我為一人，與某某等皆同列，余師司成公，亦其一也。京師信之，競求附仙籍。潘一同年素不預講，亦遙隸群真，起大宅埒王公，

---

95 錢希言，《獪園》，收入氏著，《松樞十九山》（東京：高橋情報，1991，據日本內閣文庫藏明萬曆二十八年〔1600〕序刊本影印），卷4，〈白雲穎〉，頁5-6。

96 袁中道，《珂雪齋近集》（收入《明代論著叢刊》，臺北：偉文圖書公司，1976，據中央圖書館藏本影印），卷7，〈潘去華尚寶傳〉，頁32。另據袁中道撰，錢伯城點校《珂雪齋集》（中）（上海：上海古籍出版社，2007），頁728參互校訂。

云拔宅上昇時，勿令貲產有所遺。司成見而姍笑之。[97]

符臺即尚寶卿一職。萬曆十八年到二十八年間（1590-1600），潘士藻在南京任尚寶卿，[98]而鄒元標是萬曆十八年離開南京，可知潘士藻是在鄒元標離京後方始與人談龍沙讖事。從人們「競求附仙籍」的現象來看，當時確有不少人信以為真，甚至有人為此大興土木興建大宅，以免將來拔宅飛昇時不能把貲產一同帶走。飛昇登仙本應是棄去人事，如今卻成了長保富貴之途。

進入十七世紀，相關的預言傳說越演越烈，一位謎樣的人物彭幼朔在南京主導了當時信仰的走向，而李鼎這位以時文寫作聞名於文人群體間的地方小讀書人，[99]則因識彭幼朔而信應讖之期將屆，並留下一些彭幼朔宣講預言的相關資料。以下先從李鼎的背景談起。

李鼎出身新建禹江李氏，其父李遜（1405-？，1544年進士）曾任學政，與淨明道頗有淵源，在萬恭所作的墓誌銘中說他「乃入黃堂，友旌陽」，黃堂位於南昌府城南，所祀諶母是許遜之師，推測李遜應是黃堂隆道宮的信徒。[100]李鼎以儒起家，在考取順天鄉試舉人後，恰逢西北邊防有變，於是在萬曆十八年，亦即屠隆等人所期待的庚寅之期，李鼎隨軍西行。恰好在此年前後，李鼎「西行遇異人」，此事成

---

97 沈德符，《萬曆野獲編》，卷17，〈斬蛟記〉，頁18。

98 潘士藻是萬曆十一年（1583）進士，他先後任溫州推官、御史、廣東布政司照磨、南京吏部主事、南京尚寶卿，最後卒於官。此處既說「滯符臺十年」，而潘士藻卒於萬曆二十八年（1600），則可推知他任官南京的時間。

99 陳弘緒歷數當世士人有才學而未中舉入仕者，江西以李鼎、羅日褧、李良三人為代表，而河南的代表人物張民表則是李鼎的弟子。參見陳弘緒，《陳士業先生集》（收入《四庫全書存目叢書補編》，集部第54冊，濟南：齊魯書社，2001，據清康熙二十六年〔1687〕刻本影印），《寒崖近稿》，卷1，〈孝廉余聿雲先生墓表〉，頁32。

100 萬恭，《洞陽子集再續集》，卷3，〈李洪西墓誌銘〉，頁43。

為他一生由儒轉道的關鍵。李鼎在一封信上說：「喜逢異人，指示性命根宗，豁然若披尺霧而睹白日，即一日而取侯封、佩相印，所不與易也。」[101] 究竟李鼎所遇異人是誰？是否跟曇陽子信仰有關？雖不得而知，但在時間點上十分巧合。

對出世法的追求固然是李鼎接觸淨明道的遠因，但此刻在政治上無出路則是近因。與李鼎有姻親關係的大學士張位（1538-1605）曾對李鼎說道：「君方欲臨瀚海，封狼居胥，而未遂，乃遽逃於無何有之鄉耶！」而李鼎只是「瞪視不答」。[102] 此後李鼎漸轉入淨明道，以「淨明忠孝」作為綰合儒學與淨明道的關鍵所在，他說：

> 仲尼氏訓忠孝，討亂賊，憂世之志切矣，……都仙起晉代，崇道德，惓惓以忠孝為教，又自忠孝而衍為八柱，玄聖、素王之統一矣。[103]

除了綰合學理教義，李鼎還須直接面對關於鐵柱鎮蛟、沖舉飛昇等神話傳說，畢竟事涉怪力亂神。他說：

> 冲舉之事，傳神仙者往往而書，正史不載，意深遠矣。鐵柱雖鎮地脉，則自旌陽公特創，為有目者所共睹，焉可誣也？蓋宇宙在手，萬化生身，造無而有，則為鐵柱；化有而無，則為拔宅。玉真子以為役神物，移置海島，則物而不化矣。總之以淨明忠孝為本，何必異於聖學哉。列子曰：「仲尼能為而能不為者也。」可

101　李鼎，《李長卿集》（臺北國家圖書館藏，據明萬曆四十年〔1612〕豫章李氏家刊本攝製），卷10，〈與張林宗書〉，頁13-15。

102　金桂馨、漆逢源纂輯，《逍遙山萬壽宮通志》，卷22，「李鼎」條，頁13。

103　李鼎，《李長卿集》，卷23，〈太上靈寶淨明中黃八柱經〉之疏，頁6-7。

以釋千古之疑網矣。[104]

　　李鼎身為儒者，卻相信沖舉飛昇，所以他必須極力解釋為何儒學不談這類事，其答案是：「仲尼能為而能不為」。言下之意，孔子只是不談，但不表示沖舉飛昇就是子虛烏有之事。只須歸本於淨明忠孝，便跟儒學不相違背。

　　李鼎曾把相傳許遜所作的論著都一一讀過，他自述讀這些論著時須「焚香整襟讀之，輒若端冕而聽古樂，惟恐臥也」，顯示李鼎對淨明道教義並不陌生，但這卻使他內心累積不少疑惑，如他便不信《石函記》是許遜所作，而贊同劉玉以此書為偽作的說法；[105] 他也懷疑相傳許遜座下十二弟子之一施岑所作的《西山許真君八十五化錄》是後人偽託，並明言當時不少人跟他有同樣的懷疑。[106] 也因此李鼎曾有意作《淨明忠孝全傳正訛》與《淨明忠孝全書別編》二書，但最後似僅完成《淨明忠孝全傳正訛》，此書後被收入西山萬壽宮的宮志及李鼎的文集中。

　　李鼎所以作《淨明忠孝全傳正訛》，一方面是為淨明道建立信史，一方面則跟龍沙讖有關。他說：

頃八百之期，近在目睫，將五陵之雲合而至者，文獻無徵，則地主之責，胡可逭焉！緣取全書稍加刪潤，質以《道藏》之所紀錄，父老之所傳誦，彙為一帙，題曰《淨明忠孝全傳正訛》。[107]

104　金桂馨、漆逢源纂輯，《逍遙山萬壽宮通志》，卷4，頁20。

105　李鼎，《李長卿集》，卷23，〈太上靈寶淨明中黃八柱經序〉，頁4。

106　李鼎，《李長卿集》，卷23，〈淨明忠孝全傳正訛序〉，頁1。

107　李鼎，《李長卿集》，卷23，〈淨明忠孝全傳正訛序〉，頁1-2。

由於認定應讖之期將屆，所以李鼎取《淨明忠孝全書》，並參考《道藏》及當地父老所傳誦事而作此書，這本書不僅重新確定許遜、傳教十真人的生平事略及其後繼承正統者的系譜，並對相關玄理予以闡釋。至於李鼎所認定的應讖之期，則是從許遜飛昇當年加上一千兩百四十年後的萬曆四十年（1612）、四十一年（1613）左右，所以他曾提到：

> 都僊一千二百四十年之讖，適當萬曆在宥之壬子。[108]
>
> 昔九州都僊太史許真君，以晉寧康二年（374）甲戌拔宅上昇，垂記有曰：自茲一千二百四十年間，五陵之內，地僊八百復起，其師出于豫章，倒指至今上萬曆四十一年癸丑，適與期合。[109]

王子即萬曆四十年。至於讓李鼎對此應讖期待充滿信心的關鍵有二：一是跟預言有關異象的發生，如他說「比年豫章北沙高於雉堞，章江突生一洲，曲抱沙井，玉隆宮栢葉曳地，吳越三楚山谷之間，蛟蠥乘風雨而騰出者，以數萬計，又適與讖合。」[110] 二是他在南京認識彭又朔，有關應讖的年數應是從彭又朔那邊得知的。

彭又朔這個名字，令人很快聯想到錢謙益的〈彭仙翁幼朔〉一文，兩名音同字不同，有可能是同一人。[111] 在《雪堂隨筆》有〈彭又朔先生輓詩〉四首，詩前序文說到：

> 又朔先生，今之神仙也，二十年前來白下，士大夫多從之游，予

108　李鼎，《李長卿集》，卷24，〈淨明忠孝全傳正訛下〉跋語，頁17。

109　李鼎，《李長卿集》，卷7，〈宇定天光記〉，頁2。

110　李鼎，《李長卿集》，卷7，〈宇定天光記〉，頁2-3。

111　錢謙益，《列朝詩集小傳》，閏集，〈彭仙翁幼朔〉，頁707-709。

心實嚮往之，而以事未果。……昨年天啟丙寅（天啟六年，1626）
仲冬二十四日，先生居興化，作書以後事託沮修李君，遂沖舉
矣。[112]

此序作於天啟七年（1627），二十年前即萬曆三十五年（1607），當年
彭又朔曾前往南京，而「彭幼朔」則在萬曆三十三年（1605）後曾佇足
南京，與錢謙益往來達四、五年的時間。另一方面，《陝西通志》載
萬曆四十六年（1618）「彭幼朔」曾停留當地，跟李鼎說彭又朔有「陝
洛之行」[113] 的敘述相合。顯示「彭幼朔」應即「彭又朔」。

　　據錢謙益作的小傳，彭幼朔是一位往來各地的術士，他託言為了
躲避陰府勾攝，以改變其生死命數，曾多次改換姓名，由於他能暢談
百餘年朝野遺事，使不少人篤信他確已活了百年之久。彭幼朔常與讀
書人往來，曾以江甌甄的化名待在蘇州，結交士人如孫七政（1573 年
前後在世）等人；[114] 此後佇留湖廣，與楊漣（1572-1625）往來。楊漣是湖
廣應山人，當時只是地方上無甚名氣的小讀書人，傳說彭幼朔不僅曾
救他性命，而且準確預言不喜時文制藝的楊漣將能考取進士。[115]《聊
齋誌異》中的楊大洪故事即據此改編。[116] 此後彭幼朔似曾在四川雲陽

112　顧起元，《雪堂隨筆》（收入《四庫禁燬書叢刊》，集部第 80 冊，據明天啟七年〔1627〕
　　刻本影印），卷 4，〈彭又朔先生輓詩〉，頁 35。

113　李鼎，《李長卿集》，卷 7，〈宇定天光記〉，頁 3：「真人倏有陝洛之行。」

114　孫七政曾贈彭幼朔兩首詩。請見孫七政，《松韻堂集》（收入《四庫全書存目叢書》，集部
　　第 142 冊，據明萬曆四十五年〔1616〕孫朝肅刻本影印），卷 9，〈贈江甌甄〉，頁 13。

115　楊漣在萬曆三十二年（1604）與彭幼朔曾一起閒關雙林寺。請見楊漣，《楊忠烈公文集》（收
　　入《續修四庫全書》，第 1371 冊，據清順治十七年〔1660〕李贊元刻本影印），卷 3，〈為
　　雙林融長老作〉，頁 12。

116　請見錢謙益，《列朝詩集小傳》，閏集，〈彭仙翁幼朔〉，頁 707。錢希言聽來的情節則稍
　　有不同，請見錢希言《獪園》，卷 4，頁 36-37。另見蒲松齡，《聊齋誌異校會注評本》（臺
　　北：里仁書局，1978），卷 9，〈楊大洪〉，頁 1256。

一帶遊歷，後來前往南京，並得到不少當地人士信從。[117] 不久楊漣因論劾魏忠賢（1568-1627）下獄，彭幼朔為避禍而離開南京，待天啟末復還後卒於此。但另有傳說有人曾在山中見彭幼朔，僕從車馬甚盛，最後不知所終。[118] 目前所知彭幼朔留下的最後記錄，是他跟支大綸（1574年進士）的長子支如玉（萬曆朝舉人）往來，而他在天啟六年（1626）臨別前還揭露了支如玉是元四大家之一吳鎮（1208-1354）後身的秘密。[119]

李鼎何時得識彭幼朔？根據李鼎的文集，整理其相關年表如下：

萬曆二十四年（1596）丙申，丙申丁酉之間，李鼎僑寓秦淮，與六安黎仲明、莆田郭聖僕居最密邇。[120]

萬曆二十五年（1597）丁酉，僑寓秦淮。[121]

萬曆二十九年（1601）辛丑，與謝廷讚遇於廣陵，相與遊。[122]

萬曆三十二年（1604）甲辰，甲辰乙巳間，李鼎僑寓廣陵。[123] 講學維揚，得先聖孔子像。[124]

萬曆三十三年（1605）乙巳，李鼎汗漫遊于廣陵，二三子邀之講業

117　錢希言，《獪園》，卷4，〈彭幼朔〉，頁37-38。此處言彭幼朔「于黃白之事已得手有年」。

118　此段關於彭幼朔的部分，請見錢謙益，《列朝詩集小傳》，閏集，〈彭仙翁幼朔〉，頁707-709。

119　支如玉，《半衲庵筆語》（臺北國家圖書館藏，明崇禎間刊本），卷1，〈彭又朔儳師獎掖入道回首時仍別授記日子即梅花道人後身也敬用志之〉，頁1。

120　李鼎，《李長卿集》，卷16，〈弄丸說〉，頁23。

121　李鼎，《李長卿集》，卷18，〈奏進保泰策疏〉，頁3。

122　李鼎，《李長卿集》，卷7，〈遊新都太平十寺記〉，頁4。

123　李鼎，《李長卿集》，卷16，〈蕭從韶建費邊祠解〉，頁24。

124　李鼎，《李長卿集》，卷16，〈至聖先師孔子像贊〉，頁14。

于社，得識當地教授龐一德。[125] 與其門人倪啟祚別於儀徵。[126] 李鼎將返豫章，閉戶終老。[127]

　　萬曆三十六年（1608）戊申，秋杪，返棹金陵。臥病西山敝廬。[128] 李鼎貽書門人倪啟祚，言己安故里，有終焉之志。[129]

　　據此年表可知，萬曆二十四年以後，李鼎的足跡便多在南京、揚州一帶停留，直到萬曆三十六年返回南昌。錢謙益文既說萬曆三十三年到三十八年間彭氏在南京與其交遊，則李鼎在這幾年間與彭幼朔往來的可能性最高。

　　對李鼎而言，得識彭幼朔是一件了不得的大事，因為彭幼朔不僅是應運而起者，而且還有秘法可傳，所傳法因人不同；李鼎自述其經歷說：

> 乃我又朔彭真人，應運特興，從遊者甚夥，真人各授以秘密藏法，言人人殊，使坐玄室中，久之，虛中生白，神光陸離，或如弦月，或如海日，或如北斗，或如繁星，或見青鸞白鶴，或見蹲獅舞象，或遊天堂，拜金母而揖木公，或入地府，睹先靈而逢故識，或坐少廣而洞觀乎四虛，或御飛輪而劉覽乎八極，或甲士當前而離立，……更僕未易悉數。[130]

　　從李鼎述說的神秘經驗可知，彭幼朔似乎頗有一些本領，而不單

125　李鼎，《李長卿集》，卷5，〈雙瀑堂文草序〉，頁6。

126　倪啟祚，〈李長卿先生經詁序〉，在李鼎，《李長卿集》，卷首，頁4。

127　李鼎，《李長卿集》，卷7，〈遊新都太平十寺記〉，頁4。

128　李鼎，《李長卿集》，卷21，〈松霞館偶譚續〉，頁1。

129　倪啟祚，〈李長卿先生經詁序〉，在李鼎，《李長卿集》，卷首，頁4。

130　李鼎，《李長卿集》，卷7，〈宇定天光記〉，頁3。

只是靠傳講預言仙籍之說吸引信徒而已，也因此當時圍繞在彭幼朔身邊的信徒很多，李鼎是其中一員，支如玉可能也在其中。[131] 彭幼朔底下還有門人弟子，形成一個傳道團體，即使在彭幼朔離開南京前往他方時，其座下大弟子周渾成仍然承續他的工作，並以彭幼朔將如許遜拔宅飛昇，以及眾人將可列大弟子之位為說：

> 真人倏有陝洛之行，……首座周渾成先生自楚適至，諸弟子以不得請于真人者爭叩渾成先生，先生不憚煩瀆而詔告之曰：……異日者真人應天詔拔宅上升，諸君子秉列宿之轡，御照夜之車，以媲美於吳甘十二大弟子之列，則茲光也，發之蒙矣。……于時鼎也方擁篲操箕在弟子之末。[132]

從鄒元標說「諸僚友往往譚偓佺家言，共師一妄男子」，到沈德符形容南京人士因潘士藻之宣傳而「競求附仙籍」，以及彭幼朔身旁信眾圍繞，顯示前後數十年間不斷有人在南京傳講預言、仙籍，以及應讖之期將屆等事，並得到許多人的信從，而從這些現象也可看到晚明南京士人信仰龍沙讖預言之綿延不斷。

五、未應讖後的明末世界

龍沙讖既與曇陽子、乩仙等信仰結合，各信仰對應讖之期則各有一套說詞，特別「應讖之期將至」雖為許多人的共識，但對確實年分落在何時，卻又言人人殊。

屠隆本人篤信曇陽子主張的庚寅之期，雖認定此年即龍沙讖的應

---

131 李鼎，《李長卿集》，卷5，〈支伯子尚書清旦閣艸序〉，頁13-15。

132 李鼎，《李長卿集》，卷7，〈宇定天光記〉，頁3-4。

讖之期。但過了萬曆十八年（1590），卻未見任何應讖跡象，招致管志道的猛烈抨擊：

> 即龍沙之讖，或言八百地仙總在此時出現，或言旌陽原讖江心忽生沙洲，八百之師乃出。宋末元初，有劉玉真者，已應之矣，此後八百弟子，陸續出世，至此時而讖期始滿耳。然今蛟不如期而出，則八百地仙之消息，亦屬杳茫，故說者謂蛟類化作亂人，而八百仙之化身，多在宰官居士中，不以服食飛昇顯，而以淨明忠孝之功行顯。理或有之。然淨明忠孝不出普賢行門，誠合孔子從心之矩，則亦不必復問普賢行門矣。以世人多滯龍沙之讖，妄有希覬，而蹉過目前功德。[133]

蛟既未如期而出，八百地仙之消息亦屬杳茫，於是有人轉化預言內容，宣稱蛟類已化作亂人，而八百地仙則化作宰官居士，以淨明忠孝之功顯揚於世。[134] 前引陳繼儒的《斬蛟記》也許就是據此新解而作，安排關白為蛟蛇，而終為宰官居士所斬等情節，以逞其嘲諷之能。

　　另一個應驗之期則是萬曆二十六年（1598），但此說根據不詳。相關言論見於彭好古為《石函記》所作題辭，他在萬曆二十八年（1600）因未應讖而疑心預言的可信度，顯示他所期待的應讖之期也和他人不同：

> 嘗讀聚仙歌，知八百之讖自真君始。真君許昌人，徙南昌，生於吳之赤烏，仕於晉之太康，而上升於康甯二年八月之朔旦，時年

133　管志道，《續問辨牘》，卷2，〈答屠儀部赤水丈書〉，頁61-62。

134　這個說法在當時似頗流行，即使是對淨明道與龍沙讖不甚熟悉的錢檟，在為龍沙亭碑作記時也有類似說法，請見錢檟，〈新龍沙亭碑記〉，收入金桂馨、漆逢源纂輯，《逍遙山萬壽宮通志》，卷18，頁12-13。

一百三十六齡也。康甯距今蓋一千二百四十二年有奇矣，而八百
地仙未見有應運而起者，豈讖為不足信耶？……庚子仲夏朔四日
一壑居士識。[135]

一壑居士即彭好古，「康甯」應是寧康之誤。從晉寧康二年（374）許
遜飛昇起算，到萬曆二十六年（1598），只有一千兩百二十四年而已，
彭好古卻堅持至此年已屆滿一千兩百四十年。他確信此年即應讖之
期，卻不解八百地仙何以尚未應運而起。[136]

　　此後則有彭幼朔。彭幼朔如何解釋龍沙讖今已不得而知，但他給
定龍沙讖一個確將實現的日期，即萬曆四十、四十一年左右，又以名
列仙籍來吸引士人或信徒。彭幼朔嘗以祝萬壽的化名遊走湖廣一帶，
曾贈詩錢謙益，以「《石函》君已鐫名久，有約龍沙共放歌」作結，
並自註其詩說《石函記》上載有錢謙益的官銜與地望，所以他必在
八百地仙之列無疑。[137] 崇禎年間錢謙益回憶說：

許叔遜，龍沙之祖也，淨明忠孝，其教法具在也。以《真誥》考之，
忠臣孝子，歷數千百年，猶在金房玉室之間，迄於今不死也。……
士君子出而致身遂志，分主憂，振國恤，其為修煉也，視山澤之

135　彭好古，〈石函記題辭〉，收入金桂馨、漆逢源纂輯，《逍遙山萬壽宮通志》，卷17，頁
　　29。

136　有趣的是，在應讖之年未見八百地仙以後，彭好古開始從經典上尋找答案，於是次年先編
　　定刊刻《銅符鐵券》，隔年又校對刊刻《石函記》。參見彭好古，《銅符鐵券》（收入胡道
　　靜等主編，《藏外道書》，第6冊，成都：巴蜀書社，1992），〈銅符鐵券題辭〉，總頁
　　276；彭好古，《石函記》（收入胡道靜等主編，《藏外道書》，第6冊），〈石函記題辭〉，
　　總頁296。

137　彭幼朔，〈九日登高有感寄懷虞山錢太史〉，收入錢謙益編纂，《列朝詩集》，頁17。這首
　　詩附在彭幼朔的小傳後。張豫章的《御選宋金元明四朝詩》則標明作者是「祝萬壽」，但未
　　附詩註。參見張豫章編，《御選宋金元明四朝詩》（收入《景印文淵閣四庫全書》，第1443
　　冊），明詩卷90，頁2。

癯，鶹息禽戲，塊然獨存者，所得孰多？吾嘗從樵陽之侶，窺《石
函》之閟籍，得廁名其間者，吾黨蓋有人焉，未可謂神仙去人遠
也。[138]

可見錢謙益曾有一段時間接觸此說，而錢謙益與彭幼朔交游達四、五
年之久，恐怕也跟預言有關。但此後錢謙益便未再理會預言之說，且
曾勸友人吳祖洲莫再著迷，他說：

人言兄故有仙骨，好修煉，龍沙《石函》，夙昔著名字，當以神
仙度世為祝。……《易》與孔子之生也仁也，皆性壽也。兄之長
生度世，取諸此為足矣，何事如曇鸞之訪求仙籍，為菩提流支所
唾棄哉！[139]

可知吳祖洲因名列仙籍而醉心預言之說，而錢謙益則力勸他應回歸儒
學，不假外求，顯示包括龍沙讖、曇陽子信仰與仙籍之說，都已被錢
謙益所捐棄了。[140]

　　但李鼎則十分篤信彭幼朔的預言，並真心期待應讖之年的來臨。
值得注意的是，在此前幾年李鼎的行蹤突然成謎。從前引李鼎的年表

138　錢謙益著，錢曾箋注，錢仲聯標校，《牧齋初學集》（上海：上海古籍出版社，2009），卷
　　　45，〈留仙館記〉，頁1143-1144。文末有「崇禎壬午小歲日記」，可知此文作於崇禎十五
　　　年（1642）。

139　錢謙益著，錢曾箋注，錢仲聯標校，《牧齋有學集》（上海：上海古籍出版社，1996），卷
　　　24，〈吳祖洲八十序〉，頁956。文中言「癸巳歲」，可知此文作於順治十年（1653）。

140　陳寅恪曾箋解錢謙益〈冬至後京江舟中感懷八首〉，將詩中提及的「仙籍」釋為登科記或縉
　　　紳錄一類書，但從錢謙益與彭幼朔的交涉來看，不無可能就是實指仙籍本身，而非用典之辭。
　　　參見陳寅恪，《柳如是別傳》（北京：生活‧讀書‧新知三聯書店，2001），頁671。錢謙
　　　益詩請見錢謙益著，錢曾箋注，錢仲聯標校，《牧齋初學集》，卷20，頁676-681。

可知，他在萬曆三十三年（1605）向人表示「將返豫章，閉戶終老」，[141]
萬曆三十六年（1608）「臥病西山敝廬」，[142] 並貽書門人倪啟祚，明言
己有終焉之志。[143] 所謂己有終焉之志，語焉不詳，需從孫汝澄為其文
集所作〈跋〉方能得其細節。原來在萬曆四十年（1612），即應讖當
年，李鼎「離輜重去為尋仙遊」，[144] 但此舉顯然未能如其所願，龍沙
讖終未應驗，於是李鼎失望而歸。次年，李鼎談及其心情說：「都僊
一千二百四十年之讖，適當萬曆在宥之壬子。距今一年而溢耳。海內
奉道弟子延領西望，而不得其朕也，蓋日怦怦焉。」[145] 由於「不得其
朕」，使其了解到應讖的可能性已越來越小，但李鼎並未從此灰心喪
志，反而開始尋求新的解釋，所以他緊接著說：

> 余獲《玉真先生語錄》三卷，讀既卒業，卓然而嘆曰：擄發淨明
> 忠孝之旨，何其博而詳，宛而曲當與！即至人再來，何得更一字
> 益一語乎！因悟師出豫章之語，預識先生_{先生，豫章人}況龍沙俟生，適
> 當其會，則其應初機而出也；蓋在今日為初機耳。嗣是五陵之英
> _{五陵即五嶽}八百之彥，鍾天靈，胤地寶者，儼然而至，烏知非先生之
> 高足，而後進之領袖乎！[146]

李鼎回歸到元代劉玉的說法，以劉玉為應讖之初機，即「師出豫章」
之師。前文曾引劉玉臨終之言「吾此生為大教初機而來」，劉玉既是
初機，八百弟子尚未應讖而來，因此讓李鼎仍可有所期待。

---

141 李鼎，《李長卿集》，卷7，〈遊新都太平十寺記〉，頁4。

142 李鼎，《李長卿集》，卷21，〈松霞館偶譚續〉，頁1。

143 倪啟祚，〈李長卿先生經詁序〉，在李鼎，《李長卿集》，卷首，頁4。

144 汝澄，〈書李長卿集後〉，在李鼎，《李長卿集》，卷末，頁1。

145 李鼎，《李長卿集》，卷24，〈淨明忠孝全傳正訛下〉跋語，頁17。

146 李鼎，《李長卿集》，卷24，〈淨明忠孝全傳正訛下〉跋語，頁17。

　　但未必人人都可接受此種說法，畢竟若是八百弟子未來，則當初許諾應讖的日期又作何解？於是檢討的聲浪隨之而起，一篇署名為「鶴嶺子熊」的文章談到：

> 預讖云：吾仙去後一千二百四十年，五陵之內，當出弟子八百人，師出於豫章，大揚吾教。郡江心忽生沙洲，掩過沙井口，是其時也。起晉寧康甲戌（374），迄我明萬歷癸丑，以其期則過矣。八百之會，豫章之師，誰乎？

　　此文又提到「妄男子」：「近世有妄男子，託是讖以行其奸利，偽為八百名姓，誘民于爐火之術，則真許君之罪人也。」至於鶴嶺子熊對龍沙讖自有一套解釋，即歸本於「忠孝」：

> 夫讖之作，昉于漢儒之有七緯，緯之于經，亦所不廢，然而君子尊經而已矣。且夫許君以忠孝為心者也，為臣為忠，為子能孝，聖人之徒，即許君之徒耳。以今昌明之運，徵福長川喬獄之靈，多士克生，旦暮望之，豈必山澤之癯童哉？……余故急提忠孝之宗，以閑正道，塞邪說，知我罪我，庸何計焉。[147]

　　整段文字以龍沙讖未如「妄男子」所言應驗，於是「急提忠孝之宗」，雖形式上未完全否定預言，但實質上卻以忠孝取代了人們對預言的期待。這篇文字選擇在龍沙讖未應驗後才作，也可反證當時人們對預言實現的期待之深，以及「妄男子」言論的流行之廣。

　　當南京士人對龍沙讖的狂熱退潮之際，在淨明道信仰起源所在的南昌則另有發展。由於沖舉飛昇往往需有內丹的修習，所以在應讖而

147　以上俱見鶴嶺子熊，〈通義下〉，收入金桂馨、漆逢源纂輯，《逍遙山萬壽宮通志》，卷17，頁21。

起的預言失效後，很容易更偏向內丹方面的解釋。

明末伍守陽（1552-1640）應時而起，江西知名士人黎元寬便將其視為希望所在。伍、黎二人都是南昌人，伍守陽師從同縣曹還陽習內丹學，其學屬於全真教邱長春（1148-1227）一系，所以他每每自稱是「邱長春真人門下第八分符領節弟子」。伍守陽以內丹學聞名於世，往來南京、南昌兩地間，其重要著作《天仙正理直論》也是在南京刊行。[148] 黎元寬（1628 年進士）活躍於明末文壇，與江西文壇領袖陳際泰（1567-1641）齊名，同時也跟江南復社領袖張溥、張采往來；被視為江西第一人。[149] 在學術上黎元寬兼融三教，既倡儒學，又與釋、道兩教往來甚密，尤其與淨明道的關係匪淺，曾自稱是淨明道「服教利教之一子」。[150] 黎元寬為《天仙正理直論》所作序中便標榜伍守陽為應讖之人，以《天仙正理直論》為選仙的標準所在：「伍子起南昌，實淨明忠孝之教主所在，余固知其名姓之當讖于龍沙也，而亦知其書之可奉為選僊衡石耳。」連刊行此書的人也被他說成是「久在仙籍」。[151] 當涂叔朴準備入山修行，黎元寬甚至殷切企盼他能有所得，說：「我輩生乎淨明忠孝神仙之里，發明興起，今正是時。竊聞上真既有以詔叔朴矣，叔朴其直承當焉。」[152] 由此顯示黎元寬確有所期待，而所期待者正是來自伍守陽的內丹學。

但翻檢此書，並未發現跟龍沙讖直接相關的資料。不過，伍守陽在《天仙直論長生度世內煉金丹訣心法》（又名《內金丹》）提及：

148　卿希泰，《中國道教史》（臺北：中華道統出版社，1997），卷 4，頁 42-47。

149　張世經，〈黎博庵先生文集序〉，收入黎元寬，《進賢堂稿》（收入《四庫禁燬書叢刊》，集部第 145-146 冊，據清康熙刻本影印），卷首，頁 1。

150　黎元寬，《進賢堂稿》，卷 26，〈募修萬壽宮小引〉，頁 103。

151　黎元寬，《進賢堂稿》，卷 3，〈天仙正理直論序〉，頁 39-40。

152　黎元寬，《進賢堂稿》，卷 5，〈送涂叔朴入山序〉，頁 36。

「受道弟子伍沖虛書于旌陽讖記，千二百四十二年之明，時萬曆乙卯春王正月。」[153] 萬曆乙卯即萬曆四十三年（1615），也符合許遜飛昇的三七五年加上一千兩百四十年後的年數。在另一本著作《仙佛合宗語錄》，伍守陽可能是受到南京一帶期待龍沙讖風潮的影響，所以在一首詩及其註中談及他對預言的解釋：

旌陽曾為斬蛟來^{晉時許旌陽真君，斬蛟精至長沙府}，

一劍功神逕自回^{斬蛟已，回于南昌}；

千二百年吾復至^{旌陽回後，于今又千二百餘年矣，吾復至此，雖非為江上蛟精，卻為斬腎水中蛟精而來也}，

幾微一竅氣重開^{一竅者，玄關一竅也；氣重開者，先天一氣，生生不已，開而復開也。採藥有時，時至神知，亦予所謂覺而不覺，復覺真玄之說也}。[154]

伍守陽把斬蛟解釋成斬腎水之蛟，並回歸到其所擅長的內丹學，黎元寬應是接受了這個解釋，所以視伍守陽為應讖之人。

　　在晚明三教合一的風潮下，龍沙讖超越了教派的界限，對淨明道的信徒或非信徒都有其影響力，並引起不少的共鳴。但明末國變以後，三教合一的思潮既衰，且龍沙讖未在所預言的年分實現，則其流行似乎也受到了影響。入清以後，我們便較少在士階層看到如晚明那樣的流行風潮，而是轉以另一種形式出現在與扶鸞有關的資料中，頗值得注意。

153　伍守陽，《內金丹》（收入傅金銓編纂，《濟一子道書十七種》），〈火候論第四章〉，頁11。伍守陽的《天仙正理直論》有許多不同版本，《道藏輯要》所收的《天仙正理直論增註》七卷，是現存較早的版本之一。傅金銓的《濟一子道書十七種》中的《內金丹》與《天仙正理讀法點睛》則是另外的兩個版本。《內金丹》應是《天仙正理直論》較早的稿本，所以書中的許多丹訣是《天仙正理直論增註》所沒有的，而且更為直截簡明。尤其書中所用的許多符號，也是其他刊本所沒有的，故本章採用這個版本。相關研究參見丁常春，《伍守陽內丹思想研究》（成都：巴蜀書社，2007），頁 28-29。

154　伍守陽，《仙佛合宗語錄》（收入閻永和、彭翰然重刻，賀龍驤校訂，《重刊道藏輯要》，第 159 冊，清光緒丙午年〔1906〕成都二僊庵重刊本），卷1，〈吉王朱太和十九問〉附錄〈和吉王朱太和詩二首〉其二，頁 40。

餘論

　　從元到明，淨明道與儒學之間不時有所交涉，淨明道因其講究忠孝與許遜斬蛟治水的功績，而受到儒者普遍的重視與肯定。但淨明道畢竟是道教的一個支派，有其宗教出世的面向，龍沙讖預言尤其凸顯了這一點；而由江西與江南部分士人熱切信仰龍沙讖的史實看來，更可提醒我們注意士人在理性思辨或主張之外的一面。

　　龍沙讖作為一則平亂的預言，原本常易與動亂相聯結，如王守仁平宸濠亂便被附會為讖言的應驗。但晚明士人對預言越來越偏重在飛昇登仙的部分，從而發展出一波波的信仰熱潮，這個熱潮應與一千兩百四十年應讖之期推測落在萬曆年間，以及當時出現種種相應的龍沙異象有關，而部分士人群體間瀰漫著對飛昇出世的期待，也是造成此預言流行的心理背景。儘管如此，仍令人好奇這則預言在晚明的流行是否還有其他的外緣因素？由於淨明道或龍沙讖相關的資料十分零散，在此僅先推估幾點可能的原因。

　　首先，許遜被視為江西福主，許遜信仰作為江西人日常生活的一部分，龍沙讖一類的預言很容易吸引當地人的注意與期待；加上有龍沙異象配合，更可能取信於人。至於江西以外的士人對此信仰的熟悉，且在同時代眾多的神鬼怪傳說中龍沙讖會獨樹一幟而受到部分士人群體的注意，則可能有幾點原因：一是許遜作為水神的形象，在長江流域一帶都有信奉者，所以江浙士人對此信仰並不陌生，從元末以來不斷有江浙一帶的士人談到伏蛟事，如楊維楨之於胡道玄即是一例；二是龍沙讖這個單一元素與江南當地的其他信仰結合與流行，如曇陽子就是很好的例子。

　　其次，扶鸞應是使龍沙讖流行的另一關鍵因素。明代士人喜扶鸞，如前文提及屠隆與孫榮祖、潘士藻與白雲穎之例，屠、潘二人對飛昇登仙的期待及其對應讖之期的確信都與扶鸞有關，其他如曇陽子也曾

「屢降其乩」，至於「妄男子」所傳講的仙籍寶籙，應也是來自扶鸞的結果。不難想像，當一千兩百四十年的應讖之年日益接近，各式扶鸞的結果或寶籙仙籍之說充斥，龍沙讖變成不只是書面文字而已，而是很真實地發生在生活四周，於是部分士人便很容易受到這些說法的吸引。流行於清代的一千四百四十年預言，多次出現在呂洞賓的扶鸞書中，顯示龍沙讖因扶鸞而與呂祖信仰合流，同時也印證了扶鸞可能是使龍沙讖流行於士人群體間的關鍵因素之一。

　　過去我們對明清傳統士人的認識，往往偏重其理性層次的思辨或主張，而對其他層面所知較少，但從潘士藻、屠隆等人醉心預言之說，可見士人生活與言行實有其非理性的一面。我們從李鼎的例子也可發現，這位接受儒學教育，又是著名時文作者的士人，既在理性層次上試圖結合儒學與淨明道，又很主觀地篤信龍沙讖對飛昇登仙的保證，甚至不惜拋家棄子，前往西山迎接八百地仙的到來；兩者共同構成了李鼎的生活，若忽略任何一面，都會使我們對士人的瞭解變得不夠完整。藉由本章對龍沙讖預言的研究，應可增加我們對江西與江南士人群體在理性層次以外的更多認識。

第五章
明代江西士人與淨明道的交涉[*]

前言

　　近世儒、釋、道三教的入世傾向，新道教中淨明道因其教義講究忠、孝，與儒學有不少交集處，而受到關注。淨明道的核心即許遜信仰，在淨明道流行甚廣的江西，許遜被視為江西福主，如同閩臺一帶的媽祖信仰，已成為江西人生活的一部分，南宋以來，便有不少祭祀許遜的儀式典禮，直到明、清未衰。明末熊人霖（1586 1650）形容士農工商各階層人崇祀許真君的盛況說：

> 海內之人仰天子之隆祀公如此，又見豫章民以誠祈公，多所昭應，
> 於是從仕往來此地者，求似續者，農人耕田納稼，富商持重貲涉
> 江湖，竈人竅搔手之功以供朝夕，皆相率奔走拜禱無虛日。[1]

許真君的斬蛟事蹟受到江西人民的重視，與百姓的生活息息相關，所以地方上傳說有伐蛟之法，[2] 顯示百姓對蛟龍作亂之說，並非全然視

---

[*]　本章文稿以〈明中晚期江右儒學士人與淨明道的交涉：兼論《淨明忠孝全書》的影響〉原刊於
　　2013 年《明代研究》第 20 期，頁 1-33。於收錄本專書時略作增刪，謹此說明。

1　熊人霖，《南榮集詩文選》（東京：高橋情報，1994，據日本內閣文庫藏明崇禎十六年〔1643〕
　　刊本影印），《文選》，卷9，〈淨明忠孝經註敘〉，頁17。

2　清初官員談到地方父老所教授的斬蛟之法，並將其法附在奏摺上，詳細內容請見許應鑅等修，
　　曾作舟等纂，（同治）《南昌府志》，卷3，〈地理〉，頁91-93。

為傳說或迷信。斬蛟法甚至曾載諸官員的奏摺中，如雍正年間兩江總督魏廷珍（1669-1756）便將此〈伐蛟說〉「刊刻其法，廣布四方，使家喻而戶曉之」，下迄乾隆年間江西巡撫何裕城（？-1790）又再重付剞劂，即連中央政府也曾重申「伐蛟之令」。顯示無論是官方或民間，都有人篤信水患確與蛟龍作亂有關，蛟龍並非只是虛無縹緲的傳說而已，所以地方官談到許遜的功蹟時，在此基礎上說：

> 江西士民咸崇信晉臣旌陽令許遜，……雖相傳伏蛟之說稍涉渺茫，而廟之附近地方，向無此患，似亦理之或有可信者。[3]

既說「伏蛟之說稍涉渺茫」，又說「似亦理之或有可信者」，顯示即連官方也不敢完全斥為迷信而不理。因此，我們若是翻檢江西的地方志，不少府縣都有許真君觀或萬壽宮等崇奉許遜的祠祀，據今人統計達五百六十多所。[4] 在一份有關萬壽宮的田野調查便指出，單僅贛州一帶的許真君觀或萬壽宮，便高達一百多間。[5] 江西的這些宮觀大多數是明清以後所建，尤其以清代最多，達百分之八十以上。

　　另一方面，江西商人往往視許遜為保護神，這些商人往來各地，足跡所及處常興建萬壽宮，宮中雖亦供奉其他神祇，但以許遜為主。[6] 如清初李紱（1673-1750）說：「滇、黔、蜀、粵僻在西南，山川險遠，中土士大夫非宦游，率無由以至，惟吾鄉人士遊於是者獨多」、「滇、

3　許應鑅等修，曾作舟等纂，（同治）《南昌府志》，卷3，〈地理〉，頁91-93。

4　章文煥，《萬壽宮》（北京：華夏出版社，2004），頁109、115。

5　李曉文，〈贛南客家地區許真君信仰研究〉（贛州：江西贛南師範學院碩士論文，2007）。該文研究贛南地區的許真君信仰，對當地供奉許真君的萬壽宮進行分縣的統計。

6　我曾參訪贛南地區的萬壽宮，宮觀中央是許遜的神像，但左右兩側則各有其他神祇。兩壁則有廿四孝故事的圖畫。

黔、蜀、粵間為萬壽宮者無慮百數十所」。[7]此處雖未明言遊於幾地的是哪些人，但推測應以商人占了多數。[8]此外，許遜擁有的水神形象，以及長江流域沿岸常見的許遜崇拜，應也跟江西商人有關。[9]

值得一提的是，江西商人中頗有因其德行而受儒學士人所讚賞者，如萬恭曾為南昌胡孝子作傳，說：

> 胡孝子遨遊江湖，蓋商家者流。六十歸休乎豫章之黃牛洲，慨焉慕許敬之先生所為，又仙家者流。父母相繼不養，廬墓凡六載，又儒家者流。[10]

胡孝子雖是商人而習淨明道，但因以孝聞名，而被歸入儒家者流。

由於淨明道的相關資料有限，而跟儒學士人交涉的部分更少，所以本章主要根據從士人文集上所蒐集到的資料進行分析。以下分作兩時期討論，一是從元及明初，這段時期的資料顯示，儒學士人常因訪遊某宮觀而結識當地道士，但對淨明道的教義了解並不多。一是看明中晚期的變化，在三教合一的風潮下，儒學士人與淨明道的交涉，以及部分士人讀《淨明忠孝全書》而接觸淨明道的情形。

《淨明忠孝全書》是劉玉的門人弟子所編，共六卷，首卷是淨明道的幾位重要人物的傳記，第二卷是淨明道的預言與法說、立壇疏等，第三卷以後，則是劉玉的語錄，以及劉玉弟子黃元吉（1271-1350）的問答。此書編於元代，當時得到不少朝廷大臣為其作序，但此後在元

7　李紱，《穆堂初稿》（收入《四庫禁燬書叢刊補編》，第86冊，據清乾隆刻本影印），卷30，〈貴州萬壽宮前殿碑記〉，頁13。

8　陳立立，〈江右商與萬壽宮〉，《江西科技師範學院學報》，2（南昌，2005），頁72-78。

9　李豐楙，〈宋代水神許遜傳說之研究〉，《漢學研究》，8：1（臺北，1990），頁363-400。

10　萬恭，《洞陽子集再續集》，卷1，〈胡孝子傳〉，頁7。

末或明初士人的相關資料中，卻很少再看到人們閱讀或接觸此書的記錄，直到明中期以後，才陸續看到一些人刊刻此書，而其目的有可能是傳教，也有可能是希望讓人了解淨明道的教義。

元代劉玉對淨明道教義的改造，儘管是從宗教性的角度綰合儒學的某些思想，但在儒學士人讀來，應覺頗為親切。在學術思想仍然定於一尊，而對儒學以外其他宗教或教派缺乏興趣的時代，《淨明忠孝全書》這類書不會吸引多少士人有閱讀的興趣，即使是讀了，也往往只是泛觀，而未必深究其說。但在明中晚期三教合一的風潮下，士人積極在儒學以外尋求其他領域或宗教的學說或教義，閱讀《淨明忠孝全書》正是最方便的入手方式。人們不必前往寺觀，也不須識淨明道人，便可藉由閱讀此書而接觸淨明道。這也凸顯出典籍的傳播與影響。

面對淨明道，儒學士人有的堅守儒學本位而拒斥之，如李材；有些人持兩可的態度，如朱試；有的則是從儒學轉入淨明道，如李栻。本章第四節則以李鼎、熊人霖與黎元寬這三個案為例，看明末士人如何游移在儒學與淨明道之間。

一、許遜信仰的發展

日本學者秋月觀暎把淨明道的前身許遜教團的發展分作四期，許遜教團從原本講登仙、講孝道，直到遼金入侵，才進一步轉變為講忠孝。登仙飛昇事跟淨明道的龍沙讖預言有關，至於斬蛟除害的傳說，以及強調忠、孝兩事，都跟政府的統治有關，而儒學既是官方的意識形態，自然在這幾點上與淨明道都有所交集。

官方基本上肯定許遜的功蹟，在此舉兩例說明。元代劉岳申（1260-？）在為淨明道的祖庭鐵柱宮作記時，認為許遜因其功蹟理當崇祀，他說：

道家載旌陽事，本以忠孝積功行，以正直驅物怪，柱出旌陽，理
必不誣。……〈祭法〉曰：「聖王之制祭祀也，能禦大菑則祀之，
能捍大患則祀之。」若鐵柱者，非能禦菑捍患乎？宮屢燬而屢復，
其復也，常不旋踵，人心之所嚮，有物司之矣。[11]

文中並列忠孝與驅物怪，把許遜之所以得祀歸諸禦災捍患，儘管儒學
士人對斬蛟一事或信或疑，但對其功蹟都持肯定的態度。另一方面，
淨明道講究忠、孝，頗符合儒學的主旨，所以很容易引起官方與儒學
士人的共鳴。如元明之際的劉崧談到淨明道說：

惟忠孝者，天之經，地之義，而民之行。亘古今天下，人之所以
為人，僊之所以為僊者，修此而已矣！此而弗修，人且不可為，
而況於僊乎？故淨而明之，又學者之微旨也。[12]

劉崧強調忠孝，並把修道歸本於此。至於常被引用的晚明高攀龍
（1562-1626）的例子，高攀龍肯定淨明道的忠孝主旨，並將忠孝與宗
教切開，只談忠孝，而不談宗教，所以在與人的一段對話中，他以「不
知玄」起頭說：

有一玄客至東林，先生曰：東林朋友俱不知玄。雖然，仙家惟有
許旌陽最正，其傳只淨明忠孝四字，談玄者必盡得此四字，方是
真玄。其人默默。[13]

11　劉岳申，《申齋劉先生集》（收入《元代珍本文集叢刊》，臺北：國立中央圖書館，1970），卷5，
　　〈延真宮鐵柱殿記〉，頁14-15。

12　劉崧，《槎翁文集》（收入《四庫全書存目叢書》，集部第24冊，據明嘉靖元年〔1522〕徐
　　冠刻本影印），卷5，〈旌陽道院記〉，頁22。

13　高攀龍，《高子遺書》，收入《景印文淵閣四庫全書》，第1292冊，卷5，〈會語〉，頁
　　24。

無論是功蹟或忠孝，官方或不少儒學士人常只是在儒學的立場上，很外緣地、形式性的對淨明道予以肯定與贊揚，對其教義或信仰都未多涉及。

　　劉玉整理淨明道教法，綰合淨明道教義與兩宋理學，使得淨明道與儒學有另一個層次交涉的可能。劉玉一方面指出，他修道以來，「只是履踐三十字」，甚覺受用，這三十字即：

> 懲忿窒慾，明理不昧心天。纖毫失度，即招黑暗之愆。霎頃邪言，必犯禁空之醜。[14]

所講的內容跟理學十分近似，所以劉玉說他初學時「不甚誦道經，亦只是將舊記儒書在做工夫。」[15] 劉玉把包括北宋五子、朱、陸等人都列為「天人」，認為他們「皆自仙佛中來」，說朱熹「自是武夷洞天神仙出來，扶儒教一遍」。[16] 教義上則強調忠、孝，如《玉真先生語錄》中記載劉玉對教義的闡釋，便圍繞在「淨明忠孝」四字展開，如有人問：「古今法門多矣，何以此教獨名淨明忠孝？」劉玉答以：

> 別無他說。淨明只是正心誠意，忠孝只是扶植綱常。但世儒習聞此語爛熟了，多是忽略過去，此間卻務真踐實履。[17]

先確認忠孝為其教義的核心，然後把忠孝的範圍對象擴展到父母、君長之外，強調「一物不欺」、「一體皆愛」，使之達到不染不觸一點

14　黃元吉編集，徐慧校正，《淨明忠孝全書》，卷3，〈玉真先生語錄內集〉，頁1-2。

15　黃元吉，《淨明忠孝全書》，卷3，〈玉真先生語錄內集〉，頁5、7、11。

16　黃元吉，《淨明忠孝全書》，卷4，〈玉真先生語錄外集〉，頁6-7。

17　黃元吉，《淨明忠孝全書》，卷3，〈玉真先生語錄內集〉，頁1。

雜質、純潔淨明的境界；制定「始於忠孝立本，中於去欲正心，終於直至淨明」三個相互銜接的修持步驟。[18] 因此有學者把劉玉以前的淨明道稱為舊淨明道，而劉玉以後則是新淨明道。[19]

新淨明道的特色之一，即吸收了儒學的成分，豐富其教義的內容，但一些看似相同的教義，其實仍有細微不同處。如郭武所指出，劉玉在淨明道的脈絡下所談的忠孝，其實有其宗教性的內涵，不能片面從儒學的角度理解。

除了劉玉對淨明道教義有所創發以外，劉玉的門人弟子持續傳播教義，著名者有黃元吉、徐慧，此後還有趙宜真（？-1382）與劉淵然（1351-1432）師徒二人，[20] 但所傳的除了淨明道法以外，還加入了全真、清微二派之傳。[21] 此外有寧獻王朱權隱修於南昌西山，《逍遙山萬壽宮通志》中的淨明道系譜稱他為「淨明朱真人」。[22]

至此，我們看到兩個層次的關係，一是儒學與淨明道的交流，但局限在形式上，官方或代表官方發言的士人，在形式上對淨明道持肯定態度，但對淨明道的宗教性則置而不論。一是宗教性的，劉玉會通儒學與淨明道，但僅限於單方面吸收儒學教義而已。

以下先看元及明初儒學士人與淨明道的關係，然後是陽明學士人與淨明道，以及在三教合一的風潮下，士人透過《淨明忠孝全書》接

---

18 黃元吉，《淨明忠孝全書》，卷5，〈玉真先生語錄別集〉，頁9。

19 關於新舊淨明道的分別，請見任繼愈主編，《中國道教史（增訂本）》，下冊，頁754-776。

20 清初胡之玟所編纂的《太上靈寶淨明宗教錄》中，把趙、劉二人列在徐慧之後，見胡之玟編纂，陳立立、鄔付水整理，《太上靈寶淨明宗教錄》（收入《藏外道書》，第7冊），卷6，頁168。

21 任繼愈主編，《中國道教史（增訂本）》，下冊，頁820-822。另見胡之玟編纂，《太上靈寶淨明宗教錄》，卷6，頁168。

22 金桂馨、漆逢源纂輯，《逍遙山萬壽宮通志》，卷5，〈淨明朱真人傳〉，頁44-45。

觸與學習淨明道教義的事例。

二、元及明初的儒學士人與淨明道

　　元及明初在系譜上有名的淨明道人，從黃元吉到劉淵然，留下了
一些跟朝廷士大夫或高官顯要交遊往來的記錄。但除此以外，便很少
有關儒學士人與淨明道人交遊往來的資料，尤其是地方上的狀況更難
得知。受到資料不足的限制，我們很難作全面而深入的觀察，而淨明
道既在江西最盛，以下便根據從當地儒學士人留下文集、筆記所蒐得
的相關資料進行討論。

　　根據所得資料，從元到明初，江西儒學士人常因遊某宮觀而結識
觀內的淨明道人，加上某些道觀道人會被賦予官職，[23] 所以也可能因任
官而相識。例如淨明道祖庭所在的南昌鐵柱宮，因位處城內，所以儒
學士人不管信奉淨明道與否，都常遊歷此間，或留下一些與宮中道人
酬贈往來的詩文。如劉崧與鍊師左克明相識，便為新建的樓作序，談
到：

> 其西廡為道寮，鱗次櫛比，又市賈區列其前，龐雜喧囂特甚，於
> 是頤真堂，有德昭左鍊師，今提點玉隆者，題其樓曰：紫霞滄州，
> 而後是宮之玄境勝趣，儼然迴出乎埃壒之表矣。君嘗請于前宣文
> 學士周伯溫氏書之，而屬余為之記。余來豫章，數過左君而登斯
> 樓焉。

23　明初置道錄司，作為管理道教的最高機構，當時在地方上，府設道紀司，置正、副都紀一人；
　　州設道正司，置道正一人；縣設道會司，置道會一人。府、州、縣的道教相關事，均由道錄
　　司統轄管理。見卿希泰、唐大潮，《道教史》（南京：江蘇人民出版社，2006），頁286。

以下接著談此樓四周風景，最後說：「風清月白之夜，子吹簫其上，
泠然金石之音，老僊來歸，視其故宇，目滄海之揚塵，慨雲霞之變滅，
將必有頡飛珮騎鱗鳳而往來於斯樓也，君其俟之。」[24] 由於鐵柱宮位於
市區，人群熙來壤往，所以劉崧特別標舉其作為「玄境勝趣」的特質，
而劉崧雖應左克明之請作序，但彼此間似只是一般的詩文往來而已。

　　明初開國大臣之一的朱善（1340-1413），則與另一位鐵柱宮道士龔
存敬相識。龔存敬以秋泉自號，當時任道紀一職，請文於朱善，朱善
說：

> 豫章鐵柱龔存敬以秋泉自號，而請予為之說。……存敬自少入宮，
> 遵父師之訓，乃□□□□今則學成行立，名姓達於天朝，遂有道
> 紀之命，則又將以其所以正己者正人矣。[25]

朱善所措意者在於龔存敬的道紀之職，及其是否能夠正己正人，而完
全沒有涉入淨明道的宗教性。

　　到了正統年間（1436-1449），鐵柱宮道人劉真一也得到泰和蕭鎡
（1393-1464）為其作序，劉真一時任副道紀。序文上寫道：

> 劉師真一方為道士于頤真堂，師事其叔空碧，二人者，皆尚儒雅，
> 而深究夫老氏之說，……自官京師十餘年，所謂鐵柱宮者，不得
> 復□，然未嘗一日不往來于懷，而劉師則以久別遂忘焉。歲之六
> 月，劉師忽與朝天宮講師曰吳青雲者欵門求見，……則知已為郡
> 所薦，有副都紀之命矣。青雲謂予言劉師之有今職，非他人比也。

24　劉崧，《槎翁文集》，卷5，〈紫霞滄州樓記〉，頁13-14。

25　朱善，《朱一齋先生文集》（收入《四庫全書存目叢書》，集部第25冊，據明成化二十二年
　　〔1496〕朱維鑑刻本影印），卷3，〈鐵柱龔秋泉說〉，頁11-12。

蓋自其先曾祖以來，曰月窻為郡道紀，曰遽菴為道錄，曰至靈而
□□兄曰學古亦為郡副紀，今劉師實繼學古之任，凡為□□者，
四世于茲矣。[26]

蕭鎡有《尚約居士集》存世，考其文集可知蕭鎡並非道教信徒，而他
與劉真一叔姪的往來，應是彼此在儒、道二家的學說上交流。劉真一
自其先祖以來都是道士，他們並未遺世而獨立，不僅跟儒學士人往來，
而且還有血緣關係的聯繫。

　　除了鐵柱宮以外，江西各縣也有不少許遜的相關遺跡，這些遺跡
所在處也常見奉祀許遜的宮觀，吸引一些士人前往遊歷，如元末明初
出身新喻的梁寅（1309-1390），除了曾應左克明弟子熊常靜所請，為
鐵柱宮作序以外，[27]也曾在新喻兩處與許遜有關的丹井所在處──仙馭
觀與延真觀留下記錄。[28]

　　仙馭觀建於晉安帝義熙二年（406），本名白鶴觀，宋宣和五年
（1123）詔賜額，始改名仙馭。仙馭觀在元末因亂遭毀，此後兩次遷建
方始復興。據稱此觀作用在「為皇家祈永年於是，為鄉里禦水旱於是，
歲時禳災厄，集福慶於是」[29]，而其領觀事者，據梁寅說：

26　劉真一任副道紀後，在朝廷的主導下，重塑鐵柱宮的許真君銅像，此事得到大學士李賢與兵
　　部尚書孫原真作序。孫原真的序文中作劉一真，而官職也是副道紀，所以推測是同一人。見
　　李賢，〈重新許真君神像記〉，收入金桂馨、漆逢源纂輯，《逍遙山萬壽宮通志》，卷15，
　　頁10-12。孫原真，〈銅像記〉，收入金桂馨、漆逢源纂輯，《逍遙山萬壽宮通志》，卷
　　15，頁12-14。

27　梁寅，〈延真宮鐵柱序〉，收入金桂馨、漆逢源纂輯，《逍遙山萬壽宮通志》，卷16，頁3-6。

28　曾國藩、劉坤一等修，劉繹、趙之謙等纂，（光緒）《江西通志》（收入《中國地方志集成·
　　江西府縣志輯》，第3-7冊，南京：鳳凰出版社，2009，據清光緒七年〔1881〕刻本影印），
　　卷58，〈山川〉，頁15：「丹井，在新喻縣凡四，一在仙馭觀，一在延真觀，皆許旌陽煉丹處。」

29　梁寅，《新喻梁石門先生集》（收入《北京圖書館古籍珍本叢刊》，集部第96冊，據清乾隆
　　十五年〔1840〕刻本影印），卷1，〈仙馭觀記〉，頁55-56。另據梁寅，《梁石門集》（收入《元

近代之領觀事者，自雷震山而下，曰宋天池、雷德翁、吳紫雲、
文信中，皆甲乙相傳，而霆震則信中之徒也。霆震之於德翁，德
翁之於震山，皆以兄子而事叔。當兵之興也，霆震暨其徒施元靜，
歷艱歷險，守道不易。[30]

從雷震山、雷德翁，至雷霆震，則是三代的叔姪關係，顯示這間道觀
還跟地方家族有關。

延真觀亦因許遜信仰而建，「有闞公者捐基而搆焉，蓋歿而祀之
至今」。此觀初名仙臺觀，後乃更名。延真觀的領觀事者則是：

處茲山者，前莫得而考，至於近代，有余鍊師空空、吳鍊師無無，
俱能究元微之旨，兼文辭之學，以揚教範，以起敬嚮。今則其徒
黃君其有，復能紹先師之傳。……空空諱濟民，無無字無一，又
字明德，黃君名奇一，於予為同里，其有徒王明學、楊仲元，於
觀之中興贊助為多，而於道亦善繼。[31]

可知延真觀雖跟地方家族無關，但跟地方人士的關係仍深，黃奇跟梁
寅同里，而贊助中興的王明學、楊仲元應也是地方上的人士。此外還
有兩位異人陶士隱、胡雲外，駐錫翔雲觀，此觀亦因許遜而建，觀後
有旌陽醮斗壇。[32] 梁寅亦為其堂作記。[33]

人文集珍本叢刊》，第 7 冊，臺北：新文豐出版社，1985，清光緒十五年〔1889〕刊本）校補。

30　梁寅，《新喻梁石門先生集》，卷 1，〈仙馭觀記〉，頁 55。

31　梁寅，《新喻梁石門先生集》，卷 1，〈延真觀記〉，頁 56-57。

32　曾國藩、劉坤一等修，劉繹、趙之謙等纂，《（光緒）江西通志》，卷 122，〈寺觀〉，頁 34：「翔
　　雲觀，在新喻縣東南龍仙山，晉義熙二年許旌陽建觀，後有旌陽醮壇，宋宣和四年賜今額。」

33　梁寅，《新喻梁石門先生文集》，卷 1，〈冲和堂記〉，頁 15-16。

　　仙馭、延真與翔雲等觀，是明初新喻崇祀許遜的幾間宮觀，同時也是少數得到梁寅作序的佛道寺廟。但從文中對仙馭、延真兩觀主觀者的源流傳承的敘述來看，梁寅與這些人都無深交，而無論是雷震山、余空空或吳無無等人，似都無甚聲名，在同時代的文集或相關方志資料上，也都沒有相關資料。

　　除了南昌一府以外，淨明道在江西中南部也有不少宮觀。如廬陵當地崇祀許遜的道觀以西林高明宮為最著，由於當地常有水患，於是有人前往南昌玉隆萬壽宮迎許遜像來此，遂建此宮。[34] 趙宜真似居此宮中，江西大儒陳謨（1305-1400）偕友人遊訪高明宮時曾與其晤面，據載：

> 癸丑重九日，郡庠諸賢偕遊西林高明宮，自退菴夏先生凡五人焉，緣仄徑而上，既及松門，憩石階一息，羽士轟霞外、趙元陽、袁元極，雲褐迎咲，延入客次，氣少定，盥潔，謁高明宮。[35]

元末動亂，高明宮遭燬，而在當地人士王仁英的倡導下，「殿堂庖寢皆復其舊」，此後又過五十年，再重新之。[36] 明初胡儼（1360-1443）為此作序，談到：

> 道家者流，本清靜無為，而旌陽之教，獨尚忠孝。余嘗得其書而觀之，有以一念不欺為忠，一事不苟為孝，深嘆其辭旨切而操脩嚴也。使為其徒者，奉其教不失，豈不可以進於高明也哉！嗚呼，世之人孰有外忠孝而為行者，此余於是宮所以為之記者。若夫山

34　胡儼，《胡祭酒集》（收入《北京圖書館古籍珍本叢刊》，第 102 冊，據明隆慶四年〔1570〕李邊刻本影印），卷 9，〈重脩高明宮記〉，頁 10。

35　陳謨，《海桑集》，收入《景印文淵閣四庫全書》，第 1232 冊，卷 6，〈遊西林分韻詩引〉，頁 53-54。

36　胡儼，《胡祭酒集》，卷 9，〈重脩高明宮記〉，頁 10。

川秀美，無不可愛，有劉霖之記在。[37]

此處仍只著眼在忠、孝而已。[38]

劉崧〈旌陽道院記〉與蕭鎡的〈啟玄子傳〉，則是元末明初文獻資料中少數兩篇以淨明道人為主題的文字。劉崧在文中敘述旌陽道院之興，係因興國縣鍾姓士人在三臺山習淨明道，興國縣隸屬於贛州府治，據載：

> 邑人有鍾生者，頗慧而好脩，與洞清治平觀之道士曰楊質以誠，曰王謙順、曰劉會時憲者游。既而得淨明忠孝之學，將施其地，結茅其土，祀旌陽而誦習焉。既闢地矣，會兵亂，而鍾生亦去世，乃不果。[39]

我們若是另外參考地方志所錄的有關泰和陳謨的相關資料，陳謨也曾避亂而至興國，作客鍾廷芳家，並與楊以誠往來，[40]顯示劉崧所說的鍾生應即鍾廷芳或其族人，鍾廷芳的背景應是儒家士人，而且被列入〈文苑〉傳中，其家族則是當地大族，據載：

> 鍾廷芳，興國人，（鍾）紹安曾孫，祖斗光，為贛儒學正，家藏書萬卷，恣客借讀。……（鍾廷芳）嘗攝邑文學，家藏書未備者，捐資以購。……琴譜、丹經、奕數、星術，亦旁通而肆考焉，學

37　胡儼，《胡祭酒集》，卷9，〈重脩高明宮記〉，頁11。

38　直到嘉靖年間，則有安福李天麟，據載得旌陽清淨之學，但其師承源流不詳。曾燠，《江西詩徵》，卷91，〈道流・李天麟〉，頁41。

39　劉崧，《槎翁文集》，卷5，〈旌陽道院記〉，頁21。

40　魏瀛修，魯琪光、鍾音鴻纂，（同治）《贛州府志》，卷59，〈寓賢・泰和陳謨〉，頁5-6。

者稱東巖先生。[41]

鍾生去世後，楊以誠等人仍在此地，當地官員為其建旌陽道院，劉崧敘述楊以誠的日常生活行事：

> 以誠玄悟穎異，而疎放不羈，與人交，其語默，去留恒不可測，然聞有高尚之士，雖百十里不憚風雨寒暑以求即之，否則終歲與居，而名姓不知也。又平居好援古今，陳說忠義，人有過，至面折不忌，時喋若醉語，及與之飲，乃終日未嘗醉，嘗攬一布袍，飄飄然行歌市中，童子或指之曰：顛道，往往大咲而返，其類有道者歟！順聖、時憲與其徒黎日昇又能力耕山下田以自給，至輟耕，即讀書不休。其才質之美，蓋故儒家子云。[42]

從「故儒家子」可知楊以誠是由儒入道，而無論是陳說忠義，或躬耕讀書，都是儒學士人的作為，所以文末以「故儒家子」作結。

同樣的，也是興國縣治平觀的道人啟玄子，他師從劉淵然的弟子王大素，據載：

> 姓劉，字靜微，啟玄子其號也。自弱冠入贛州興國治平觀為道士，禮高道王大素為師。大素，長春劉真人弟子也。……讀儒書，得其大指，喜與賢士大夫遊，賢士大夫多愛重之，造其廬者無虛日，以故啟玄子浸有聞于時。……其先本吉之泰和仁善鄉劉家坊人，其父存與，始徙居興國太平鄉崇善里。[43]

41　魏瀛修，魯琪光、鍾音鴻纂，（同治）《贛州府志》，卷55，〈文苑・鍾廷芳〉，頁5。

42　劉崧，《槎翁文集》，卷5，〈旌陽道院記〉，頁22-23。

43　蕭鎡，《尚約居士集》（東京：高橋情報，1990，據日本內閣文庫藏明弘治七年〔1494〕刊後補本影印本），卷19，〈啟玄子傳〉，頁10-11。

啟玄子雖然是治平觀道士，但他讀儒書，與士大夫遊，完全是儒學士人的行逕。可惜我們找不到其他相關的資料，無從進一步得知啟玄子的人際關係網絡，以及與士大夫間的往來情形。[44]

　　在本節我們看到元及明初地方士人與淨明道的接觸，有些是遊歷道觀，有些是由儒入道而仍維持與儒學士人的往來，但整體而言，儒學士人對淨明道的涉入仍不深。不過，在近世道教入世傾向的趨勢下，加上三教合一的風潮，明中晚期不少士人開始走出儒學本位，而更多在思想上與二氏會通，並體現在其日常生活間。

　　值得注意的是，《淨明忠孝全書》雖在元末明初便已編成，但有關地方士人閱讀這本書的記載卻很少。對比之下，明中晚期卻有不少儒學士人閱讀或積極刊刻此書，顯示《淨明忠孝全書》對明中晚期儒學士人接觸淨明道發揮不小的作用。

三、陽明學以後的儒學士人與淨明道

　　明中晚期是陽明學發展的高峰期，同時也是三教合一風潮轉盛時，儘管王守仁最初未必有縐合三教之意，但其流風所至，許許多多陽明學者或者參考釋、道之學，又或者乾脆走向三教合一。也可以說，

44　此時士大夫習淨明道的事例十分罕見，目前僅見趙文友一人，似是淨明道，但又語焉不詳，原文如下：「趙文友，章江人，高世士也，……日讀老子書，尤究心於靜明學，靜明尊旌陽呂宗施，教本於忠孝，法不妄傳，傳必得人。去旌陽數百里，劉天游者，號稱得靜明傳，隱于金精山，文友往師之，歷年久，盡得其法之祕，歸則教大行于世，凡弭疫珍祟，用正馘邪，靡不驗者。……洪武十四年，朝廷需材圖治，縣邑長以文友貢，擢授長安令，長安邑劇事繁，稱難理，文友至，馭民無他道，惟教以孝且忠，不數月，民知事上不可欺，奉親不敢薄，翕然以治稱最他邑。」可惜目前僅見此一孤例，也未能找到呂宗施或劉天游的相關資料。見羅子理，《羅德安先生文集》（收入《天津圖書館孤本秘籍叢書》，第 10 冊，北京：中華全國圖書館文獻縮微複製中心，1999，據明隆慶四年〔1570〕羅紈刻本影印），卷 1，〈蓬隱記〉，頁 11。

陽明學與晚明三教合一之風的流行脫不了關係。

　　江西是淨明道的祖庭所在，而當地也有江右陽明學派的發展，兩者之間的關係遂值得注意。目前常被提及的一些知名陽明學者與淨明道人的接觸，如王守仁與鐵柱宮道士的往來，王畿、羅汝芳等人都曾與胡東州（清虛）往來，王畿與胡東州的關係，有說胡是王的弟子，也有說王畿執贄胡東州門下；羅汝芳則曾師事胡東州，並實踐水、鏡對觀的淨明道修鍊方式。[45]

　　此外，陽明學者常在寺觀講學，不同於明初士人只是遊歷道觀，陽明學者往往因為講學而與寺觀有較密切的關係。羅洪先的玄潭講學就是很著名的例子。玄潭位於江西吉水縣境內，相傳與鄱陽湖地氣相通，當年許遜為了防堵蛟龍，不僅鑄二鐵釜分別覆於鄱陽湖與玄潭，同時留下鎮蛟鐵劍於玄潭崇元觀中，[46]而此鐵劍在明初還曾失而復得。[47]明中期羅洪先選擇在玄潭講學，但他並非淨明道信徒，他的態度跟官

45　秋月觀暎，〈淨明道と明代の宗教・思想〉，《中國近世道教の形成：淨明道の基礎的研究》，頁 174-176。

46　這則傳說主要應是根據〈松沙記〉的記載而來，見金桂馨、漆逢源纂，《逍遙山萬壽宮通志》，卷 10，〈松沙記〉，頁 19-20；羅大紘，《紫原文集》，卷 8，〈玄潭重建真君閣及脩羅文恭雪浪閣紀事疏〉，頁 46。但不確定鄱陽湖與玄潭地氣相通的說法從何而來。

47　對此鐵劍傳說，劉玉也曾談過，見金桂馨、漆逢源纂，《逍遙山萬壽宮通志》，卷 10，〈劉玉真先生語錄〉，頁 26-33。至於明初鐵劍失而復得事，詳情不得而知，但從相關的詩文題名可窺一二；如揭傒斯的一首詩題為〈廬陵玄潭觀舊藏許旌陽斬蛟劍興國有一道士過廬陵竊之至于京師以獻吳真人邀予賦詩遣還本觀〉，見揭傒斯，《揭文安公全集》（收入《四部叢刊》，初編，第 237 冊，上海：上海書店出版社，1989，據上海涵芬樓借景烏程蔣氏密韵樓藏孔荭谷鈔本重印），《詩集》，卷 2，頁 16-17。劉夏也作〈吉水玄潭觀舊歲許旌陽劍失之十五年復得於天界寺僧〉，見劉夏，《劉尚賓文集》（收入《續修四庫全書》，第 1326 冊，據明永樂劉拙刻成化劉衢增修本影印），卷 2，頁 5-6。玄潭觀即指玄潭的崇元觀。從這兩首詩題，可知此劍本遭興國縣的道士竊走，後來才得歸還。如前文談及，興國縣既有淨明道道觀，則竊劍道士很可能是淨明道中人。吳真人應即吳全節，元代著名的玄教道士，得到朝廷的重用。至於天界寺僧，則是與劉夏往來討論學術的一名僧人。

方是一樣的，所重視的是許遜的功德，[48]對其教義，則只注意與儒學相通的部分，他說：

> 所指長生，不在年歲，於此有悟，始堪承傳。故其書中往往以淨明忠孝四字為首務，云淨云明，正為一切不貪著，一切不糊塗，此其宗旨端的，了了可想。[49]

值得注意的是，玄潭原本只是淨明道觀，而在羅洪先前來講學以後，玄潭這個「神仙之奧」，同時也成為「理學之區」。[50]另一方面，由於羅洪先的形象頗富道教色彩，[51]加上三教合一之風，於是衍生出後來的許多說詞，羅大紘與郭子章這兩位晚明江右陽明學派的代表人物，便將羅洪先的講學詮釋出另一層的意義。羅大紘說：

48　羅大紘，《紫原文集》，卷8，〈玄潭重建真君閣及脩羅文恭雪浪閣紀事疏〉，頁46-47。

49　羅洪先，〈答同年〉，收入孫奇逢編，《理學宗傳》（收入《續修四庫全書》，第514冊，據清康熙六年〔1667〕張沐程啟朱刻本影印），卷10，頁39。四庫本的羅洪先文集中未見此信。編纂《理學宗傳》的孫奇逢對淨明道的評語跟羅洪先相似，說：「從來介壽有妙旨，莫以曲說幻人耳，忠孝淨明是仙訣，不外尼山仁壽理。」請見孫奇逢，《孫徵君日譜錄存》（收入《續修四庫全書》，第559冊，據清光緒十一年〔1885〕刻本影印），卷17，〈五月·二十日〉，頁56。

50　羅洪先將此地奉祀許遜而已頹毀的雪浪閣重新修建，為其作上樑文，並以此地作為講學地，見羅大紘，《紫原文集》，卷8，〈玄潭重建真君閣及修羅文恭雪浪閣紀事疏〉，頁46-48。所以羅大紘說：「本朝大學士解公手書崇元觀尚新，然尚以為神仙之奧，非理學之區也」，但因羅洪先的講學，則「遂為聖域」。關於玄潭雪浪閣的修建，請見羅洪先，《念菴文集》，卷11，〈雪浪閣集序〉，頁17。此閣最後得以修建，主要是因吉水知縣王之誥出資，作為羅洪先的講學地。上樑文請見羅洪先，《念菴文集》，卷18，〈玄潭雪浪閣上樑文〉，頁4-5。玄潭在羅洪先去世後荒廢，下迄晚明，羅大紘仿羅洪先故事，得到官方的資助而又重建雪浪閣。請見羅大紘，《紫原文集》，卷6，〈寄鄒齊雲觀察〉，頁47：「蒙垂念玄潭許旌陽、羅文恭遺址，發心捐大惠，修建巍閣，則二君在天之靈，陰佑之力，或亦不誣也。」

51　如晚明便已流行關於羅洪先成仙的傳說，以及題為「羅狀元醒世歌（詩）」的勸善文字。請見兆安，〈英雄與神仙：十六世紀中國士人的經世功業、文辭習氣與道教經驗〉（新竹：國立清華大學歷史研究所碩士論文，2008），頁124。

旌陽之功，文恭之學，兩者俱不可泯。[52]

郭子章也說：

> 是真君不獨治蛟，且蔚為人文，以玄教開理學也。文恭倡道玄潭，
> 為真君建閣，……不獨宗孔，而推高旌陽，以理學翼玄教也。[53]

此處許遜的形象已從單純的斬蛟治水，有功德於民，更進一步被視為
「以玄教開理學」，而羅洪先的玄潭講學則是「以理學翼玄教」。把
玄教與理學並稱。玄教是正一教的一支，由於淨明道在入明以後，漸
與正一教合流，所以郭子章以玄教來概括稱之。在羅、郭二人的追溯
與詮釋下，羅洪先選擇玄潭講學，被視為是對玄教與陽明學的縮合。
羅大竑與郭子章的學術都沾染有很濃厚的二氏色彩，如羅大紘說他先
讀《傳習錄》有悟，但直到讀佛典後才真正徹悟；郭子章與佛教的交
涉也很深。所以我們不能因為羅、郭二人的說法便認定這是羅洪先的
本意，但從羅洪先到羅大竑、郭子章的變化，則讓我們看到三教合一
的風潮所帶來的影響。

　　三教合一風潮所帶來的影響，跟本文有關的有兩部分：一是淨明
道的某些元素，如龍沙讖預言，獨立於淨明道之上而流行於一些士人
群體之間，在三教合一的風潮之下，不同教派之間的界限是可以踰越
的，所以人們有可能同時學習儒學與道教，而從中截取有興趣的元素，
重新組合。一些文人士大夫也許未曾接觸淨明道，但卻熟悉龍沙讖預
言，或深受其說的影響，在此舉一例說明：羅大紘曾為王在晉（？-1643）

52　郭子章，《蠙衣生傳草》（收入《四庫全書存目叢書》，集部第 156 冊，據明萬曆刻本影印），
　　卷 10，〈募緣脩吉水玄潭觀雪浪閣文〉，頁 24。這是郭子章引用羅大紘的話。

53　郭子章，《蠙衣生傳草》，卷 10，〈募緣脩吉水玄潭觀雪浪閣文〉，頁 24。

的《龍沙學錄》作序，序文上說：

> 章門故有龍沙讖，未有應者，方伯王明初先生（按：王在晉）函瑤
> 編十種見遺，而以《龍沙學錄》命為之序，其在茲乎！其在茲
> 乎！……方伯先生負超凡之資，而留心於入聖之門，不應龍沙讖，
> 吾不信也。[54]

《龍沙學錄》一書純粹是儒學方面的內容，羅大紘卻從書名發揮，談到龍沙讖預言至今尚未應驗，而王在晉則可能是應讖之人。羅大紘與王在晉都非淨明道中人，此處卻大談龍沙讖，而且把「入聖之門」與「應龍沙讖」放在一起。

　　另一部分是儒學士人對待淨明道的的態度與作為。在三教合一的風潮下淨明道與儒學的關係，所涉及的，應不只有教義上的縮合而已，還會表垷在其體的言行事為，甚至是通俗的小說與傳說中。如晚明馮夢龍（1574-1646）編纂的《三教偶拈》，便分別以王守仁、許遜以及濟公作為儒、道、釋三教的代表，可知陽明學與淨明道在晚明社會頗為流行，所以王、許二人被選作儒、道的代表人物。《三教偶拈》中的王守仁故事，即《王陽明先生出身靖亂錄》，內容充斥神怪傳說，以及道士間的鬥法，明顯是三教合一下的產物。以小說的形式流行，加上對王守仁故事神怪化，顯示此書所設定的讀者應不只有儒家的文人士大夫而已，而對閱讀此書的讀者而言，陽明學與淨明道的交集也不會只在學術內容而已。

　　受到資料有限的限制，本文難以深入細論三教合一的風潮對淨明道與儒學的交涉所帶來的影響。因此只能從目前所能看到幾個例證，了解明中晚期部分儒學士人如何看待淨明道。這些士人的立場，從不

54　羅大紘，《紫原文集》，卷3，〈龍沙學錄序〉，頁7-9。

能兩立，到調合兩者，有如光譜一般，可以有許許多多種的可能性。

　　面對三教合一思潮及淨明道的挑戰，一些儒學士人選擇嚴守儒學立場，如李材便是一例。李材是江西豐城縣人，他被歸類到江右陽明學派，但自成一家，在《明儒學案》中獨立為〈止修學案〉。對李材而言，人們不能既尊儒學又奉淨明道，所以他在一封書信上勸告一位賀姓士人應習儒學而非淨明道。他說：

> 古稱：道不同不相為謀，……大率儒其人，老其學，依據孔孟，游藝佛老，如簡所云云者，真足下謂乎？然則僕之不可與足下相謀也決矣。……且仙財亦何足以濟世也？……稚川（按：葛洪）旌陽術至矣，雞犬鸞鳳矣，凡宅且冲舉矣，累行積功，何所不至，未聞其以仙財濟世也。[55]

關於賀姓士人的來歷不詳，但從李材的信可知賀姓士人兼習兩教，而且持此以詢問李材，而李材的反應十分強烈，甚至以「道不同不相為謀」回應。這種決絕的態度，正凸顯出李材將此視為一大挑戰。

　　另一位江右陽明學派的學者朱試（以功），他是章潢（1527-1608）的弟子，名氣雖未如其師顯林，但當時被認為是繼章潢以後唯一可稱道的布衣學者，顯示朱試在南昌一帶的思想文化圈有其地位。在一段對話中記載了他與地方人士談淨明道事：

> 朱以功（按：朱試）曰：或問仙可學乎？丹可煉乎？曰：無問我可不可，且問汝能不能。旌陽非吾鄉之所謂仙而能丹者乎？當其時，以淨明忠孝立教，以點化施濟為功，汝能乎？不能乎？……若果

55　李材撰，熊尚文編，《見羅李先生觀我堂稿》（東京：高橋情報，1993，據日本內閣文庫藏明萬曆間愛成堂刊本影印），卷14，〈答賀繼虞書〉，頁7-8。

能遵淨明忠孝之教，有存施濟不肯誤五百年後之心，則為仙可也，為聖亦可也。[56]

朱試的焦點放在儒學成聖的目標上，而問者則著眼在煉丹飛仙上，彼此各有立場，朱試則以「淨明忠孝」四字來作調停，認為只須能夠遵此四字，則成聖、成仙俱無不可。在態度與立場上都較李材緩和得多

在三教合一的風潮下，不少人跟朱試有類似的立場或傾向。如晚明江右陽明學派代表人物鄧以讚，他持守儒學立場，但學術頗出入二氏，當時他在淨明道的祖庭西山萬壽宮旁結逍遙靖廬，與張位、李杖二人共同講學。[57]張位曾任大學士，在立場上頗傾道教，但翻檢張位的文集，僅見他在一首詩上說：「我所思兮許太史，……淨明忠孝值天經，治水驅蛟鎮地靈。」[58]讚賞許遜的淨明忠孝之道與其功蹟，基本上他仍沿襲官方的話語，至於對拔宅飛昇等傳說，張位則抱持存疑的態度，但他仍相信「儒而仙」、「聖而神」的「神人」確實存在。[59]可知他是游移在儒、道之間。李杖是李材的兄長，崇奉淨明道。儘管立場稍有出入，但三人卻可以共同講學而無礙。

至於親近淨明道的士人，可以李杖為例。李杖是嘉靖年間進士，他原本習儒，但後來轉向淨明道，甚至曾絕粒飲水達四十日以上，墓誌銘上便記載：

56　張萱，《西園聞見錄》（收入《續修四庫全書》，第1170冊，據民國二十九年〔1940〕哈佛燕京學社印本影印），卷106，頁18-19。

57　徐以琅，〈重修逍遙靖廬記〉，收入金桂馨、漆逢源纂輯，《逍遙山萬壽宮通志》，卷15，頁25-27。

58　張位，《閒雲館集》（東京：高橋情報，1990，據日本內閣文庫藏明刊本影印），卷4，〈鄉慕〉，頁7-8。

59　張位，〈大學士張位重建萬壽宮記〉，收入金桂馨、漆逢源纂輯，《逍遙山萬壽宮通志》，卷15，頁15-19。

（李栻）結廬玉隆萬壽宮側，旌陽鍊真故處，取拙脩銘之齋，取忠
信篤敬書之紳，……後竟譚玄虛神仙事。久之，則絕粒飲水，踰
四十日。[60]

李栻透過什麼管道了解淨明道的教義？李栻雖結廬於萬壽宮側，
並無資料顯示他曾結識或師承淨明道人。不過，李栻曾刊行《淨明忠
孝全書》一事，[61] 有可能他就是藉此書而了解淨明道。有意思的是，王
世貞也讀過此書，他說：

竊從郵筒拜亹亹之誨，又獲睹梓《淨明忠孝》諸經，竊窺門下於
度世經世之間，執其樞矣。[62]

王世貞曾沉迷於曇陽子信仰，而因曇陽子仙去時留下的預言，與
龍沙讖預言在內容上頗相近，所以王世貞應是為了解龍沙讖而讀此
書。王世貞在讀後更試圖綰合兩預言，他說：

今者龍沙高過豫章城，地仙之事當有驗者。而先師曇陽子詩所謂
五陵教主，世多不能悉，而注真君傳者，以東門之鎮為宛陵，南
門之鎮為浩陵，西門之鎮為鵲陵，北門之鎮為涪陵，中門之鎮為
泰陵以實，其分野太遠，而名亦創新，未知其是否。[63]

此處的許真君傳，有可能即出自《淨明忠孝全書》。王世貞甚至認為

60　萬恭，《洞陽子集再續集》，卷9，〈李石龍墓志銘〉，頁25。

61　金桂馨、漆逢源纂輯，《逍遙山萬壽宮通志》，卷22，〈李栻條〉，頁12。

62　王世貞，《弇州四部稿續稿》，收入《景印文淵閣四庫全書》，第1284冊，卷202，〈李侍御〉，
　　頁3。

63　王世貞，《讀書後》，卷8，〈書真仙通鑑後〉，頁8。

刊刻此書有益於度世經世，所以他說李栻梓行此書，是在「度世經世
之間執其樞矣」。

晚明江右陽明學派大儒鄒元標曾為《淨明忠孝全書》作序，這是
應其弟子婁衷和（字）的請求而作。鄒元標持守儒學立場，他對淨明
道的態度是肯定其講究忠孝，但不談其宗教面向的部分，這一點跟李
材、朱栻的立場相近。他說：

> 淨明，語體也；忠孝，語行也。體清淨則萬行皆歸，行忠孝則體
> 益員朗。世有不忠君孝親而稱無上道耶？則吾夫子道不遠人語，
> 欺予哉？肯回心從事家庭父子兄弟間，循循雍雍，即員嶠方壺，
> 更無事希蹤霞外矣。[64]

以忠、孝兩事為淨明道與儒學最可交集處，但強調應「從事家庭父子
兄弟間」，「無事希蹤霞外」，則是對淨明道的宗教面向作了否定。

值得注意的是，請鄒元標作序的婁衷和，出自吉水縣城東坊婁家
巷崇本婁氏家族，其父婁世絜即商人出身，十分熱衷於理學，他不僅
與鄒元標家族有聯姻關係，二子都是鄒元標的學生。[65] 如前述，江西

64　鄒元標，《鄒子存真集》，卷2，〈淨明忠孝錄序〉，頁10-11。

65　婁世絜中年從商，並用盈餘添置田產，由於經營得法，不幾年便以貲產冠邑中。婁世絜經商
　　成功以後，並未以財富自雄，而是十分熱衷公益，舉凡創書院、葺學宮、修建橋梁、鋪葺道路，
　　他都常捐助金錢以佐工費。在萬曆十九年（1591）的大荒中，他曾因出票賑饑得到朝廷的表
　　彰，加上他八十歲時主動捐獻修建大江州橋，所以讓陽明學者稱道不已。婁世絜本身既與鄒元
　　標往來，二子又在鄒元標門下求學，遂由鄒元標為婁世絜邀譽，表彰其義行。另一位陽明
　　學者曾同亨表示，婁世絜應該是「稍聞仁義之說」，所以在謀利之外還能不忘拯拯窮賙乏的責
　　任。以上請見鄒元標，《鄒子存真集》，卷2，〈婁甘泉親丈八十序〉，頁116-118；羅大紘，
　　《紫原文集》，卷9，〈義隱傳〉，頁53-55；曾同亨，《泉湖山房稿》，卷11，〈壽處士婁
　　甘泉八十序〉，頁28。此外，在崇禎年間重修仁文書院時，婁世絜的長子婁文華名列及門之
　　士的名單中，而婁文華、婁文蔚兄弟年齡既然相仿，推測二人應該都在鄒元標門下學習。彭
　　際盛等修，胡宗宪等纂，（光緒）《吉水縣志》（收入《中國地方志輯成・江西府縣志輯》，
　　第65冊，據清光緒元年〔1875〕刻本影印），卷22，〈書院〉，頁4。

商人頗崇奉許遜信仰，而婁堅和接觸淨明道應跟其商人之子的背景有關，而據婁堅和自述，他是從湖廣來的道士而得《淨明忠孝全書》。湖廣一帶自元以來便有淨明道的相關記載，如歐陽守道（1209- ？）講學嶽麓書院時，書院旁便有萬壽道宮，似即淨明道的道觀。當時有道人譚享夫（字）來書院聽其講《大學》，歐陽守道便勸道人可居萬壽道宮。[66] 而婁堅和從湖廣道人處得《淨明忠孝全書》，然後在家塾中刊行，使更多人接觸淨明道的教義──無論是信徒或非信徒。

明末知名士人熊開元（1625 年進士）也有跟婁堅和類似的遭遇。熊開元是湖北嘉魚縣人，他談到當地有一位覺來大師，其人兼涉儒釋道三教，並往來白湖社等文社中；覺來大師得於玄學甚深，曾與熊開元談淨明道，而關鍵則在於：「初止以《淨明忠孝集》授開，秘之，謂餘人不當與語此；故罕有知者。」[67] 此處的《淨明忠孝集》應即《淨明忠孝全書》，但覺來「秘之」而不願意公開此書，而這也反襯出李材與婁堅和刊行《淨明忠孝全書》，正好打破了這種秘之的可能性，而讓書籍的流傳更廣。

江南一帶也有《淨明忠孝全書》的流行，如孫慎行（1565-1636）為宣傳忠孝，而把《淨明忠孝全書》與《文昌化書》兩書合併刊刻，名之為《忠孝兩書》。他說：

> 《文昌化書》行矣，復刻許祖《淨明錄》，合而題之曰：《忠孝兩書》。……兩書一紀事，一證理，一則應化成神，呵護域中，一則飛舉成僊，逍遙世外。世且謂間氣之挺生，異術之天授，而

66　歐陽守道，《巽齋文集》，收入《景印文淵閣四庫全書》，第 1183 冊，卷 8，〈送譚道士歸湘西序〉，頁 3-5。

67　熊開元，《魚山剩稿》（收入《筆記小說大觀》，第 43 編，第 4 冊，臺北：新興書局，1986），卷 8，〈覺來生大師墓誌銘〉，頁 4。

總之不踰忠孝。[68]

又說：

> 吾蓋讀《化書》，始終惟匡世寧人汲汲，至淨明道術，總歸諸忠
> 孝，更其灼矣。[69]

如黃汝亨（1558-1626）的鄉人黃應奎，雖非信徒，卻因讀此書而受淨
明道教義的影響。據載：

> 居恒手一編，乃許旌陽《忠孝集》。而人見公老而神王，疑其好
> 神仙丹藥術，公笑曰：生死晝夜，任天乘化而已，起貪生一念，
> 留形人間世，即落陰趣矣。[70]

除了《淨明忠孝全書》的刊刻流傳以外，也有士人對許遜相關事蹟感
到興趣，如劉天眷、徐世溥（1608-1658）、陳弘緒（1597-1665）等人便
網羅許遜的相關軼事以成書：

> 昔西山霞源獻叟劉天眷著《西山述志》，其曾姪懋金云：幼從受
> 學時，見《述志》中載旌陽事極多，又習聞日與徐巨源（按：徐世
> 溥）、陳士業（按：陳弘緒）諸先正網羅旌陽軼事，欲集各舊傳，
> 別彙成編，梓存於後，晚歲年將百，惜志未就云。今其稿盡散失，

68　孫慎行，《玄晏齋集》五種（收入《四庫禁毀叢書》，集部，第 123 冊，據明崇禎刻本影印），
　　《玄晏齋文抄》，卷 3，〈忠孝兩書記後〉，頁 83。

69　孫慎行，《玄晏齋集》，《玄晏齋文抄》，卷 2，〈選詩自序〉，頁 189。

70　黃汝亨，《寓林集》（收入《續修四庫全書》，第 1369 冊，據明天啟四年〔1624〕吳敬吳芝
　　等刻本影印），卷 11，〈憲副黃公傳〉，頁 22。

而訪輯日淺，將以俟之博雅拾遺者。[71]

李鼎則考證淨明道歷代系譜的訛誤，而作《淨明忠孝全傳正訛》一書。

當時也有士人與淨明道人往來，如明末張逍遙隱居南昌西山時，便吸引了不少士人前往訪視：

> 士大夫聞（張逍遙）而過訪焉，禹港李康成者首先造詣，繼而周公令樹，李公太虛（按：李明睿），陳公士業（按：陳弘緒），黎公博菴（按：黎元寬），劉公旅菴，間與之談休咎，率多奇中。[72]

李明睿（1585-1671）、陳弘緒、黎元寬這幾位南昌一帶的知名士人都名列其中。文德翼（1634 年進士）則為習淨明道法的道人作傳：

> （周）道人名復賢，字振安，古吳農家子也。……遇異客于山陰道上，授以淨明玄功，來仙者于洪都觀中，……復賢亦不自神也，功行益勤，願惟利物，神理彌靜，道可亡身。……忽自書曰：清淨玄功二十春，蒲團時聽虎龍吟，不知有作終歸幻，及至無為始是真。復書曰：淨明祖師命我玄通界證果，明午當赴召，沐浴如時，坐逝，年五十有九云。[73]

或者因居宮觀而相識，如朱吾弼（1589 年進士）的例子便很有趣。朱吾弼是瑞州府高安縣人，高安當地的淨明道頗盛，朱吾弼在考取進士以前，因在妙真宮讀書而與吳鍊師熟識，據他自述：

71　金桂馨、漆逢源纂輯，《逍遙山萬壽宮通志》，卷 4，頁 20-21。

72　金桂馨、漆逢源纂輯，《逍遙山萬壽宮通志》，卷 5，〈淨明張真人傳〉，頁 46。

73　文德翼，《求是堂文集》（收入《四庫禁燬書叢刊》，集部第 141 冊，據明末刻本影印），卷 12，〈嘉禾周振安道人傳〉，頁 20-22。

> 鍊師姓吳氏，名魁元，玄號黔泉，邑北鄉梨塘人，柱史克英公（按：
> 吳傑）族孫。初諸父吳瑞吉住持妙真，鍊師依之，讀書宮中，瑞
> 吉窺其志意卓犖，襟度開朗，非風塵人，度為弟子。弟子鍊師學
> 玄崇儒，……余講秩宮西，鍊師期待嚴重，明年下褟延禮。蓋乙
> 亥冬，余偕弟吾翰列上庠，嗣是多主其悟玄堂，稔鍊師注屆過超
> 道流，恪守清規，敬共法事，興廢舉墜，殫力創豎宮門，一旦整
> 肅山中諸弟子如己弟子，出入無敢屑越，玄風大振。[74]

可知吳鍊師是御史吳傑的族孫，而該族似與妙真宮頗有淵源，吳鍊師
就是被吳瑞吉度為弟子。而吳鍊師與族人的關係則是：

> 且謂教本淨明忠孝，豈誠亡親戚？故梨塘中落，鍊師不以方外諉，
> 親親長長老老幼幼，周貧捍患，族眷十九倚鍊師，斯其玄名儒行，
> 有吾儒所弗及。

當家族中落之際，吳鍊師本著淨明道的忠、孝教義，負責安頓家族親
友，周貧濟弱，凸顯其入世傾向的一面。此外，吳鍊師與當代士大夫
也頗有交遊：

> 時傳同寇、范參知、諶、楊別駕、廖吳州刺史諸公，僉折節與游，
> 彈棋飛觴，戀戀故交。

我們若是對比於第二節的討論，元及明初士人往往因遊某宮觀而識淨
明道人，又或者只是單純為道人作序，但在思想上與生活上彼此沒有
多少交集。但從李材、朱試被問，及鄒元標作序事來看，顯示淨明道

---

74 朱吾弼，《密林漫稿》（收入《天津孤本秘籍叢刊》，第 11 冊，據明天啟二年〔1622〕朱恆
　　敬等校刻本影印），卷 3，〈妙真宮吳鍊師魁元墓碑〉，頁 45-46。

已越來越多出現在生活四周，甚至有士人或門下弟子有意縒合儒學與淨明道，以致於李材必須嚴詞以對，朱、鄒二人必須仔細分疏，不讓其逾雷池一步。

此刻的儒學與淨明道的交涉，跟元代劉玉對二者的縒合不同。劉玉以道人的身分，在淨明道的內部試圖融合了儒家學說，並將儒家的學說予以宗教化。李栻與婁裌和二人則是儒學出身而受到淨明道的影響，加上《淨明忠孝全書》的刊刻與閱讀，正可作為三教合一風潮下儒學士人受到來自淨明道吸引的例證。

四、明末江西士人的幾個例證

以下我想用李鼎、熊人霖與黎元寬三個例子說明當時部分儒學士人接觸淨明道，以及《淨明忠孝全書》的影響。

李鼎比熊、黎二人早了一個世代，他在世時，陽明學仍方興未艾，所以李鼎曾參與在一些陽明學講學活動中，包括江右、浙中與泰州學派，甚至江門心學的人物，都有所往來。李鼎同時也參加一些文社活動，幾位與前七子有關的人物，都跟他有私人交情或姻親關係。李鼎可說是活在晚明的理學與文學的流行風潮中，但他卻同時也選擇了淨明道作為他的身心歸宿所在。熊人霖則是著名的學術官僚，同時也是接觸西學之先的熊明遇（1580-1649）之子，熊人霖同時也有一些相關西學著作，他與黎元寬都是南昌一帶的文社士人，但都轉入淨明道。黎元寬是知名文人，他積極倡導三教合一，而在三教中更偏向淨明道。

李鼎出身新建禹江李氏，屬於官宦世家，其父李遜曾任學政，[75] 李鼎則在萬曆十六年（1588）考取順天府鄉試舉人。李鼎常與文壇人士往

75　萬恭，《洞陽子集再續集》，卷3，〈李洪西墓誌銘〉，頁43。

來，在南昌當地，他跟楊汝允締結姻親——在前七子倡導古文運動時，南昌一帶率先響應的兩人，一是余日德（1514-1583，1550 年進士），一是楊汝允。[76] 同樣以文學著名江西的謝廷諒（1551-？）、謝廷讚（1557-？）兩兄弟則與李鼎為同社社友。[77] 李鼎本人也以文字聞名於時，曾有時文制義出版，由陳懿典作序。[78]

李鼎有其儒學的家學淵源，其父李遜任官廣東時，與江門心學學者湛若水及程朱學者黃佐往來，[79] 且以所學教導李鼎。[80] 李鼎曾註解一系列的儒家經典，名之曰《經詁》。[81] 在李鼎文集中有一篇文字是〈謝吳侯贈博雅大儒扁啟〉，顯示他曾經得到「博雅大儒」的稱號。[82]

李鼎曾前往揚州講學，[83] 參加當地的「復初社」，這是王艮的門人後學所組成的社集，李鼎在社中結識布衣學者顧彬。在陽明學的各學派中，泰州學派是最接近平民的一派，顧彬是陶匠韓貞的弟子，讀書

76　李鼎，《李長卿集》，卷 5，〈九霞山人詩集後序〉，頁 16-17。

77　謝廷讚，〈李長卿淨明忠孝正訛序〉，收入李鼎，《李長卿集》，卷首，頁 1-5。謝廷讚自稱「社弟」。李鼎則在〈懷謝日可比部社丈〉一詩中，稱謝廷讚為「社丈」，此詩見李鼎，《李長卿集》，卷 2，頁 4。

78　陳懿典，《陳學十先生初集》（收入《四庫禁毀叢書》，集部第 78 冊，據明萬曆四十八年〔1620〕曹憲來刻本影印），卷 1，〈李長卿制義序〉，頁 16-19。

79　李鼎，《李長卿集》，卷 5，〈雙瀑堂文草序〉，頁 5。

80　李遜與湛若水門下的弟子龐嵩相友，二人在南京「相與譚道德，稱莫逆焉」，而李鼎與龐嵩之子龐一德則各自承其家學，並相識相友。李鼎，《李長卿集》，卷 5，〈雙瀑堂文草序〉，頁 6。

81　李鼎所詁解的經籍，以《論語》、《大學》、《中庸》為主，《孟子》、《詩經》次之。據說《經詁》「簡而確，質而古奧」，在當時頗為流行，「博士弟子員皆心師而傳誦之」。金桂馨、漆逢源纂輯，《逍遙山萬壽宮通志》，卷 22，〈興復・鄉賢・李鼎〉，頁 12-13。

82　李鼎，《李長卿集》，卷 11，〈謝吳侯贈博雅大儒扁啟〉，頁 17-18。

83　協助出版李鼎文集的倪啟祚、章萬椿兩人，就是李鼎的門人。二人皆揚州人，章萬椿的心遠軒以刊刻《蘇長公小品文》著稱於世。請見倪啟祚，〈李長卿先生經詁序〉，收入李鼎，《李長卿集》，卷首，頁 5。

不多，在拜入韓貞門下後，韓貞指示他不必追求那些高文典冊中的知識，而應歸本於孝悌，此後顧彬加入復初社，在社中與李鼎相識。[84] 李鼎對顧彬推崇備至，有「隱君，今之心齋也」之類的讚美之辭，把顧彬與王艮相提並論。

　　除了儒學與文學以外，李鼎還接觸了淨明道，這段淵源同樣可上溯到李遜的影響。在萬恭為李遜作的墓誌銘說他「乃入黃堂，友旌陽」，[85] 黃堂位於南昌府城南，所祀諶母是許遜之師，推測李遜應是黃堂隆道宮的信徒，只是相關記載十分簡略，無從得知李遜與淨明道關係深淺。相對於此，李鼎對淨明道頗有想法，尤其具體表現在他對龍沙讖預言的篤信上，甚至為此不惜拋棄塵世一切，入山等待飛昇，[86] 最後不果而失望。[87]

　　相較於與儒學、文社中人的往來，李鼎並未留下跟淨明道人或有關人士接觸的記錄，而曹學佺指出李鼎曾讀《淨明忠孝全書》，顯示他有可能是從這本書而了解淨明道的教義，李鼎在反覆摩挲閱讀後，發現此書不少譌誤之處，於是作《淨明忠孝全傳正訛》一書，[88] 以正其訛，此書一方面考證淨明道歷代系譜的訛誤，一方面則對一些玄理進

84　李鼎，《李長卿集》，卷 16，〈顧樂川隱君傳〉，頁 5-7。

85　萬恭，《洞陽子集再續集》，卷 3，〈李洪西墓誌銘〉，頁 43。

86　曹學佺，《石倉文稿》（收入《續修四庫全書》，第 1367 冊，據明萬曆刻本影印），卷 2，〈贈李長卿序〉，頁 4：「閭長卿一旦棄其家室輜重為入道計，皆人所難。」有趣的是，當時期待龍沙讖實現，八百地仙降世的人，不只是李鼎一人而已，如徐𤊽也說：「吾推龍沙讖合正斯日，會當入山拍手招群仙。」徐𤊽，《鼇峰集》（收入《續修四庫全書》，第 1381 冊，據明天啟五年〔1625〕南居益刻本影印），卷 8，〈約喻叔虞遊西山〉，頁 32。

87　請參見本書第四章，〈飛昇出世的期待：明代士人與龍沙讖〉。

88　秋月觀暎未能得見李鼎的文集，所以在推測《淨明忠孝全傳正訛》的成書年代時，犯了一點錯誤。秋月觀暎根據《逍遙山萬壽宮通志》上所收錄的《正訛》內容，末後有附〈淨明張真人傳〉，而此人是明末清初人，所以推測《正訛》應成書於 1662 至 1726 年間。但其實這個部分並非出自李鼎手筆，而是後人所添入。

行闡述，據載：

> （李鼎）取《淨明忠孝經》，手訂其訛文，又為〈旌陽許真君傳〉，
> 與淨明啟教蘭公、諶君、淨明傳教十真人及金公胡詹二士傳，銓
> 論守中黃、虛四谷、塞二兌、開二洞、立八柱諸秘，頗泄玄微，
> 讀者飄飄有驂鸞鶴凌雲霞之想。[89]

《淨明忠孝全傳正訛》有李鼎的文社社友謝廷讚作序，[90]並被收入《逍
遙山萬壽宮通志》中，顯示此書在當世頗有流傳。

較李鼎晚一輩的熊人霖與黎元寬，處於陽明學中衰而文社流行的
時期。熊人霖是江西進賢人，崇禎十年（1637）進士，官至太常少卿；
其父熊明遇，官至兵部尚書，在晚明是與西學接觸甚深的幾人之一，
熊人霖受熊明遇的影響，也在吸收西方地理學知識以後，完成《地緯》
一書。[91]

熊人霖曾為《淨明忠孝全書》作註並刊刻其書，[92]據他自述，註解
這本書的原因在於：

> 夫神道之教，視之官師，則呼籲倍親；視之父兄，則威明增肅。

---

89 陳弘緒，《陳士業先生集》，《敦宿堂留書》，卷1，〈孝廉李公傳〉，頁35。

90 謝廷讚，〈李長卿淨明忠孝正訛序〉，收入李鼎，《李長卿集》，卷首，頁1-5。

91 可參考鄧愛虹，〈利瑪竇、章潢、熊明遇與南昌地區的西學東漸〉，《江西教育學院學報》，
25：4（南昌，2004），頁105-109。

92 金桂馨、漆逢源纂輯，《逍遙山萬壽宮通志》，卷10，頁22：「按：明邑人李鼎，取旌陽《淨
明忠孝經》，手訂其訛；進賢熊人霖有〈淨明忠孝經注序〉。」此處僅言有序；黎元寬為熊
人霖作墓誌銘時，列其著作：「公所著有《四書繹》，《詩約箋》，《名臣錄繹》，《相臣繹》，
《忠孝經繹》，《地緯》，《南榮》、《熊山》、《尋雲》等集。」黎元寬，《進賢堂稿》，
卷22，〈太常寺少卿熊公鶴臺墓誌銘〉，頁47。此處《忠孝經繹》很可能就是熊人霖為《淨
明忠孝全書》作註的書名。

牖民孔易，殆是之謂也。世俗多以怪語奇言，附益於公，公之志
而既隱矣。余敬事公有日，常夢中髣髴奉教，知公之所以為公，
自有在也。因取《淨明忠孝經注》，刻之公祠，使奔走拜禱於祠
下者，皆得以迪公之訓，求福不回，奮然興於仁義忠孝之途。公
之功與精神，庶幾益顯，斯無負聖朝以儒者祠祀公，為萬民報功
祈福之盛典哉！[93]

「余敬事公有日，常夢中髣髴奉教」，可見熊人霖也信仰淨明道。他
指出，淨明道之教，較諸官員更為親切，較諸父兄更為嚴肅，所以「牖
民孔易」，一方面從神道設教的角度肯定其忠孝之教，一方面也顯示
熊人霖所期待於這本書的讀者群是以一般的庶民百姓為主。不過，胡
維霖（1613 年進士）對此事的說法稍有出入，他反而以士大夫為其讀者
群，他說：

觀其註《淨明忠孝經》，蓋飄飄然仙矣！所以教忠教孝者，蓋于
今天下士大夫直下頂門一針。[94]

但無論是針對百姓或士大夫而刊刻，都是藉由刊刻流傳《淨明忠孝全
書》而使更多人接觸淨明道教義。

　　明末另一位信仰淨明道甚虔的官僚學者黎元寬，崇禎元年（1628）
進士，明亡後隱居南昌。黎元寬曾與復社諸子頗有私交，在張溥等人
的要求下，曾不惜得罪首輔溫體仁（1573-1639）而查禁《綠牡丹傳奇》，
並因此丟官。

　　黎元寬的《進賢堂稿》因遭禁毀的緣故，所以過去不容易看到，

93　熊人霖，《南榮集詩文選》，《文選》，卷9，〈淨明忠孝經註敘〉，頁 17。

94　胡維霖，〈笙南草小引〉，收入熊人霖，《南榮集詩文選》，卷首，頁 5。

翻檢其文集可以很快發現，黎元寬受到三教合一的風潮影響甚深，所以他跟僧、道的往來記錄不少，尤其是跟僧人或寺廟的相關文字最多。但他在談到淨明道時，卻自稱是「服教利教之一子」，[95] 顯示他也崇奉其教，而且信之甚篤，所以他對淨明道的教義給予很高的推崇，說：

> 淨明，固宗乘之最精微，而忠孝，亦戒律之至重大。[96]

他在西山萬壽宮重建時所作的兩篇文字中則說：

> 自洪厓、浮丘而上，故不乏仙，而其大指，或與世教無甚相切，唯淨明忠孝者，獨以修性，共以修倫，此亦誰復得外其法傳。自維斗衍于蘭、諶，而集成于我許祖，是故天下之嚴祀祖者，常自天子達，豈不以服其教，而利其為教者之多哉！[97]
>
> 淨明以修性，忠孝以修倫，此神仙之隆軌，實與聖學干治而相宣。故自古拔宅飛昇者凡千百族，而惟許祖謂之都仙，典祀由晉代至今無替，以尊其教。[98]

此外，黎元寬也曾與寧王府宗室後裔八大山人朱耷往來。明初寧王朱權晚年傾心道教，位列淨明道宗師之一，終明之世，寧王府或其宗室後裔與淨明道始終有所關聯。[99] 所以朱耷在南昌創建的青雲觀，即淨明

95　黎元寬，《進賢堂稿》，卷 26，〈募修萬壽宮小引〉，頁 103。

96　黎元寬，《進賢堂稿》，卷 26，〈募大修丹霞觀緣起〉，頁 18。

97　黎元寬，《進賢堂稿》，卷 26，〈募修萬壽宮小引〉，頁 103。

98　黎元寬，《進賢堂稿》，卷 27，〈募鼎建萬壽宮緣疏〉，頁 6。

99　羅大紘曾與一位寧王府的後裔「近溪翁」往來，他指出，近溪翁受到朱權影響而習仙，所習仙極可能與淨明道有關，見羅大紘，《紫原文集》，卷 5，〈宗侯近溪翁六十序〉，頁 38-39。

道的道觀，而黎元寬曾為此觀作序，[100]可知明亡以後，黎元寬仍然參與西山的淨明道活動。

明亡以後，儘管南昌西山仍有淨明道的傳承，但士人群體間有關淨明道的言論變得少見，時人把明亡歸咎於三教合一風潮，可能是重要原因之一。但另一方面，淨明道，尤其是許遜信仰在民間並未稍歇，如清初不少地方繼續興建淨明道的道觀，蘄州的萬壽宮便是一例。[101]曾在明末遭屠城的揚州，雖然先前並無這類道觀，但因持續有人從江西遷居此地，遂有許真君行宮之建，作疏者指出：

> 廣陵乙酉之慘，猶豫章也，此地未嘗有特祀真君者，而豫章之人生此地為繁。今鍾子師義、傅子美悔、彭子僎、劉子一山等，相率擇地，創建行宮，以崇祀事，……凡此下民其可不益勵修省，以無蹈厥罰，……無徒修崇祀之文，務實求忠孝、净明，以爲昭事，庶乎其可也。[102]

顯示即使經歷動亂，淨明道仍持續流行於社會基層與庶民百姓間。

小結

過去我們多注意到思想史上的大人物、大名字，諸如王守仁、李材、鄒元標等人，但這些人往往堅守其儒學的立場不變，遂使我們不

100　郭武，〈朱道朗與青雲派〉，《宗教學研究》，4（成都，2008），頁 6-11。黎元寬這篇序未收入其文集《進賢堂稿》中，僅見於《青雲譜志》。

101　黎元寬，《進賢堂稿》，卷 28，〈蘄州鼎建萬壽宮緣起〉，頁 29-30。

102　王猷定，《四照堂文集》（收入《四庫未收書輯刊》，第 5 輯第 27 冊，據清康熙二十二年〔1683〕王玶刻本影印），卷 5，〈揚州募建許真君行宮疏〉，頁 40-41。

容易看到儒學與其他宗教之間的交涉。但通過許多例證，我們看到這些大名字大人物的身邊不少親友門人弟子，通過閱讀《淨明忠孝全書》而接觸淨明道。在晚明三教合一的潮流下，有不少儒釋間交流互通的事例，尤其常見士人被釋氏扳去，而在此處我們則可看到許多地方上的小讀書人，既接受淨明道，並試圖會通儒道，說明淨明道在三教合一的風潮中並未缺席。

《淨明忠孝全書》編成於元代，而在明中晚期受到人們的重視，有人刊刻，有人註解，也有人正訛，隨著這本書的流行，淨明道的流傳更廣，人們不必前往淨明道的宮觀，或結識淨明道人，或具實際的師承淵源，而只需閱讀此書，便可初步了解淨明道的基本教義。另一方面，明末最後的幾十年，龍沙讖預言曾風行一時，這則預言出自淨明道，而流行於江南、江西一帶的士人群體間。不少人雖未必是淨明道的信徒，但都因龍沙讖預言而接觸淨明道，並透過閱讀《淨明忠孝全書》而進一步了解預言的內容與淨明道的教義。

《淨明忠孝全書》的刊刻，以及龍沙讖預言的流行，都使淨明道的流傳廣及於信徒之外，儘管明亡以後，有一段時間較少有士人群體談論淨明道的資料，但隨著王朝的穩定，以及學術思潮的變化，是否有另一波儒學士人與淨明道的接觸，則有待更多的研究。

第六章
詩文、制藝與經世：以李鼎為例*

前言

　　李鼎這位晚明江西的小讀書人，目前晚明文學史或理學史的論著都不會提到他，但他跟淨明道的關係，尤其是他曾編纂修訂《淨明忠孝全書正訛》，使他在淨明道的研究中不會缺席。過去我們對李鼎的印象僅停留在他與淨明道的交涉，但對他的學術淵源、經世作為，以及他如何處理儒學與宗教的關係，所知仍很有限。李鼎所處的年代正值文學復古運動及心學運動由盛轉衰，而明末制藝文社漸興之際。李鼎所往來的多文學之士，尤其是跟後七子陣營關係較近，而他把文章與經世看作是一而非二，這點頗不同於一般文人。過去人們對文學之士的印象多停留在講究辭章，或是如陳子龍（1608-1647）編纂《皇明經世文編》，而李鼎則不僅親身參與軍事征伐活動及河道治理，更將這些經世作為連結到晚明復興的諸子學，並特別重視諸子學中關於刑名戰陣的部分，然後又把諸子學歸本於制藝寫作，正是文章與經世的合一。

　　李鼎對文章的界定及定位似有前後期的轉變。李鼎早、中年參與復古派的詩文社集，所認定的文章應即復古派所倡導的詩文，待他晚

* 本章文稿以〈詩文、制藝與經世：以李鼎為例〉原刊於 2015 年《明代研究》第 25 期，頁 83-114。於收錄本專書時略作增刪，謹此說明。

年歸鄉，轉而高度推崇制藝，以為制藝中有「文之理」，可以「究萬古不易之理」，這已跟明末制藝社集的領袖如艾南英等人的看法相似。李鼎這個轉變，正好也揭示了明末江南及江西一帶士人，從復古派的詩文社集轉向制藝社集的走向。另一方面，在明末三教合一的風潮下，李鼎以儒學為本，卻也熱衷於淨明道的出世法，以及期待龍沙讖的飛昇預言。也可以說，李鼎幾乎跟整個明中晚期這個大風潮的幾個面向都密切相關。本文把李鼎的生平事蹟分作三方面，先是經世武功，次是詩文社集的人際網絡，最後是儒學與宗教的著述及活動。從李鼎的個案，正好可以看到從文學復古運動轉向制藝寫作，以及在三教合一之風下如何縮合儒學與宗教這幾個風潮的變化。

一、學術淵源

　　李鼎的父親李遂，出身新建禹江李氏，[1] 李遂活耀的年代正值以陽明學為主的心學運動，以及以後七子為中心的文學復古運動流行的時期，嘉靖三十六到三十七年間（1557-1558），李遂往廣東一帶任提學使，李鼎隨行。當時廣東分別有湛若水與黃佐倡學，李遂往來湛、黃兩家。一般認為湛若水屬於江門心學，黃佐屬於程朱理學，但李鼎把黃佐歸類為文學詞藻之士，他說：

　　　　時甘泉湛先生倡道學，泰泉黃先生振詞藻。先大夫朝湛夕黃，未
　　　　嘗不虛往實歸，而退以命于不佞也。蓋湛氏之學得之南海，南海

1　請見萬恭，《洞陽子集再續集》，卷3，〈李洪西墓誌銘〉，頁44。李鼎家族跟李材（1529-1607）的家族頗有淵源，李鼎曾在一篇文章中談到兩族族人的交情，顯示彼此間並不生疏。見李鼎，《李長卿集》，卷12，〈明故特進榮祿大夫柱國守備南京掌南京中軍都督府事豐城侯紹東李公行狀〉，頁10-19。李材是陽明心學的代表人物之一，他的止修之學在江西一帶頗有影響力，相關研究見劉勇，《中晚明士人的講學活動與學派建構：以李材（1529-1607）為中心的研究》（北京：商務印書館，2015）。

者，白沙陳先生也；而梁公實、歐楨伯、黎惟敬諸君子，則又李、王之羽翼，而接武於黃者也。嶺南文物之盛，駸駸乎鄒魯之遺矣。[2]

黃佐本人以文章名世，而其弟子梁有譽（1521-1556，字公實）、歐大任（1516-1596，字楨伯）、黎民表（1515-1581，字惟敬）[3]北上江南、京畿一帶，與李攀龍（1514-1570）、王世貞為首的後七子往來，而歐、黎二人更被王世貞列入廣五子與續五子之中。此處的文學，指的是復古派的文學。

李鼎早年隨父宦遊，應頗受到父親的影響，而整體看來，李鼎在文學與理學之間，李鼎更親近文學。他早年在文學方面親近以後七子為中心的復古派，所以不僅在南昌與人組詩社，其門人汪應婺也以詩作著稱，他往來的人更有不少跟復古派有關，顯示李鼎也在當時的文學復古運動的潮流中。相對地，他對理學家的談說講論頗有微詞，他說：

> 邇來譚性命者夥矣，大都醉心於釋典而發揮于九經之註，立議愈深，而經旨愈晦。莫若以《中庸》全文互證《中庸》之旨，以《孟子》全文互證《孟子》之旨，庶不失作者之意。[4]

此處不滿以釋典解經，這也讓人好奇李鼎如何思考三教合一（後詳）。

李鼎活躍於萬曆中期，此時文學復古運動已漸由盛轉衰，不僅後

2　李鼎，《李長卿集》，卷5，〈雙瀑堂文草序〉，頁5-6。

3　三人皆曾習於黃佐門下，見郭棐，（萬曆）《粵大記》（收入《日本藏中國罕見地方志叢刊》，第2冊，北京：書目文獻出版社，1990，據日本內閣文庫藏明萬曆間刻本影印），卷24，〈獻微類·詞華黼藻·明·歐大任〉，頁43。

4　李鼎，《李長卿集》，卷26，〈中庸大旨〉，頁21。

七子相繼凋零，文學風氣也從復古派轉向公安、竟陵。萬曆二十年（1592），王世貞去世而袁宏道（1568-1610）考取進士，廖可斌便以此年作為兩造學風一衰一盛之交接點。[5] 當時主領江西文壇、列名於後五子與續五子的余日德卒於萬曆十一年（1583），朱多煃（1534-1593）卒於萬曆二十四年（1596，一說萬曆二十一年〔1593〕），而楚風之盛已及於江西，以致於錢謙益《列朝詩集小傳》所錄最後兩位江西士人之一的鄧渼（1569-1628），必須極力阻止他人受此風的影響。[6] 李鼎所參與的，仍多是復古派流風下的詩文社集，而跟公安、竟陵的關係很淡薄。

但李鼎所追求的並不只是文學而已，他希望有實際的經世作為。經世可以有很豐富而多樣的方式與內容，李鼎側重軍事戰略這個層面，此傾向應亦承自其父李遜。據說李遜在考取進士、觀政兵部時，便取《九邊圖論圖考》來讀，以為「此經世第一事」，並在屏風上繪邊塞圖，日夜與同年友朋揚推隘塞禦守良策。[7]

令人好奇的是，李鼎如何思考文學與經世的關係？李鼎的兩封信頗堪玩味。一封是給山西巡撫朱孟震；朱孟震，江西新淦人，曾主持南京的青溪社，這是當時南京最重要的社集。朱孟震曾寄一篇詩或文予李鼎，可能是請其唱和，所以李鼎回信說「閣下布其大惠，示我瑤篇，賑我乏困」，並讚揚朱孟震的文學成就是「集諸名家而成一大家

5　廖可斌，《復古派與明代文學思潮》（臺北：文津出版社，1994），下冊，頁 481。

6　錢謙益，《列朝詩集小傳》，丁集下，〈鄧僉都渼〉，頁 645：「其自序謂：『……王、李既廢，流派各別，狂瞽奔逐，實繁有徒。孝豐吳稼螢，詞林老宿，見楚人而大悅，盡棄其學而學焉。予屬聲訶禁，乃止。』」

7　李鼎，《李長卿集》，卷 12，〈明中憲大夫提督學校廣東按察司副使先考洪西府君行狀〉，頁 2b-3a。與李鼎同族，而屬於豐城湖茫一脈的李環，也一樣以此為經世第一事。李鼎與李環交情頗深，李環曾以「吾兄沈毅多謀，弟亦臨敵不懼，政足相濟」為說。李鼎，《李長卿集》，卷 12，〈中都都督府豐城侯紹東李公行狀〉，頁 10-19。

者」[8]。一封是給大同馬姓巡撫，這位巡撫曾與李鼎飲酒談文論詩，「文必禘六經，而以東漢為砥柱；詩必祖風雅，而以盛唐為尾閭」，可知其也受到復古派流風的影響，而信中李鼎起始便說：「不佞結髮事海內賢豪長者，皆後北地、歷下、姑蘇、新安二、三君子而崛起者也」，並在信中讚譽馬姓巡撫「與北地、歷下、姑蘇、新安諸君子並驅於中原，無不及焉」，[9]李鼎讚譽其足以與前後七子並列的評語是否確當姑且不論，但可見李鼎已意識到當時後七子聲光漸淡，而須有人繼起主持文壇。

　　與朱、馬二人的交往，共同的文學背景是基礎所在，在此基礎上，李鼎譽美朱孟震有文武具足之才，捨朝廷之清秩，而應羽檄之倥傯，於是引孔子（公元前 551- 前 479）與衛靈公（公元前 540- 前 493）對話的典故說：

> 昔宣尼不對衛靈之問陳，而以俎豆自居，匪薄軍旅而不為也。禮樂征伐，同原而異用，其不以軍旅為軍旅，而以俎豆為軍旅。故知宣尼深於陳，而以深於陳者對衛靈也。閣下詞鋒筆穎，雄眎千古，即出其緒餘以收叩關歸農之績也，其何難哉！不肖文謝陸何（按：應是隋何之誤），武慚絳灌。[10]

「禮樂征伐，同原而異用」，應可挪用來說明李鼎對文學與經世武功兩者關係的看法。李鼎既佩服朱孟震文武全才，又把自己比擬於隋何、周勃（？- 公元前 169，封絳侯）、灌嬰（？- 公元前 176）等人，足見其自負之意。在給馬姓巡撫的信上，李鼎則針對後七子文學流風的流弊，

8　李鼎，《李長卿集》，卷10，〈報朱秉器開府書〉，頁4、5。

9　李鼎，《李長卿集》，卷10，〈與大同馬明府書〉，頁6、7。

10　李鼎，《李長卿集》，卷10，〈報朱秉器開府書〉，頁5。

批評某些人把文章、經世分作兩途，他說：

> 又有異焉者，未秉青藜，先張白眼，以縱情杯酒為曠達，以遺落
> 世故為高標，其有識，抱先憂，欲繫頸單于而笞背中行者，一切
> 鄙之為俗物，目之為武人。此文章、經世所以岐為兩途，而隨何
> 無武，絳、灌無文，昔人有遺恨矣。[11]

同樣引隨何、絳灌為例，若隨何無武、絳灌無文則有遺恨。李鼎的經
世並不止於書面文章，還須實際落實在武功征伐上。文武具足，文章
與經世合一，正是李鼎的理想所寄。

　　曹丕（187-226）《典論·論文》：「文章，經國之大業。」傳統
士人並不把文章視為小技，即使是寫作文章也可以是經世事業。文章
與經世的關係可以有很多種，如同光譜一般。若光譜的最右側是文章
寫作，最左側是經世，則詩文社集中的士人，很多是在光譜的中間偏
右，而李鼎則在中間偏左。李鼎既以文章為大本，也很積極在實際的
經世事功上。

　　李鼎的一生經歷，從早年擔任幕僚，中年江南結社與人交遊，直
到晚年投身制藝與宗教活動。早、中年兩階段，正好提供我們觀察他
的文章與經世的交涉，而晚年的制藝與宗教活動，則可視為李鼎另一
階段的發展。

二、經世：軍事及治水

　　萬曆十六年（1588）李鼎似有占籍，所以以江西人而考取順天府舉
人，留在北京一帶與人結社，張民表（1570-1642）、阮南朋應都是社

11　李鼎，《李長卿集》，卷10，〈與大同馬明府書〉，頁6-7。

集成員之一，李鼎指出：

> 迺有錢塘阮生，定石交於傾蓋；中牟張生，問奇字于敝廬。于時
> 長卿氏開蔣徑，結祇社，雙龍之氣既合，而千秋之業遂講矣。摛
> 文作濫于周秦，譚詩取裁于漢魏，而又以其餘力為經生制義。[12]

「摛文作濫于周秦，譚詩取裁于漢魏」，可知此社應是復古派流風下
的產物。李鼎的文集第一卷是張民表所編校，即引文中的中牟張生，
而張民表以門人自稱，顯示二人的師生情誼一直持續不斷。[13]

萬曆十八年（1590）西疆有亂；由於順義王黃台吉（？-1586）死，
其子扯力克（？-1607）嗣，其臣切盡黃台吉用事，部曲莫相統一，頻
抄掠諸番。切盡黃台吉之弟火落赤者，擁眾入據陝西莽刺川，射殺中
國副將李奎，洮河大震。[14]李鼎於是草《邊策》六篇，分別是：〈形勢〉、
〈才難〉、〈實伍〉、〈勇氣〉、〈營馬〉、〈間諜〉，得到大學士
王錫爵、許國（1527-1596）的賞識，[15]而將李鼎推薦予當時負責經略陝
西四鎮及山西、宣大邊務的兵部尚書鄭洛，擔任幕僚職。[16]

李鼎隨軍出發，足跡所及，包括昌平、上谷，經雲中，歷雁門、榆
林、寧夏、固原，稅駕於河湟，間關七塞，共幾萬餘里路程。從李鼎
的書信可知他並不是一般的幕僚而已，而是如陳弘緒所說的，「自督撫

---

12 李鼎，《李長卿集》，卷5，〈流寓館兩生義序〉，頁11。

13 李鼎前往塞北一帶時，仍關心張、阮二人的鄉試成績，並寫信恭喜張林宗考取舉人，以及惋
惜阮南朋不第。李鼎，《李長卿集》，卷10，〈與張林宗書〉，頁13-15。

14 陳弘緒，《陳士業先生集》，《敦宿堂留書》，卷1，〈孝廉李公傳〉，頁32。

15 李鼎動身西行後，便寫了一封信給王錫爵與許國，報告他對西疆形勢的看法，見李鼎，《李
長卿集》，卷10，〈寓陽和報許王二相公書〉，頁1-4。

16 李鼎，《李長卿集》，卷18，〈奏進保泰策疏〉，頁1；夏燮，《明通鑑》（臺北：世界書局，
1962），頁2702。

大將軍以下，莫不握手交懽，側席伺顏色」。[17]如先有宣大總督蕭大亨
（1532-1612）款待李鼎，諮詢其見解；[18]接著大同巡撫邢玠（1540-1612）
迎李鼎到雲中；[19]陝西巡撫葉夢熊（1531-1597）與李鼎執手論交；[20]李鼎
則與兵科給事中張棟綜論全陝門戶所在的河州處置事。[21]

　　當時對西疆有主戰與主和兩派，主和派的意見尤其普遍，許多人
主張以通貢開市的方式進行安撫。李鼎以為此是一時之謀，而非萬世
之計，畢竟「夷狄豺狼之不可厭」，邊防戰力才是要事。所以他致函
王錫爵、許國二位大學士，指出使用火器及訓練士兵熟練火器是關鍵
所在，他說：

> 鼎竭其不敏，于木發、佛狼機、三眼銃、拒馬鎗等器，稍為講求，
> 略製式樣，務求費省功大，亦微有成效矣。然制器非難，制之得
> 法為難；制之得法非難，運器者操演純熟、得手應心為難。自非
> 不惜小費，大破拘攣，未見其易易也。[22]

據此亦可知李鼎頗自信其對火器的知識。

　　西疆戰事在一兩年內便即底定，據說李鼎的贊畫起了很大的作
用。[23]但班師回朝後，李鼎不僅未被授官，反而行蹤不明。根據萬曆

17　陳弘緒，《陳士業先生集》，《敦宿堂留書》，卷1，〈孝廉李公傳〉，頁32。

18　李鼎，《李長卿集》，卷10，〈寓陽和報許王二相公書〉，頁1-2。

19　李鼎，《李長卿集》，卷10，〈報朱秉器開府書〉，頁5-6。

20　李鼎，《李長卿集》，卷10，〈謝葉開府公書〉，頁12-13。李鼎曾為蕭大亨作書及賀壽，見
　　李鼎，《李長卿集》，卷11，〈代蕭總督賀申長洲相公一品三考加恩啟〉，頁4-5；卷11，〈賀
　　蕭總督壽啟〉，頁10-11。

21　李鼎，《李長卿集》，卷10，〈與閱視張都諫論河州事〉，頁8-12。

22　李鼎，《李長卿集》，卷10，〈寓陽和報許王二相公書〉，頁3。

23　陳弘緒，《陳士業先生集》，《敦宿堂留書》，卷1，〈孝廉李公傳〉，頁33：「卒之，佐

二十二年（1594）李鼎寫給張位的一封信上說己「落魄江左」，可知他當時人在江南。

　　張位是當朝大學士，先前一度失勢，此刻再度掌權，李鼎是其姻親，張位就朝政徵詢他的意見。李鼎在信中除了對朝政提出建言，同時也希望向張位面陳他對邊防的意見，他說：

> 夫不肖鼎嘗陸沈塞北矣，而不言邊；落魄江左矣，而不言海。此其說有二：善戰者戰於廟堂之上，則邊海不必言；又其地理遼遠，形勝、士馬、防守、器械、分合、奇正之務，更僕未可悉數，淺言之則無當，深言之則冗長而不可聽。儻再賜明問，則方寸之地，尺一之牘，當自效於異日焉。[24]

此後李鼎北上，在北京待了一段時間，推測可能是與張位晤面議政，但張位在讀竟李鼎對朝政的建議後，評語是：「事難猝行，然君讜論，終不能泯滅，著之簡冊，以待後耳」，[25] 並未採納其建言。儘管如此，張位仍頗器重李鼎。

　　當時發生兩件大事，一是日本侵朝鮮事，一是黃、淮河泛濫，致明祖陵被淹事。關於前者，當時的兵部尚書石星（1537-1599）傾向封王，跟日本方面達成封豐臣秀吉為日本王之議，但日本方面意在貢市而不在封王，於是和議破局，而石星飽受責難。萬曆二十四年（1596）李鼎致函石星，勸石星引咎責躬，奉宣朝廷威德，並建議他寓封于勘，寓勘于守，[26] 石星不能用。次年李鼎又再修書，勸以國家最鉅且急之事：一

鄭司馬功成，檄諭扯力克東歸，而革火落赤市賞，遂令遠徙者。贊畫，鼎之力也。」

24　李鼎，《李長卿集》，卷9，〈上張相公書〉，頁10。

25　陳弘緒，《陳士業先生集》，《敦宿堂留書》，卷1，〈孝廉李公傳〉，頁35。

26　李鼎，《李長卿集》，卷9，〈上大司馬石公書〉，頁10-16。此信年代可見李鼎，《李長卿集》，卷18，〈奏進保泰疏策〉，頁1。

國本，一備倭；而石星既因和議破局而受責難，李鼎遂勸石星改議國本事，以將功補過。[27] 但石星皆不能用。值得注意的是，李鼎只有舉人功名，又無官職，卻能夠上書石星，而石星收信後雖怒卻不發作，[28] 應是有所顧忌，其所顧忌的可能即李鼎的姻親張位。

另一件是黃淮河泛濫事。治黃河一直是晚明的重大議題，而且有不同的治水主張，至少有潘季馴（1521-1595）、楊一魁（1536-1609）兩派。潘季馴擔任河道總督的二十七年間，築堤以合黃、淮河之水，但因萬曆二十年（1592）泗州大水，淹及明祖陵，萬曆皇帝（1563-1620，1572-1620 在位）震怒，於是潘季馴解職歸鄉。李鼎在萬曆二十二年入京時，便已注意此事，如他所說：

> 不佞以甲午除夕入都門，越明年，則當事者以祖陵告急，聖天子赫然震怒，二、三元老以及在事諸公無日不以問水為務，即蹠落如不佞，亦得拾其緒論以為譚資。[29]

此後朝廷改採楊一魁的分黃導淮之議，即分黃河水，及疏濬海口。從相關資料判斷，李鼎應亦藉機「挾奇策謁治河使者」，[30] 另據李鼎為工部侍郎徐作代筆的〈分黃導淮大工紀略〉一文，[31] 推測此治河使者應即徐作。[32]

27　李鼎，《李長卿集》，卷9，〈再上大司馬石公書〉，頁 16-18。

28　李鼎，《李長卿集》，卷9，〈再上大司馬石公書〉，頁 16-17：「客歲鼎不度愚賤，謬以未同逆耳之言，仰瀆閣下，不蒙見報。說者皆謂閣下積怒，有待而發，然鼎寸心，知有國耳，不暇計閣下之怒與不怒也。」

29　李鼎，《李長卿集》，卷10，〈與樊工部書〉，頁 15。

30　曹學佺，《石倉全集》，《石倉文稿》，卷2，〈贈李長卿序〉，頁 4。

31　李鼎，《李長卿集》，卷7，〈分黃導淮大工紀略〉，頁 11-16。此文應作於萬曆二十五年。

32　徐作是負責此次治河的重要人物之一，見李鼎，《李長卿集》，卷4，〈左司空念吾徐公考蹟序〉，頁 2。

　　徐作是張位的親信，而張、徐、李三人都是南昌人，推測李鼎應是擔任徐作的幕僚，齊往巡視河工，並在江南與另一位負責河事的官員樊兆程討論。樊兆程是進賢人，也是李鼎的同鄉。萬曆二十四年，朝廷大舉役夫二十萬人投入分黃導淮的工作，次年竣工。工成後，水患稍平，而淮揚小安。李鼎所代筆的〈分黃導淮大工紀略〉即萬曆二十五（1597）年所作，是徐作陳述經過並謝恩的奏疏。

　　李鼎自述萬曆二十四、二十五兩年間，「僑寓秦淮之上」，而在一封給樊兆程的信中說：「往不佞之奉教於秦淮署中也，門下出《海口圖議》開示指畫。」[33] 可知這兩年他因治河事而駐足南京。這段期間，李鼎除了治河以外，也常與人結社，「賞彝鼎，展書畫，爇名香，烹苦茗」，[34] 推測樊兆程也曾與會，所以李鼎贈其秦鏡一枚，以及《玉女潭記》一卷。[35] 顯示除了同鄉的關係以外，詩文社集也是彼此的共同交集所在。

　　萬曆二十五年治河事畢後，李鼎擬《海策》六篇，併同前作《邊策》六篇，一起上書朝廷，[36] 而能夠上書朝廷，應是託藉張位或徐作的關係。這六篇中的一篇也跟火器有關。[37] 但對李鼎這次的上書，聖旨中只有簡短「兵部知道」四字，似乎不甚重視。[38] 次年，萬曆二十六年（1598），第一次妖書案起，張位、徐作分別被罷職為民與冠帶閒住，[39]

33　李鼎，《李長卿集》，卷10，〈與樊工部書〉，頁15。

34　以上見李鼎，《李長卿集》，卷16，〈弄丸說〉，頁23。

35　李鼎，《李長卿集》，卷10，〈與樊工部書〉，頁15、16。

36　李鼎，《李長卿集》，卷18，〈奏進保泰策疏〉，頁2；陳弘緒，《陳士業先生集》，《敦宿堂留書》，卷1，〈孝廉李公傳〉，頁33。

37　李鼎，《李長卿集》，卷18，〈海策五火攻〉，頁12-13。

38　李鼎，《李長卿集》，卷18，〈奏進保泰策疏〉，頁1-3。

39　張位事見《明通鑑》，卷71，〈紀七十一・神宗顯皇帝〉，萬曆二十六年六月丙寅條，頁

李鼎頓時在朝中失去依靠，於是他離開北京而轉往江南一帶，展開他
中年參與江南社集的生活。

　　儘管如此，李鼎並未完全忘懷他的經世事業。萬曆二十八年
（1600）西南有楊應龍（1551-1600）之亂，亂平後，因貴州巡撫郭子章
之疏奏，在萬曆三十四年（1606）有清疆之議，李鼎從邸報得知此事，
遂修書郭孔陵議論此事。[40] 郭孔陵是郭子章的三子，同時也是李鼎的門
人。李鼎應是想透過郭孔陵給郭子章建議，而從郭子章後來敦請李鼎
為其題詩來看，兩方的關係應該不錯。[41] 此外，李鼎亦曾致函予應天巡
撫周孔教（1548-1613），論儀真運河事，指漕船從城外過有三害，建
議讓漕船入城而收三利。文末更向周孔教推薦儀真知縣李一陽，李鼎
的同年舉人。[42] 周孔教是臨川人，萬曆八年（1580）進士，他在應天巡
撫總督河道任上刊行《周中丞疏稿》十六卷，其中包括《西臺疏稿》，
極論石星等封日本棄朝鮮之非。此外，周孔教與謝廷諒、姜宏範同撰
《千金堤志》八卷，千金堤在撫州府城東，當汝水之衝，屢有興廢，
可知此書也與水利有關。李鼎與周孔教同鄉，二人在封貢事的立場一
致，而李鼎對水利又自有一套看法，加上有謝廷諒這個共同的朋友，
應是這幾層關係，讓李鼎自信可以寫信給周孔教討論運河事。若從李
鼎留下的著作看，除了前述《邊策》、《海策》以外，另有《借箸編》
六編，主要是跟水利有關，李鼎自許為「藏名武林之墟，睹水利之宜，

　　2785。徐作事見許應鑅等修，曾作舟等纂，（同治）《南昌府志》，卷41，〈人物・仕績下・
　　明・徐作〉，頁4623。

40　李鼎，《李長卿集》，卷10，〈與郭陵烏論黔事書〉，頁20-22。

41　李鼎，《李長卿集》，卷9，〈上大中丞青螺郭先生書〉，頁18-19。信中說：「歲丙午，先
　　生季公肆業南雍，招鼎共事硯席，……然卒不敢通一刺以訊左右。」

42　李鼎，《李長卿集》，卷10，〈與周懷魯開府論儀真運河書〉，頁16-17。即使在回鄉後，
　　李鼎對河渠仍多關注。文集中有兩封信，便是他寫給地方官員，請疏濬章江內河。李鼎，《李
　　長卿集》，卷11，〈請濬章江內河桃竹港啟〉，頁20；〈又啟〉，頁21。

颬興而作」。[43] 顯示水利一直是他關注的焦點所在。

李鼎也很注意同時代人的論點。當時華亭楊忠裕曾作《杞說寒聞》，議論疆、封貢及河渠事，頗為李鼎所讚賞，以「言言石畫，字字金聲，經濟、文章，兩擅其美」稱之，[44] 李鼎對此書作了許多評語。如運河事，楊忠裕亦持漕船入城之說，所以李鼎附和說：「不佞欲改瓜儀運河於城中，其說具載別楮。」[45] 對日本封貢事，楊忠裕以為「封倭非必盡失策也」，李鼎也說：「不佞曾以此策干石司馬，愧未同而言，不免以石投水耳。」[46]

若據清人的評論，楊一魁的治水只有短暫成功而已，黃、淮河不久便又泛濫，楊一魁被削職為民。西疆與西南亂事也未能真正解決，所以天啟以後亂事又起。若從事後諸葛來看，李鼎的這些方略謀劃，都並非能夠長治久安之策，也因此不難理解為何李鼎留下許多論述，卻始終乏人問津。倒是李鼎對女真的評論則有先見之明，見李鼎給晏文輝的信。晏文輝，字懷泉，南昌人，萬曆十六年舉人，萬曆二十六年進士。他與李鼎既是同鄉，又是同榜舉人，彼此應有交情。而從此信可知，李鼎晚年仍未放棄對軍事武功的關注及經世的抱負，他仍藉邸報而知遼陽事，憂心女真與其他邊疆民族不同，其所欲不在財帛而在疆土，為禍更大。[47]

---

43 李鼎，《李長卿集》，卷19，〈借箸編序〉，頁1。

44 李鼎，《李長卿集》，卷19，《杞說私評》，頁14。

45 李鼎，《李長卿集》，卷19，《杞說私評》，頁16。

46 李鼎，《李長卿集》，卷19，《杞說私評》，頁21-22。

47 李鼎，《李長卿集》，卷10，〈與晏懷泉給諫年丈論建夷書〉，頁19-20。此信應作於萬曆三十六年（1608）左右。

三、江南社集與交遊

　　萬曆二十四、二十五兩年李鼎因治河事而居南京，萬曆二十六年張位、徐作因妖書案而被黜歸鄉，於是李鼎轉往江南一帶，中間李鼎因與僑寓揚州的謝廷讚相遇，而遷往揚州居住。直到萬曆三十六年返回江西以前，基本上都在江南、揚州一帶活動。

　　儘管當時李攀龍、王世貞已歿，後七子的文學復古運動亦漸受時人抨擊，李鼎的文學主張仍傾向後七子，他所往來的人也多半是在這個圈子裡。由於李鼎個人志業主要在武功經世上，加上他交遊雖然廣闊，卻多只有點到為止，少有深交的人，如朱孟震在其文集中便未提及李鼎，也未收錄與他往來的書信。則李鼎如何能夠很快打入江南的社集圈中？

　　這個疑惑在分析李鼎與曹學佺的關係，及參考謝廷讚的文集以後豁然開朗。據曹學佺所述，他在萬曆二十二年入京時，便已聞李鼎之名，但二人似未謀面。此後幾年，李鼎奔走於治河事，而常在南京，並參與當地社集，當地社集名稱與成員皆不詳，僅知治河官員樊兆程也在其中，而李鼎另與六安黎仲明、莆田郭天中（字聖僕）因社集而熟識。[48] 直到萬曆二十七年（1599），曹學佺因中察典量移南京，曹、李二人方始相識。[49] 曹學佺在南京主持金陵社集，[50] 推測李鼎也曾與會，並藉此社集結識許多人。[51]

　　接著李鼎移居揚州，與謝廷讚相遊。李鼎與謝廷讚的文集有共通

48　李鼎，《李長卿集》，卷 16，〈弄丸說〉，頁 23。

49　曹學佺，《石倉文稿》，卷 2，〈贈李長卿序〉，頁 4。

50　何宗美將此社集定於萬曆三十二年，見氏著，《文人結社與明代文學的演進》（北京：人民出版社，2011），下冊，頁 319。

51　如李鼎，《李長卿集》，卷 2，收有一首詩題為〈元夕偕諸君集曹能始計部衙齋詠夾紗燈屏分得銀字〉，頁 11。

點，即文集的每一卷都有不同的門人弟子參與校訂（見附表1與附表2）。
兩個表中的一些人名是重複的，如許國心、彭承蓋、章萬椿、倪啟祚
等。顯示二人一起講學，所以門人弟子的名單才會重複。李鼎自述
「萬曆乙巳（三十三年，1605），不佞汗漫遊于廣陵，二三子邀之講業
于社」，[52] 又說：

> 歲萬曆甲辰、乙巳間，予寓廣陵，多士從遊者日眾。晝則群聚
> 講業於堂，夜則然燈匡坐於室，復有居相近者六、七人就而講
> 《易》，各出所見相質證，而取裁於予。[53]

另據其弟子倪啟祚所言，李鼎在大業堂講學，所講述的跟經義有關，
包括其父李遜所授的《學》《庸》要旨。倪啟祚敘其事說：

> 記甲乙歲（按：即甲辰、乙巳），先生列帳于大業堂中，四方之上
> 麇至，雖單門後進，必加曲誘，因剖示《中庸》秘旨，脈絡□生，
> 直剖心印，迴非經生欽啟之識。余嘗偵其展帙沉思，達丙夜不寐，
> 時有會心處，或據余榻亟授之。若《大學》言心不言性，《中庸》
> 言性不言心，尤提要鈎玄之語，即近代名通者未聞有良比也。[54]

此處僅說李鼎講經義，若再參考謝廷讚的序文，便知李、謝二人所教
授的是制藝。謝廷讚在為弟子制藝所作的序文上說：

> 余為廣陵鴈戶十年矣，閉戶授經，用佐饘粥。癸卯（萬曆三十一年，
> 1603）則陳以忠恕先、章萬椿愚公、倪文煥貫白、鄭之彥仲俊兄

52　李鼎，《李長卿集》，卷5，〈雙瀑堂文草序〉，頁6。

53　李鼎，《李長卿集》，卷16，〈蕭從韶建費邊祠解〉，頁24。

54　倪啟祚，〈李長卿先生經詁序〉，收入李鼎，《李長卿集》，卷首，頁2。

弟輩數十君子遊吾門，而貫白即以癸卯捷。丙午（萬曆三十四年）則許國心貫日、彭承藎五臣、游揚友時、江延曆凝一、倪所〔啟〕祚昌錫輩數十君子遊吾門，而凝一即以丙午捷。昌錫以巳酉（萬曆三十七年，1609）捷。今年庚戌（萬曆三十八年，1610），鮺臺彭公捐俸幾二千緡，大闢維揚之館，拔郡邑州庠之俊，如李通伯經泊、游友時輩百十餘人，肄業其中，而謬使不佞偕同歲兄韋中石司農衡其文。[55]

根據這段文字可知，謝廷讚自萬曆二十八年因議冊立禮而被褫職為民後，便因生活而僑寓揚州，李鼎是後來才到。他們教導門人弟子的內容跟科考有關，所以謝廷讚還為弟子的制藝作序。不過，萬曆三十八年官員重修維揚書院時，[56] 書院主持人中沒有李鼎的名字，可知他在揚州並未停留太久。

李鼎在南京期間主要跟曹能始及其友人往來，而南京作為四方輻輳之地，也是文化中心，不少士人都會經過或佇留此地，所以李鼎在南京有留下一些與人交遊的記錄。李鼎與揚州士人的交遊更為頻密，包括他在大業堂講學而有一批門人弟子，而揚州同樣也是四方士人聚集之處，使他得以結識來自各地的士人。

揚州曾有兩次重要社集活動，分別是嘉靖末年的竹西社及萬曆晚期的淮南社。嘉靖末年，廣五子之一的歐大任來揚州任官，與陸弼等人結竹西社。陸弼是寓居揚州的新安人，被視為當地詩壇的代表人

55　謝廷讚，《步丘草》（東京：高橋情報，1990，據日本內閣文庫藏明萬曆間刊本影印），卷11，〈游友時綠天館制義敘〉，頁96。

56　維揚書院的修建，見謝廷讚，《步丘草》，卷11，〈前茅錄序〉，頁19-21；卷16，〈重修維揚書院紀事跋〉，頁1-4。

物。[57] 在歐大任離開揚州後，竹西社很快便衰落。[58] 直到萬曆三十七年（1609），李維楨（1547-1624）僑寓揚州期間，由李維楨主盟，偕同陸弼等人結淮南社，希望再現先前的盛況。[59] 李鼎來揚州時適逢前後兩次社集的中斷期，但他仍然多方與人交遊。如他與陸弼、夏玄成等人都有往來，[60] 有諸如〈不佞掩關興嚴寺，喜人日放晴，許靈長攜素具偕陸無從、夏玄成環坐關次，講秘竟日，無從詩成見示，賦此以答〉這類社集的詩作。[61] 興嚴寺在南京，陸無從即陸弼，許靈長即許光祚，錢塘人。幾人同在南京集會的原因，則可能與萬曆三十三年至三十八年間彭幼朔在南京宣傳龍沙讖預言有關，因為據說夏玄成「十歲慕神仙沖舉之事，已而昌披自喜，意不可一世，亦不見可于時」，[62] 此傾向正與李鼎相合，所以二人應都不會錯過彭幼朔所宣傳的飛昇預言。

　　李鼎與如皋冒愈昌也有往來。冒愈昌是後七子的捍衛者，[63] 李鼎曾作一首七言律詩〈送冒伯麟之來州〉相贈，詩的重點則放在日本封貢事：

57　薛岡，《天爵堂文集》（收入《四庫未收書輯刊》，第6輯第25冊，據明崇禎刻本影印），卷2，〈吉知白詩〉，頁9：「海內詩人，三十餘年來，以其詩貽余者，積不下千卷，廣陵陸無從、冒伯麐與焉。余嘗以二君為詩人今日正鵠。」

58　歐大任，《歐虞部集》（收入《四庫禁燬書叢刊》，集部第47冊，據清刻本影印），《文集》，卷5，〈竹西集序〉，頁22。

59　淮南社的資料見何宗美，《文人結社與明代文學的演進》，下冊，頁328。

60　夏玄成參與淮南社資料見繆荃孫、吳昌綬、董康撰，吳格整理點校，《嘉業堂藏書志》（上海：復旦大學出版社，1997），卷4，〈集部・淮南社草〉，頁1051。

61　李鼎，《李長卿集》，卷1，頁15-16。

62　謝廷讚，《步丘草》，卷11，〈夏玄成制義敘〉，頁25。

63　周亮工，《因樹屋書影》（收入《續修四庫全書》，第1134冊，據清康熙六年〔1667〕刻本影印），卷4，頁32：「當萬曆末年，抨擊七子者甚眾，伯麐守師說，抗詞抵扞，憤楚人之訾謷，至欲以身死之。」

　　知君故有東封疏，好及明時覲帝顏。[64]

顯示李鼎雖失意在揚州，但所念茲在茲的仍在武功經世。另外，李鼎
在顧大猷的浮黎館集會中與茅坤之子茅維相識。[65]跟功過格的作者袁了
凡（1533-1606）亦識於揚州。[66]

　　李鼎是萬曆三十二至三十三年間寓居揚州，與謝廷讚共同開館授
徒，教人制藝。萬曆三十三年間李鼎曾往儀真，[67]〈與周懷魯開府論儀
真運河書〉應即此年所作，而信中說他「居廣陵、真州之間」，[68]可知
他往來揚州與儀真之間。次年，萬曆三十四年，李鼎收到弟子郭孔陵
的來信，表示他正在南京國子監，邀其共事硯席。[69]推測郭孔陵應是希
望李鼎前往南京講學，但被李鼎所婉拒。同年，李鼎作〈與郭陵舄論
黔事書〉談貴州事，郭陵舄即郭孔陵，信中李鼎談到曾為黔事而「招
黎仲明計之」，[70]在另一封給郭孔陵之父郭子章的信中，也談及「友人
黎仲明氏以先生所製太夫人新阡十景詩繪之于圖，屬鼎里言引首」，[71]
顯示李鼎先前在南京社集所識的黎仲明，不僅僅只是詩文社友而已，
還是一同籌畫軍事謀略的夥伴。

64　李鼎，《李長卿集》，卷2，〈送冒候麟之來州〉，頁1。

65　李鼎，《李長卿集》，卷2，〈集顧所建小侯浮黎館送茅孝若北上分得真字〉，頁7；卷2，〈送
　　茅孝若應制北上〉，頁11。

66　李鼎，《李長卿集》，卷2，〈答贈袁了凡先生二首有序〉，頁6：「頃先生移席廣陵，乃得
　　一瞻道範。」

67　倪啟祚，〈李長卿先生經詁序〉，收入李鼎，《李長卿集》，卷首，頁4：「乙巳秋，余別先
　　生於真州。」

68　李鼎，《李長卿集》，卷10，〈與周懷魯開府論儀真運河書〉，頁17。

69　李鼎，《李長卿集》，卷9，〈上大中丞青螺郭先生書〉，頁19。

70　李鼎，《李長卿集》，卷10，〈與郭陵舄論黔事書〉，頁21。

71　李鼎，《李長卿集》，卷9，〈上中大丞青螺郭先生書〉，頁19。十景詩見同前書，卷1，〈獅
　　山十景為大中丞郭青螺公賦〉，頁20-22。

　　透過此一脈絡，亦可理解李鼎上奏朝廷的《海策》第三策談到北京的詩文結社，便是著眼於社集的實際作用，並以鄭曉（1499-1566）、萬恭為例說：

> 蓋聞都中縉紳詩社、學會相繼代起，惟先臣鄭曉、萬恭，與二、三同志聯經濟會，以故一時人材獨盛。[72]

顯示即使是詩文結社，李鼎也希望是文章、經世合一。

　　此後，李鼎之子李克家前來揚州接李鼎回江西過六十大壽，時間應在萬曆三十六年左右，[73] 正式結束李鼎在江南的遊歷歲月。

　　在李鼎早年往來的人物中，張位與徐作是南昌人，樊兆程是進賢人，周孔教是臨川人，朱孟震是新淦人，謝廷讚是金谿人。簡言之，給予李鼎政治奧援，或是李鼎所積極往來結交的，很大比例都是江西人，而同鄉關係給予他很大的幫助。也因此，儘管李鼎只有舉人功名，又未實際授官，但他較諸大多數士人有更多在政治或軍事上一展身手的機會。尤其是跟張位的姻親關係，以及張位對其才華的賞識，讓李鼎有機會實際參與治河之事，並能將所著策論上呈朝廷，甚至兩次以書信勸諫石星。另一方面，朱孟震與謝廷讚本即社集中人，樊兆程在南京與李鼎共同參與社集，而張位與徐作在歸鄉後更分別主持及參與佳山社與匡山社的社集活動，這也提醒我們，前述的同鄉關係，也許還建立在共同的文學基礎與社集交遊上。

　　李鼎中年轉往江南，在江南的交遊圈中，李鼎結識來自各地的士

72　李鼎，《李長卿集》，卷18，〈海策三・儲材〉，頁10。

73　謝廷讚，《霞繼亭集》（臺北國家圖書館善本室藏明萬曆刊本），卷中，〈壽李長卿序〉，頁57。李鼎自述他在嘉靖丁巳、戊午年間，以童稚從其父李遜遊宦嶺南，所以可推知他在萬曆三十六年應是過六十大壽。見李鼎，《李長卿集》，卷5，〈雙瀑堂文草序〉，頁5。

人，如黎仲明即此時所識。此時李鼎失去張位這個政治奧援，他改以著書立說的方式發表他對經世實務的想法，同時也培養後進，而其門人弟子則形成一個小群體，其子李克家也在這個群體中。《方輿勝略》這本帶有實用性質書籍的編纂出版，便是這些門人弟子的成績。李克家則另有《戎事類占》一書，得到以博學著稱的宗室朱鬱儀的推崇。[74]

值得注意的是，李鼎所處時代正值制藝寫作風潮漸興之際。萬曆二十八年在臨川與金谿交界處舉行的紫雲社，社員中既有江右四大家之三的陳際泰、羅萬藻（？-1647）、章世純（1575-1644），也有臨川、金谿兩地士人的參與，這個社集可視為是明末江西較早的制藝社集。此後，越來越多士人把精神與注意力放到制藝寫作中，除了個人的揣摩，還組成社集，共同交流，把制藝當作專門之學研習。

李鼎很敏銳地察覺此一動向，所以他晚年歸鄉以後，不僅繼續教導制藝，而且對制藝的態度也開始轉為高度推崇。加上李鼎晚年又投身於淨明道活動中，頗讓人好奇他如何綰合制藝與宗教兩者。

四、典籍、儒學與淨明道

李鼎離開江南的文人交遊圈後回到江西，主要是為了期待龍沙讖預言的應讖之期到來，但同一時間，李鼎也有從詩文轉向制藝的傾向。

若據李鼎的門人孫汝澄的序文所說，李鼎歸鄉之初，心思所注，除了龍沙讖預言，便在著作。他說：

往歲戊申秋之季，先生倦遊還山，……訂西山之約，蘄以性命之

---

74 許應鑅等修，曾作舟等纂，（同治）《南昌府志》，卷44，〈人物・文苑・明・李克家〉，頁40。

旨相印證耳。明年中夏，余將有事於燕，重忘久要，過訪先生，
信宿山中，再訂後約。先生云：「世外事一切不關於心，課孫之暇，
掇拾吾文，翦去斷簡，附以近作，編次成帙。……」余為命其篇
曰《經詁》。[75]

戊申即萬曆三十六年，李鼎在此年從南京返回江西。由於應讖之期是
萬曆四十年（1612），所以他與孫汝澄訂西山之約，準備在此之前前往
西山迎接八百地仙。與此同時，李鼎也完成《松霞館偶譚》、《松霞
館續譚》、《松霞館贅言》，以及《經詁》這幾本著作。其中《經詁》
最值得注意。李鼎曾刊刻《四書古註》，[76] 並與王思任（1575-1646）合
編《詩經古註》，這兩本書都是制藝寫作的參考書籍。而《經詁》一
書，所詁之書包括《論語》、《大學》、《中庸》、《孟子》、《詩
經》，很可能就是在兩本古註之外另作個人註解，所以應也跟制藝寫
作有關。

　　如前文所述，李鼎對理學是比較疏遠的。他尤其不喜理學家的語
錄，所以多所批評說：

文以訓雅，言以諭俗，若五官四肢聽命於天君而不相攝者也。自
語錄興而文運之阨，歷數百年而不返，是在右文者加之意耳。[77]

古人以文學、言語為兩科，故里歌巷吟，悉經藻飾，而傳之至今。
宋儒以語錄、文章為一事，故家猷國憲，無非口占，而行之不遠。[78]

75　孫汝澄，〈書李長卿集後〉，收入李鼎，《李長卿集》，卷末，頁 1-4。

76　李鼎，《李長卿集》，卷 5，〈刻四書古註序〉，頁 1-2。

77　李鼎，《李長卿集》，卷 25，〈經詁‧子曰文莫章〉，頁 25。

78　李鼎，《李長卿集》，卷 20，〈松霞館偶譚〉，頁 11。

　　強調文學、言語為兩科，而批評宋儒混文章、語錄為一事，可知李鼎認為應以文章——而非語錄——論述經義。如其在揚州的弟子倪啟祚在為李鼎晚年的著作作序時指出：

> 宋儒多以語錄代文章，致辭多犗率，而未可經遠，吾師李長卿先生嘗數數言之。諸所著述若十種，業既絢辭英于東壁，擷文穎於西京矣。乃於聖賢經語，則銳思毫芒，緟以年歲，每一命筆，輒釐舉嘉義，無隻語染學究習，而辭條與筆陣，忽不自知其汨汨然來也。[79]

極力稱讚李鼎文章之佳妙，與其對語錄辭多粗率、未可經遠的批評相對比。

　　文章如何解經？李鼎早、中年所致意的，在於文章與經世不應歧為兩途，李鼎雖對文章的內涵沒有說明清楚，但從他當時所往來的人及所參與的社集來看，應指詩文而言。對李鼎這類經世取向如此明顯的人，他儘可不必在乎文章，但他卻堅持文章與經世不可歧為二途，而且持續參與各種社集。社集的人際網絡，以及可以找到同道中人，固然是原因之一——這也顯示這類詩文社集可以吸引各類人等，而不僅僅只是詩文的同好而已。對李鼎而言，文章不只是文章，還是儒學的大本，因為儒學典籍的經義，都須以文章註解及闡述。

　　晚年李鼎則把制藝也視為文章。李鼎對制藝的看法歷經三變。他早年便以制藝聞名，張民表即其早年所收的弟子；中年在揚州，晚年歸鄉開館授徒，所教授的也是制藝寫作。如他所自述——「余既謝經生業，諸君子持所論著就余揚榷者，屨滿戶外」。[80] 他說：

79　倪啟祚，〈李長卿先生經詁序〉，收入李鼎，《李長卿集》，卷首，頁1-2。

80　李鼎，《李長卿集》，卷5，〈刻朋來集序〉，頁12。

今所稱制義，大都十年一變，詎惟十年，亦且歲更，詎惟歲更，
亦且月異而日新焉。……余於此技蓋三變云；初以菽粟視之，技
亦菽粟而報余；既以雞肋視之，技亦雞肋而報余；今直土苴之矣，
而與諸君子揚榷時，輒有一言之幾乎道，豈所謂岫雲海市，無心
於文者得之耶！[81]

早年致意科舉，所以說「以菽粟視之」；中年在揚州開館，但志不在此，
所以說「以雞肋視之」，食之無味，棄之可惜。戲劇性的變化則發生
在他晚年歸鄉後，常在制藝的討論中有一言而幾於道，所以李鼎進而
主張制藝有其文之理，他說：

萬古不易者，文之理；三年一變者，文之調。究萬古不易之理，
從三年一變之調，於舉子業也何有。[82]

「三年一變者」，應指受科舉考試影響的制藝走向，但無論其走向如
何變異，仍不離其萬古不易之理。儘管李鼎沒有留下制藝著作，但從
他所刊刻及所作的儒學著作，都跟制藝寫作有關，正可佐證他晚年以
制藝來定義文章，以及思考與論述經籍的義理。

　　詩文與制藝屬於不同的文體，一般從文學史的角度看復古派中
衰，取而代興的應是公安、竟陵。但在李鼎此個案所呈現則是從詩文
到制藝的轉變，這個轉變正好跟明末江西社集活動的風潮轉變一致。
江西文壇自余日德、朱多煃在一五九〇年代先後去世後，接著便是萬
曆二十六年左右張位在歸鄉以後所倡導的佳山社（推測李鼎也曾與會），[83]

81　李鼎，《李長卿集》，卷5，〈刻朋來集序〉，頁12-13。

82　李鼎，《李長卿集》，卷21，〈松霞館偶譚續〉，頁5。

83　承霈修，杜有裳、楊兆崧纂，（同治）《新建縣志》（收入《中國方志集成・江西府縣志輯》，

以及大約成立於萬曆三十二年左右、由匡山九子所成立的匡山社。匡
山社有《匡山社集》，藏於中國科學院圖書館，據此集可知當時以匡
山九子為中心，與當時南昌一帶的士人有頗頻繁的社集活動。匡山社
可說是繼余日德、朱多煃等人的芙蓉社以後的重要社集，所以陳弘緒
說：

> 豫章之詩，當王李時，芙蓉社稱盛；已再盛於匡山社，則公安諸
> 袁爭雄長焉。[84]

匡山社的中心人物戴九玄病殁於天啟初年，推測這個社集應持續到萬
曆末、天啟初止。芙蓉社是文學復古運動風潮下的產物，而匡山社則
已受到公安派的影響。

　　但同樣也在萬曆中期以後，制藝文社漸起，先有紫雲社這個地方
性的社集，到了萬曆四十三年（1615）舉行的豫章社，則堪稱一時盛
會。豫章社全社雖僅十餘人，但都是江西各地的文學領袖人物，於是
藉由豫章社使得各地士人有更密切的來往與聯繫。[85] 此後制藝社集方才

第 5-6 冊，據清同治十年〔1871〕刻本影印），卷 48，〈人物志・文苑・明〉，頁 22：「汪
應蔓，字漢章，少負儁才，萬曆己酉（1609）鄉舉公車不第，益好為古文辭，與相國張洪陽，
及里中耆宿朱謀、喻均蕐為佳山社、龍光社，徜徉山水間。」（光緒）《江西通志》作「匡
山社、龍光社」，「匡」、「佳」二字相似，應是抄寫或刊刻舛誤。見曾國藩、劉坤一等修，
劉繹、趙之謙等纂，（光緒）《江西通志》（收入《續修四庫全書》，第 656-660 冊，據清
光緒七年〔1881〕刻本影印），卷 137，〈列傳四・南昌府四・明〉，頁 40。李鼎在萬曆
三十一年張位七十大壽時作〈瑞芝篇張相國七十〉，應是在此時參與佳山社。見李鼎，《李
長卿集》，卷 3，頁 1-3。

84　陳弘緒，《陳士業先生集》，《恒山存稿》，卷 2，〈朱萬合刻詩序〉，頁 9。

85　儲大文，《存硯樓二集》（收入《四庫未收書輯刊》，第 9 輯第 19 冊，據清乾隆京江張氏刻
十九年儲球孫等補修本影印），卷 5，〈孟春復集時暘堂序〉，頁 23：「豫章社不越數十人，
售殆盡，為明神、熹時盛事，奇文雅不閟科舉。」《四庫全書總目》中以豫章社是艾南英、
陳際泰、羅萬藻、章世純等四人主導成立，應誤。見永瑢等撰，《四庫全書總目》，卷 138，〈子
部四十八・類書類存目二〉，頁 1174：「其時張溥與張采立復社，艾南英與章世純、陳際泰

日盛。所以李鼎的轉向，既可說是反映此一風氣的轉變，同時也是走在風氣之先。

　　李鼎面對晚明復興的諸子學，以及釋道二氏的流行，他指出：

> 諸子百家各有一端之說，學者兼總博收，以備採擇，可也。若專治刑名一端，則有自斃之害；專治戰陣一端，則有殄民之害；其他楊墨至戰國而始盛，佛釋至東漢而始入中國，老子與孔子同時，未嘗指為異端，闕之可也。[86]

諸子百家須以儒學為本，免生弊病。這似正是李鼎的夫子自道——儘管具備軍事謀略與治理河渠的才能，而儒學仍是大本所在。對釋道兩教，李鼎則持兼容並蓄的看法，他說：

> 三教大聖人，闡經世出世之真宗，心心相印，一身小天地，會不神而神之玅理，綿綿若存。[87]
>
> 與二氏作敵國，畫水徒勤；引三教為一家，搏沙自苦；曲士強生分合，至人不立異同。[88]

諸子百家須以儒學為本，而釋道則與儒學並立，既無本末之別，也無異同可分。不同於一些三教合一論者在教義上融合三教，李鼎反而強調三教教義不能任意互通，所以前引李鼎不滿時人以釋典解經，而說：「邇來譚性命者夥矣，大都醉心於釋典而發揮于九經之註，立議愈深，

及萬藻立豫章社。」

86　李鼎，《李長卿集》，卷25，〈經詁・子曰攻乎異端章〉，頁7。

87　李鼎，《李長卿集》，卷20，〈松霞館偶譚〉，頁2。

88　李鼎，《李長卿集》，卷20，〈松霞館偶譚〉，頁4。

而經旨愈晦。」[89] 儒學典籍必須以經解經，而不能以釋典解經。三教間雖不立異，但也不求同，可讓他在儒學與淨明道之間有較大的轉圜空間。

李鼎晚年所信奉的淨明道，屬於新道教中符籙派的一支，由於強調忠、孝，所以與儒學頗有交涉，並且受到心學家如王畿、羅汝芳等人的注意。李鼎與淨明道的因緣，可以上溯到早年，他在寫給郭子章的一封信上說：

> 鼎于文章家不能窺其一斑，惟數十年來，從方以外者授黃老莊列道家之言，頗有一得，當圖晉而獻之左右，先生將無戒闇人內之否！[90]

引文既說「數十年來」，從萬曆三十四年（1606）往前推算，至少必須是萬曆十四年（1586）以前，而李鼎是萬曆十六年考取舉人，亦即李鼎在考取舉人前便已從方外之士得授道家之言方才合理。我們若是再考慮到李鼎深受其父李遜的影響，而據萬恭為李遜所作的墓誌銘中說他「乃入黃堂，友旌陽」，[91] 黃堂位於南昌府城南，所祀諶母是許遜之師，李遜應是黃堂隆道宮的信徒。推測李鼎應與其父同樣受到黃堂隆道宮道士的影響，而得聞道教教義。此後，李鼎隨軍西征時則談到：

> 不佞西行，喜逢異人，指示性命根宗，豁然若披尺霧而睹白日，即一日而取侯封、佩相印，所不與易也！何時得與足下一究竟乎！[92]

89　李鼎，《李長卿集》，卷26，〈中庸大旨〉，頁21。

90　李鼎，《李長卿集》，卷9，〈上大中丞青螺郭先生書〉，頁19。

91　萬恭，《洞陽子集再續集》，卷3，〈李洪西墓誌銘〉，頁43。

92　李鼎，《李長卿集》，卷10，〈與張林宗書〉，頁15。

儘管沒有任何資料顯示李鼎所遇異人是誰，以及所得聞道是怎樣的內容，但應是道教的性命根宗之學。把經世事業視為第一義的李鼎，竟說出「一日而取侯封、佩相印，所不與易也」這類話，顯示他所聞的性命根宗讓他得見一番新氣象新天地。但當時李鼎並未真的放棄經世理想而尋求出世。直到晚年李鼎歸鄉，方才醉心於淨明道，姻親張位勸他說：「君方欲臨瀚海，封狼居胥，而未遂，乃遽逃於無何有之鄉耶！」李鼎的反應是「瞪視不答」，[93] 可能就是他的出世之想由來已久，而張位卻不解此意。

在繼續討論前，我們應對一些選項先作排除。首先，李鼎在江南的那段期間，儘管江南一度流行曇陽子信仰，但當時王世貞、屠隆等人都已身故，而李鼎文集中也不見有關曇陽子的言論，所以他所遇的異人應跟曇陽子信仰無關。其次，李鼎後來在南京遇彭幼朔，但從相關文字來看，二人應非舊識，所以他在西行所遇異人，應也非彭幼朔。

但與彭幼朔在南京的相遇，對李鼎而言確是一件大事，而彭幼朔也是讓李鼎從信奉淨明道到進一步篤信龍沙讖末世預言的關鍵人物。李鼎敘述他所見的彭幼朔，說：

> 乃我又朔彭真人，應運特興，從遊者甚夥，真人各授以秘密藏法，言人人殊，使坐玄室中。久之，虛中生白，神光陸離，或如弦月，或如海日；或如北斗，或如繁星；或見青鸞白鶴，或見蹲獅舞象；或遊天堂，拜金母而揖木公；或入地府，睹先靈而逢故識；或坐少廣而洞觀乎四虛，或御飛輪而劉覽乎八極；或甲士當前而離立，或攻曹附耳而密陳。[94]

93　金桂馨、漆逢源纂輯，《逍遙山萬壽宮通志》，卷22，〈志・興復・鄉賢・李鼎〉，頁13。

94　李鼎，《李長卿集》，卷7，〈宇定天光記〉，頁3。

此段所述，多屬神跡或怪力亂神之事，既無關於淨明道教義，也未及
於李鼎所關心的性命根宗。當時南京流行龍沙讖預言，吸引江南許多
士人的信從。龍沙讖預言雖從淨明道而來，但後來的發展卻已脫出淨
明道原本的脈絡。在淨明道的脈絡下，該預言本指許遜飛昇後，一千
兩百四十年後，天下將大亂，於是將有八百地仙前來平亂。但該預言
經過流傳轉化後，人們所重視卻多集中在自己的姓名是否列於仙籍而
得以隨八百地仙沖舉飛昇。當時談預言者不少，彭幼朔即其中之一。[95]
彭幼朔如何解釋龍沙讖今已不得而知，但他給了龍沙讖一個確定實現
的日期，即萬曆四十、四十一年（1613）左右，同時以名列仙籍來吸
引士人或信徒。李鼎從彭幼朔處所得聞預言，並真心期待應讖之年的
來臨。所以他在萬曆三十三年向人表示「將返豫章，閉戶終老」，[96] 萬
曆三十六年「臥病西山敝廬」，[97] 並貽書門人倪啟祚，明言己有終焉之
志。[98] 另據孫汝澄所述，可知所謂己有終焉之志，即李鼎為此讖言「離
輻重去，為尋仙遊」。[99] 但此舉並未能如其所願，李鼎始終未見龍沙讖
的應驗之跡，所以他在尋仙之後談其心情說：「都僊一千二百四十年
之讖，適當萬曆在宥之王子。距今一年而溢耳。海內奉道弟子延領西
望，而不得其朕也，蓋日怦怦焉。」[100]

　　此處「距今一年而溢」不解其確切意，似可指萬曆三十九年
（1611），也可以是萬曆四十一年。為其集作序的倪啟祚說李鼎「委骨

95　見本書第四章，〈飛昇出世的期待：明代士人與龍沙讖〉。

96　李鼎，《李長卿集》，卷7，〈遊新都太平十寺記〉，頁4。

97　李鼎，《李長卿集》，卷21，〈松霞館偶譚續〉，頁1。

98　倪啟祚，〈李長卿先生經詁序〉，收入李鼎，《李長卿集》，卷首，頁4。

99　孫汝澄，〈書李長卿集後〉，收入李鼎，《李長卿集》，卷末，頁1。

100　李鼎，《李長卿集》，卷24，〈淨明揚教劉先生傳〉，頁17。

幽岩，入脩夜之不暘」，[101] 作跋的孫汝澄稱其文集是「遺稿」，[102] 二人的序跋都標明是萬曆四十年作。若當時李鼎已卒，則李鼎便是在應讖年的前一年失望說「不得其朕」。但李鼎的卒年實在太過巧合，不免讓人懷疑，是否李鼎因其尋仙遊，而被視為已出世而不住世，所以倪、孫二人才會作此語。

　　李鼎出身南昌，加上早年接觸黃堂隆道宮的背景及西行得聞性命根宗的際遇，所以歸鄉等待應讖之年時，便著手整理淨明道的相關資料，完成《淨明忠孝全傳正訛》。作此書的原因，在於過去許多有關許遜及其弟子的傳說啟人疑竇，而今應讖之期已近，希望藉此書取信於人。[103] 李鼎說：

> 蓋作者欲彰神聖之奇，而反以傷誕；欲著顛末之詳，而反以傷冗；欲侈雅俗之觀，而反以傷俚。即深信如洪州人士且有疑焉，而欲令疑者之信，不已遠乎！頃八百之期，近在目睫，將五陵之雲合而至者，文獻無徵，則地主之責，胡可逭焉！緣取全書，稍加刪潤，質以《道藏》之所紀錄，父老之所傳誦，彙為一帙。[104]

儘管作此書是為了避免傷誕、傷冗，但李鼎並未抹除許遜的神異事跡不載。李鼎先說淨明道以忠孝為教，是儒、道兩家的交集所在，而許遜兼有儒、道兩教之統：

> 仲尼氏訓忠孝，討亂賊，憂世之志切矣。老氏乃曰：「六親不和，

101　倪啟祚，〈李長卿先生經詁序〉，收入李鼎，《李長卿集》，卷首，頁4。

102　孫汝澄，〈書李長卿集後〉，收入李鼎，《李長卿集》，卷末，頁3。

103　李鼎有意針對許遜遺論、劉玉語錄，以及教義問答而作《淨明忠孝全書別編》，但未果。見李鼎，《李長卿集》，卷23，〈淨明忠孝全傳正訛序〉，頁3。

104　李鼎，《李長卿集》，卷23，〈淨明忠孝全傳正訛序〉，頁1-2。

有孝慈；國家昏亂，有忠臣。」若有不屑焉者。晉人課虛無，廢
名檢，至與禮法之士相視若仇，寧獨將無同而已耶？都仙（按：許
遜）起晉代，崇道德，惓惓以忠孝為教，又自忠孝而衍為八柱，
玄聖、素王之統一矣。[105]

八柱是跟《太上靈寶淨明中黃八柱經》有關，李鼎稱八柱為神舍之主，
也是垂世八寶，分別是忠、孝、廉、謹、寬、裕、容、忍，前四者是
修身，「修身如此，可以成德」；後四者是接物，「以此接物，怨咎
滌除」。[106] 所以前引文說「自忠孝而衍為八柱」。孔子是素王，玄聖
即道教形象的老子。細繹其言，應是指老子不談忠孝，但許遜雖屬道
教，以忠孝為教，能夠與儒學相合，因此能夠把素王與玄聖二統合而
為一。

　　另一方面，對於神異事跡，李鼎同樣強調以忠孝為本，並以孔子
能為而能不為作解，說：

沖舉之事，傳神仙者往往而書，正史不載，意深遠矣。鐵柱維鎮
地脉，則自旌陽公特創，為有目者所共睹，焉可誣也！蓋宇宙在
手，萬化生身，造無而有，則為鐵柱；化有而無，則為拔宅。……
總之以淨明忠孝為本，何必異於聖學哉！列子曰仲尼能為而能不
為者也，可以釋千古之疑網矣。[107]

沖舉飛昇跟龍沙讖有關，李鼎對此深信不疑；鐵柱斬蛟則是許遜最重
要也最為人所知的事跡，自然不能撇開不論。所以李鼎一再強調忠孝

105　李鼎，《李長卿集》，卷23，〈太上靈寶淨明中黃八柱經〉，頁6-7。

106　李鼎，《李長卿集》，卷23，〈太上靈寶淨明中黃八柱經〉，頁4。

107　李鼎，《李長卿集》，卷23，〈淨明道師旌陽許真君後傳〉，頁18。

為本，以及孔子能為而不為，意即兩事都不算是子不語的怪力亂神。

　　李鼎在完成《正訛》一書後，作表上予許遜，表上寫道：

> 鼎世業為儒，稍涉六籍百家之涘；弱齡慕道，未窺三洞四輔之藩；
> 仗劍懷書，爰失塞翁之馬；尋師訪侶，終亡岐路之羊。詎知天翼
> 其行，舉趾動紫荊棘；或者神授之鑑，回心獲證菩提。[108]

此段即寫其生平經歷；早年以儒為本，同時接觸道教，但未深究其典籍。此後武功經世，西行而遇異人，故曰失塞翁之馬；接著在江南的文社交遊，未能經世致用，所以只是岐路之羊；最後終於「回心獲證菩提」。「菩提」是佛教用語，但李鼎卻用來指他因淨明道而證悟。

小結

　　明中晚期的文學復古運動中，李鼎是比較少見的特例，他以文學辭章著稱，也有強烈追求經世實踐的傾向，而且強調文章與經世不可歧為二途。李鼎晚年雖然轉向淨明道，但他刻意凸出忠孝的教義與斬蛟治水的功蹟，以便在經世與出世之間取得協調。

　　李鼎晚年轉向制藝也很值得注意。在豫章社以前，江西各地的制藝社集不多，而當制藝社集尚未大盛，李鼎卻已走在風氣之先，這也可以解釋，為何晚李鼎一輩、南昌的制藝作手陳弘緒會為李鼎作傳。李鼎無論早、中年與晚年，都同時跨足在經世、宗教，以及儒學三者之間。關鍵不同只在於早、中年李鼎側重詩文，而晚年則偏向制藝與淨明道。

108　李鼎，《李長卿集》，卷 24，〈恭進淨明忠孝經傳正訛表〉，頁 23。

　　李鼎的個案具體而微體現整個從萬曆年間到明末的風氣轉變，至少在江西一地，發生從復古派的詩文社集到制藝社集的轉變。儘管詩文與制藝不是同類的文體，在文學史的討論上也不會將兩者並列，但由此個案即可看出，對這個時期的風潮轉變，不能只從文體及文風的轉變看，而必須更廣泛而全面思考其他面向。尤其李鼎晚年不必應科舉，也無功名之想，所以我們對制藝社集，也不應將其簡單定位為類似今日的科舉補習班一樣。

附表 1 《李長卿集》的編校門人名單

卷目	編校門人	卷目	編校門人
卷 1	中牟張民表	卷 16	真州晏有聲
卷 2	建武梅慶生	卷 17	齊安孟淑孔
卷 3	江都游揚	卷 18	金陵張振豪
卷 4	江都倪啟祚	卷 19	金陵陳文明
卷 5	江都許國心	卷 20	新安程百二
卷 6	河津劉有質／劉有綸	卷 21	廣陵徐心繹
卷 7	江都彭承蓋／彭承古	卷 22	婺源孫良蔚
卷 8	真州李毓	卷 23	南昌汪應婁
卷 9	當塗端汝洛	卷 24	泰和郭孔陵
卷 10	江都章萬椿	卷 25	姪李克定
卷 11	江都秦秉孝／秦秉廉	卷 26	孫李三齊
卷 12	句容王士修	卷 27	孫李三楚
卷 13	新安程可徵	卷 28	孫李三晉。
卷 14	武林錢權	序 1	大泌山人李維楨本寧撰，天都門人程百二幼輿氏書。
卷 15	真州王維亮	序 2	西平友弟謝廷諒友可撰，門人汪應婁書。

卷目	編校門人	卷目	編校門人
序 3	萬曆四十年（1612）通家友弟歙謝陛撰，齊安門人孟淑孔書。	序 6	東海高出題，門人潘一駒書。
序 4	年友弟王衡題	序 7	社弟謝廷讚撰，白沙門人王維亮書。
序 5	友雷暎元亮撰，門人程可徵公車書。	序 8	門人倪啟祚撰，門人章萬椿書。
		跋	萬曆四十年（1612）新安孫汝澄撰，武林門人錢權書。

表 2 《步丘草》的編校門人名單

卷目	編校門人	卷目	編校門人
卷 1	李通／章萬椿	卷 13	車從軾／車從轍
卷 2	馬呈錦／陳以忠	卷 14	許國心／鄭茂英
卷 3	鄭之彥／何士傑	卷 15	陶士允／黃金聘
卷 4	施我素／鄭之冕	卷 16	王庭柏／方雲起
卷 5	（缺）	卷 17	張懋謙／方學周
卷 6	李長敷／章萬桂	卷 18	楊時明／王燦然
卷 7	樓祖虞／卞時強	卷 19	許明儀／周應麟
卷 8	游揚／甯時霈	卷 20	（缺首頁）
卷 9	張用賓／張大禮	卷 21	（缺）
卷 10	彭承蓋／彭承古	序 1	李維楨撰，古臨社弟李光遠書。
卷 11	朱文鼎／范攀龍	序 2	萬曆四十二年甲寅（1614）謝廷諒書于五達莊。
卷 12	郭一縉／姚文淑		

第七章

風潮遞嬗下的地方小讀書人：
以涂伯昌為例 *

前言

　　明中晚期的三股風潮：文學復古運動、心學運動、制藝風潮。詩文、心學與制藝，看似是三個領域，但所形成的風潮卻彼此交集交錯而相關。過去較多會從大方向看士人如何應對各種運動或風潮，尤其把焦點放在文化中心區或重要人物身上。中心區往往可以很快反應思潮的變換，以及個別思潮的傾向。同樣地，重要人物的特色往往較為凸顯，例如心學家專談心學而少在詩社，詩人吟詩作對而不常涉及心學，制藝名家也較少被心學的問題所困擾。至於地方上的小讀書人，我們固然可以推測他們在這三波風潮中，應該既接觸心學、詩文，也寫制藝，而且往往隨著風潮而轉，同時被其他的兩種風潮所困擾，但往往苦於材料不足，我們很難去詳細了解這些默默無聞的小讀書人的狀況。

　　本文主要聚焦在後鄧元錫時代，直到明末的這段時期，尤其是以涂伯昌為中心的新城士人如何應對從陽明心學到制藝風潮的轉變。鄧元錫（1529-1593）與涂伯昌各自屬於新城的兩大族，新城僻處山區，

---

* 本章文稿以〈風潮遞嬗下的地方小讀書人：從陽明心學到制藝風潮的江西新城〉原刊於2021年《新史學》第32卷第3期，頁1-69。於收錄本專書時略作增刪，謹此說明。

文教並不發達，功名成就也不高，從嘉靖朝以後直到明末的舉人進士共約四十餘人，而出自鄧、涂二人家族的便占了全部的 1/3 左右，亦即有 1/3 的舉人或進士是二人的族人，而其他舉人、進士則有不少是鄧元錫的門人弟子，或涂伯昌的友人。所以鄧元錫去世以後，藉由其族人，仍有不小的影響力，至於涂伯昌亦然。鄧、涂二人，可說是不同時期的新城士人群體的中心人物。藉由觀察這段時期的新城學術，可以看到從心學講會衰微到制藝文社興起的這段時期的過程與變化。

一、新城的心學淵源

新城在明代屬於建昌府，建昌府共五縣：南城、南豐、新城、廣昌、瀘溪，而以南城為府治所在。新城僻處山區，儘管有河流流經，但小而湍急，必須到南城以後才較適合航行，加上士人須至南城參加府試，使得新城士人較多往來新城、南城之間，與南城的關係亦較與其他幾縣密切。

另一方面，儘管明代把撫州與建昌分別為兩府，但從地形、交通與文化上，兩府其實可以視為同一區域，例如今日中國大陸的行政區劃，便將兩府合併稱作撫州地區，臨川則是此區的文化中心。新城士人與鄰縣南城的關係最密切，而臨川雖然距離較遠，新城士人仍不時會前往該地。

嘉靖、隆慶、萬曆三朝是陽明心學的極盛期，不少地方都有陽明學的講會，而其中江西作為江右陽明學派所在，被視為陽明心學的正統。江西從學術文化的發展的角度可粗分作三區，分別是吉安、撫州與南昌等三個中心，《明儒學案》江右學案所列人物的地域分布亦主要在此三區。其中吉安府是陽明心學的重鎮，鄒守益、羅洪先、聶豹等多位重要的陽明學者皆聚集於此。南昌府則先後有魏良弼三兄弟主

持學術，以及鄧以讚、章潢等人繼起，儘管聲光不能與吉安府相提並論，但亦僅居次而已。[1]

　　相較之下，撫州地區的陽明心學的風氣不算極盛。撫州府的陽明心學以陳明水（1494-1562）為代表，但影響力未能廣及於撫州府以外區域，建昌府的陽明心學則以新城鄧元錫、南城羅汝芳二人為首。鄧元錫，字汝極，號潛谷，從學於鄒守益、劉邦采，得其旨要。鄧元錫重視九容、九思，以及對知識的博學考索，他先後完成《五經繹》、《三禮繹》與《函史》等書，皆與經史之學有關，而經史之學正是鄧元錫殊異於同時代其他陽明心學家之處。[2]至於羅汝芳的研究已頗多，此處僅簡單介紹，羅汝芳被視為泰州學派的代表人物，其學主張不學不慮以求本心，而本心即孝弟慈，[3]此說頗與明中期講究德性之知，而置聞見之知為第二位的學風相合。羅汝芳待在南城的時間雖不長，但聲望極高，在撫州地區幾乎可以與王守仁相提並論。羅汝芳長鄧元錫十餘歲，而鄧早年曾向羅問學，所以鄧元錫自述「元錫固時時從羅先生游，

1　有關陽明講會的研究，可參考呂妙芬，《陽明學士人社群——歷史、思想與實踐》（臺北：中央研究院近代史研究所，2003）。陽明心學家的活動，請見吳震，《明代知識界講學活動繫年1522-1602》。關於江右陽明學派的研究，請見張藝曦，《社群、家族與王學的鄉里實踐——以明中晚期江西吉水、安福兩縣為例》（臺北：國立臺灣大學出版委員會，2006）。

2　余英時先生也指出這點，表示鄧元錫已有意開闢經學的新途，不過從焦竑所作序，可知焦竑仍未放棄其理學門面。見余英時，〈從宋明儒學的發展論清代思想史〉，收入氏著，《歷史與思想》（臺北：聯經出版事業公司，1987），頁87-119，尤其是頁114。

3　關於羅汝芳的研究實在太多，所以此處僅列舉幾篇與本章較有關的文章或專書，較早研究羅汝芳而成一家言者，當推程玉瑛的文章及專書，請見程玉瑛，《晚明被遺忘的思想家：羅汝芳（近溪）詩文事蹟編年》（臺北：廣文書局，1995）。另有一篇也稍有涉及，即程玉瑛，〈王艮（1483-1541）與泰州學派：良知的普及化〉，《國立臺灣師範大學歷史學報》，17（臺北，1989），頁59-136。另有李慶龍的博士論文則是較早專門以羅汝芳為題的專著，請見李慶龍，〈羅汝芳思想研究〉（臺北：國立臺灣大學歷史學研究所博士論文，1999）。後來陸續有一些文章是從講學活動，以及眾多陽明後學的角度研究，如呂妙芬，〈明代寧國府的陽明講會活動〉，《新史學》，12：1（臺北，2001），頁53-114；吳震，《陽明後學研究》（上海：上海人民出版社，2003）；吳震，《羅汝芳評傳》（南京：南京大學出版社，2005）。

不盡名其學」，[4]加上鄧元錫的聲光不如羅汝芳顯赫，所以甚至有說鄧元錫師從於羅汝芳，[5]不過清代《新城縣志》的編者提出疑義，說：

> 元錫學與羅汝芳異。羅學出顏鈞，《潛學稿‧陳一泉墓誌》詆顏、羅之學甚篤，祭羅文亦有異其所異語，又有與羅書，於羅竝不稱師，康熙郡志亦不載元錫師羅，《通志》及《明史‧儒林傳》謂元錫南城人，遊羅門，誤矣。[6]

黃端伯在為羅汝芳的語錄所作序上則說：

> 鄧子尊羅子，信羅子，猶若有疑於羅子，鄧子知羅子者也。[7]

看來二人的關係應在師友之間。焦竑曾評價鄧元錫的學術是：「以經徵悟，以悟徵經」[8]，並列悟與經，顯示鄧元錫重經史而未廢悟，與偏重悟的羅汝芳在學術上有相通處，加上彼此地緣相近，又共同講學，所以並列二人便很合理，鄧澄說：

4　鄧元錫，《潛學編》（收入《四庫全書存目叢書》，集部第 130 冊，據明萬曆三十五年〔1607〕左宗郢刻本影印），卷 8，〈將仕郎益國典儀樵南羅君墓誌銘〉，頁 38。

5　《明史》便說鄧元錫是南城人，而「游邑人羅汝芳門」。見張廷玉等撰，鄭天挺點校，《新校本明史》，卷 283，〈鄧元錫傳〉，頁 29。

6　劉昌嶽修、鄧家祺纂，（同治）《新城縣志》（收入《中國方志叢書‧華中地方‧江西省》，第 256 號，據清同治九年〔1870〕刊本影印），卷 10，〈理學〉，頁 6-7。

7　黃端伯，《瑤光閣集》（收入《四庫全書存目叢書》，集部第 193 冊，據清乾隆黃祐刻本影印），卷 6，〈羅近溪先生語錄序〉，頁 1。關於鄧元錫、羅汝芳與泰州學派的關係，劉勇有相關討論，見劉勇，〈鄧元錫與《皇明書》：十六世紀晚期的明代學術思想史編撰〉（廣州：中山大學歷史學碩士論文，2005），第 1 章第 3 節。

8　焦竑，《焦氏澹園續集》（收入《續修四庫全書》，第 1364 冊，據明萬曆三十九年〔1611〕朱汝鰲刻本影印），卷 1，〈鄧潛谷先生經緯序〉，頁 17。

時郡近溪羅先生得心齋之傳，直指人心，不學不慮，孩提孝弟，
日用飲食之常，易簡直截，海內稱龍溪筆近溪舌。先生（按：鄧元錫）
與之相和節如金玉，亦時相調劑如水火。學者游於羅先生之大，
而歸先生之正，至今稱旴江羅鄧兩先生無間云。[9]

　　鄧澄是鄧元錫的族人及門人，而這段文字出自鄧元錫傳，應可代
表同時新城士人的看法，亦即認為羅、鄧學術可以相調劑如水火，[10]二
人同是當地陽明心學的宗主人物。

　　不過，鄧元錫在世時，他的學術並未得到太多人的重視，鄧澄在
為鄧元錫所作的傳中說：「邑人固鮮知先生」，[11]此言應有實指，只是
我們仍須判斷這句話的強度。鄧元錫的住所在縣城旁的南津，他長年
待在新城，而多半只在住所附近講學，所以算是很在地性，也很小規
模的講學。相對於此，羅汝芳經常四方講學、動輒吸引數百人聽講，
等到萬曆初年羅汝芳致仕歸鄉，則在撫州府的府城臨川與金溪講學，[12]
吸引不少新城士人前去聽講，對新城士人的學術影響力明顯凌駕於鄧
元錫之上。鄧澄說「學者游於羅先生之大，而歸先生之正」或「羅先
生大而鄧先生謹嚴」，[13]應是為了調停兩者，以及讓鄧元錫在羅汝芳

9　鄧澄，《鄧東垣集》（收入《四庫禁燬叢刊補編》，第80冊，據北京圖書館藏清敦鳳堂活字本），
　　卷8，〈徵君先生傳〉，頁10。據鄧元錫《潛學編》卷首所收鄧澄〈徵君先生傳〉補。

10　值得注意的是，鄧澄的這段話中把羅汝芳的學術歸類到為王艮之傳，或許有可能是受到焦竑
　　的引導所致，因為焦竑在為王艮所作的傳中，也用了「以經徵悟，以悟徵經」，儘管這句話
　　最初的出處是來自趙大洲，但焦竑用這句話來說鄧元錫與王艮。

11　鄧澄，《鄧東垣集》，卷8，〈徵君先生傳〉，頁13。

12　臨川的講學地在城內羊角山、正覺寺一帶，金溪的在疎山一帶，這兩處都位於撫河沿岸，交
　　通上較便利。請見胡釗、松安等修纂，（道光）《金谿縣志》（收入《中國方志叢書‧華中
　　地方‧江西省》，第800號，據清道光六年〔1826〕刊本），卷11，〈宦業〉，頁17；李東
　　明，〈徐得吾先生傳〉，在編者不詳，《上源徐氏宗譜》（金溪琉璃鄉印山上源徐水興家藏，
　　民國三十五年〔1946〕十修），卷7，頁8。

的鉅大影響力下仍取得一席地而說。

鄧元錫的學術主要有賴於地方家族及幾位核心門人傳承其學。鄧氏族人中當推鄧渼（萬曆二十六年〔1598〕進士）與鄧澄（萬曆三十二年〔1604〕進士）二人，鄧渼，字遠游，號壺邱，以詩作著稱；鄧澄，字於德，號來沙，他同時習於羅汝芳、鄧元錫二人門下。鄧澄的下一輩鄧京（字君大，號存六，萬曆三十一年〔1603〕舉人）自幼喜讀先儒格言，少從鄧元錫學，且讀遍鄧元錫所著書。[14]

新城東坊涂氏與鄧氏並列新城兩大家族。涂氏在明初曾盛極一時，多人取得進士功名，但永樂二年（1424）以後，將近兩百年未再有人得中進士，[15]直到萬曆三十五年（1607）涂國鼎方才填補此空白。鄧、涂二族之間常有聯姻，[16]關係密切，所以涂國鼎的上一輩有不少人師從或與鄧元錫相友，如涂儲，以詩名，所作《涂詩選》有鄧元錫作序。[17]涂國鼎之父涂朝敬（字良直，別號一亭）則贄從鄧元錫、羅汝芳講學，據載他「取理于羅，取材于鄧」，[18]而且終身服膺二人之學。[19]涂术師

13　黎元寬，〈明翰林院庶吉士監察御史巡按南直隸鄧公来沙先生墓表〉，在鄧澄，《鄧東垣集》，卷首，頁4。

14　鄧澄，《鄧東垣集》，卷12，〈從子工部司務存六暨二婦合葬墓誌銘〉，頁12-13。

15　這一點可從新城的世進士坊得到印證。世進士坊包括涂欽、涂敬、涂順、涂國鼎、涂景祚、涂學烜、涂應槐幾人，涂欽（洪武十八年〔1385〕進士）、涂順（永樂二年〔1404〕進士）是父子，涂敬（永樂二年進士）是涂欽的從弟，但緊接著涂國鼎則是萬曆三十五年（1607）丁未進士，涂景祚則是入清後人。

16　如鄧元錫便說：「新城族望稱涂氏，乃族姓姻聯，涂、鄧為睦。」鄧元錫，《潛學編》，卷7，〈壽涂少溪序〉，頁32。

17　鄧元錫，《潛學編》，卷6，〈涂詩選序〉，頁47-49。

18　熊明遇，《文直行書詩文》（收入《四庫禁燬書叢刊》，集部第106冊，據清順治十七年〔1660〕熊人霖刻本影印），文卷14，〈敕封大行人涂公一亭墓志銘〉，頁16。

19　涂國鼎，《性餘堂集》（收入《四庫禁燬書叢刊補編》，第69冊，據清康熙舊園刻本影印），卷10，〈顯考一亭府君行狀〉，頁39。

鄧元錫，無子，囑其姪涂雲雁（萬曆七年〔1579〕鄉薦）往師之。[20] 涂雲雁從其言，少從鄧元錫遊，後又隨羅汝芳學，得二人印可，並將所學用於施政。[21] 涂懋政（萬曆十六年〔1588〕舉人）也是「早從鄧元錫遊，敦尚實學」。[22] 鄧元錫的兩位門人──張檟（嘉靖三十八年〔1559〕進士）與馮渠（萬曆十一年〔1583〕進士）都未留下文集，馮渠的事蹟不顯，[23] 張檟是鄧元錫的姑表兄弟，二人年紀相近，可說是亦師亦友。[24] 張檟曾在皆春堂書屋講學。[25] 張檟的從姪張鑰則從學於羅汝芳門下。[26]

　　鄧元錫卒於萬曆二十一年（1593），門人弟子在其居處附近建鄧徵君祠，[27] 據載每月朔望後一日，群諸慕道者都會講學於此祠中。[28] 鄧徵君祠主要是左宗郢、張檟、馮渠所建，涂朝敬之子涂國鼎作記。左宗郢，字景賢，號心源，南城人，萬曆十七年（1589）進士，他在考取進士以前，跟隨羅汝芳、鄧元錫二人學習十年的時間，據其自述：「性命大宗，早歲得之明德，而危微正反，則參之徵君」，[29] 明德即羅汝芳，

20　天德等修纂，（康熙）《新城縣志》（收入《中國方志叢書・華中地方・江西省》，第895號，據清康熙十二年〔1673〕刊本影印），卷9，〈人物〉，頁101。

21　鄧澄，《鄧東垣集》，卷11，〈明中憲大夫雷陽太守涂公振宇先生墓誌銘〉，頁16-17。

22　以上見邵子彞等修、魯琪光等纂，（同治）《建昌府志》（收入《中國方志叢書・華中地方・江西省》，第831號，據清同治十一〔1872〕年刊本影印），卷8，〈孝友〉，頁16。

23　馮渠的事蹟請見鄧澄，《鄧東垣集》，卷11，〈中憲大夫太僕寺少卿馮公墓誌銘〉，頁1-7。但墓誌銘中僅記馮渠曾師鄧元錫，及致仕後汲汲講學，而對其人際網絡、居鄉作為則未多提及。

24　方懋祿等修、夏之翰等纂，（乾隆）《新城縣志》（收入《中國方志叢書・華中地方・江西省》，第896號，據清乾隆十六〔1751〕年刊本影印），卷9，〈先正〉，頁52。

25　邵子彞等修、魯琪光等纂，（同治）《建昌府志》，卷1，〈地理〉，頁3：「皆春堂書屋：在新城東隅，張檟講學之所。」

26　周天德等修纂，（康熙）《新城縣志》，卷9，〈人物〉，頁94。

27　邵子彞等修、魯琪光等纂，（同治）《建昌府志》，卷2，〈建置〉，頁15：「鄧徵君祠，在南津，祀明儒鄧元錫，其門人張檟、馮渠、左宗郢等建，涂國鼎為記。」

28　涂國鼎，《性餘堂集》，卷10，〈顯考一亭府君行狀〉，頁39。

徵君即鄧元錫。左宗郢長年在外任官，所以推測祠會的講學活動即由張櫆、馮渠，加上涂朝敬等人主持，鄧澄應也在此祠會中。較諸張櫆、馮渠、涂朝敬等人，鄧澄的年紀小了一輩以上。這個祠會活動並未持續很久，不僅鄧澄的文集中未再提及此祠會，而且也未再見講會的記錄。據此應可推測，在鄧元錫這位大儒去世以後不久，新城當地便少見有講學活動。

講會不再舉行，並不表示鄧元錫的學術已全面衰微，相反地，鄧元錫藉由其著作的刊刻，而仍持續發揮影響力。同樣地，羅汝芳去世後，其著作亦持續流傳及被閱讀，而有其影響力。

二、鄧元錫的著作評價：明興以來為六經之文自先生始

陽明學的相關著作影響最大的，當推《傳習錄》與古本《大學》，對《大學》的解釋是陽明學與程朱學立異的關鍵所在，而《傳習錄》則記載王守仁與門人弟子及友人之間的討論，內容包括陽明學的許多重要觀念，所以當時不少士人都是從這兩本小書接觸陽明學。[30] 隨著陽明學的流行，王守仁的門人弟子及後學各立宗旨，亦各張其說，士人除了參與講會以外，也會閱讀這些心學家的語錄及其文集。語錄的內容往往是某些講會的精要所在，而文集雖不如語錄好讀，但心學家常在其文集的一些文章闡釋其學說論點或宗旨，所以仍會吸引一些人閱讀。羅汝芳是很典型的例子，他的講學極受士人歡迎，語錄與文集也有不少讀者，不僅《明道錄》及其文集《近溪子集》在其生前便已陸續刊刻出版，《近溪子集》有耿定向、楊起元等人批點，其卒後刊行的《盱壇直詮》影響亦大。

29　鄧澄，《鄧東垣集》，卷10，〈中憲大夫南京太常寺少卿左公墓誌銘〉，頁17。

30　見本書第二章，〈《傳習錄》與古本《大學》的流傳及其影響〉。

　　鄧元錫則稍有不同。鄧元錫的學術重心在經史之學，所以沒有專門的語錄，而其著作都是在其卒後由左宗郢所主持刊刻。萬曆三十五年（1607）左宗郢擔任浙江巡鹽御史期間，刊刻鄧元錫的《潛學編》，並請陶望齡作序。[31] 陶望齡，字周望，號石簣，是王守仁的再傳弟子，《明史》記載：

　　　越中自王守仁後，一傳為王畿，再傳為周汝登、陶望齡。[32]

《明儒學案》中陶望齡在「泰州學案」，被視為跟王艮這一派的學術有關，[33] 前文談到鄧澄以為羅汝芳與鄧元錫二人學術皆與王艮頗有淵源，而這也許是左宗郢找陶望齡作序的原因之一。至於陶望齡的另一個身分：會元與制藝名家，則較少人注意（後詳）。陶望齡的這篇序文頗值得細讀，從中可見到從陽明心學到制藝風潮的風氣遞嬗變遷的徵兆，所以不煩文長徵引關鍵段落如下：

　　　明興，一以經術設科，而帖括俳偶，所詣彌下。弘、正間，修詞
　　　家蔚起，吐棄故爛，更命古學，於是古文、經義之文，又判然為

31　當時刊行的有《潛學編》與《五經繹》，並得到包括焦竑、顧憲成、陶望齡等人的作序。焦竑，《焦氏澹園續集》，卷1，〈鄧潛谷先生經繹序〉，頁16-18；顧憲成，《涇皋藏稿》，收入《景印文淵閣四庫全書》，第1292冊，卷6，〈《五經繹》序〉，頁15-17；陶望齡，《歇菴集》（收入《續修四庫全書》，第1365冊，據明萬曆喬時敏等刻本影印），卷3，〈潛學編序〉，頁13-15。在崇禎七年（1634），即鄧元錫卒（1593）後四十年，其族子鄧澄為其《五經繹》、《函史》作序，可知二書在此年應又重刻，見鄧澄，《鄧東垣集》，卷3，〈鄧潛谷先生五經繹序〉，頁1；同前書，卷3，〈函史序〉，頁8。

32　張廷玉等撰，鄭天挺點校，《新校本明史》，頁6591-6592。

33　關於陶望齡的思想，以及他被視為王畿的再傳，但卻被放在「泰州學案」的討論，請見楊正顯，《陶望齡與晚明思想》（臺北：花木蘭出版社，2010）。陶氏兄弟在浙中一帶的活動，請見王汎森，〈清初講經會〉，《中央研究院歷史語言研究所集刊》，68：3（臺北，1997），頁503-588；〈清初思想趨向與《劉子節要》：兼論清初蕺山學派的分裂〉，《中央研究院歷史語言研究所集刊》，68：2（臺北，1997），頁417-448。

二矣。然唐宋巨家，取法庀材，皆元本六籍，金陵、眉山輩，雖
名為文章士，而精討創構，其勤過於老宿，以故其所著，醞涵浩
博，往往可誦。近之君子，其為經義，羔雉而已，為古業，剗攘
而已。其專不及漢儒，以博又遠遜唐宋。當治經，既不暇古業；
為古業，又不暇求本於六經。閴市集潦，積薄流淺，佻倪而鄙僋，
蓋經術、藝文之道，至此而交受其敝。潛谷先生據道也實矣，然
後繹之乎經；離經也通矣，然後函之乎史；肆經史也洽矣，然後
擒之為文。其文：意行理遣，而命於法；疑立萬行，而餘於態；
莊言雅奏，而極於情。……蓋明興以來，為六經之文，自先生始。[34]

　　經義指對六經義理的解釋，而經義之文則指制藝，弘、正年間自
命古學的修辭家則指前七子。這段話的關鍵在於「明興以來為六經之
文自先生始」，在陶望齡看來，前七子倡議復古而有古文辭的復興，
但古文辭卻與經義之文判然為二，士人難以兼治兩者，只有側重古文
辭，而不暇求本於儒經，最終讓古文辭與經義互蒙其害，所以陶望齡
提出「六經之文」，而此六經之文不僅綰合古文辭與經義，而且還可
以是理想的應試之文。陶望齡並未明言六經之文是理想的應試文體，
但他開頭提出「明興一以經術設科」、古文辭與經義之文（即制藝）的
二分，末尾說「明興以來為六經之文」，以及六經之文綰合古文辭與
經義，便隱然有以六經之文為理想的應試文體之意。

　　陶望齡的主張很值得注意。首先，陶望齡從儒經立論，明言作文
必須本於六經，與明中期復古派的文風有別，復古派主張「文必秦漢，
詩必盛唐」，所閱讀及所師法僅指向子、史、集各類書，而未跟尊經
或復興儒經等口號連結在一起。[35] 其次，陶望齡雖未說明六經之文應以

34　陶望齡，《歇菴集》，卷3，〈潛學編序〉，頁14-15。

35　請參見王汎森，〈明代中晚期思想文化的大變動〉（未刊稿）。

何種文體形式呈現，但這篇序文既是為鄧元錫的《潛學編》所作，而鄧元錫不以制藝聞名，也未留下制藝方面的文稿。《潛學編》共十二卷，前五卷是詩作，其他幾卷則分別是序記、墓銘、行狀、壙記、祭文、傳記、雜著與書啟等，完全沒有制藝文字。據此來看，必須以古文辭（甚至包括詩）的文體形式寫作，而且能夠闡揚經義，綰合古文辭與經義，方才算是六經之文。

陶望齡的這篇序文除了放在《潛學編》卷首，也被收入陶望齡的文集中，顯示對陶望齡而言並不是單純的應酬之作，而這篇序文也很受到鄧元錫的門人鄧澄的注意，所以崇禎年間《潛學編》重新刊行時，鄧澄在所作序中便特別引用這段話，說：

> 先生以經為學，以史歸經，以詩文稟正於經史，其取材奧博，既異於儒先辭達之腐，其握符典則，又絕不墮於晚近詞林儇薄之佻，專以名集，固可兄八家，而迭唱塤篪，總統其全，亦既祖六經，禰子長，而當其世嫡。善乎！會稽陶周望之言：明興以來，能為六經之文，自先生始。知言哉！知言哉！……勿徒以詩人、文人槩先生也。[36]

從左宗郢到鄧澄，二人在做的，是確立羅汝芳與鄧元錫的學術地位，尤其是讓鄧元錫這個很當地的心學家取得不亞於羅汝芳的地位。若從心學談，在一個講會及語錄盛行的年代，無論是在江右或泰州學派中，鄧元錫都不特別，畢竟鄧元錫不以心性講說、當下啟迷開悟為長，而只是專意於經史著作。鄧澄在為鄧元錫《函史》作序時，雖以「邑開未及五百年而有先生」[37]來形容鄧元錫，但充其量只會被視為是

36　鄧澄，《鄧東垣集》，卷3，〈潛學稿序〉，頁16。

37　鄧澄，《鄧東垣集》，卷3，〈函史序〉，頁8。

門人後學的褒揚，虛而無實，不易取信於人。但陶望齡則明確以「六經之文」極力抬高鄧元錫的地位，而稱為明興以來一人，重新定位並高度讚揚鄧元錫的詩古文辭及其經史之學，而且認為鄧元錫的詩古文辭與經史之學是二而一的，而鄧澄的「勿徒以詩人、文人槩先生」，則是更明確肯定這一點。

陶望齡的六經之文說，固然跟萬曆年間重視經史之學的風氣有關——當時出現不少以經或史為名的社集，而且都強調讀經或讀史。[38]但我們若考慮另外兩點：第一，此時的陽明心學並不單純是師友講說，而更進入到科舉用書，尤其滲透到儒經註解，影響人們對儒經的解釋及制藝的寫作。第二，陶望齡作為心學家與會元／制藝名家的雙重身分。在這些條件背景下，讓六經之文這句話有了更多層次的意思，也讓人有可能從理想的應試之文的方向來理解六經之文的內涵，及推崇鄧元錫。以下兩節便分別談陽明心學與科舉用書的關係，以及陶望齡作為制藝名家的身分及影響力。

三、科舉用書中的陽明心學

萬曆中期以後陽明心學講會之風日趨衰微，但陽明心學並未隨之而衰，而是擴大影響力到坊間的科舉用書，尤其是影響儒經註解。坊間的科舉用書多數是註解四書，也有一部分是註解五經，這些書幾乎都是為士人準備科考而作，其中不少是名家或託名名家的作品。[39]由

38　這股風氣一直延續到明末，明末制藝文社豫章社、復社士人倡導通經學古，以及主張文應本於六經。以上請參見王汎森，〈清初的講經會〉，頁503-588，尤其是頁505-514。關於第三波文學復古運動指向經書的研究，請見王汎森，〈明代中晚期思想文化的大變動〉（未刊稿）。林慶彰則指出，明中期以後有一種具系統且全面的經學復興運動，見林慶彰，〈晚明經學的復興運動〉，收入林慶彰，《明代經學研究論集》（臺北：文史哲出版社，1994），頁79-145。

於科舉考試的四書場須以朱熹《四書集註》的註解為準，所以不少儒經註解都是傾向程朱學的立場，但仍有為數不少的儒經註解在內容或部分內容上跟陽明心學相近。如萬曆年間幾位著名的會元李廷機（1542-1616）、湯賓尹（1568-？），都是當時流行的科舉用書的作者或署名者。李廷機，字爾張，號九我，福建晉江人，萬曆十一年（1583）會元，官至內閣首輔；湯賓尹，字嘉賓，號睡庵，別號霍林，南直隸宣城人，萬曆二十三年（1595）會元。在署名會元李廷機所作的《新鑴翰林九我李先生家傳四書文林貫旨》一書中，《大學》的章節編排雖仍沿用朱熹的經一章，傳十章的方式，而且納入朱熹的〈格致補傳〉，但在解釋上卻用了陽明心學的良知說。如對〈格致補傳〉「所謂致知在格物者，言欲致吾之知，在即物而窮其理也」的「致吾之知」，則解釋為「致極吾心之知」，並旁註曰「吾之知是吾心的良知」。對「蓋人心之靈莫不有知」的「知」，則解釋為「本然之知」，並旁註曰「知指良知言」。而且在此句之上總括曰：

> 先儒論人同具乎良知，將示人以致知之孳（按：學）也。[40]

在李廷機之後，題為湯賓尹所作的《鼎鑴睡菴湯太史四書脈》也直接指出良知。李廷機、陶望齡、湯賓尹是前後三屆（1583、1589、1595）的會元，尤其湯賓尹是在李、陶二人之後主導制藝文壇的鉅子大家。前引李廷機的註解是列出《大學》經文，在經文旁作旁釋及說明，湯賓尹的這本書則未列經文而直抒旨要，而且不少處皆引用陽明心學的致良知來解經，如談誠意，說：

39　請參見沈俊平，《舉業津梁：明中葉以後坊刻制舉用書的生產與流通》（臺北：臺灣學生書局，2009）。

40　此段所引俱見李廷機著，沈鯉校，余彰德梓，《新鑴翰林九我李先生家傳四書文林貫旨》（東京國立公文書館內閣文庫藏，明萬曆二十八年〔1600〕刊本），《大學乙卷》，頁6。

> 致知即是誠意之功。蓋人心有知處，即是意。知之自欺蔽者，皆
> 緣自己物欲所蔽，就是意不誠。誠其意者，務于此致其良知，而
> 毋自欺蔽。此便是誠意在致知的意思。[41]

接著談格物，說：

> 致謂推極者，蓋良知必不盡泯，因其明處，推極于全體之靈
> 覺。……格物者，物理原是良知內素具的，須以心品格劑量，不
> 失尺寸，不爽錙銖，纔有真知，乃從良知上格物理，非從物理上
> 致良知也。……不曰格物，而曰物格，是物已格了，物格即知自
> 至，物格之外，再無致知工夫。良知之體極大，謂之至者，滿其
> 量也，知至則本來良知更無拘蔽。[42]

湯賓尹的這段文字若是單獨抽離出來，幾乎就跟心學家的講學語錄一
樣，而且連解釋方式也很相近。連湯賓尹這位制藝文壇的鉅子大家都直
接引用心學學說解經，不難想像陽明心學對當時儒經註解的影響程度。

　　另一方面，儘管官方規定制藝對《四書》內容的闡釋不能脫離朱
熹《四書集註》的範圍，[43]但士人並不是把《四書集註》記誦下來即可，
尤其《四書集註》的不少註解是很片段的，若只靠記誦，很難將不同
註解串連起來。但若要寫出好的制藝文字，必須能夠對儒經的字句融
會貫通，讓人無論旁敲側擊，正反側問，皆能給自出機杼的答案。所

41　湯賓尹，《鼎鐫睡菴湯太史四書脈》（哈佛大學燕京圖書館藏，明萬曆四十三年〔1615〕序
　　刊本），《大學》，卷1，頁4。

42　湯賓尹，《鼎鐫睡菴湯太史四書脈》，《大學》，卷1，頁4。

43　明初官方編定的《四書大全》，則是朱子學後學對《四書集註》的再闡釋，以羽翼朱註，相
　　關研究請見朱冶，《元明朱子學的遞嬗：《四書五經性理大全》研究》（北京：人民出版社，
　　2019）。

以也有不少儒經註解傾向提挈某個宗旨作通貫全章的解釋，儘管沒有標榜心學或良知，但其實跟心學家標榜宗旨亦頗相近。一些書甚至還會直接批評朱熹的《四書集註》膠著在字句上，如晚明朱長春的《四書萬卷樓新鐫主意》，他便不滿意《四書集註》的解釋，如《論語》首章「學而時習之，不亦說乎！」《四書集註》的解釋是——

> 人性皆善，而覺有先後，後覺者必效先覺之所為，乃可以明善而復其初也。……既學而又時時習之，則所學者熟，而中心喜說，其進自不能已矣。

朱長春批評此註解是「解字義」，是「已求之人而不求之心」，說：

> 聖人開口便說學而時習，朱先生云學是效先覺，此猶是解字義，此已求之人而不求之心。又曰既學矣而又時時習之，夫曰既學是謂學古訓也，又曰時時習之是謂時時溫習也，即後所謂溫故知新，本言心也，亦曰學能時習舊聞而每有新得也。二十篇中，朱子所論學者，大約主此。今時則背本心上論學。蓋自心本自惺惺靈靈，時時提醒此心，使之常明常惺，是為時習，非必效先覺考古訓而後為學也。[44]

另外再看「吾十有五而志于學章」更可見兩者的差別，朱熹採取分句註解——

> 吾十有五而志于學：古者十五而入大學。心之所之謂之志。此所謂學，即大學之道也。志乎此，則念念在此而為之不厭矣。

44　朱長春，《四書萬卷樓新鐫主意》（國立公文書館內閣文庫藏，明刊本），卷首，〈凡例〉，頁 7-8。

三十而立：有以自立，則守之固而無所事志矣。

四十而不惑：於事物之所當，皆無所疑，則知之明而無所事守矣。

五十而知天命：天命，即天道之流行而賦於物者，乃事物所以當然之故也。知此則知極其精，而不惑又不足言矣。

六十而耳順：聲入心通，無所違逆，知之之至，不思而得也。

七十而從心所欲，不踰矩：從，如字。從，隨也。矩，法度之器，所以為方者也。隨其心之所欲，而自不過於法度，安而行之，不勉而中也。

這些註解是把每一句分開看待也分別解釋，但對士人而言，他們所困擾的是每一句之間的聯繫。例如為何從志于學到而立？為何而立以後，接著是不惑？所立的，所不惑的，又各自是什麼？以及與志于學的「志」或「學」又有什麼關係？朱長春的註解則是前後一貫，他說：

通章首一箇志字，末一箇心字，乃首尾血脉。首節學字，乃是喚起一生之學，如下文立與不惑、知命、耳順、從心，俱學也。此志字，乃喚明一生為學之心。如求立、求不惑、求知命、求耳順，求至於不踰矩，俱是志於學也。十五之志學，畢直志到不踰矩田地，更無歇足之期。[45]

類似的例子不少，由此可見科舉考試雖以朱註為準，但不少科舉用書註經解經的方式則跟心學頗近似，而這些採用心學的解釋或受心學影響的科舉用書，可視為是心學的更進一步發展。若跟講會相比，講會畢竟有時空的限制，這些科舉用書則在各方流傳，士人不必特別

45　朱長春，《四書萬卷樓新鐫主意》，《上論》，卷 1，頁 17-18。

前往某地的講會聽講，可以自行閱讀這些書，其實頗為方便。

　　心學藉由科舉用書影響士人的制藝寫作，所以才會有明末艾南英被人廣泛傳誦的那段話，他說：

> 國初時功令嚴密，匪程朱之言弗遵也，蓋至摘取良知之說，而士稍異學矣。然予觀其書，不過師友講論，立教明宗而已，未嘗以入制舉業也。其徒龍谿、緒山闡明其師之說而又過焉，亦未嘗以入制舉業也。龍谿之舉業不傳，陽明、緒山班班可考矣，衡較其文，持詳矜重，若未始肆然欲自異於朱氏之學者。[46]

艾南英分別師友講論與制藝寫作為二，他並不在乎心學的內容是否與程朱學立異，所以若只是師友講論立教明宗則無妨，而他所不滿的是明末心學入制藝業衍生的問題，所以認為必須盡斥心學。但從另一面看，正反映當時心學與制藝的關係日益密切，所以作為心學家的陶望齡才會提出六經之文，以六經之文為經術設科下的理想文字。

四、制藝名家陶望齡的推崇及影響力

　　明代科舉不考詩文詞賦，而改考四書、五經的經義，其經義本可參考古註疏，但在官方編定《四書大全》與《五經大全》以後，廢古註疏不用，[47] 於是對儒經的解釋遂依官方定本為準。此經義文的文體即

46　艾南英，《天傭子集》，卷1，〈今文待序篇下〉，頁8。

47　如《明史》所述：「頒科舉定式，初場試《四書》義三道，經義四道。《四書》主朱子《集註》，《易》主程《傳》、朱子《本義》，《書》主蔡氏傳及古註疏，《詩》主朱子《集傳》，《春秋》主左氏、公羊、穀梁三傳及胡安國、張洽傳，《禮記》主古註疏。永樂間，頒《四書》《五經大全》，廢註疏不用。其後，《春秋》亦不用張洽傳，禮記止用陳澔《集說》。二場試論一道，判五道，詔、誥、表、內科一道。三場試經史時務策五道。」見張廷玉等撰，鄭天挺點校，《新

通稱的制藝或八股文。明初對格式程法的要求尚不嚴格，制藝往往不為格式程法所限，作者直述經義，文風樸拙古茂。直到成化、弘治兩朝方才奠定制藝的寫作格式，其中尤以王鏊（1450-1524）為關鍵，他不只把制藝當作經籍的註解，而更將其視為載道的文章，[48] 讓制藝具有作為新文體的條件。所以俞長城把王鏊比擬如《史記》、杜詩或右軍書之類的典範。[49] 王鏊以外，錢（福）、唐（順之）、瞿（景淳）亦嘗試制藝文體的各種可能，與王鏊並稱四大家，後來去錢福而代以薛應旂，改稱王薛唐瞿。[50]

　　制藝寫作發展到萬曆中晚期，以元脈派的聲勢最盛。所謂元脈派（或另稱法脈派、機法派）主要訴求是取前人作品，尤其歷科會元的文章揣摩其機法，依所揣摩的機法寫作制藝。[51] 元脈派並不是真有一派，而是將歷屆進士科考試的會元都列為元脈派的傳承者，只是各科會元亦有高下之別，某些會元往往更受重視，而可以主導制藝文壇多年。尤其是王鏊、唐順之兩人，被視為典型模範，成為士人在制藝寫

校本明史》，卷70，志第46，〈選舉二〉，頁1-2。

48　孔慶茂，《八股文史》，頁87。

49　俞長城，《可儀堂一百二十名家制義》（國立公文書館藏，文盛堂懷德堂全梓乾隆戊午年〔三年，1738〕重鐫本），卷4，〈王守谿稿〉，頁16。

50　關於科舉與制藝的研究，Benjamin A. Elman 的 *A Cultural History of Civil Examinations in Late Imperial China*（Berkeley: University of California Press, 2000），是較早對科舉制度作綜觀研究的專著，而龔篤清的《明代八股文史》（長沙：嶽麓書社，2015）是有關制藝的通論著作，孔慶茂的《八股文史》深入討論明清制藝發展與各種思潮間的關係，黃明理《儒者歸有光析論：以應舉為考察核心》（臺北：里仁書局，2009）與侯美珍《明代鄉會試《詩經》義出題研究》（臺北：臺灣學生書局，2014）都是對專題的討論。近年則有不少相關的論文集的結集及出版，如劉海峰、張亞群編，《科舉制的終結與科舉學的興起》（武漢：華中師範大學出版社，2006），劉海峰編，《二十世紀科舉研究論文選編》（武漢：武漢大學出版社，2009），陳文新、余來明編，《明代文學與科舉文化國際學術研討會論文集》（武漢：武漢大學出版社，2010），收錄這個領域的不少傑出文章。

51　關於元脈派的介紹，請見龔篤清，《明代八股文史》（長沙：岳麓書社，2015），第5章；孔慶茂，《八股文史》，第4章。

作上取法的對象，如賀貽孫說：

> 成弘以來，文運昌明，士習端恪，王、唐諸君子之文，春容爾雅，號為元脉。[52]

董其昌（1555-1636）更發明「九字訣」──賓、轉、反、幹、代、翻、脫、擒、離，以概括制藝寫作上的九個機法。元脈派流行於明中晚期，尤其在萬曆朝後期達到高峰，對當時的制藝文壇影響甚大。[53] 陶望齡被列為元脈派的一員，這點可參考錢謙益所說：

> 何謂舉子之時文？本經術，通訓故，析理必程朱，遣詞必歐蘇，……自王守溪（按：王鏊）以迄於顧東江（按：顧清）、汪青湖（按：汪應軫）、唐荊川（按：唐順之）、許石城（按：許穀）、瞿昆湖（按：瞿景淳），如譜宗派，如授衣鉢，神聖工巧，斯為極則。隆萬之間，鄧定宇（按：鄧以讚）、馮開之（按：馮夢禎）、蕭漢沖（按：蕭良有）、李九我（按：李廷機）、袁石浦（按：袁宗道）、陶石簣（按：陶望齡）諸公，壇宇相繼，謂之元脈。江河之流，不絕如綫。久而漸失其真，湯霍林（按：湯賓尹）開串合之門，顧升伯（按：顧天埈）談倒插之法，因風接響，奉為金科玉條，莠苗稗穀，似是而非，而先民之矩度與其神理澌滅不可復問矣。[54]

此處所列諸人，除了顧天埈以外，其餘都是歷屆的會試會元，而

52　賀貽孫，《水田居文集》（收入《四庫全書存目叢書》，集部第 208 冊，據清道光至同治間賜書樓刻水田居全集本影印），文集卷 3，〈徐巨源制義序〉，頁 63。關於董其昌的部分，請見孔慶茂，《八股文史》，第 4 章第 5 節，頁 184-199。

53　鄭鄧，《崱陽草堂詩文集》，卷 7，〈湯霍林〉，頁 15。

54　錢謙益著，錢曾箋注，錢仲聯標校，《牧齋有學集》，卷 45，〈家塾論舉業雜說〉，頁 1508。

且是依年代先後排列，其中陶望齡與湯賓尹先後主導萬曆年間的制藝文壇風氣，尤其是陶望齡以奇矯文風而得會元，影響當時文風甚大。[55]陶望齡與湯賓尹關係甚為密切，[56]二人曾共同編校出版註解書，在前引署名湯賓尹編纂的《鼎鐫睡菴湯太史四書脈》，全書卷首有「座師溫陵九我李先生、會稽石簣陶先生仝校」，在每卷卷首另有「座師會稽石簣陶望齡校定」的字樣，可見此書是陶望齡主校，而李廷機協校。李廷機、陶望齡、湯賓尹，分別是萬曆十一年（1583）、十七年（1589）與二十三年（1595）的會元。也可以說，這本註解書，是當時士人所仰望的、被歸類到元脈派的幾位代表人物所掛名編著。

　　前引陶望齡的序文作於萬曆三十五年（1607），此時正值心學運動盛極而漸衰，及制藝風潮將興而未盛之際。萬曆二十八年（1600）先有臨川與金谿交界處舉行的紫雲社，這是明末江西較早的制藝社集，也是江右四大家中的陳際泰、章世純、羅萬藻出身的社集。與陶望齡同時代的士人，如南昌李鼎，便因制藝風潮的興起而調整對制藝的評價，指稱士人可以從制藝中究竟萬古不易之理，[57]把制藝與理連結在一起。

55　錢謙益雖說湯賓尹開串合之門，而顧天埈談倒插之法，但湯、顧二人共同主試時曾交換意見，湯賓尹大讚顧天埈的倒插法，可見串合、倒插是當時極為主流的風氣。見湯賓尹，《睡庵稿》（收入《四庫禁燬書叢刊》，集部第63冊，據明萬曆間刻本影印），卷3，〈丁未同門稿序〉，頁20：「余（按：湯賓尹）所最旨者曰：今人文絕不知有倒法，文之脈在動，動在轉，轉之用全在用倒。」有人認為有此流弊的部分原因可歸咎於陶望齡所引領的文風，如《欽定四書文》說：「自萬歷己丑陶石簣以奇矯得之，而壬辰踵之，遂以陵駕之習首啟因之。……至於任意武斷，鑿用倒提，故為串插，……亦不得盡以為創始者之過也。」見方苞編，《欽定四書文》（收入《景印文淵閣四庫全書》，第1451冊），卷4，〈故大德〉，頁10。壬辰會元是吳默，字因之，而此評說吳默沿承陶望齡的奇矯文風，此後相沿成習，於是有湯賓尹的串合，與顧天埈的倒插。

56　如湯賓尹自述，他在北京時，便借住於陶望齡的寓所，而他所自號的睡菴，亦即他此時的住居之名。見湯賓尹，《睡菴稿》，卷2，〈任白甫雲龍閣草序〉，頁10。

57　李鼎早年雖以制藝聞名，但其心力多放在詩作與經世實務上，直到晚年歸鄉，大約萬曆三十六年左右，方才正視制藝的價值，他不僅開門授徒教導制藝，完成《經詁》這本跟制藝有關的儒經註解書，並且高度推崇制藝，視為可究竟於「理」。引文見李鼎，《李長卿集》，

因此，陶望齡不從心學立論，而是提出六經之文，儘管鄧元錫並無知名的制藝文章傳世，甚至連進士功名也沒有，在陶望齡的解釋下，鄧元錫依憑其心學造詣及其經史之學，卻可作六經之文，是明興以經術設科以後的唯一一人。在此大背景下，六經之文與制藝的經義之文便很難截然二分。

　　陶望齡是心學家，也是元脈派的代表人物，他指出鄧元錫的經史之學及六經之文的重要性，這個定位對新城士人是可以滿意的，所以鄧澄才會在多年後又再提起。但萬曆中期元脈派仍如日中天時所作的定位，到了萬曆末期及天啟、崇禎年間卻有變。當以江右四大家為中心興起新一波的風潮，不僅在制藝上攻擊元脈派，而且頗有反心學的氛圍，這時候不僅鄧元錫失去其經術設科之後明興以來一人的地位，新城士人也必須重新思考在新風潮下的出路。

五、明末江西派的制藝新主張及文社之興

通經學古與反心學的傾向

　　萬曆朝如日中天的元脈派到了萬曆朝晚期及天啟、崇禎年間，卻一變而為眾矢之的。前引錢謙益便大力抨擊湯賓尹，而清初王步青的評論，更可凸顯明末清初士人對元脈派的反省。王步青是金壇人，以制藝見稱於世，四庫館臣稱其「法律謹嚴，不失尺寸，在近時號為正宗」。[58] 王步青曾作《天崇十家文鈔》、《明文鈔》等書，他把明中期以後制藝的發展大略分作成弘正嘉、隆萬與天崇三期，[59] 而他對萬曆中

　　卷 21，〈松霞館偶譚續〉，頁 5。請參考本書第六章，〈詩文、制藝與經世：以李鼎為例〉。

58　永瑢等撰，《欽定四庫全書總目》（臺北：臺灣商務印書館，1983），卷 185，集部別集類存目 12，頁 2-3。

59　王步青，《己山先生別集》（收入《四庫全書存目叢書》，集部第 273 冊，據清乾隆敦復堂

晚期制藝文風，就是以「專尚員機，日趨軟調」來批評元脈派，他說：

> 壬辰（萬曆二十年，1592）以降，專尚員機，日趨軟調，垂三十年，
> 氣萎體敗，雖有貞父（按：黃汝亨）、孟旋（按：方應祥）諸公標持
> 風格，力不足起衰。其他奉一二巨子，繆種流傳，起穢自臭，又
> 無論矣。……手秉文衡，於題之竅會，文之義法，曾未經心，模
> 竊形似，或哆口從時，或輕談變俗，俾駮稚荒傖，時亦弋獲，操
> 觚者漠然無所嚮，古今安在不同慨哉！[60]

「垂三十年」所指從萬曆二十年到天啟二年（1622）止，此正是元
脈派的流行期，[61] 浙江一帶有黃汝亨、方應祥起而抗衡，但效果有限，
直到以江右四大家為首的江西派興起，方才撥動新風氣，而江西派所
引起風氣的關鍵詞即「通經學古」。[62]

江西派又名豫章派，因萬曆四十三年（1615）在江西南昌舉行的豫
章社而得名，前述元脈派並不真有一派，而江西派則是確有社集活動。
此派以撫州的江右四大家最著名，南昌萬時華、陳弘緒、徐世溥等人
也很活躍。過去人們多聚焦在復社，卻忽略了比復社更早主盟制藝文

刻本影印），卷1，〈明文鈔序〉，頁13：「今夫論文之指約有三端，曰理，曰法，曰才。
而論明文者，於成弘正嘉言理，隆萬言法，天崇以才。」王步青的分法跟清人方苞一致，都
是把明人所推尊的成弘與正嘉合併齊看。王步青的理由是，正德朝首科會元即王鏊，此後端
緒相承，風流未墜，而嘉靖朝初中期去正德朝不甚遠，所以他說：「明文之盛者，雖躋正嘉
於成弘，亦未為過，而風會則固殊矣。」見王步青，《已山先生別集》，卷2，〈題程墨所
見集二〉，頁4。

60　王步青，《已山先生別集》，卷2，〈題程墨所見集三〉，頁5。

61　壬辰年（1592）的會元吳默便是受到陶望齡的奇矯文風的影響，以下沿襲成風，而在乙未年
（1595）有湯賓尹為會元，此後湯賓尹主導制藝文壇風氣二十餘年。

62　如艾南英說：「自萬曆之季，房稿盛行，而天下無制藝，學者莫不勠襲浮艷以欺奪主司，孟
旋先生毅然以斯文為已任，而天下始知以通經學古為高。」見艾南英，《天傭子集》，卷2，
〈青來閣二集序〉，頁43-44。

壇的江西制藝群體所帶領的流風。即連「通經學古」這個跟復社劃上等號的關鍵詞，也是從江西派開始大力倡導的。

萬曆朝在元脈派流風的影響下，許多士人除了四書以外，多數心力都花在揣摩歷屆會元的文章，而很少再讀經、史類的著作。儘管方應祥等人力倡通經學古，但勢單力孤而難有作為，直到江西派方始以群體的力量引領風潮。江西派力倡古學，而且主張古學原本六經——是六經而不是四書。艾南英說：

> 舉業至萬曆之季，卑陋極矣，自四家之文出，而天下知以通經學古為高。[63]

既講究通經學古，則所須讀的書極多，包括經、史、子、集，艾南英說：

> 制舉雖小，然必本之經以求其確，本之史以雄其斷，本之諸子以致其幽，本之歐曾大家以嚴其法，若是，是亦制舉之泉源也。[64]

陳弘緒亦呼應說：

> 吾江右制萟，世共指為異而奉之，然吾觀江右之文，類本之經以深其源，參之史以究其變，博之歐蘇諸大家以蕩其氣。[65]

徐世溥則說：

> 性情者，文之根本也；經術者，文之圃也；歷代史乘，昔人事辭

63　艾南英，《天傭子集》，卷3，〈四家合作摘謬序〉，頁40。

64　艾南英，《天傭子集》，卷3，〈戴子年淇上草序〉，頁35。

65　陳弘緒，《陳士業先生集》，《石莊初集》，卷2，〈李平叔文序〉，頁39。

文之雨露膏澤也；諸子百家，文之旁流支潤也。芟而崇之，存乎
儒先，脩而菀之，成于前輩大家。君子植其根于六經之圃，而沃
之以子史群書，正之以先儒格言，萬法乎先正，然後其文能淺而
深，約而備，茂而有間，與漢史、唐詩並行天地，乃為一代之制
義云爾。[66]

江西派倡議「通經學古」，讓士人不再把制藝當作作文而已，而
是必須通讀各類典籍，以充實學識，在此學識的基礎上方才能夠作出
好的制藝。這類多讀書的主張極易引起他人側目或反對，畢竟跟揣摩
歷屆會元的文章相比，多讀書對制藝寫作的幫助總是隔了一層。加上
江西派諸人多數艱於一第，根本無法與元脈派的會元身分相提並論，
所以江西派初期頗受非難。徐世溥便談到江西派為人所訕笑的情景，
並痛斥元脈之說，說：

> 一二小人，力不逮古，因其卑弱不能強有立，輒文以他說，緣飾
> 章句，瞻顧前後，自命曰脈。又荒蕪無實，汰枝束股，以擣其陋，
> 自命曰法。屬有天幸，試進士即冠，天下翕然從之，腐緩不舉，
> 筋弛骨折，經絡痿絕，如老人重得瘵且癱也，文始靡矣。江右諸
> 儒者，乃力為古學，思拯其病，其言始出，士大夫率誹笑，以為
> 怪迂不經，越十餘年，其道始明，而靡靡之習為之一振。……要
> 之原本六經，期于明先王聖人之道而止。[67]

法、脈即指元脈而言。我們從南昌袁崇熹的遭遇，亦可見江西派所面
對的反對與批判的聲音之大。袁崇熹亦屬江西派，他在會試途中曾駐

66　徐世溥，《榆溪逸槀》（收入《清代詩文集彙編》，第26冊，據清嘉慶年間刻本影印），卷5，
　　〈答李爾瞻論時文書〉，頁14。

67　徐世溥，《榆溪逸槀》，卷4，〈苕圃近藝序〉，頁1。

足揚州，當地年輕士人雷士俊入其門下，而衷崇熹對他的要求是：

> 是時士之舉業，類勸襲臭腐以欺有司，白首講誦者，考亭《四
> 書》，及所占經，句釋、字詁，粗解其說而已。先生告以文之源流，
> 上自《易》、《詩》、《書》、《禮》、《春秋》左氏、公羊、穀梁、
> 《周禮》、《儀禮》、《孝經》、《爾雅》，中至《史》、《漢》，
> 下及韓、柳、歐、蘇、王、曾諸家之指。[68]

所讀的包括十三經、史書與唐宋八大家文。值得注意的是雷士俊的父
親的反應：

> 士俊聞而慕之，慨然有事於古，然府君頗慊之，嘗倚門立，士俊
> 侍，謂曰：《學》、《庸》、《語》、《孟》，辭約理盡，不深
> 求力索，而但務博覽，此先民所恥，以為記問之學者也。[69]

雷士俊的父親認為專注在四書即可，而且直斥博覽群籍將被「先民所
恥」。

　　另一方面，江西派還隱然有反心學的傾向。江西有心學的正統江
右學派，而其重鎮古安府，明末有鄒元標主持仁文書院講學，這是與
東林書院並列的全國幾大書院之一。不過，天啟四年（1624）鄒元標去
世以後，當地心學風氣一蹶不振，即使鄒元標的弟子李邦華接繼講學，
但李邦華是以忠義而不以心學著稱，所以並未能夠再度帶動心學的風
氣。當天啟、崇禎年間制藝風潮最盛時，吉安的制藝名家卻跟心學幾
乎毫無淵源。

68　雷士俊，《艾陵文鈔》（收入《四庫禁燬書叢刊》，集部第 90 冊，據清康熙莘樂草堂刻本影
　　印），卷 13，〈太學生顯考府君權厝誌〉，頁 4。

69　雷士俊，《艾陵文鈔》，卷 13，〈太學生顯考府君權厝誌〉，頁 4。

　　值得注意的是，在江西這個心學正統之地，明末卻見反心學的傾向。如艾南英指斥陽明學作為在野講學的學說，不應上昇到科舉時文中影響制藝寫作，便是頗為人所熟知的一段話。[70]艾南英對心性討論沒有興趣，所以在其文集中少見心性等詞，而他對心學的批判，不選擇入室操戈，而是從是否入制舉業來判斷，因士人以心學入制舉業，所以必須盡斥之。艾南英為方應祥的文集作序，對方應祥以斯文為己任及倡通經學古大加讚歎之餘，也把箭頭轉向陽明心學，說：

> 先生生於伯安（按：王守仁）、汝中（按：王畿）二君子之邦，二君子之言盈天下，而先生文章議論，不獨不沾沾於其鄉之大人，而二君子毫釐千里之謬，亦似有待先生而後正者，又予私心所嚮往。[71]

此處竟是以方應祥所倡的通經學古可正心學之謬。

　　在這波通經學古與反心學的傾向下，鄧元錫雖未被攻擊，但也未有人提及鄧元錫的經史之學，而陶望齡為鄧元錫作的定位，以及經義、文章的關係，「明興以來為六經之文自先生始」的評價亦無人聞問。而且賀貽孫、陳弘緒二人分別提出新的見解，賀貽孫說：

> 士折節為經生家言，本以窮理明道，非獨取科名而已也。成弘以來，文運昌明，士習端恪，王、唐（按：王鏊、唐順之）諸君子之文，春容爾雅，號為元脈。精氣所極，科名應之。後之學者遂邅其學以取科名，柔筋緩步，取青媲白，以庶幾有司之一遇。……向所謂窮理明道者，皆視為迂闊無用之學，而科名與文章之途始分。

70　艾南英，《天傭子集》，卷1，〈今文待序篇下〉，頁8。

71　艾南英，《天傭子集》，卷2，〈青來閣二集序〉，頁45。

於是一二豪傑，厭薄舉業，更為古文辭，以馳騁其才情，而古文
與時文之途又分矣。二十年來，豫章諸公乃為古學以振之。爾時
巨源（按：徐世溥）以少年高才，茂先（按：萬時華）、士業（按：
陳弘緒）、左之（按：鄧履中）、士雲（按：劉斯陛），遞為雄長，同
人唱和，實繁有徒，薄海以內，望風響應，而古文與時文復合。[72]

賀貽孫說的古文與時文，即陶望齡的古文與經義之文。陶、賀二人都
同意是復古派使得古文與時文二分，於是陶望齡倡六經之文以崇鄧元
錫，賀貽孫則完全隻字未提鄧元錫，而是將功勞歸諸豫章諸公，亦即
江西派諸人，而且以江西派的制藝取代六經之文之說。陳弘緒的看法
稍有別於賀貽孫，屬於大同中的小異，他說：

> 蓋自嘉、隆以來，帖括剽竊之陋習，忽流入於古文，一二負名之
> 士，好以秦漢相欺，宇裁句掇，蕩然不復知所謂真古文者。吾社
> 憂之，乃以唐宋諸大家力挽頹瀾，毋亦謂摹秦漢之失，或至舍體
> 氣而專字句，而唐宋諸大家無從置力於字句之間也。……吾社為
> 之二十年，高者永叔，次或子固、介甫，庶幾退之之傑出於其間。[73]

賀貽孫認為復古派造成古文與時文二分，而陳弘緒則是指責復古派剽竊
的陋習流入於文章中。但即使對復古派的定位有別，陳弘緒跟賀貽孫一
致推尊江西派士人，而且陳弘緒更隱然以真古文來說江西派的制藝。在
二人的重新定位下，元脈派與鄧元錫同時被邊緣化了。

72　賀貽孫，《水田居文集》，文集卷3，〈徐巨源制義序〉，頁63。

73　陳弘緒，《陳士業先生集》，《鴻桷集》，卷1，〈徐巨源文集序〉，頁27。

制藝文社及大社的興起與流行 [74]

萬曆中期以後，陽明心學在江西的中衰，尤其是講會活動的數量及規模的縮減，相應而起的，是以江右四大家為首的制藝群體，以及在江西各地陸續成立的制藝文社。這讓前述通經學古與反心學的傾向，不會只是限於一時一地或一小群人的主張，而是隨著制藝文社的推展、大社的舉行，成為江西派士人所熟悉的傾向，以及代表江西派的共識。新城位於僻遠山區，無論是陽明心學的退潮，或制藝風潮的興起，新城的反應都比其他文化區如南昌、臨川來得晚，於是後文將會看到涂伯昌如何在陽明心學及制藝風潮間躊躇徘徊，以及涂伯昌及新城士人群體如何藉由加入社集而為江右四大家所熟識，並且進入江西派的流行圈中。

關於明末社集的研究，過去較注意江南復社及相關社集活動，而較少人注意同時期江西的社集，其實江西的社集活動極盛，江西豫章社甚至足以與江南復社分庭抗禮。明末制藝風潮下的江西社集可以往前追溯到萬曆二十八年（1600）臨川的紫雲社，當時江西各地的制藝文社極少，陳際泰甚至以「五指詘之」來形容，[75] 紫雲社是較早也較重要

74　關於明人社集的研究，較多放在文學史、政治史的脈絡下討論，郭紹虞（1893-1984）的〈明代的文人集團〉，收入郭紹虞，《照隅室古典文學論集》（上海：上海古籍出版社，1986），頁 518-610；謝國楨（1901-1982）《明清之際黨社運動考》（北京：中華書局，1982）都是這個領域的名作。陳寶良《中國的社與會》（臺北：南天書局，1998）對社集作出分類，而何宗美長期蒐集社集相關資料，其近作《文人結社與明代文學的演進》（北京：北京人民出版社，2011），則是藉由大規模彙整詩文社集與制藝文社的資料，以討論文學流派與文學思潮的轉變。李玉栓《明代文人結社考》（北京：中華書局，2013）也是對社集資料的整理與考訂之作。近幾年則有一些文章是從政治、家族、地域性、城市生活、文化轉型切入，而且將眼光擴大到士階層相關的其他階層（如醫者），以及東亞周邊各國，從更多元也更整體的眼光，以中國為中心看東亞世界的社集發展，請見張藝曦、王昌偉、許齊雄、何淑宜編，《結社的藝術：16-18世紀東亞世界的文人社集》（臺北：聯經出版事業公司，2020）。

75　陳際泰，《大乙山房文集》（收入《四庫禁燬書叢刊補編》，第 67 冊，據明崇禎六年〔1633〕刻本影印），卷4，〈新城大社序〉，頁 21：「憶余庚子之役，既罷歸，因邀全人為社。……

的社集。該社成員主要來自臨川，有陳際泰、章世純、羅萬藻、祝徽、
丘兆麟（1572-1629）、游王廷、蔡國用（1579-1640）、管龍躍（字）、
曾棟兄弟四人。[76] 其中陳際泰、章世純、羅萬藻皆名列江右四大家中。
明末江西制藝風潮及社集之興，可說是從紫雲社這個地方社集開始。

　　與紫雲社同時或稍晚有汝南騰茂社，可能是以原班人馬為主幹另
外成立的社集。據陳際泰所述，「社業自分兩家，其雅則命體不失沖
氣者，若干為輩，而管龍躍、傅友梅為首；其玄博開宗奇矯自絕者，
若干為輩，而陳大士為首」，[77] 顯示兩社仍有別。[78] 此後更有金石大社，
推測舉行於天啟四至七年（1624-1627）之間，[79] 據丘兆麟說：

　　吾郡極力為時藝之士，有陳大士、章大力、艾千子、羅文止數人，
　　其一時聲響氣勢，能命令海內，……一時慕好風尚，又能移易海
　　內，……此數人固嘗告人曰：……若我所為，千古之事，文章之
　　道也。富貴自富貴，文章自文章，生平降心抑首於此中。……且
　　今大力、千子又既已售矣，大士、文止既未遽售，而海內售者類
　　多以之為售，亦奈何以為不售，則文之不當富貴資者，又何嘗不

蓋海內之社比於此者，未始頓五指而詘之也。」

76　陳際泰，《已吾集》（收入《四庫禁燬書叢刊》，集部第 9 冊，據清順治李來泰刻本影印），
　　卷 3，〈曾叔子合刻序〉，頁 7。

77　羅萬藻，《此觀堂集》（收入《四庫全書存目叢書》，集部第 192 冊，據清乾隆二十一年〔1756〕
　　躍齋刻本影印），卷 4，〈汝南明業社序〉，頁 32-33。

78　由於兩社不少人先後得第而颺去，可想見兩社在當時應頗受臨川士人所矚目，見陳孝逸，《癡
　　山集》（收入《四庫禁燬書叢刊》，集部第 49 冊，據清初刻本影印），卷 1，〈府君行述〉，
　　頁 11。但艾南英不在前兩社中，必須等到萬曆三十四年（1606），艾南英入府學，方始結識
　　羅萬藻、陳際泰、章世純三人，艾南英是東鄉人，東鄉本屬臨川，後來另劃一縣。至此四人
　　齊集，而江右四家之名以定。見艾南英，《天傭子集》，卷首，〈年譜〉，丙午年。

79　根據丘兆麟序文提及章、艾、羅三人中舉的情形，章世純與艾南英分別是天啟元年（1621）
　　與四年（1624）舉人，而羅萬藻是天啟七年（1627）舉人，可知金石大社舉行於天啟四年到
　　七年（1624-1627）之間。

> 富貴者哉！……即金石大社不足以盡予郡之名士，而予郡之名士
> 實盛於此。[80]

從「予郡之名士實盛於此」，可知這也是當地很重要的社集。[80]

其他各地也陸續有制藝文社興起，如萬曆三十八年（1610）左右同屬於南昌府的豐城有制藝文社，當地無論一方之名宿，或繼起之新秀都在此社中，可知這是豐城最具代表性的社集，如涂伯昌說：

> 二十季來，一方之名宿，後來之選鋒，無不出其社中，颺去為名
> 公鉅卿者，不可指數。[81]

撫州府的金溪也有文社。金溪原有城南會，城南會的會址不明，由於此會成員以橫源張氏族人為主，而橫渠張氏家族位於金溪縣石門鄉橫源，橫源便在金溪縣城南，所以城南會應即在張氏家族附近舉行。到了萬曆年間，在該族名士張應雷（1534-1608）的倡導下，另外成立禹門社，此社社址位於臨川、金溪之間，推測應在橫源所在石門鄉與臨川縣的交界處，據陳際泰所作序說：

> 禹門社介臨、金之間，是諸雋之所走集也。其得名，張順齋先生
> （按：張應雷）實為之，先后社于是者，翔去不可枚舉，中輟者數年，
> 近乃復有吾党之刻而儼其人。蓋地重而人因重，不敢以虧疎佐小
> 之氣辱此名社也。[82]

80　丘兆麟，《玉書庭全集》（北京中國國家圖書館藏，清康熙十一年〔1672〕修本），卷11，〈金石大社序〉，頁90-92。

81　涂伯昌，《涂子一杯水》，卷3，〈龍山大社序〉，頁32。

82　陳際泰《大乙山房文集》，卷4，〈禹門社序〉，頁24。

此社是張應雷倡始，而張應雷卒於萬曆三十六年（1608），陳際泰的序作於萬曆末或天啟初，可知後續仍有人主持社集活動。[83] 此社既位於臨、金之間，又是諸雋之所走集，加上由臨川陳際泰作序，推測該社應有來自臨川、金溪兩地士人。從過去以家族為主、類似族會的城南會，擴大為兩縣士人共同參與的禹門社，而當江右四大家倡導制藝，此社亦占一席地。[84]

瑞金有赤水社，這是楊以任在萬曆四十六年（1618）考取舉人以後，與同邑朱敬之、謝士芳、謝子起、兄楊希元、姪楊汝基所成立的社集。[85] 楊以任在江西的聲名不亞於江右四大家，但因年僅三十五歲卒，致其影響力無法與江右四大家相提並論。

隨著各地制藝文社興起，於是更進一步形成的跨地域大社，豫章社則應時而起。徐世溥指出：

> 曩余聞長老言，嘉隆時，先正闈試諸牘出，相從議論揣甲乙者，不失錙銖。其時士無交游，坊無選刻，文會不過族姓同里數人，月有定課，至期畢業，醴酒三四行而止。鄉會試錄出，姓名乃達于境外。……蓋自余操筆墨與諸君倡和，已合十三郡之賢秀皆在，更十數年，而南北之聲氣畢通，稱大同矣。[86]

「合十三郡之賢秀」的大社，應即萬曆四十三年的豫章社。這個社集代表的是制藝文社進入另一階段的標誌，也就是從原本「不過族姓同

83　序文中提及周鍾、張溥倡導經術，而二人崛起於天啟年間，所以可推知禹門社也是在此刻重振。

84　相關研究見本書第八章，〈明及清初地方小讀書人的社集活動：對江西金溪的考察〉。

85　蔣方增修，（道光）《瑞金縣志》（收入《中國地方志集成，江西府縣志輯》，第 81 冊，據清道光二年〔1822〕刻本影印），卷 7，頁 5。

86　徐世溥，《榆溪逸槀》，卷 4，〈同人合編序〉，頁 9。

里數人」的文會，變成南北聲氣相通的大社。儘管豫章社只是一時一地舉行而已，成員人數也有限，但卻有人以豫章社來稱江西派的群體，正可見此社的重要。[87]

豫章社的倡導起於江西布政使李長庚，合江西各地士人於一處舉行社集，據載：

> 大冢宰李長庚任江西左布政，其子春潮才而好奇，合豫章諸能文者為豫章社，臨川則陳際泰、羅萬藻、章世純，東鄉則艾南英，泰和則蕭士瑋、曾大奇，吉水則劉同升，南城則鄧仲驥，豐城則楊惟休、李炅，進賢則陳維謙、李光伟、陳維恭，皆郡邑間最馳聲者，而南昌、新建，首時華與萬曰佳、喻全禩，時華尤為所推服。[88]

豫章社全社雖僅十餘人，但這十餘人是來自江西各地的領袖人物，於是藉此社而讓各地士人有更密切的來往與聯繫的機會。另一方面，南昌當地另有一批名未大起的年輕士人雖未能入會，但可以與該社成員往來論交，遂使其眼界一時開擴。[89]

利用豫章社的集會，無論社中或社外的人，彼此都可藉此機會相識交流。如南昌萬時華與吉安曾大奇、蕭士瑋相識，並藉幾人而識得其他吉安士人，讓萬時華以此為豪說——「西昌二十年來才士雲起，盡與余善」，[90]西昌即泰和，是吉安府的一縣。陳弘緒雖未入豫章社，

87　《四庫全書總目》中以豫章社是艾南英、陳際泰、羅萬藻、章世純等四人主導成立，應誤。見永瑢等撰，《四庫全書總目》，卷138，子部，頁26：「其時張溥與張采立復社，艾南英與章世純、陳際泰及羅萬藻立豫章社。」

88　陳弘緒，《陳士業先生集》，《敦宿堂留書》，卷1，〈先友祀鄉賢萬徵君傳〉，頁39。

89　陳弘緒，《陳士業先生集》，《石莊初集》，卷5，〈曾堯臣文序〉，頁3。

90　萬時華，《溉園二集》（收入《四庫禁燬書叢刊》，集部第144冊，據明末刻本影印），卷1，

但他另組杏花樓社，社外士人多入此社，而彼此相識，如陳弘緒便在此識得曾大奇之子曾文饒。[91]

值得注意的是陳際泰、艾南英與陳弘緒這批年輕士人的相識。萬曆四十六年鄉試年，陳際泰與合稱南州四子的余正垣（余日德之孫）、李奇（李遷曾孫）、劉斯陛、鄧履中（鄧以讚從子）握手訂交，[92]艾南英亦與陳弘緒等人訂交，[93]並與徐世溥結為異姓兄弟。[94]由於年輩上的差距，加上陳、艾等人成名較早，所以這批南昌士人隱然以陳、艾等人為首。所以《豫章社選》編成出版以後，陳弘緒所盛推的是江右四大家，他說：

> 適雲將（按：李燝）、茂先（按：萬時華）《豫章社選》成，諸兄弟盛推臨汝之學。[95]

從「諸兄弟盛推臨汝之學」，已可看出南昌年輕士人對江右四大家的傾慕之情。藉由大社的舉行，讓江右四大家的聲望日高，而其制藝及相關見解更可影響其他士人，並更具有代表性，以江右四大家為中心，遂形成所謂的江西派。

〈曾堯臣合稿序〉，頁5。

91　陳弘緒，《陳士業先生集》，《石莊初集》，卷5，〈曾堯臣文序〉，頁3。

92　陳際泰，《大乙山房文集》，卷6，〈余小星小引〉，頁46。

93　天啟五年（1625），艾南英作〈四子合刻序〉，較諸陳際泰於萬曆四十六年（1618）識得四子晚了七年左右的時間。四子即劉斯陛、鄧履中、余正垣、李奇。艾南英先識萬時華、李雲將、喻仲延等人於豫章社，此後又識劉、鄧、余、李與陳弘緒等人。見艾南英，《天傭子集》，卷2，〈四子合刻序〉，頁57-58。

94　清初王士禎便說陳弘緒、徐世溥二人是「南州眉目」，可知二人是南昌年輕士人的代表。見王士禎，《居易錄》（收入《文津閣四庫全書》，子部第871冊，據中國國家圖書館藏本影印），卷11，頁25；又見徐世溥，《榆溪逸稿》，卷首收錄〈名公評語〉，頁1。

95　陳弘緒，《陳士業先生集》，《石莊初集》，卷5，〈曾堯臣文序〉，頁3。

　　在新一波的風潮中，新城士人如何回應？涂伯昌是這個時期新城士人領袖，所以以下聚焦於涂伯昌來談。

六、大風潮下的涂伯昌及新城士人

　　當涂伯昌（1597-1650）[96] 出生，鄧元錫、羅汝芳已卒，待其少年，即連在鄧徵君祠的講學活動也已停歇，連鄰近的南城也少有心學的講學活動。[97] 但因鄧、涂二族的聯姻關係，不少涂氏族人皆受到鄧元錫直接或間接的影響，如涂伯昌從姪涂世名（字仲嘉），便是跟隨族人涂璉學習，而涂璉是鄧元錫的門人。[98] 涂伯昌與涂世名既過從甚密，也與涂世延一家時相往來，而涂世延家亦傳鄧元錫、羅汝芳的學術。[99] 正是在此心學的氛圍中，所以涂伯昌對心學並不陌生。當涂伯昌十歲在私塾讀書時，被朱熹的〈格物補傳〉所困擾，卻無人可以請教，但他並不死心，遠道前往江右陽明學的中心——吉安問學。此時大約是萬曆四十年（1612）前後，當時吉安的幾位知名的心學家，有安福鄒德泳（1616 年進士）、鄒元標，但不知何故，涂伯昌所請教的是郭子章，郭子章其實並不以心學著稱，而郭子章引用薛瑄的話——「格物只是格个性」回答，涂伯昌「時佩其言，未通其意」，而且不久以後更有「益

96　涂伯昌自述十五歲出就外傳，而他在萬曆三十九年（1611）遊浙而師黃汝亨，可推知他應生於萬曆二十五年（1597）。見涂伯昌，《涂子一杯水》，卷3，〈侄孫不疑文序〉，頁68；同前書，卷3，〈辛乙稿序〉，頁77。

97　由於涂伯昌曾在南城參加詩社，但他卻必須遠道前往吉安參加講會，所以推測在羅汝芳卒後，南城也已沒有心學講會活動，或至少已沒有足以吸引他的心學家的講學。

98　方懋祿等修，夏之翰等纂，（乾隆）《新城縣志》，卷9，頁31。

99　方懋祿等修，夏之翰等纂，（乾隆）《新城縣志》，卷9，〈先正〉，頁56、67；涂伯昌，《涂子一杯水》，卷3，〈侄孫不疑文序〉，頁68-70。

復茫然」之感。[100] 也可以說，來到萬曆中期以後，作為非中心區的新城的講會中衰，而中心區的吉安的講會雖然持續舉行，但已不具有強大的說服力，所以士人即使前來問學，仍可能無功而返。

另一方面，涂伯昌早年便即外出浙江習於黃汝亨門下，黃汝亨是制藝名家，涂伯昌回鄉以後，應即憑藉此求學的經歷，既教導族人子弟制藝，包括族人涂世名、侄涂可大（字）與侄孫涂大雋，[101] 而其大弟子黃香（字孝若）與他是姻親關係。[102] 也有外地士人前來求學，如泰和劉溥、蕭汝器[103]、萬季玄[104] 等。可知涂伯昌的制藝在新城當地已頗有聲名。

除了涂伯昌以外，新城尚有不少制藝作手，只是多半散居各區，彼此少有往來。如涂伯昌居香山；而楊思本、楊調鼎在金船峰讀書；楊公望居華蓋山；江公遽、裘日尾分別居白石與卓溪；彼此皆相距甚遠而不常相見，[105] 如涂伯昌所言——「非郡邑試事，歲不數面」。[106]

隨著豫章社的舉行，以及各地舉行社集加強相互聯繫的風氣，涂伯昌及新城士人亦受此風潮影響，遂以涂伯昌為中心成立鴻響社。鴻

100　涂伯昌，《涂子一杯水》，卷2，〈上吳秋圃先生格物辨第一書〉，頁38。

101　涂伯昌，《涂子一杯水》，卷3，〈侄孫不疑文序〉，頁68-70。

102　黃孝若於萬曆四十八年入門稱弟子，此後涂伯昌弟子日益進，涂叔咸、張子咸、吳玄暉皆涂門之選。見涂伯昌，《涂子一杯水》，卷3，〈辛乙再稿予〉，頁79。

103　涂伯昌，《涂子一杯水》，卷3，〈劉叔道文序〉，頁42。

104　涂伯昌，《涂子一杯水》，卷3，〈萬季玄文序〉，頁43。

105　楊思本，《榴館初函集》（收入《四庫全書存目叢書》，集部第194冊，據清康熙十三年〔1674〕楊日升刻本影印），卷4，〈三山課業序〉，頁8-9。此外，從崇禎二年的刻偶社的選文一事也可有佐證。當時偶社之刻，半屬新城，其中最為世所指名者四人：吳懷璩、吳之才兄弟，及江公遽、江觀其兄弟，但四人居處都離縣城甚遠，如涂伯昌所言，「非郡邑試事，歲不數面」。可知這幾位新城的知名士人彼此間並無常態性的社集活動。見涂伯昌，《涂子一杯水》，卷3，〈吳孫膚文序〉，頁49。

106　涂伯昌，《涂子一杯水》，卷3，〈吳孫膚文序〉，頁49。

響社成立於萬曆末年，屬於地方性社集，成員亦僅限於新城士人[107] 萬曆四十八年另有新城大社，核心成員達二十一人，帶來更多人際往來連結的機會。[108] 所以天啟七年的鄉試年，涂伯昌與楊思本、魯汝亨[109]、裘日尾、過周謀[110]、楊居理[111]、楊居吉[112]、江以碩[113] 等共八人結為異姓鷦鴞，[114] 共同準備鄉試。基本上已經形成一個關係較緊密的群體。

　　從地方性社集到大社，新城士人的聯結日益緊密，並且與外界的聯繫亦日多日廣。所以崇禎二年（1629）新城士人在臨川便與他地士人共結偶社，而此社社刻所收錄的文章，新城士人文章竟占了一半的篇幅，使原本不甚注意新城的艾南英等人大為驚訝，而有「近日文章光氣半在新城」之語。[115] 涂伯昌更指出幾位新城士人在當時備受矚目的情形：

107　根據《新城縣志》所述：「張景，字伯遠，北坊人，榮之孫，少補弟子員，治《易經》。以過周謀、江以碩、王尊、涂伯昌、鄢郢、涂斯皇結文社往來。」所處所說的文社，有可能就是鴻響社。見劉昌嶽修、鄧家祺纂，（同治）《新城縣志》（收入《中國地方志集成‧江西府縣志輯》，第 57 冊，據清同治十年〔1871〕刻本影印），卷 10，〈文苑〉，頁 8。

108　陳際泰，《大乙山房文集》，卷 4，〈新城大社序〉，頁 22：「近日文章一派乃在新城，其人氣盛心果，不屑近事，人人發伏藏之書而讀之，而得其芳澤源流之所處。」

109　邵子彝等修、魯琪光等纂，（同治）《建昌府志》，卷 8，〈忠義〉，頁 14。

110　邵子彝等修、魯琪光等纂，（同治）《建昌府志》，卷 8，〈宦業上〉，頁 60。

111　劉昌嶽修、鄧家祺纂，（同治）《新城縣志》，卷 8，〈鄉舉〉，頁 7。

112　楊麟調亦楊思庠六子中之一子，但目前資料所及，無法確定其名。只知楊思庠熱心賑濟，而其子楊思曾（字象賢）、楊居梓（字夢熊）、楊居吉亦能繼父志，見邵子彝等修、魯琪光等纂，（同治）《建昌府志》，卷 8，〈善士〉，頁 16。另據涂伯昌〈壽楊懷翁年伯六十文〉可知幾人的排行從長到幼應是：伯楊思曾、仲楊居理、叔楊麟調、季楊居梓，以下更有楊公安（字）、楊天生（字），及其孫楊日升。除了楊居理考取舉人，楊麟調餼於庠，其他人皆列名弟子員。涂文見《涂子一杯水》，卷 4，頁 59。據此推測楊麟調可能即楊居吉。

113　劉昌嶽修、鄧家祺纂，（同治）《新城縣志》，卷 8，頁 5。

114　涂伯昌，《涂子一杯水》，卷 3，頁 47。

115　涂伯昌，《涂子一杯水》，卷 3，〈吳孫膚文序〉，頁 49。

> 偶社刻其文，半屬吾邑（按：新城），其中為世所最指名者，為吳
> 懷璞、孫膚（按：吳之才）、江公遜（按：江以碩）、觀其兄弟四人。[116]

此處所舉出的四人，在新城的居所皆去城市幾百里，「非郡邑試事，歲不數面」，所以早期新城當地舉行社集而編社刻時，以不得四人之文為恨。[117] 但隨著制藝風潮的流行，如今不僅願意讓社刻收錄其文，[118] 而且吳之才的文章更得到艾南英、陳際泰的高度讚賞並為其延譽。[119] 這些都顯示新城風氣的轉變，而且進入了整個江西的文化交流圈中。

　　當新城隨著整個大風潮而變的時候，涂伯昌的觀點與立場也有變。新城因為僻處山區，所以士人普遍不常與外界接觸，但涂伯昌是少數希望走出新城的人。首先，涂伯昌早年便出外師從浙江黃汝亨學習制藝，而黃汝亨在江右四大家以前便已率先反對元脈派的文風。此後新城成立鴻響社，這雖是地方性社集，但涂伯昌已找上臨川的丘兆麟幫忙為此社社刻作序。丘兆麟，字毛伯，臨川人，萬曆三十八年（1610）進士，與江右四大家的上一輩湯顯祖齊名。[120] 在為鴻響社所作序文中，丘兆麟提到涂伯昌的轉變，他說：

> 予最苦鄉里小兒強解事，……止惟是朱程尸祝，唐薛服膺，倣襲摹膽，倘使其援筆不停，厝手無礙，而文之事以為如是已矣。……

116　涂伯昌，《涂子一杯水》，卷3，〈吳孫膚文序〉，頁49。

117　涂伯昌之侄涂世名主持的東山社刻，便以不得四人之文為恨，見涂伯昌，《涂子一杯水》，卷3，〈吳孫膚文序〉，頁49。

118　如吳之才、江以碩原本皆不願刻文，見涂伯昌，《涂子一杯水》，卷3，〈江公遜文序〉、〈吳孫膚文序〉，頁47-48、49-51。

119　涂伯昌，《涂子一杯水》，卷3，〈吳孫膚文序〉，頁49。

120　徐奮鵬，《徐筆峒先生十二部文集》（臺北：國立故宮博物院攝製北平圖書館善本書膠片，據明秣陵王鳳翔光啟堂重刊本），第七部，《彙輯各文》，〈刻汝上兩大家文序〉，頁47-48。

> 黎川有涂子期氏（按：涂伯昌）者，予向嘗與之道，此時子期求友
> 四方，所交皆天下巨公，所聞皆天下腴詞，未暇理予言。迨數年
> 來，子期息影山中，闇求冥證，乃始謂予言近是，擒詞命意，婉
> 轉依傍，而其同社諸友人，亦復聞其風而悅之，若而人，故坊間
> 有梓行其《鴻響集》者，……黎川之文從此有聞天下矣。[121]

丘兆麟的這段話十分有意思，據丘所言，涂伯昌最初對制藝的見
解是跟丘兆麟有別的，但後來回到新城，息影山中數年以後，才認同
丘兆麟的看法。那麼丘兆麟的見解是什麼呢？

丘兆麟不滿當時制藝「唐薛服膺」、「倣襲摹膳」，此應是指元
脈派的文風而言，而當時涂伯昌可能尚未脫離元脈派的影響，所以未
能與丘兆麟的見解一致。接著涂伯昌息影山中方始有變，造成他這段
時間有變的，是他在山中讀《易經》，並以六經遺文與所得相印證。[122]
涂伯昌選擇讀五經而不是四書，而且將所悟與六經之文相印證，這種
重視經書的取向，已跟元脈派不同，而更接近江西派所標舉的通經學
古。

此後涂伯昌僑寓臨川時與陳際泰相識定交，[123] 使他更進一步轉向
江西派，而他讚譽陳際泰的那段話便很值得細究，他說：

> 與人同者，物必歸焉。吾友陳大士，衣被天下二十年，天下赴之
> 無岐向，其有得於〈同人〉之象者與。[124]

121　丘兆麟，《玉書庭全集》，卷14，〈鴻響社文引〉，頁7-8。

122　涂伯昌，《涂子一杯水》，卷3，〈丙庚再稿序〉，頁80。

123　涂伯昌，《涂子一杯水》，卷3，〈丙庚再稿序〉，頁80；陳繼儒，〈《涂子一杯水》序〉，
　　在涂伯昌，《涂子一杯水》，卷首，頁3。

124　涂伯昌，《涂子一杯水》，卷3，〈偶社序〉，頁30。

涂伯昌在山中讀《易經》，因同人卦而悟得無我之學，而他以此卦來說陳際泰，可知涂伯昌所說的無我之學，應即「與人同者，物必歸焉」的意思，而無我、同人的實際效益，就是能夠「天下赴之無岐向」，這是涂伯昌所期待達到的結果，而陳際泰則是已先登此壇者。陳際泰成名甚早，不僅名列江右四大家之一，加上以制藝寫作量大且精聞名，他雖然在崇禎七年（1634）才中進士，但在此之前早已名聞遐邇，不僅在江西一地，即連江南復社諸子亦對其高度推崇，如張采便分別刊刻其制藝與古文辭作品。[125] 陳際泰的文稿盛行於世應即涂伯昌所說的衣被天下。

但更深一層看，涂伯昌是在臨川與陳際泰相識而寫下這段話，而當年度陳際泰為《豫章文正》作序，希望此選本能夠重新端正江西派的文風。涂伯昌應知此事，而他的這段話極可能是跟陳際泰的序有關，所以我們有必要看這篇序。陳際泰序上說：

> 庚子以來，文章氣靡而理贗，習而溺之者以為固然，而以聖賢之規旨，與秦漢以逮成弘之義類繩之，初不知為何物，二三兄弟憂焉，故起而為典則之文以矯之，使氣疎而勁，理明而確，如是焉則已矣。[126]

陳際泰的「為典則之文以矯之」，應跟涂伯昌的「天下赴之無岐向」類似。同人的意思，本就不是消極的等待他人與己同，而是必須讓人人皆跟隨其典則之文的文風。從涂伯昌對陳際泰及其典則之文的佩服，亦可見他已融入江西派的文風中。

125　見張采，《知畏堂集》（收入《四庫禁燬書叢刊》，集部第81冊，據清康熙刻本影印），文卷2，〈陳大士集序〉，頁10-11；文卷2，〈大士之燕草序〉，頁28-29；文卷2，〈陳大士稿序〉，頁30-31。

126　陳際泰，《大乙山房文集》，卷6，〈豫章文正二集序〉，頁4。

從僻遠山區的新城融入江西派，應讓涂伯昌不免心生感歎，感歎自己若能生於通都大邑豈非更佳。[127]另一名新城制藝作手楊思本也有類似的感受，楊思本居鄉間時，常與族人往來討論制藝，後來才舉家遷往縣城，原因則是他認為「村居耳目既狹，不足以開發性靈」。[128]涂、楊是新城當地士人中與外界聯繫較多的兩位，二人竟都有相似的感歎。

七、涂伯昌的疑問與彷徨

但我們卻看到涂伯昌仍然被陽明心學所留下的問題所困擾。涂伯昌特別重視《大學》，視為他能否無礙融通全部儒經的關鍵所在。也因此，我們看到涂伯昌早期被《大學》的格物之說所困擾，這個困擾並未因為息影山中讀《易經》悟〈同人〉卦而得到解答，必須等到崇禎七年（1634），吳麟瑞來江西任官時，涂伯昌習其學，方才「如夢方醒」。

吳麟瑞出身浙江海鹽，既是知名的學術官僚，還是羅汝芳的弟子，而他在新城所講的即羅汝芳的學術，所以涂伯昌說「吾師蒞吾土，大暢羅明德之學」。[129]如前文所述，新城的心學主要來自鄧元錫、羅汝芳二人，而吳麟瑞所談的正與新城路數相合。吳麟瑞有《尊經草》與《古本大學通》等書，但今皆已不傳，所以我們無從了解他對《大學》解釋的獨到之處，以及能讓涂伯昌如此信服的原因。但從涂伯昌為這

127　涂伯昌，《涂子一杯水》，卷首，〈《涂子一杯水》三篇自序〉，頁3。

128　楊思本，《榴館初函集》，卷4，〈自序〉，頁29。楊思本所往來的族人包括楊王孫（字）、楊希震（字古白）、楊必先（字）、楊仲容（字）、楊思乾（字太沖，天啟元年舉人）、楊雲卿（字）、楊守彥（字）。

129　涂伯昌，《涂子一杯水》，卷2，〈合刻盱江黃孝子胡哀烈二錄序〉，頁68。

兩本書所作序文來看，涂伯昌對吳麟瑞是真心信服的，他說：

> 昌捧讀未竟，生平疑情雪消冰泮，證以所見所聞，及《六經》、
> 《語》、《孟》諸書，了無滯響。……昌以《大學》得師始明，
> 格物得師始透，古今得師始定。[130]

涂伯昌還特意作兩篇文字以附和：一是〈大學述〉以闡揚吳麟瑞之書，
一是〈格物述〉二篇以抒發吳麟瑞的格物之說，[131]而且更集諸家疏解
大學之說而作《古本大學辨》。[132]涂伯昌前後共寫給吳麟瑞五封信，
信中多反覆談及吳麟瑞的格物說對他的影響之大。第五封信作於甲申
年（1644），即崇禎自縊當年，他談到「五月中忽聞國變，淚枯心死，
不復知人世之樂」，但他卻仍「欲為君國存此空言」。[133]顯示他對此
說的重視程度之高。

　　有意思的是，因羅汝芳的學術而豁然開朗的，不只有涂伯昌一人
而已。當涂伯昌跟族姪涂世名談吳麟瑞的學術時，涂世名便出示羅汝
芳的《羅明德集》，而且書上都有涂世名的批畫，顯示他從羅汝芳的
文集獲益甚大。涂伯昌敘述這段經過，說：

> 自予師吳秋圃（按：吳麟瑞）先生，與聞聖學正宗，歸語仲嘉，亦
> 先獲此意，出所讀《羅明德集》示予，手自批畫，晶晶屬屬，字
> 字如對古人，始信學問消長之數，關乎神明，抑如節候之自轉，
> 初不自知也。……仲嘉為予言別後讀家恭襄公（按：涂宗濬）《隆

130　涂伯昌，《涂子一杯水》，卷2，〈上吳秋圃先生格物辨第一書〉，頁39。
131　涂伯昌，《涂子一杯水》，卷2，〈大學格物辨序〉，頁26。
132　涂伯昌，《涂子一杯水》，卷2，〈古本大學辨序〉，頁24-25。
133　涂伯昌，《涂子一杯水》，卷2，〈第五書〉，頁44。

沙證學記》，忽爾朝徹，數年所讀《羅明德書》，忽於此印合，發為文章，遂洞洞不竭若是。……明德之不學不慮，恭襄之即止即修，微茫之際，其拈合正恐未易，予與仲嘉方聳然於所未至，願從世之有道君子一問津焉。[134]

涂宗濬是南昌人，李材的弟子，以事功著稱，萬曆年間曾講學於澹臺祠，著有《隆沙證學記》，[135] 該書主要談他對《大學》的解釋，「即止即修」即其論學主旨，以及他對《大學》的解釋。涂伯昌與涂世名二人皆因《大學》章句解釋的歧異所苦惱，於是先讀《隆沙證學記》，再讀《羅明德集》，最後與吳麟瑞的說法相印證，最後涂伯昌所作的制藝，終於能夠如有源之水，源源不絕。所讀的是心學家的著作，所寫的卻是制藝文章，正顯示心學與制藝寫作之間的密切關係。

此後，涂伯昌綜論儒經的義理與制藝文章的關係時，他把心學放在兩宋理學之後，處在從理學到制藝之間的關鍵位置，他說：

戰國、秦漢，經術未明，諸子各出其見，以互相是非，言無折衷，固也。唐、宋諸家雖知尊經，而源流未晰，韓、蘇之〈原道〉、〈論經〉，其所傳者，文也。自周、程、張、朱出，群趨宋數十年人文，共扶進斯道，而經術昭明，至今日王、羅（按：羅汝芳）諸君子倡隆聖學，洞若觀火，學者戶奉聖人之言惟謹，抑欲如退之之〈原道〉，老泉之〈論經〉，終不能昧其所知，而氣亦蒙翳而不達矣。何也？理明故也。故為唐宋之文人易，為今人之文人難。[136]

134　涂伯昌，《涂子一杯水》，卷3，〈倀仲嘉文序〉，頁64-65。

135　臺灣各圖書館未收藏此書，此書承廣州中山大學劉勇教授贈予呂妙芬所長，而呂所長轉寄予我。謹此致謝。

136　涂伯昌，《涂子一杯水》，卷3，〈姪仲嘉嘯圍續草序〉，頁71。

　　這段話見於涂伯昌寫給涂世名的信中，應是二人會通心學與制藝以後的共同看法。涂伯昌這段話很完整陳述了他所認為的文與理的關係：兩宋以前經術未明，所以文只是文。兩宋諸儒是闡揚經術，而須到明代王守仁、羅汝芳等人，方才使得經術如日中天，讓學者戶奉聖人之言，所以今日士人所作的文章，必須是闡道明理之文，也因此涂伯昌在末尾說：「為唐宋之文人易，為今人之文人難。」

　　在涂伯昌所勾勒的發展史中，從兩宋到明代諸儒，讓儒經的經術義理從沈晦到昭明，從昭明到大行於世。所以涂伯昌在此給了心學一個頗關鍵的位置——對儒學經術的闡發，雖然始於兩宋諸儒，但必須來到明代心學，方始達到顛峰。於是接下來應思考：生今之世，不是如宋明諸儒繼續講論心性義理之學，而是應該寫作經義之文。從兩宋程朱學到明代心學，再下一步是今日之制藝，也可以說，制藝是心學的更進一步。

　　制藝是心學的更進一步，正是持此見解，所以涂伯昌高度推崇制藝文章，他說：

> 明興以經術造士，限以八股，其體至潔，其情至孤，其結撰至嚴密。二百餘年，士困尺幅之中，欲豎眉開口，自措一語而不可得。……此我高皇帝屬世磨鈍之道，於斯為大。[137]
> 夫經義于文章，體潔而位尊，上以生聖人之心，下以持學人之券，皆于尺幅見之。[138]

　　儒經的義理須由後人以文字來發揚闡明，而歷代各有不同作家、不同文體，所以涂伯昌以「經義于文章，體潔而位尊」，正是把解釋

137　涂伯昌，《涂子一杯水》，卷3，〈陳大士壽序〉，頁4。

138　涂伯昌，《涂子一杯水》，卷3，〈倪仲嘉文序〉，頁63-64。

經義的制藝文字，視為是高於歷代其他作家的文字。據此便可理解涂
伯昌的下一段話，他說：

> 夫時文之為時文，易易耳；易時文而古文，亦易易耳。唯夫調於
> 今古而出之，古人之精神盡見，而又不越於制義之幅，以進而求
> 於六經之主。⋯⋯自有文章以來，漢人持風格而不能暢；韓、蘇
> 能暢矣，求之於理，或未盡合；濂洛諸君子，理道精微，而修辭
> 則靡合；之三者包舉而連文，吾舉以似大士，大士顧引以相期也。[139]

漢人的文章是有風格而不流暢，唐宋八大家的文章則既有風格又能流
暢，但卻未盡合於理。宋明理學家精於理，但疏於修辭。必須等到制
藝文章，方才能夠兼包風格、修辭與理三者。

　　涂伯昌肯定心學的主張，跟江西派的反心學傾向相反，例如涂伯
昌所心折的陳際泰便很排斥心學及其講學活動。[140] 據此來看，涂伯昌
把制藝視為是心學的更進一步的主張，在明末江西派群體中，可謂是
空谷足音。

　　在此須稍作說明：心學（或廣義的理學）與制藝的關係向來是頗
受關注的題目，尤其在江西這個江右陽明學派的大本營，很容易看到
人們談論這個題目。如徐奮鵬的友人為其著作作序，便特別標舉徐奮
鵬對舉業的看法，說：

> 舉業文字果理學外物，不必講乎？曰：英人哲士，以理學為舉業，
> 即自己文字，即聖人賢人經語。卑者記誦套括之章，餂前人餘唾
> 為己口中津，殊陳腐可厭。嗟夫，此真學究也，理學之所以日晦，

139　涂伯昌，《涂子一杯水》，卷3，〈偶社序〉，頁31。
140　羅萬藻，〈陳大士先生傳〉，收入陳際泰，《已吾集》，卷首，頁2。

所自來矣。文字習而舉業盛，舉業盛而理學微，學者而奈何辨之
不蚤辨也！……故先生之學，專求聖賢於心，方且謂聖賢不在簡
冊而在此心，矧從簡冊上尋題目，拘拘作舉業文字也耶！[141]

徐奮鵬，別號筆峒先生，江西臨川人，常與湯顯祖往來。他在鄉里所
在的筆架山上設館教授舉業。此處他以理學包舉業，認為好的制藝必
須有理學為核心及根本，否則便只是不足道的舉業文字而已。徐奮鵬
的見解是以理學為本位，但並未像涂伯昌一樣，把制藝作為心學（或
理學）發展的下一階段的結晶。

　　至於江右四大家則是把兩宋理學與制藝之間視為是斷裂，而不是
如涂伯昌所勾勒的連續的發展。如陳際泰說：

漢儒釋經而經不明，然而經存；宋儒釋經而經明，然而經亡。此
其故殆難言之矣。註疏變而為說書，說書變而為時義，經所悔幾
何，經所存亦幾何，經無所賴是，烏乎，其自以為功也乎哉！……
後學所習者，制義也，以註疏釋經而不得，以制藝釋經而顧得之，
既得其所為經，復得其所為時文，是兩登之計也，則謂之有功
也。[142]

陳際泰既攻漢儒，也批宋儒，宋儒雖然闡明經義，但卻導致經亡，所以
今日必須「以制藝釋經而顧得之」。陳際泰應認為從兩宋理學到今日
江西派以制藝釋經，兩者間是斷裂的，而且中間有過一段暗晦不明的
時期。涂伯昌則認為從兩宋理學到心學到制藝，是一階階往上爬昇的。

141　戴振光，〈理學明辨錄序〉，收入徐奮鵬，《徐筆峒先生十二部文集》（北京中國國家圖書
　　館藏明刻本），卷首，頁1-2。

142　陳際泰，《大乙山房文集》，〈詩經功臣序〉，卷6，頁7。

　　無論是徐奮鵬或陳際泰，都未如涂伯昌從發展的角度談心學與制藝的關係，以及把制藝定位為心學的更進一步，所以我們應該怎麼定位涂伯昌及其主張呢？

　　涂伯昌不算是江西派的核心人物，名氣亦僅及於新城或撫州一帶，而未能如江右四大家有跨地域的聲望，但也是這個緣故，讓他能夠在主流意見之外，提出不同的見解，儘管這個見解在當代未必受到重視，但入清以後臨川李來泰（1631-1684）卻有類似的看法，他說：

> 夫制義一道，於文為特粹，而又嚴以一王之制，其隆重亦非昔代文章比也。漢儒雅尚經說，侈稽古之力，而章程無聞焉。唐沿南北遺習，雋異之士逐於詞章，所稱明經者，不過帖括記誦止耳。關閩濂洛之書，又未免如禪家所稱，直指心地，掃除文字者。經義行而詞章、理學匯於一途。[143]

> 合文與道而一之，其惟今之制義乎！[144]

> 制義者，理學之餘，然非制義，則理學亦無由傳。[145]

李來泰的看法跟涂伯昌十分近似，認為制藝是合文與道為一，匯辭章、理學於一途。二人大同中的小異是：涂伯昌更強調心學，而李來泰則以理學作為總稱。若涂伯昌認為制藝是心學的更進一步，而李來泰則主張有理學以後才有制藝，所以說制藝是理學之餘。

　　另一方面，儘管涂伯昌給了心學一個關鍵的位置，但他對心學並非毫無批評。既然制藝是心學的更進一步，則由筏登岸以後，便回頭

143　李來泰，《蓮龕集》（收入《四庫全書存目叢書》，集部第 222 冊，據清雍正李轍等刻本影印），卷 5，〈馬章民文序〉，頁 13。

144　李來泰，《蓮龕集》，卷 5，〈三科闈墨弘文序〉，頁 17。

145　李來泰，《蓮龕集》，卷 5，〈吳協子制藝序〉，頁 21。

見筏之不足。所以涂伯昌對王守仁的著作的態度有過變化，他說：

> 十餘年讀《陽明集》，向知其透徹處，今知其差別處。[146]

在接受吳麟瑞的格物說以後，更轉身批評王守仁的的良知說，說：

> 格物之義又沈晦於良知之說者，百有餘年。[147]

至此尚只是稍有微詞。但等到甲申年，聽聞亡國的消息，涂伯昌在感到天崩地裂之餘，便把全部的罪過歸於致良知之說，他說：

> 伏念天下之亂，本于人心，人心之壞，由于學術。窮源溯流，不能不致憾良知之說。今天下人希靈悟，士鮮躬行，一旦變起，文章侍從之臣，靦顏從逆，其流弊－至于此。揆之，平居無大公至正之學，臨難必無舍生取義之臣。[148]

在歸罪致良知的同時，涂伯昌則轉向羅欽順的《困知記》，他說：

> 得羅整菴《困知記》讀之，整菴，陽明同時，所載《大學》古本原序，及辨〈朱子晚年定論〉，足徵信于方來，亦置一解，附一辨，成書三冊，薰沐五上，求師序刻。[149]

這會讓人想到艾南英的話，他說：

146　涂伯昌，《涂子一杯水》，卷2，〈第四書〉，頁42。

147　涂伯昌，《涂子一杯水》，卷2，〈《大學》格物辨序〉，頁26-27。

148　涂伯昌，《涂子一杯水》，卷2，〈第五書〉，頁44。

149　涂伯昌，《涂子一杯水》，卷2，〈第五書〉，頁43-44。

> 國朝理學之傳，至正、嘉而王氏之說行，天下靡然日趨於異端，
> 當是時，修明程朱之學，與其徒力諍而勝之，如距楊墨，斥佛老
> 者，……在江右則羅文莊，……予於《困知記》註習頗詳，常欲
> 取其條貫，類入攻王氏斥佛老者，擬獨為書，冠之《蒙引》、《存
> 疑》之前，使天下後學為四書舉業者，無為王氏所惑。[150]

艾南英是江西派中最積極反心學的，而讀《困知記》，可視為涂伯昌
在學術上全然轉向——在此之前，涂伯昌尚只轉步，而尚未移身。當
陽明心學在幾大核心區——吉安、南昌等地退潮以後，偏遠區未必跟
核心區的發展同步，而或留些許心學流風，但如今連在新城這個偏遠
區，受心學問題纏擾而外出尋師寓居吉安三年的涂伯昌亦轉向，甚至
反身批評心學，亦可見心學流風在江西已完全退潮。

　　另外值得一提的是，鄧元錫的學術，待鄧元錫卒後乃迄於明亡，
在新城當地仍續有流傳及影響。江右陽明學派在明中期鼎盛時期，不
少地方的陽明學者除了藉由講學傳講學術以外，也會參與地方上的社
會福利事業，如明中期安福、吉水等地的陽明學者便以群體的方式進
行包括鄉約、丈量與賦役改革等事務。[151] 鄧元錫亦然，他除了講學以
外，較為人所稱道的即推行社倉。鄧元錫的住所在縣城南津，所以推
行社倉的區域也集中在縣城附近，他仿古人實行社倉法，先在本族內
建倉，後來加入者多，於是合鄉為社，堅持四十年不輟。[152] 此與吉水、
安福等地相似，都是心學家在萬物一體說的促動下所做。鄧元錫的弟

150　艾南英，《天傭子集》，卷4，〈張伯羹稿序〉，頁45。

151　張藝曦，《社群、家族與王學的鄉里實踐：以明中晚期江西吉水、安福兩縣為例》，尤其是
　　　第5章。

152　鄧元錫，《潛學編》，卷7，〈新城縣義倉記〉，頁49-53。

子張橝與涂朝敬，[153] 秉承其師的原則，亦先後主持縣城左近橋梁的修復，[154] 據載：

> 惠德橋在縣西門外，舊名通濟橋。……明正德丙子水衝，後為浮梁。萬曆八年，侍郎張橝重建石墩木梁，改今額。癸巳沒於水，更新之。丙午燬於火，橝長子應祥脩之。丁巳夏大水復決，邑涂朝敬糾里眾復建石墩木梁，甃以平砥，及東西兩亭。[155]

鄧元錫的經史之學也有傳人，如鄧志學作《天官義疏》，涂伯昌為其刊行，[156] 並作序指出：「其書不言禍逼，不言纏度，而第詮其義理所存，與六經大旨，毫髮不爽。」[157]

明末陽明心學雖已退潮，而士人多不講心學，自然也少見與心學有關的社會福利措施，但在明亡動亂之際，心學卻以另一種形式出現，此見順治二年（1645）的新城的亂事，這場亂事也發生在縣城，[158] 而由鄧玉主持平亂，據載：

> 邑奸民黃士奇、江以京等相與倡亂，號百花英，……為明經鄧玉

153　涂朝敬、涂國鼎居東坊菜園巷，見劉昌嶽修、鄧家祺纂，（同治）《新城縣志》，卷1，〈鄉都〉，頁1；張橝的旌繡坊位於縣治西，故推知其居處在此，見劉昌嶽修、鄧家祺纂，（同治）《新城縣志》，卷2，〈坊表〉，頁1。另一說張橝是洵溪人。

154　關於新城的研究很少，也甚少人注意新城有保甲圖冊，可藉此討論新城在地勢力的問題，這部分有袁海燕的介紹，請見袁海燕，〈《江西新城保甲圖冊》與新城中田地方勢力〉，《華南研究資料中心通訊》，18（香港，2000），頁20-21。

155　劉昌嶽修、鄧家祺纂，（同治）《新城縣志》，卷2，〈津梁〉，頁3。

156　周天德等修纂，（康熙）《新城縣志》，卷9，頁88。

157　涂伯昌，《涂子一杯水》，卷2，〈天官義疏序〉，頁2。

158　參考黃嘉贊的小傳，可知此亂其實只發生在縣城附近而已，見劉昌嶽修、鄧家祺纂，（同治）《新城縣志》，卷10，〈隱逸〉，頁4。

> 元白所得，……陰與孝廉鄧詔部署其眾，夜半攻之，戰於麤鸕石，
> 黃嘉贊為前鋒，黃有鉶為繼。嘉贊者，字純德，嘉縉之弟。……
> 玉按籍大索，次第被擒獲，戮於校場，積屍無算，邑賴以甯。[159]

鄧玉，字元白，鄧元錫的後輩族人，曾有一段時間向涂伯昌學習制藝，
而得其讚譽。[160] 關於此次平亂，有從鄧玉的角度記載，便特別點出他
與陽明心學的關係，據載：

> 鄧玉，字元白，南津人，崇正選貢，……究心王陽明學，有幹略，
> 明季亂，邑豪某聚眾掠財帛為患，玉結勇士禦之，戰有期，佯疾
> 臥，令師巫為禱，敵偵信少懈，出不意，先期搗其巢殲焉，邑賴
> 以安。……隱邑南赤溪，自號南村主人，與江一紳、鄢郅、鄧鼎
> 諸人結南村社。[161]

鄧玉究心陽明學，而他所側重的，是事功方面的幹略。王守仁曾平宸
濠亂，所以陽明心學除了心性義理以外，也有事功的一面。平百花英
之亂，便有賴鄧玉的幹略及暗中主持其事。在平亂後，鄧玉還與人結
南村社，而參與社集的核心成員，包括鄧詔[162]、鄧鼎[163]、鄢郅[164]、江一

159　劉昌嶽修、鄧家祺纂，（同治）《新城縣志》，卷6，〈保甲〉，頁8。

160　周天德等修纂，（康熙）《新城縣志》，卷9，頁91。

161　劉昌嶽修、鄧家祺纂，（同治）《新城縣志》，卷10，〈隱逸〉，頁5。

162　劉昌嶽修、鄧家祺纂，（同治）《新城縣志》，卷10，〈隱逸〉，頁6：「鄧詔，字姚聲，
　　號介于，明崇正己卯鄉舉，乙酉與邑貢生鄧玉平寇江以京等，邑賴以甯。……隱居南市。」

163　劉昌嶽修、鄧家祺纂，（同治）《新城縣志》，卷10，〈隱逸〉，頁5-6：「（鄧）鼎，字九公，
　　玉族叔，順治辛卯貢生，師事黃祠部端伯，工詩文，有才名。」

164　劉昌嶽修、鄧家祺纂，（同治）《新城縣志》，卷10，〈文苑〉，頁10：「鄢郅，字晴嵐，
　　南坊人，順治十一年歲貢生，工詩文，……與同時鄧玉、黃龍元、陳一麟、鄧代興、鄧鼎、
　　江一紳輩詩文相酬唱，才名籍甚。」

紳[165]等人，除了鄔郢被列於〈文苑〉以外，其他幾人都放在縣志的〈隱逸〉傳中，可推想此社應只是宴遊的詩酒文社，而跟科考或功名無關。值得注意的是，鄧玉、鄧鼎、鄧韶皆同族，顯示鄧元錫的心學最後反而藉由家族流傳下來。

小結

　　江右陽明學派向來被視為陽明心學的正統，而以吉安、南昌兩地為最盛，一些著名的門人弟子及後學，亦多集中兩地。在江西諸儒中，鄧元錫的聲光不顯，他既未四方講學，也幾乎沒有語錄流傳，他所致力的是經、史之學，所撰作的大部頭如《函史》之類的書，可以想見讀者不多，所以在心學鼎盛時甚少受到注意。即使在新城當地，鄧元錫的聲名也常被鄰縣南城羅汝芳所凌駕而過，不僅門下弟了前往羅汝芳處聽講，而一些文獻甚至說鄧元錫是羅汝芳的弟子，《明史》甚至把鄧元錫的所在地搞錯，列為跟羅汝芳的一樣是南城人。

　　如此聲光黯淡的心學家，卻受到包括陶望齡、焦竑等人的注意，這應是如余英時先生所說的，在萬曆年間學風將變之際，經史之學漸受重視的徵兆。經史之學——尤其是經學，可以連結到考據學，也可以連結到經義，所以陶望齡的「明興以來為六經之文自先生始」，為鄧元錫的經史之學下一定腳。陶望齡是心學家，也是元脈派的制藝名家，世人所認定的元脈衣缽傳承，很明顯是受到禪宗的影響，而跟理學的道學系譜亦相近，而在心學鼎盛時，元脈派的幾位代表人物（如鄧以讚、陶望齡、湯賓尹）都不避諱其與心學的關係。陶望齡的雙重

165　劉昌嶽修、鄧家祺纂，（同治）《新城縣志》，卷10，〈隱逸〉，頁6：「江一紳，字五章，少補弟子員，文行為時所推，鄧侍御澄、黃祠部端伯皆敬禮之，工王逸少楷草書法。辛卯序當貢，讓與同族江雁卿，樓隱南山樓，與鄧玉等結南村社，詩酒自娛。」

身分，由他來談心學家鄧元錫的文章與經義的關係，既格外有分量，
也可視為是下一波江西派提出回歸儒經的先聲。

　　明末江西派以群體及社集的規模倡始通經學古，不再定睛於科考
最重視的《四書》，更返求諸六經。此時的復經、回歸經學，跟明中
期以來復古派所倡的文學復古運動的差別在於復古派僅復史、子、集，
而未曾呼籲復經。[166] 這應也可以視為艾南英除了攻乎心學為異端以外，
亦抨擊復古派的原因──正是因為相近，所以必須攻擊以區辨彼此。
在重視經史之學的風氣下，鄧元錫的後人重新刊刻《潛學編》、《函
史》等書，鄧澄在序文中更重提陶望齡的那段序文以提醒讀者，並強
調「毋徒以詩人、文人槩先生」。[167] 其實何止不能徒以詩人、文人概
括鄧元錫，亦不能僅視其為心學家，而必須重視鄧元錫是首位能夠為
六經之文者。對鄧澄而言，恐怕明末通經學古的大旗必須有鄧元錫的
名號才對。

　　但其實在明末江西派所倡議通經學古所掀起的風潮中，鄧元錫不
僅沒有顯著的位置，甚至在反心學的傾向下，鄧元錫被排拔在外。由
陳弘緒、賀貽孫所編織的明文發展史中，自復古派讓古文辭與經義之
文歧為二後，須待江西派諸人矢志古學，方能將二者重新合而為一。
鄧元錫不僅不是明興以來一人，而且可說是完全被排擠到圈外。

　　這對明末新城士人是一大警訊，涂伯昌所代表的則是對此通經學
古及反心學的新風潮的回應。涂伯昌並未放棄新城本地從明中期以來
鄧元錫的心學淵源，加上他因對《大學》的解釋而傾心於羅汝芳之學，
所以他不像陳弘緒、賀貽孫等人從明文發展史立論，而是拉長時間軸，
從文與理的關係切入。在他所建構的系譜中，兩宋諸儒始闡明經術，

166　關於明末的復古指向經書的研究，請見王汎森，〈明代中晚期思想文化的大變動〉（未刊稿）。

167　鄧澄，《鄧東垣集》，卷 3，〈潛學稿序〉，頁 16。

而王守仁、羅汝芳等人則讓經術如中天，於是給了心學一個關鍵的位置，由於心學，方才讓今日人人皆習經術，戶奉聖人之言惟謹。接著他作出更突破性的結論：即今日理明，必須能夠合文與理為一，有理有文，所以從兩宋程朱學到明代心學，而更下一步即今日之制藝。也可以說，制藝是心學的更進一步。

　　涂伯昌的主張可謂是空谷足音，在明末江西派群體中並未得到普遍的重視與注意，但等到明亡以後，清初江西士人必須重新建構制藝與理學的關係時，李來泰竟與涂伯昌提出類似的主張，表示：「制義者，理學之餘，然非制義，則理學亦無由傳。」此或可說是閉門造車出門合轍，亦或可視為是銅山崩而洛鐘應的現象，在整個時代風潮變化之際，即使不同時代亦未曾晤面的士人，也有類似的思考方向。

附表、涂伯昌年表

萬曆三十九年辛亥 （1611）	始遊越，師事黃汝亨。[168]
萬曆四十年壬子 （1612）	訪鄒元標於山中。[169] 讀書郭子章家兩年，面目多在風塵間。[170] 以格物之義請正郭子章。郭子章云：眾訟紛紛聚訟，惟薛文清云「格物只是格个性」，此語確然。時佩其言，未通其意。後讀註疏程朱陽明諸說，益復茫然。冬日蟻舟吉州江上，不覺大哭，慚悔無及。[171]
萬曆四十一年癸丑 （1613）	返山結茅仙居山中。與其妻菽水不給，絕食者竟日，或日同食一瓜，啜沸水數杯而已。凡所得詩文經義，皆天真獨往。[172]
萬曆四十四年丙辰 （1616）	始出館穀，教授族弟涂五玉（字）諸子。[173]
萬曆四十五年丁巳 （1617）	嫡母黃孺人卒。[174]

168　涂伯昌，《涂子一杯水》，卷3，〈辛乙稿序〉，頁77。

169　涂伯昌，《涂子一杯水》，卷4，〈寄鄒南皋先生〉，頁6。

170　涂伯昌，《涂子一杯水》，卷3，〈辛乙稿序〉，頁77。

171　涂伯昌，《涂子一杯水》，卷2，〈上吳秋圃先生格物辨第一書〉，頁38。

172　涂伯昌，《涂子一杯水》，卷3，〈辛乙稿序〉，頁77。

173　涂伯昌，《涂子一杯水》，卷3，〈丙庚稿序〉，頁78。

174　涂伯昌，《涂子一杯水》，卷3，〈丙庚稿序〉，頁78。

萬曆四十六年戊午（1618）	父卒，方寸亂矣，覺生人之樂盡矣。[175] 會黃汝亨校士建昌府，大索涂伯昌之卷不獲，檄涂伯昌往見，涂伯昌以姓字不祥不往。[176] 應在此年，泰和劉溥（字叔道）、蕭汝器二人前往相從於蕭曲峰。[177] 應在此年與楊思本相識，二人結為異姓兄弟。[178]
萬曆四十七年己未（1619）	葬其父。[179] 檢舊日文刻之，以志昔日其父讀其文之歡笑。[180] 貧益甚。臘月末，其妻猶衣夏布敝衣，淒淒然風雪中，寒甚，笑曰：「他日富貴，慎無相忘。」[181]
天啟元年辛酉（1621）	妻卒。黃孝若為下帷弟子。弟子日益進，涂叔咸、張子威、吳玄暉皆涂門之選。[182] 辛酉至乙丑五年間，同諸子肆力為舉業，讀書城東淨居寺。[183]
天啟四年甲子（1624）	甲子、乙丑之間，風雅幾掃。涂與二三子野修之，著論文三章。[184]

175 涂伯昌，《涂子一杯水》，卷3，〈丙庚稿序〉，頁78；同前書，卷3，〈舊刻文序〉，頁76。

176 涂伯昌，《涂子一杯水》，卷3，〈辛乙再稿序〉，頁79。

177 涂伯昌，《涂子一杯水》，卷3，〈劉叔道文序〉，頁42。

178 涂伯昌，《涂子一杯水》，卷3，〈南州寓艸序〉，頁29。

179 涂伯昌，《涂子一杯水》，卷3，〈丙庚稿序〉，頁78。

180 涂伯昌，《涂子一杯水》，卷3，〈舊刻文序〉，頁76。

181 涂伯昌，《涂子一杯水》，卷3，〈丙庚稿序〉，頁78。

182 涂伯昌，《涂子一杯水》，卷3，〈辛乙再稿序〉，頁79。

183 涂伯昌，《涂子一杯水》，卷3，〈丙庚再稿序〉，頁80。

184 涂伯昌，《涂子一杯水》，卷3，〈辛乙再稿序〉，頁79。

天啟五年乙丑 （1625）	謁鄧渼於鬱金堂。[185]鄧渼以詩作聞名。 為文章源流三論，悼大雅之不作。泰和萬季玄（字）推與之。[186] 乙丑、戊辰之間，天下方為幽險軋茁之文。與弟子黃孝若相與考先王之鐘鼓，襲高曾之衣裳，非聖人之言置弗近。[187] 乙丑、戊辰之間，閉口幾不敢言文。[188] 乙丑之際，文運中衰，閨道放淫。[189]
天啟六年丙寅 （1626）	始居香山，僅三月耳。[190]
天啟七年丁卯 （1627）	與楊思本、魯汝亨、裘無見、過周謀、楊公望、楊調鼎、江公遜，共八人為異姓鷾鴿。[191] ※《新城縣志》：「張景，字伯遠，北坊人，榮之孫，少補弟子員，治《易經》。以過周謀、江以碩、王尊、涂伯昌、鄢郢、涂斯皇結文社往來。」兩條資料所談應是同一件事。
崇禎元年戊辰 （1628）	與楊思本等共八人，同寓南昌三月。[192] 在南昌識他地士人，如吳令平（字）。[193]

185　涂伯昌，《涂子一杯水》，卷4，〈與鄧壺翁語記〉，頁49。

186　涂伯昌，《涂子一杯水》，卷3，〈萬季玄文序〉，頁43。

187　涂伯昌，《涂子一杯水》，卷3，〈千頃艸序〉，頁61。

188　涂伯昌，《涂子一杯水》，卷3，〈侄孫不疑文序〉，頁69。

189　涂伯昌，《涂子一杯水》，卷4，〈祭聞子將文〉，頁74。

190　涂伯昌，《涂子一杯水》，卷3，〈丙庚再稿序〉，頁80。

191　涂伯昌，《涂子一杯水》，卷3，〈江公遜文序〉，頁47。

192　涂伯昌，《涂子一杯水》，卷3，〈江公遜文序〉，頁47。

193　涂伯昌，《涂子一杯水》，卷3，〈庭求艸〉，頁40。

崇禎二年己巳 （1629）	絕意人事，攜兒涂先春再入香山。讀《易》，至天與火同人，始悟無我之學，以六經遺文及他日所得相印，俱無差別。[194] 楊思本居金船峰，兩山相去僅三里許，山中晨夕往返。[195] 同年冬督學陳公拔涂第一，涂寓臨川，始識陳際泰。[196]
崇禎三年庚午 （1630）	與陳際泰同舉於鄉。[197] 作〈偶社序〉，以同人卦為說。[198] 陳際泰、艾南英語涂伯昌曰：「近日文章光氣，半在新城。」[199] 偶社之刻，半屬新城。其中為世所最指名者，為吳懷璞、吳之才（字孫膚）兄，與江以碩（字公遜）、江觀其兄弟，共四人。[200] ※ 吳之才，字孫膚，諸生，以醫術終其身。
崇禎四年辛未 （1631）	涂世名有《東山刻社》，以不獲吳懷璞兄弟、江以碩兄弟四人文為憾。[201]

194　涂伯昌，《涂子一杯水》，卷3，〈丙庚再稿序〉，頁80。

195　涂伯昌，《涂子一杯水》，卷3，〈丙庚再稿序〉，頁80。

196　涂伯昌，《涂子一杯水》，卷3，〈丙庚再稿序〉，頁80。

197　涂伯昌，《涂子一杯水》，卷3，〈丙庚再稿序〉，頁80。

198　涂伯昌，《涂子一杯水》，卷3，〈偶社序〉，頁30。

199　涂伯昌，《涂子一杯水》，卷3，〈吳孫膚文序〉，頁49。

200　涂伯昌，《涂子一杯水》，卷3，〈吳孫膚文序〉，頁49。

201　涂伯昌，《涂子一杯水》，卷3，〈吳孫膚文序〉，頁49。

崇禎七年甲戌 （1634）	生母卒，皮骨僅存。[202] 吳麟瑞執憲旴上，以《學》、《庸》諸說下教，一聞師說，如夢方醒。[203]
崇禎八年乙亥 （1635）	執經吳麟瑞門下，復有格物、慎獨是一是二之疑。[204]
崇禎九年丙子 （1636）	煙雨樓中證明吳麟瑞的格物之義。[205]
崇禎十年丁丑 （1637）	下第，始縱覽三泖九峰之勝。得交陸戢夫（字）。[206] 訪陳繼儒，請其為文集作序。[207] 寓杭州，與聞啟祥遊。[208]
崇禎十一年戊寅 （1638）	吳麟瑞建節粵東，追隨章門旬日。[209] 居赤溪，因江以碩而識鄧若愚（字）（鄧元錫高弟），嚴事鄧若愚齋居者二年。鄧若愚作《天官義疏》，涂伯昌譽此書「疏天官義者十之五，考六書古音者十之二，徵六經微言者十之六」，為該書作序，並謀為刊布。[210] 推測同時間也為鄧元錫的《函史》作序。[211]

202　涂伯昌，《涂子一杯水》，卷2，〈上吳秋圃先生格物辨第一書〉，頁38。

203　涂伯昌，《涂子一杯水》，卷2，〈上吳秋圃先生格物辨第一書〉，頁38。

204　涂伯昌，《涂子一杯水》，卷2，〈上吳秋圃先生格物辨第一書〉，頁38。

205　涂伯昌，《涂子一杯水》，卷2，〈上吳秋圃先生格物辨第一書〉，頁38。

206　涂伯昌，《涂子一杯水》，卷3，〈陸戢夫文序〉，頁39。

207　陳繼儒，〈涂子一杯水序〉，收入涂伯昌，《涂子一杯水》，卷首，頁1-5。

208　涂伯昌，《涂子一杯水》，卷3，〈聞子將自娛草序〉，頁59-60。

209　涂伯昌，《涂子一杯水》，卷2，〈上吳秋圃先生格物辨第一書〉，頁38-39。

210　涂伯昌，《涂子一杯水》，卷2，〈天官義疏序〉，頁1-5；同前書，卷4，〈祭鄧若愚先生文〉，頁77。

211　涂伯昌，《涂子一杯水》，卷2，〈函史序〉，頁52-55。

崇禎十二年己卯 （1639）	吳麟瑞有《古本大學通》之刻。涂伯昌捧讀未竟，生平疑情雪消冰泮，證以所見所聞及六經語孟諸書，了無滯響。[212] 江以碩厭人事，同涂伯昌的次兒入山深。[213]
崇禎十三年庚辰 （1640）	下第出都門 吳麟瑞按部盱江，涂伯昌上所作〈大學述〉，一陳所見。涂伯昌稱：《大學》得師始明，格物得師始透，古今得師始定。擬集諸家群議，共折衷於夫子，但因循未果。[214] 涂伯昌感歎：十餘年讀《陽明集》，向知其透徹處，今知其差別處；讀《太祖御集》，向知其廣大處，今知其精微處。[215]
崇禎十四年辛巳 （1641）	謁兄南州，陟洪厓，涉霞溪，閉關山中三十日，方得論考集辨，作為二書。[216] ※ 此二書應即〈格物述上〉、〈格物述下〉二篇。[217] 修社于中洲。中洲曾旅菴，蘇州陳山民、姚仙期，三山游無礙，永嘉包叔賢，進賢顏方平，無錫僧徹凡、涂伯昌、陶西之、黃孝先、萬印角、鄧聲子，同社凡十二人。[218] ※ 此處的中洲，應即南城之中洲。社員以新城士人為主，可推測新城當地反而沒有重要的詩社。

212　涂伯昌，《涂子一杯水》，卷2，〈上吳秋圃先生格物辨第一書〉，頁39。

213　涂伯昌，《涂子一杯水》，卷3，〈赤溪二子文序〉，頁82。

214　涂伯昌，《涂子一杯水》，卷2，〈上吳秋圃先生格物辨第一書〉，頁39。所作《大學述》，見同前書，卷2，〈大學述〉，頁28-30。

215　涂伯昌，《涂子一杯水》，卷2，〈第四書〉，頁42。

216　涂伯昌，《涂子一杯水》，卷2，〈上吳秋圃先生格物辨第一書〉，頁39。原文作「辛亥」，應是辛巳之誤。

217　二篇文見涂伯昌，《涂子一杯水》，卷2，頁31-34，35-37。

218　涂伯昌，《涂子一杯水》，卷2，〈遙集詩社序〉，頁58-59。

崇禎十六年癸未 （1643）	因北方兵事，困於南京，與一百四十名士人即事作感懷詩。[219] 在南京為唐存之（字）詩、吳門僧人道開詩作序。[220] 前往揚州，與梁于涘訂交。同年友湯來賀當時任揚州推官。[221]
崇禎十七年甲申 （1644）	得《困知記》讀之。[222] 忽聞國變。伏念天下之亂，本于人心，人心之壞，由于學術。窮源溯流，不能不致憾良知之說。[223]
順治三年丙戌 （1646）	阻清兵於寧都。[224]
順治七年庚寅 （1650）	清兵迫寧都，知事不可為，乃具冠服，趨關廟，大書於壁曰：「一生苦衷，一刻流水。讀聖賢書，惟知守經死，寧知達權生。」自經於廟而卒。[225]

219　涂伯昌，《涂子一杯水》，卷2，〈王子嚴詩序〉，頁77；同前書，卷1，〈秣陵癸未元日元夕倡和詩序〉，頁82。

220　涂伯昌，《涂子一杯水》，卷2，〈唐存之詩序〉，頁73；同前書，卷1，〈吳門道開詩序〉，頁83。

221　涂伯昌，《涂子一杯水》，卷2，〈史更生先生詩序〉，頁70-72。

222　涂伯昌，《涂子一杯水》，卷2，〈第五書〉，頁43。

223　涂伯昌，《涂子一杯水》，卷2，〈第五書〉，頁44。

224　江士琳，〈涂子期本傳〉，在涂伯昌，《涂子一杯水》，卷首，頁1。

225　江士琳，〈涂子期本傳〉，在涂伯昌，《涂子一杯水》，卷首，頁1。

第八章

明及清初地方小讀書人的
社集活動：對江西金溪的考察*

前言

　　江西依其文化發展程度，至少可分作南昌、吉安與撫州三大區域，而明中期有文學復古運動與心學運動，明末有制藝風潮，三地皆在這幾股風潮中。明中期的南昌以余日德、朱多炡兩位復古派健將為中心舉行詩文社集，吉安則是陽明心學的重鎮，以鄒守益父子孫三代主持講學最為著名。撫州地區，廣義來看可包括撫州府與建昌府，[1]心學方面有金溪吳悌、新城鄧元錫，而聲光最盛，影響也最大的則推羅汝芳，文學方面有臨川湯顯祖與金溪謝廷諒兄弟，但不屬於復古派陣營。

　　南昌作為省會，向來較易得到研究者的關注，而近一二十年來亦有人討論吉安的陽明心學，唯獨迄今對撫州地區的了解仍少。羅汝芳、湯顯祖這些大名字大人物，固然得到許多人的注意，相關論文亦多如牛毛，但多把焦點放在個人學術思想或文學成就，而較少從地方史或地域研究的角度出發。

---

*　本章文稿以〈明及清初地方小讀書人的社集活動：以江西金溪為例〉原刊於 2020 年《結社的藝術：16-18 世紀東亞世界的文人社集》（臺北：聯經出版事業公司），頁 283-324。於收錄本專書時略作增刪，謹此說明。

1　如今日中國大陸的行政劃分，便將明代的兩府都劃入撫州地區。

思想文化史若從地方史或地域研究出發，便不能只注意大名字大人物，也必須關照地方上沒有偌大聲名的小讀書人。過去思想文化史較多利用知名士人的文集、筆記、書信等文獻資料，藉此梳理出以這些士人為中心形成的群體或文化圈，然後配合地方志，便有可能粗略地勾勒出這個群體或文化圈的範圍及作為。但我們也不免進一步注意到，在這類群體或文化圈中，還有許許多多二流的、在地的小讀書人，他們雖有著作，但幾乎皆已不存，而這類小讀書人往往在當地扮演重要角色，而且常是一些社集的主要成員。

這也表示我們必須擴大史料的範圍，而族譜應是可用的史料之一。對社會史、經濟史的研究者而言，族譜已算是很常用的史料，而且有許多人對族譜記述內容作深入的解析。[2] 但在思想文化史，以及對地方小讀書人及其社集活動的研究上，則仍較少用這類資料。族譜有許多對個人交游及生平作為的敘述，這類敘述常有對個人的溢美或攀援附會之詞，但所敘述的言行事為則不見得是憑空捏造的。例如某本族譜談及某個社集，稱此社集聚集許多人，我們自然不會聽信此片面之詞，但若是不同家族的族譜都共同指向這個社集活動時，則應可確認這個社集在當時是有影響力的。

今日臨川的城市化頗高，蒐尋族譜的困難度高，事倍功半，而難以成功，這正是為何將眼光轉向金溪的原因。金溪的文教成就亦高，宋代陸九淵、明初狀元吳伯宗（1334-1384），以及明中期的大儒吳悌皆出自此地，而且金溪另以出版著稱，滸灣鎮在清代是全國四大印刷中心之一。另一方面，金溪的城市化不高，許多村落仍然保存過去的面貌，根據金溪方志辦的調查，當地族譜古譜仍存的，至少有六百多部，通過田野的蒐集，極有可能藉由這些族譜重新復活當地小讀書人的交

2　如科大衛著，曾憲冠譯，李子歸、陳博翼校，《明清社會和禮儀》（北京：北京師範大學出版社，2016）。

游與社集活動。尤其值得注意的是，臨川、金溪兩縣士人的關係十分
密切，當地向來有「臨川才子金溪書」之諺。過去我們熟悉的是湯顯
祖、江右四大家這些大名字大人物，或從錢謙益的《列朝詩集小傳》
而知謝廷諒兄弟與湯顯祖爭勝，[3] 但除此以外，對臨川與金溪在思想文
化上的關係所知有限。一旦進入個別地域層次，定睛在這些小名字小
人物，反而很意外發現兩地之間竟然有著緊密的聯繫與社集活動，而
且我們甚至可以推測，這是以臨、金兩縣為中心的社集活動。儘管從
金溪一縣切入，但卻可看到整個撫州地區。

一、學術系譜的建構與自立

　　金溪的學術文化傳統，較近的有宋代的陸九淵學術，但在地流傳
不久，入明以後已完全不見其學術流傳的記載。不過，金溪跟理學的
關係仍然是較為親近的。只是明代金溪沒有知名理學家，所以往往受
到外來學術的影響。明初首先有吳與弼（1391-1469）學術的進入。吳
與弼是崇仁縣人，只在金溪的鄰縣，舉林車氏家族便受其學術的影響。
這個家族有族人習於吳與弼門下，以及吳與弼親蒞車氏家族所在地講
學，直到明中期家族史的敘述中，都不斷回顧這段往事。

　　車寶與車福二兄弟是這個家族的中心人物。車寶的長子車恂，以
及車福的長子車貞，二人分別在正統七年（1442）與景泰四年（1453）
的兩次饑荒中輸米二千石助賑，先被旌表為義民，後被賜冠帶。[4] 從輸
米力賑事，可知這個家族，尤其是車寶的這個房支是比較殷實而有貲
財的房支，但其文化水平則僅一般。即使有意學習者如車寶，他從五

3　錢謙益，《列朝詩集小傳》，丁集中，〈帥思南機〉，頁 565-566。

4　編者不詳，《舉林車氏十脩族譜》（金溪滸灣鎮黃坊車家車澤民家藏，民國二十四年〔1935〕
　　版本），〈四六公房世系〉，3 號。

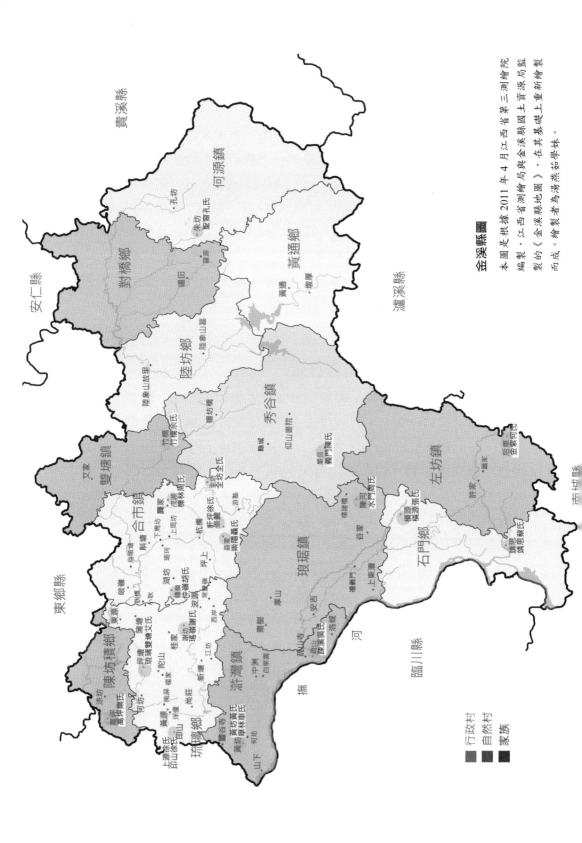

金溪縣圖

本圖是根據 2011 年 4 月江西省第三測繪院
編製，江西省測繪局與金溪縣國土資源局監
製的《金溪縣地圖》，在其基礎上重新繪製
而成。繪製者為湯燕如學妹。

貴溪縣

安仁縣

東鄉縣

撫

河

臨川縣

瀘溪縣

余江縣

何源鎮
孔坊
朱坊　聖諭孔氏
黃通鄉
黃通
墩厚
磊源

對橋鄉
瑯田
陸象山墓

陸坊鄉
陸象山故里

秀谷鎮
竹橋　竹橋余氏
楊坊塢
仰山書院
縣城
廟貝　戴門陳氏

左坊鎮
後車　金溪何氏
溫家
許家

雙塘鎮
艾家

合市鎮
蒲塘　黃家
下周坊
上周坊
珊瑚　疏源周氏
花源　儒林周氏
全坊　全坊全氏
杭橋
印山　象山
坪上
蕭家　樂陽蕭氏
許灣徐氏

石門鄉
橫源　橫源張氏
靖思　靖思黎氏
陳坊　水門閣氏
谷家
楊建橋
蘆河

琅琚鎮
上東漕
禮轟門
安吉
疏山寺
疏山　疏山吳氏
珊城埠
渠源謝氏
浯漊鎮
西岸
江坊
岐嶺
蘇樹
厚山
中洲
白果園

陳坊積鄉
東源
破塘
小陂
坡塘
湖坊　疏溪吳氏
儒漊　仲漊胡氏
浒灣鎮　陳溪吳氏

琉璃鄉
坪樓
葛坊黃氏
陽坊　岑坪
黃源
坪山
桂家
謝坊　謝家謝氏
新塘
上源徐氏
印山徐氏
高坪樂氏
流岸
桐坊
高屏　裡家
尚莊
靈谷寺
黃坊黃氏
黃坊葛林重氏
山下　何坊

行政村
自然村
家族

河教諭李子亮游，得朱熹的《性理吟》[5]作為家學傳習，但《性理吟》畢竟只是一本啟蒙讀物，顯示車寶對理學的了解很有限。

　　景泰四年（1453）是關鍵的轉折點，這是車恂與車貞第二次賑濟而得到朝廷表彰。當年，吳與弼過訪其族，而過訪的原因則與其賑濟尚義的行為有關，[6]所以吳與弼為車福之子車紹祖的讀書處題「尚義堂」三字，[7]以標榜該族（尤其是該房支）的義行。

世系	第八世	第九世	第十世	第十一世
人名	車習義	車寶	車恂 車貞（輸穀賑濟）	
		車福	車紹祖 （吳與弼為題尚義堂）	車泰來（盛九公）

　　從吳與弼過訪其族以後，該族有所轉變。在此之前，車氏族人所從學的對象是地方士紳（如何自學〔1397-1452〕），此後則是習於吳與弼門下。[8]天順二年（1458），吳與弼又受邀來到車氏家族，且在尚

5　束景南主張《性理吟》是後人偽作，見束景南，《朱熹佚文輯考》（南京：江蘇古籍出版社，1991），頁687-702。另據《四庫全書總目》所記，正德年間譚寶煥作《性理吟》，以《四書》及性理中字句為題，前列朱子之說，而以一詩括其意。見永瑢等撰，《四庫全書總目》，集部別集類存目3，卷176，頁1579。

6　關於明初義行與理學的關係，請見向靜，〈感仁興義、樹立風聲：明代正統年間義民形象的塑造〉，《北大史學》19（北京，2014），頁96-116。

7　編者不詳，《舉林車氏十脩族譜》，〈四六公房世系〉，7號。車紹祖是該族中文化素養較高的，所以他早年便即跟隨地方士紳何自學學習。何自學是宣德丁未（1427）進士，在金溪當地頗知名，在當地的許多族譜中都有他所作序。儘管車紹祖不是賑濟者，但推測該房支僅車紹祖有書齋，所以便讓吳與弼在其書齋題字。

8　轉向吳與弼學習一事，也可能是何自學所建議，因為何自學正是向朝廷推薦吳與弼的官員之一。見胡釗、松安等纂修，（道光）《金谿縣志》，卷11，〈宦業〉，頁7-8。

義堂中講學，[9]該族族譜載：

> 昔賢吳康齋先生，與生徒會社於茲，族中先型，多出其門。[10]

　　族人以車泰來、車弼宗、車亨三人最著名。[11]據車氏族譜，車亨[12]、車弼宗[13]與車泰來三人是族兄弟，其中車泰來的聲名最著，他從吳與弼游，學得其傳。吳與弼在崇仁縣的傳人是胡九韶，[14]在金溪的傳人則是車泰來。車泰來曾奉師命赴京上表謝恩。從其譜中所記載，徐瓊（1505-？）、丘濬（1421-1495）、楊守陳（1425-1489），皆有詩文相贈，顯示車泰來已非金溪當地的士人，而且得到更大的聲名。他歸鄉後，另構舉林書屋講學。

　　儘管如此，吳與弼對金溪所帶來的影響其實有限，所以直到明中期心學流行以前，地方上接觸理學並傳習其學的，便僅見舉林車氏一族而已。明初金溪士人多習於當地士紳或博學之士的門下，如車紹祖便是先習於何自學門下，後來才轉向吳與弼；正德年間，崇陽聶曼也是先從其族叔祖習《尚書》，繼從舉人（衡塘）全理習《易經》。[15]所以吳與弼的出現，只是在士紳群或博學之士中以外多增加一個選擇。相較之下，陽明心學則是全面籠罩，對金溪士人帶來深遠的影響。

9　編者不詳，《舉林車氏十脩族譜》，〈四六公房世系〉，3 號。

10　車尚殷，〈舉林記〉，在編者不詳，《舉林車氏十脩族譜》，70 號。

11　胡釗、松安等纂修，（道光）《金谿縣志》，卷 10，〈儒林〉，頁 13。

12　編者不詳，《舉林車氏十脩族譜》，〈四六公房世系〉，60 號。

13　編者不詳，《舉林車氏十脩族譜》，〈四六公房世系〉，23 號。

14　許應鑅修，謝煌纂，（光緒）《撫州府志》（收入《中國方志叢書・華中地方・江西省》，第 253 號，據清光緒二年〔1876〕刊本影印），卷 56，〈理學〉，頁 2。

15　見張烜，〈明故南京國子助教修職佐郎元齋聶公墓誌銘〉（北京大學圖書館藏石刻）。

　　正德、嘉靖年間心學流風興起後，尤其王守仁巡撫南贛期間，吸引不少金溪士人前往問學。如黃直（1500-1579）、黃株、仲嶺胡民悰與胡民懷，都是以諸生的身分拜入王守仁門下。[16] 黃直在考取進士功名以後，還與鄰縣陳明水（1494-1562）共同編纂《陽明文錄》。[17] 陳明水，字惟濬，臨川人，正德九年進士，是撫州當地的大儒，《明儒學案》中列名於〈江右王門學案〉。

　　嘉靖初年，陽明大弟子鄒守益、歐陽德等人在南京講學，也吸引金溪士人前往問學。如胡民悰、胡民懷兄弟，先師從王守仁，後又前往南京習於鄒守益門下。[18] 如上源徐逵，正德十一年（1516）舉人，擔任南京國子監學正期間，便跟隨歐陽德講學。[19] 此外，另有義門陳宗慶，嘉靖十九年（1540）舉人，習心學而築精舍於石泉，[20] 以及崇陽聶蘄，則是習於程朱學大儒呂柟門下。[21]

　　黃直、胡民懷、陳宗慶，以及地方士紳洪範、王薲[22] 等人，形成在

16　胡釗、松安等纂修，（道光）《金谿縣志》，卷10，〈儒林〉，頁11。編者不詳，《仲嶺胡氏族譜》（金溪縣合市鎮仲嶺胡家村胡勤生收藏，年分不詳），卷首，〈道學〉，頁69-70；卷10，〈儒林〉，頁12。

17　現存的嘉靖年間刊本《陽明先生文錄》，就是陳明水、黃直等人共同編纂的。

18　編者不詳，《仲嶺胡氏族譜》，卷首，〈道學〉，頁69-70；（道光）《金谿縣志》，卷10，〈儒林〉，頁12。

19　黃直，〈文林郎成都府推官石屏先生墓誌銘〉，在編者不詳，《上源徐氏宗譜》（金溪琉璃鄉印山上源徐水興家藏，民國三十五年〔1946〕十修），卷7，〈石屏公縣志本傳〉，頁1，儘管說是縣志本傳，但在道光年間的《金谿縣志》的徐逵小傳中，則未書與歐陽德講學事，而且傳記內容亦簡短得多。見胡釗、松安等纂修，（道光）《金谿縣志》，卷11，〈宦業〉，頁14。

20　編者不詳，（義門）《陳氏宗譜》（金溪秀谷鎮嚴良陳家村陳國華家藏，清同治五年〔1864〕修），無卷數，〈列傳〉，頁3。

21　胡釗、松安等纂修，（道光）《金谿縣志》，卷11，〈宦業〉，頁13-14。當聶蘄將返鄉時，呂柟為其作〈贈聶士哲還金溪語〉，見聶友于等修，《崇陽聶氏族譜》（金溪合市鎮崇麓聶家村聶海平家藏，鼎容瑞堂2012年重鐫），卷4，頁396-398。

22　王薲出自臨坊王氏，是當地的大族，祖父王稽是景泰五年（1454）進士，父親王序是成化

地的心學群體，共同舉行翠雲講會，[23] 陳明水、鄒守益，以及歸安唐樞
（1497-1574）皆曾與會，[24] 幾人並不只是參與講學而已，而是以大儒的
聲望，吸引更多當地士人的參與，以支持及扶植此講會。[24]

　　吳悌這位大儒的出現，則是讓金溪的心學脫離他地學術附庸的關
鍵，也讓金溪士人不再只有外出問學一途。吳悌出自疎溪吳氏，他少
時讀《陸象山語錄》，慨慕之，於是負笈從黃直講求性命之學，[25] 以及
參與翠雲講會。此後吳悌在疏山講學，吸引來自金溪各鄉家族的士人
前來聽講，心學遂藉此在金溪廣為流傳。以印山上源徐氏為例，當陽
明心學流行之初，徐逵（正德十一年〔1516〕舉人）必須前往南京師從歐
陽德，[26] 然後回鄉舉行月會，以傳播心學。[27] 後續族人徐永修嚮慕理學，

十三年（1477）舉人（《臨坊王氏族譜》（民國三十三年〔1944〕修），卷2，〈官銜錄〉，
頁1），兄長王萱，弘治十五年（1502）進士，是正德朝的名臣，王萲本人則是正德六年（1511）
進士。王萱、王萲二人的小傳，分見胡釴、松安等纂修，（道光）《金谿縣志》，卷9，〈名
臣〉，頁4-6；卷10，〈儒林〉，頁10-11。

23　胡釴、松安等纂修，（道光）《金谿縣志》，卷10，〈儒林〉，頁11；吳悌，《吳疎山先生遺集》，
　　卷9，《年譜》，頁3-4，「正德十四年」條：「嘗與黃卓峰先生、洪柏山先生、王東石先生、
　　陳明水先生講于邑之翠雲山。」據（義門）《陳氏宗譜》所載，陳宗慶與鄒守益、唐樞往來，
　　而鄒、唐二人皆曾參與翠雲講會，所以推知陳宗慶也在此群體及講會中。見編者不詳，（義門）
　　《陳氏宗譜》，無卷數，〈列傳〉，頁3。
　　吳悌稱胡民懷是其業師，推測應是在翠雲講會中向其請益，故以業師稱之，見吳悌，《吳疎
　　山先生遺集》，卷4，〈胡生汝宣誌銘〉，頁9。

24　張應雷，〈金谿理學支派略二則〉，在吳悌，《吳疎山先生遺集》，卷12，《附錄》，頁16：「時
　　有洪栢山先生（按：洪範）、王東石先生（按：王萲）有翠雲之會，而吉安鄒東廓先生、歸
　　安唐一庵先生、臨川陳明水先生皆來會焉。」

25　沈鯉，〈明南京刑部侍郎贈禮部尚書諡文莊疎山先生吳公神道碑銘〉，在吳順昌修，《疎溪
　　吳氏宗譜》（民國三十年〔1941〕修），卷8，頁1；沈鯉，〈吳文莊公神道碑〉，在吳悌，
　　《吳疎山先生遺集》，卷10，《附錄》，頁17。

26　黃直，〈文林郎成都府推官石屏先生墓誌銘〉，在編者不詳，《上源徐氏宗譜》，卷7，頁9-10。
　　另見編者不詳，《上源徐氏宗譜》，卷7，〈石屏公縣志本傳〉，頁1。儘管說這是縣志本傳，
　　但道光年間編的《金谿縣志》的徐逵小傳中，則未書與歐陽德講學事，而且傳記內容亦簡短
　　得多，胡釴、松安等纂修，（道光）《金谿縣志》，卷11，〈宦業〉，頁14。

27　徐鳴奇，〈鄉社祠記〉，在徐雲淋修，《印山徐氏宗譜》（金溪琉璃鄉印衫徐樣清家藏，民

則可就近師從吳悌（徐永修後來轉師羅汝芳，此事後詳），以及棄儒從商的徐銓，亦曾向吳悌問學。[28]

　　吳悌之子吳仁度（1548-1625），萬曆十七年（1589）進士，雖為名臣，但不以學術見長。[29]吳悌的兩名弟子李約、黃宣[30]，李約在吳悌沒後，為輯其論學語為《言行錄》，黃宣更知名，他出自黃坊黃氏，該族雖非大族，黃宣憑己之理學成就，取得極高的聲名，而他與臨川李東明共同主持的講會，更是引領一時的風氣。所以在其卒後，吳道南（1550-1624）為作墓誌銘，譽其為「理學儒宗」，周孔教為其篆額書丹，尹文煒作墓表，揭重熙隸蓋，車殿彩書丹，稱許其——「世儒高自標許，遠乞濂洛關閩之殘膏，近襲王文成（按：王守仁）、羅文恭（按：羅洪先）之餘唾，卒未始一蹈道者」，黃宣正是蹈於道者。[31]

　　金溪士人還嘗試把陽明心學跟金溪本地的陸九淵學術連結起來，而且對陸九淵學術的推崇，跟陽明心學在金溪的流行是同步起來的，他們未必是在學說內容上綰合兩家學術，而是把陽明心學納入到金溪所自豪的陸九淵的心學中，讓陽明心學變得在地化。也因此，我們看到文獻上對金溪士人學習心學歷程的敘述，往往會強調士人對陸九淵學術的興趣。如前引的黃株，地方志便記載他最初究心於陸九淵心學，待王守仁倡道贛州，前往詣謁，王守仁叩其所得，黃株說：「良知是

　　國三十五年〔1946〕十修），卷7，〈鄉社祠記〉，頁3：「吾黨故稱仁里，自別駕君（似指徐逵）潛倡濂洛關閩之學於鄉，鄉之人翕然嚮之，乃月為會於孫坊。」

28　熊應祥，〈徐晴峰公傳〉，在徐雲淋修，《印山徐氏宗譜》，卷7，頁1。

29　吳仁度有《吳繼疏先生遺集》傳世，但多為奏疏、奏議。

30　《言行錄》附錄於《吳疎山先生遺集》卷8。李約的傳記見：胡釗、松安等纂修，（道光）《金谿縣志》，卷10，〈儒林〉，頁12。

31　吳道南，〈明賢原任袁州府教授陞國子監監丞黃重庵先生墓誌銘〉，編者不詳，《黃氏十修族譜》（金溪滸灣鎮黃坊黃福堂家藏，民國十年〔1921〕修），卷6，頁9；尹文煒，〈明理學鄉賢黃重庵先生墓表〉，同前書，卷6，頁10。

頂門一針，躬行實踐纔有歸宿處。」[32] 可知他所傳承的是王守仁的良知心學，但在文獻的記載中，則特別點出他曾究心陸九淵，正是把陽明心學放到陸九淵的心學傳統下。沈鯉（1531-1615）對吳悌的記載，也強調他少時讀陸九淵《語錄》，而時人更將吳悌與陸九淵並列──「世謂金谿理學，宋有象山，明有疎山」。此外，金溪士人還積極推動陸九淵的從祀，吳世忠（1461-1515）與徐達這兩位金溪士人，便先後疏請將陸九淵從祀孔廟。[33]

不過，等到萬曆年間因羅汝芳而有新變化。羅汝芳是南城縣人，在《明儒學案》中被歸類在「泰州學案」，被視為左派王學的代表人物，過去對羅汝芳多注意他四方講學，以及講學的社會性，而較少注意到羅汝芳的地域性，但其實他對撫州地區的影響甚大。

萬曆初年羅汝芳致仕歸鄉，他雖是南城人，但常前往府城臨川及鄰縣金溪講學，臨川的講學地在城內羊角山、正覺寺一帶，[34] 金溪的在疎山一帶，[35] 這兩處都位於撫河沿岸，交通便利，所以較容易吸引臨川、金溪兩地士人前來講學。當時吳悌已卒，不少金溪士人轉師羅汝芳。臨川、金溪兩地分別以李東明、崇陽聶良杞（1547-1619）與上源徐永修為代表。[36]

李東明是臨川貢生，後棄舉子業，而專志於性命之學，他在羅汝

32　胡釗、松安等纂修，（道光）《金谿縣志》，卷10，〈儒林〉，頁11。

33　最後是在薛侃的疏請下，陸九淵終得入祀孔廟。金溪士人的上疏，請見黃直，〈文林郎成都府推官石屏先生墓誌銘〉，編者不詳，《上源徐氏宗譜》，卷7，頁9；胡釗、松安等纂修，（道光）《金谿縣志》，卷11，〈宦業〉，頁14。

34　胡釗、松安等纂修，（道光）《金谿縣志》，卷11，〈宦業〉，頁17。

35　李東明，〈徐得吾先生傳〉，在徐雲淋修，《印山徐氏宗譜》，卷7，頁8。

36　徐永修屬於金溪的印山徐氏，印山位於金溪與臨川交界處，有一部分的房支劃在臨川，一部分劃在金溪，所以徐永修既是臨川人也是金溪人。

芳卒後，繼續傳揚其學，地方士紳為其創建崇儒書院供其講學。[37] 吳悌的大弟子黃宣亦與李東明共同講學，講學地點可能就是崇儒書院。聶良杞是隆慶二年（1568）進士，聶曼的族子，他最初習於吳悌門下，與吳悌之子吳仁度共同執經講業。[38] 待羅汝芳為講學主盟，聶良杞遂從遊參證，悟程門識仁之旨。[39] 上源徐永修，布衣，羅汝芳在正覺寺講學時師從之，與楊起元並列為羅汝芳最愛的兩名弟子之一，據載羅汝芳甚至稱譽他——「徐子撫州一人，撫州無二徐子也。」[40]

　　即連明初與吳與弼關係最深的舉林車氏，族人也受到羅汝芳講學活動的影響。如湯顯祖為車會同所作的墓誌銘指出：

> （車）會同，字文修，世居金溪黃坊里，……長讀其鄉宗儒陸象山《語錄》，輒慨慕之，乃師事少初徐先生（按：徐良傅），講性命之學，而學業大成。……嘗從近溪羅先生、明水陳先生探究根宗，即日食弗給，尤不廢學。……與谷南高公（按：高應芳）、龍岡徐公講求實學。[41]

37　童範儷等修，陳慶齡等纂，（同治）《臨川縣志》（收入《中國方志叢書·華中地方·江西省》，第 946 號，據清同治九年〔1870〕刊本影印），卷 42 下，〈儒林〉，頁 12-13；徐朔方，《湯顯祖年譜》（上海：上海古籍出版社，1980），頁 139-140。地方士紳有鑒於羅汝芳來臨川時，只能借佛寺講學，所以在萬曆二十六年（1598）為李東明建崇儒書院。

38　據《全氏宗譜》所載全楷之子全大作的經歷，讀書吳悌家，同學即聶良杞與吳仁度。原文如下：「（全楷）子全大作，當時聶懷竹先生館於吳疎山公家，全楷命往從之，與今少參聶念初公（按：聶良杞）、中書吳繼疎公（按：吳仁度，吳悌之子）同執經一年，朝夕琢磨，頗有進益。」全大謹，〈三松公行述〉，在編者不詳，《全氏宗譜》（金溪合市鎮全坊村全自康家藏，民國三十七年〔1948〕修），卷 12，2 號。

39　錢士升，〈明廣西布政司參議念初聶公墓誌銘〉，聶友于等修，《崇陽聶氏族譜》，卷 5，頁 151。

40　李東明，〈徐得吾先生傳〉，在徐雲淋修，《印山徐氏宗譜》，卷 7，頁 8。

41　湯顯祖，〈明故端吾先生舉三公墓誌銘〉，在編者不詳，《舉林車氏十修族譜》，146 號。

　　在此記述中，車會同也是因讀陸九淵的語錄而慨慕心學，然後師事徐良傳，從羅汝芳講學，並與高應芳往來。徐良傳是東鄉人，晚年移居臨川，[42] 高應芳是與羅汝芳同在臨川講學的士紳。[43] 從車會同所師從往來的人來看，他應亦移居臨川，而且在羅汝芳的講會中。

　　至此，我們應當作一小結。從明初吳與弼，到明中期的心學，可以藉由對比看出，吳與弼的學術對金溪的影響有限，而明中期陽明心學的流行則為金溪的學術生態帶來很大的改變。當地士人重提陸九淵的心學，並試圖從陸學到陽明學建立系譜，陽明心學不僅不是外來的學術，反而有助於本地的學術傳統的重建重生。這個系譜的鞏固及完成，則有賴於吳悌這位大儒以及當地心學社群的成立，因此在敘述金溪的心學發展史時，吳悌得到極高的推崇，如鄒元標說吳悌是「早事卓峰，取證心齋，觀摩鄒、羅二先生」，[44] 卓峰、心齋與鄒、羅，分別是黃直、王艮、鄒守益與羅洪先四人，其中王、鄒、羅都是當代最知名的心學學者，而鄒元標把吳悌的學術淵源連結到三人，所以金溪士人何宗彥（1559-1624）也將吳悌與羅洪先並列齊稱，[45] 凡此都是為高舉吳悌的學術地位。沈鯉對吳悌的評價更高，他除了把吳悌往上接到

42　李士棻等修，胡業恆等纂，（同治）《東鄉縣志》（收入《中國方志叢書·華中地方·江西省》，第 793 號，據清同治八年〔1869〕刊本影印），卷 13，〈儒林〉，頁 9。

43　主要有高應芳與舒化，見胡劍、松安等纂修，（道光）《金谿縣志》，卷 11，〈官業〉，頁 17。地方志記載高應芳是金溪人，後來移居臨川。但他其實屬於臨川嵩湖高氏，金溪的珊霞高氏是其分支。

44　鄒元標，〈吳文莊公墓表〉，《吳疎山先生遺集》，卷 10，《附錄》，頁 9。鄒守益、王艮都是較長一輩的學者，姑且不論，而從吳悌與羅洪先的問答內容來看，鄒元標用「觀摩」其實不盡精確。

45　吳悌與羅洪先的問答，請見沈鯉，〈吳文莊公神道碑〉，在吳悌，《吳疎山先生遺集》，卷 10，《附錄》，頁 23-24。何宗彥也是金溪人，而他在列舉江右諸先生之深於理學者，便舉出羅洪先與吳悌二人，儘管在《明儒學案》未錄吳悌，平心而論，吳悌之聲名亦不足以與羅洪先相提並論，但何宗彥所說應可代表當時金溪士人普遍的看法。見何宗彥，〈理學議〉，在吳悌，《吳疎山先生遺集》，卷首，頁 1。

陸九淵的心學傳統，還把吳悌列為胡居仁以下江西的第二位真儒，地位甚至凌駕鄒守益、羅洪先等人之上，他說：

> 先生雖早師黃氏卓峰，淵源姚江，而實不局良知之說。……世謂金谿理學，宋有象山，明有疎山。余直謂江右真儒，前有敬齋（按：胡居仁），後有疎山。[46]

　　但客觀來看，吳悌在明代心學或理學史上的地位，其實是可以再斟酌的，至少吳悌的聲名及影響力，應不如鄒守益、羅洪先等人，所以黃宗羲的《明儒學案》便未錄吳悌。若要持平論斷，他的地位應更接近新城鄧元錫，二人都是江右陽明心學陣營的一員，但相較於鄒守益等人，則其聲光明顯較弱。

　　因此，羅汝芳晚年在臨川講學遂引來下一波的心學熱潮。在建昌府，鄧元錫的弟子往往也師從羅汝芳，鄧、羅兩人共同教導門人。在撫州府，由於吳悌早卒，所以吳、羅二人之間雖無交集，但吳悌門下弟子往往也轉師從羅汝芳。如果說鄧元錫與吳悌的影響力主要在一縣之內，羅汝芳則是擁有跨地域影響力的大儒，影響整個撫州地區。金溪也因此更進一步融入到整個江西的心學圈中。

二、從理學講會到制藝文社

　　撫州府的制藝發展主要以臨川為中心，以及原屬臨川但在正德年間被劃出的東鄉（艾南英是東鄉人），而金溪最初並不在此風潮中。臨川先有湯顯祖，後有丘兆麟與陳際泰聞名於世，而章世純、羅萬藻

46　沈鯉，〈明南京刑部侍郎贈禮部尚書謚文莊疎山先生吳公神道碑銘〉，在吳順昌修，《疎溪吳氏宗譜》，卷8，頁18。

聲名後起，陳、章、羅與艾南英合稱江右四大家。[47]

　　江西制藝文社，以最初的紫雲社與全省的豫章社最值得注意。萬曆二十八年（1600）的紫雲社，應是撫州地區較早也較重要的制藝文社，據陳際泰說：

> 金、臨之間有古剎而名者曰紫雲，予與同人結社其中，曾氏一父之子預者，蓋四人焉。前後颺去者為丘毛伯、游太來（按：應作泰來，即游王廷）、曾銘西（按：曾棟）、祝文柔、蔡靜源（按：蔡國用）、管龍躍（按：似指管天衢？）、章大力、羅文止，此皆弟畜泰者也，然當時年最少，材又最高，則銘西之弟叔子與季子其人焉。[48]

　　此社所在紫雲寺及寺所在的項山，位於金溪、臨川、南城三縣交界處。[49] 參與該社的士人，主要以來自臨川騰橋鄉的曾氏父子為主，與陳、羅、章等臨川士人為主，以及一位名義上來自金溪的士人蔡國用。[50] 所以從紫雲社成立，到江右四大家之名大顯，主要都跟臨川士人有關。

　　萬曆四十三年（1615）的豫章社，則是集結全江西各地的知名制藝作手為一社：

> 大冢宰李長庚任江西左布政，其子春潮才而好奇，合豫章諸能文者為豫章社。臨川則陳際泰、羅萬藻、章世純，東鄉則艾南英，

47　陳孝逸，《壺山集》（收入《四庫禁燬書叢刊》，集部第 72 冊，據清順治刻本影印），卷 1，〈府君行述〉，頁 10。

48　陳際泰，《已吾集》，卷 3，〈曾叔子合刻序〉，頁 7。

49　紫雲寺原名項山寺，後因有僧名紫雲者崛起，與疎山白雲，一時並盛，稱兩高僧，故復名此寺為紫雲寺。見丘兆麟，《玉書庭全集》，卷 8，〈項山寺賦〉，頁 8-9。

50　據其族譜記載：後崗公，蔡國用之父蔡際春。羅萬藻、陳際泰皆為作墓誌銘。據陳際泰所撰，可知從後崗公曾大父，便已從金溪靖思，遷居南昌，後崗公則遷臨川北鄉楓林里。

泰和則蕭士瑋（1585-1651）、曾大奇，吉水則劉同升（1587-1646），南城則鄧仲驥，豐城則楊惟休、李炅，進賢則陳維謙、李光倬、陳維恭，皆郡邑間最馳聲者，而南昌、新建，首時華與萬曰佳、喻全禩，時華尤為所推服。[51]

能夠受邀參加豫章社的都是已有文名者，所以人數不多。[52] 社員名單上的士人可分作三批，一批是湯顯祖的門人，即江右四大家陳際泰、羅萬藻、章世純、艾南英等人，來自撫州府；一批是舒日敬的門人：李炅、萬時華、陳維恭、李光倬等人，來自南昌府；[53] 一批是蕭士瑋、曾大奇與劉同升，來自吉安府。

從紫雲社到豫章社，金溪士人都不在這些制藝文社中，而且金溪當地的學風仍以理學為主，尤其是黃宣與臨川李東明的講學，便是當時頗知名的理學講會。當時金溪也有制藝寫作方面的文社，但社集成員成員往往以家族後人為主，如張應雷、聶文麟（1579-1667）二人在縣城城南及寶山的社集，便是為了家族族人應考而設。張、聶二人並不以制藝聞名，必須等到天啟、崇禎年間，受到江右四大家，尤其是艾南英的影響，金溪方才出現以制藝著稱者，兩位代表人物——吳堂、陳畫，他們都因艾南英而獲得較高的聲名，而且與陳孝逸、傅占衡等一批年輕的臨川士人往來。

51　陳弘緒，《陳士業先生集》，《敦宿堂晉書》，卷1，〈先友祀鄉賢萬徵君傳〉，頁39。

52　李光元不在名單中則頗不可解，他是萬曆三十五年（1607）進士，但不久以病歸養，直到萬曆四十八年（1620）方才再出，可知此時他人在江西，而未參與這類社集活動，僅有素常與其師友唱和的從弟李光倬與會。李光元與李光倬的關係，見江璧等修，胡景辰等纂，（同治）《進賢縣志》（收入《中國地方志集成·江西府縣志輯》，第59冊，據清同治十年〔1871〕刻本影印），卷19，頁25。

53　舒日敬一方面以制藝聞名，同時還曾編纂《皇明豫章詩選》一書，這本書是受到復古派流風的影響，而詩選卷首有18名舒日敬的門人弟子的名字，應即負責編纂詩集的人，其中便有李炅、萬時華、李光倬、陳維恭。

　　由於講會或社集初始的發展都跟家族有關，以下便從家族切入分
述之。本節先談的萬曆初年張應雷、聶文麟、黃宣等人所屬的家族及
其社集，下一節談吳堂、陳畫的社集及活動。

1. 橫源張氏

　　橫源張氏的關鍵人物即張應雷，他少時慕先儒象山之學，拜入王
勑門下，王勑是黃直的學生，推測他也在翠雲講會中。[54] 另一方面，張
應雷頗受吳悌器重，常隨侍其身邊，吳悌卒後，還協助其弟子李約編
《言行錄》。[55] 另一方面，張應雷、從兄張默、張熟兄弟、從子張材幾
人相師友，[56] 張應雷、張默、張材在縣學更有「三張」之稱，與瑤嶺謝
氏的「四謝」並列。[57] 大約在嘉靖末年前後，以幾人為中心舉行家會，
地點則在縣城南區，如其族譜所載，以及張熟所自述：

> 叔父諱熟，字思仁，別號純所，余父恭所公（按：張默），與湖州
> 司理叔順齋公（按：張應雷），成理監理兄惺臺公（按：張村），相
> 師友，為家會。[58]

54　王有年編，（康熙）《金谿縣志》（收入《中國方志叢書・華中地方・江西省》，第798號，
　　據清康熙二十一年〔1682〕刊本影印），卷7，頁14。王勑是王有年之父。

55　張應雷未拜吳悌為師，所以自稱「邑後學」，又說：「雷侍先生久，知先生亦深，遂條舉耳
　　目睹記，并二三大老所齒及逸事。」此段文字是為李約編的《言行錄》作跋。見張應雷，〈跋〉，
　　在吳悌，《吳疎山先生遺集》，卷8，頁27。

56　張應雷生於嘉靖十五年（1536），隆慶五年（1571）進士，家會應是進士及第以前的事，所
　　以推測時間落點在嘉靖末年。

57　張元輔，〈惺臺公傳〉，張蔭階、張啟元等修，《橫渠張氏宗譜》（東邑宗美仁齋1995年新
　　鐫本），卷8，頁134-135。

58　張機，〈峕嵐太守叔父純所公行狀〉，張蔭階、張啟元等修，《橫渠張氏宗譜》，卷8，頁
　　124。

熟總角時，未就外傳，從伯兄恭所先生，學於邑之南城。[59]

爰聚太參王如水、司理王文石、國博高環北，洎從弟姪庠彥十餘輩，日琢磨規勸，華實並茂，故城南會為翕首稱焉。[60]

可知此會以橫源張氏族人為主，加上縣學中的其他士人。此會應跟制藝寫作有關，由於幾個中心人物在科考上皆有表現——張應雷是隆慶五年（1571）進士，張默是隆慶三年（1569）貢生，[61] 張材是隆慶四年（1570）舉人，[62] 張熟是萬曆十六年（1588）舉人，[63] 所以此會一時之間頗有聲名。也因此，大約到了萬曆晚期或天啟初年，[64] 城南會進一步發展成為禹門社，陳際泰為此社的社刻作序：

禹門社介臨、金之間，是諸雋之所走集也。其得名，張順齋先生實為之，先后社于是者，翔去不可枚舉，中輟者數年，近乃復有吾黨之刻而儼其人。蓋地重而人因重，不敢以虧疎佐小之氣辱此名社也。[65]

59　張熟，〈伯兄文林郎公安太尹恭所先生行狀〉，張蔭階、張啟元等修，《橫渠張氏宗譜》，卷8，頁105。

60　張熟，〈伯兄文林郎公安太尹恭所先生行狀〉，張蔭階、張啟元等修，《橫渠張氏宗譜》，卷8，頁107。

61　張熟，〈伯兄文林郎公安太尹恭所先生行狀〉，張蔭階、張啟元等修，《橫渠張氏宗譜》，卷8，頁105-115；胡釗、松安等纂修，（道光）《金谿縣志》，卷11，〈宦業〉，頁20。此文作於萬曆十七年（1589），張默辛後次年。

62　張元輔，〈惺臺公傳〉，張蔭階、張啟元等修，《橫渠張氏宗譜》，卷8，頁134-136；胡釗、松安等纂修，（道光）《金谿縣志》，卷11，〈宦業〉，頁22。

63　張機，〈岢嵐太守叔父純所公行狀〉，張蔭階、張啟元等修，《橫渠張氏宗譜》，卷8，頁124-127；（道光）《金谿縣志》，卷11，〈宦業〉，頁30。

64　序文中提及周鍾、張溥倡導經術，而二人崛起於天啟年間，所以可推知禹門社也是在此刻重振。

65　陳際泰，《大乙山房文集》，卷4，〈禹門社序〉，頁24。

此社是從張應雷啟始，而張應雷卒於萬曆三十六年（1608），所以從城南會到禹門社，中間曾經中斷多年，直到江右四大家倡導制藝才又重振。[66]

2. 崇陽聶氏

崇陽聶氏在明中晚期的知名人物分別有：

聶曼，長房 15 代，正德十一年（1516）舉人

聶蘄，幼房 14 代，嘉靖四年（1525）舉人

聶廷璧，長房 17 代，嘉靖四十四年（1565）進士

聶良杞，幼房 15 代，隆慶二年（1568）進士。子聶文麟

聶文麟，幼房 16 代，萬曆四十七年（1619）進士

聶惟鋌，幼房 18 代，萬曆四十六年（1618）舉人

崇陽聶氏之科目仕宦自聶曼始，[67]而聶蘄開始接觸理學（習於呂柟門下），並與吳悌為莫逆之交。[68]吳悌是金溪當地的理學大儒，而聶蘄與其交遊，亦吸引其他聶氏族人接觸理學。此後聶廷璧雖不以理學著稱，但在當時金溪濃厚的理學氣氛下，仍被以理學評價，如其門人張學鳴說：

晚近世多趨道學，聚徒登壇，堯服禹步，然名實巨測也。師周情孔矩，青心如水，若在聖門閔冉流亞，而絕不以道學著，人亦不

66　所以陳際泰的序文中說「復有吾黨之刻而儷其人」。

67　蘇運昌，〈崇陽聶本立公墓誌銘〉，在聶友于等修，《崇陽聶氏族譜》，卷5，頁233：「崇陽聶氏之科目仕宦，實自鄉賓公之子曼始，從此至於明末，屢世不替。」

68　胡釗、松安等纂修，（道光）《金谿縣志》，卷11，〈宦業〉，頁13-14。

以道學擁師，而師之粹自晶瑩，若滌之清冷之淵。[69]

聶良杞則與聶廷璧相師友，當時有「繡谷二疏」之譽。[70]繡谷是金溪的別稱。聶良杞先後師從吳悌與羅汝芳，悟程門識仁之旨，他甚至被拿來跟南昌鄧以讚相提並論，[71]

聶廷璧以其在寶山的別墅作為聶氏子弟的讀書場所，如聶惟鉝便曾讀書於此，[72]並在此講學，所以也吸引非族人如王學禮的參與。王學禮受到整個心學思潮的影響，研精心性，有「赤子心無失，青田路不賒」之句。[73]

聶良杞與王學禮雖以理學著稱，但二人之子聶文麟與王化澄（？-1652），則轉向制藝寫作，如王化澄有《二山制藝》，艾南英為其作序說：

登水弱冠讀書寶山，為憲副崇野聶公（按：聶廷璧）別墅。嗣是課藝於邑之槐堂，則象山陸先生之講室在焉。又十年有龍光之社，又三年有倅魁之社，又三年有畹香之社。丁卯（天啓七年，1627）結社於疎山，則吳文莊公（按：吳悌）讀書之故址。先後社刻皆載茲編，而得之寶山、疎山者為多，因名曰《二山課藝》。[74]

69　張學鳴，〈明中憲大夫崇野聶公墓誌銘〉，在聶友于等修，《崇陽聶氏族譜》，卷5，頁172。

70　曾化龍，〈明廣西參議進階朝請大夫念初聶先生行狀〉，在聶友于等修，《崇陽聶氏族譜》，卷5，頁88。

71　錢士升，〈明廣西布政司參議念初聶公墓誌銘〉，在聶友于等修，《崇陽聶氏族譜》，卷5，頁150：「每為予稱江右理學風節之盛，輒言聶少參公（按：聶良杞）。少參公往矣，乃其皎皎大節，里中奉為典型，此（比）於鄧文潔公（按：鄧以讚）。」

72　聶友于等修，《崇陽聶氏族譜》，卷5，頁191。

73　胡釗、松安等纂修，（道光）《金谿縣志》，卷10，〈儒林〉，頁13。

74　艾南英，《天傭子集》，卷4，〈王登水二山課萩序〉，頁30。

王化澄約萬曆三十三年（1605）左右讀書寶山，[75] 天啟七年（1627）結社於疎山，而引文所說的龍光社、倅魁社、畹香社，應都是制藝文社。寶山與疎山原本各是聶廷璧與吳悌的講學地，但僅僅一代左右的時間，都變成制藝文社所在。

3. 黃坊黃氏

黃坊黃氏是地方小族，功名、文教皆不盛，但因有黃宣而使該族為人所注目。但該族學風到黃榜開有變。黃榜開是黃宣的長孫，崇禎六年（1633）副榜，少時習於臨川李東明門下，從相關記載如李東明「每呼乳名，盤駁性理諸書，辨答如響」，可知黃榜開初期所習的是性理之學，但在明末制藝風潮的影響下，黃榜開很快亦用心於制藝，並在靈谷山房結社，黃榜開的著作《靈谷社草》初集二集三集，推測應即靈谷社的社稿。[76] 此社成員還有劉星耀（1634 年進士）[77]、王騰龍（1660年舉人）、唐時英（不詳）等人。[78]

舉林車氏族人也是靈谷社的成員。明初舉林車氏族人與吳與弼交遊，明中期車會同習於羅汝芳門下。明末車夢瑤（1622 年進士）、車殿彩（1621 年舉人），則與靈谷社有關，據載車夢瑤曾命其諸孫與門下弟

---

75 艾南英的序文中說王化澄只小他兩歲，可知王化澄生於萬曆十三年（1585），而弱冠時讀書寶山，故推知是萬曆三十三年（1605）左右事。聶廷璧是萬曆十三年（1585）致仕，卒於萬曆四十年（1612），而聶良杞則是萬曆四十一年（1613）方始致仕居鄉，所以大部分的時間，都是聶良杞在講學及教導子弟。聶廷璧及聶良杞的致仕年分，見聶友于等修，《崇陽聶氏族譜》，卷4，〈外集貤封〉，頁347、348。

76 除了社稿以外，黃榜開亦操持選政，據載他「操選政，海內鉅作名篇，咸憑搦管出入」。見劉星耀，〈清故鄉副進士黃墨鮮先生墓表〉，在編者不詳，《黃氏十修族譜》，卷6，頁13。

77 胡釗、松安等纂修，（道光）《金谿縣志》，卷11，〈宦業〉，頁38。

78 《黃氏十修族譜》中有劉星耀為黃榜開作的墓表，劉星耀、唐時英、車殿彩皆自稱社弟，見編者不詳，《黃氏十修族譜》，卷6，頁14。徐鵬起為黃宣所作墓誌銘中，徐鵬起、張有儀自稱社姪，推測二人亦在此社中。見同前書，卷6，頁12。

子受業黃榜開門下，而車殿彩對黃榜開自稱社弟，可知他也在靈谷社中。

三、艾南英與明末金溪士人

　　金溪本地雖有制藝文社，但能夠跨出家族以外，帶動風潮並擁有跨地域聲名，則跟江右四大家所帶起的制藝風潮，以及艾南英的介入有關。

　　四大家中，陳際泰、艾南英二人跟金溪的聯繫較多。陳際泰曾為禹門社作序，而其《大乙山房文集》也是由金溪士人李士奇校對。艾南英則跟金溪的淵源更深。艾南英是東鄉人，生於萬曆十一年（1583），萬曆三十四年（1606）入府學，與臨川的陳際泰、章世純、羅萬藻等人齊名，日後四人刻制藝行世，於是有江右四家之稱。[79] 在學術上，艾南英的祖父艾挺，師事金溪印山楊氏家族的楊用翔，楊用翔並無著作傳世，而據其族人所述，他「淬志古學，凡先秦兩漢八家之文，無不精心研究」，可知其學術傾向唐宋文，而師從楊用翔的艾挺，於是「開天庸古學，卓然名家，源流皆本於公（按：楊用翔）」。[80] 艾南英在所作的墓誌銘中亦佐證此事，說：

　　　石溪公為當時文章宗匠，予家世其學，源流與共，知之獨真。[81]

79　張廷玉等撰，鄭天挺點校，《新校本明史》，列傳176，文苑4，頁7402。

80　楊錫齡等修，《楊氏宗譜》（金溪琉璃鄉印山楊軍輝家藏，2005年重刊本），卷1，〈傳〉，頁6-7。

81　艾南英，〈別駕午亭楊公暨黃安人合葬墓誌銘〉，在楊錫齡等修，《楊氏宗譜》，卷1，〈藝文〉，頁17。該譜雖說此文是錄自《天傭子集》，但查《天傭子集》，未收錄此文。

　　艾南英所在的東鄉文教不盛，而其族亦不以文教見長，[82] 不知是否這個緣故，所以艾南英常跨縣與金溪士人——先有連城璧，後有吳堂、陳畫，共同編纂房選。

　　崇禎元年（1628），艾南英在蘇州，與金溪連城璧、揚州鄭元勳（1603-1644）幾人合閱房稿，選文八百多篇，刻為《玉虎鳴》一書。[83] 艾、連二人是天啟四年（1624）同榜舉人，二人的合作記錄僅此一則而已。連城璧的事蹟不顯，他所留下的《蹇愚集》多半是任官時的書信，所以難以從中窺知他在金溪的事蹟。

　　吳堂屬於大塘吳氏，但同樣未能訪得其族譜，他亦無著作傳世，但他人的文集及地方志上載其事蹟較多，顯示他頗受當時人所重，如康熙年間有人歷數江西制藝名家，便有吳堂之名：

> 子鄉先輩，如文止（按：羅萬藻）、大力（按：章世純）、千子（按：艾南英）、仲升（按：吳堂），固與大士（按：陳際泰）、毛伯（按：丘兆麟）齊聲並價，安在其必以甲科重哉！[84]

陳際泰與丘兆麟皆有進士功名，所以列首，而其他幾人則是與陳際泰並列江右四大家的羅、章、艾三人，而吳堂亦與幾人並列，可見其聲名之高。清初王有年（1659 年進士）也指出吳堂之聲名不被江右四大家之盛名所掩：

82　據其族譜所述：「艾為東邑望族，自天傭子來，多知名士。」可知在艾南英之前，該族文教不盛，所以清雍正年間鄭長瑞為其譜作序時說：「艾氏宗譜有此一人，已足以光昭宇宙，而垂裕後昆。」見艾秉和修，《艾氏重修宗譜》（金溪琉璃鄉雙塘村艾氏家藏，1994 年版），不分卷，頁 56，以及鄭長瑞，〈艾氏族譜序〉，在艾秉和修，《艾氏重修宗譜》，不分卷，頁 26。

83　艾南英，《天傭子集》，卷 3，〈玉虎鳴〉，頁 26。

84　張蔭衢、張啟元等修，《橫渠張氏宗譜》，卷 8，〈仁庵公序〉，頁 169。

有明天啟、崇禎間，以制舉義相雄長者，章世純、陳際泰、羅萬
藻、艾南英，天下號為四大家，四子皆撫州人，顧尤推吳公仲升，
爭延致其家課諸子弟。是時仲升之文，孤行于世，不為四子所掩，
至今學者奉之若高曾規矩。[85]

此處雖泛指四大家「爭延致其家課諸子弟」，其實吳堂主要擔任艾南
英子弟的西席，[86]而且崇禎六年（1633）還與艾南英共編房選，此見艾
南英所述，他說：

予既評定當代之制舉藝，分為二選，而或以丁未（萬曆三十五年，
1607）迄戊辰（崇禎元年，1628）為近時流而便進取，因摘為八科房
選；又因其去留頗嚴，復廣其所存而錄之，屬友人吳仲升訂其是
否。[87]

艾南英已評的房選是《戊辰房書刪定》與《辛未房稿選》二本，[88]吳堂
所協助修訂的則是《八科房選》這個選本。

　　崇禎九年（1636）吳堂中舉，他跟隨艾南英的腳步，繼續從事編纂
房選的工作，只是此次改與陳畫合作。推測吳堂在崇禎十年（1637）、
十三年（1640）兩次入京應進士試，所以編崇禎十年、十三年的丁丑、
庚辰科進士的房選選本。[89]在崇禎皇帝崩殂次年，1645年，乙酉，吳

85　王有年等纂修，（康熙）《金谿縣志》，卷8，〈人物〉，頁24-25。

86　艾南英，《天傭子集》，卷4，〈吳仲升稿序〉，頁36。此序作於崇禎九年（1636），當時
　　吳堂仍任艾南英二子西席，而吳堂也是在此年中舉。

87　艾南英，《天傭子集》，卷1，〈八科房選序〉，頁17。

88　艾南英，《天傭子集》，卷1，頁9-11、15-16。

89　傅占衡，《湘帆堂集》（收入《四庫禁燬書叢刊》，集部第165冊，據清康熙六十一年〔1722〕
　　活字本刻本影印），卷8，〈吳陳二子選文糊壁記〉，頁8。

堂隨同艾南英入閩，謁見唐王，授福建仙遊知縣，遂逗留該縣達八年之久，方才歸鄉。期間艾南英已卒，金溪亦已人事全非。

　　陳畫屬於義門陳氏，這個家族聚族而居，嘉靖朝以降功名表現便十分顯赫。陳宗慶（1540 年舉人）、陳鎧、陳鉦兄弟（1537、1546 年舉人）皆有舉人功名，而陳一夔（陳鎧子）與陳所敏（陳一夔姪）更是隆慶二年（1568）的聯榜進士。以下陳于京（1603 年舉人）、陳三俊（1615 年舉人）、陳應斗（1618 年舉人）、陳自挺（1636 年舉人）亦科第簪纓不絕，如其譜所說：「金邑言家法，必推陳氏」。[90]

　　該族的理學淵源初啟於陳宗慶，如其墓誌銘所述：「自青衿、孝廉時，即交游海內宿儒耆德」，所以前述黃直舉行翠雲講會時，陳宗慶亦在會中，而且與鄒守益、唐樞等人往來交遊，而其學大要以「象山、陽明為宗」。[91]吳悌卒後，陳宗慶上書提學使，促請照顧吳悌後人。[92]

　　陳三俊以時文著稱，他在萬曆四十二年（1614）先以歲貢入京，以其時文名震京師。據族譜所述，陳三俊的制藝似歸有光古文，當時駙馬都尉楊春元之子楊光夔亦讀其文，並得到萬曆皇帝的稱許，據載：

> 光夔入宮，奉神宗皇帝起居。上問：「兒今讀何書？」對曰：「方讀貢元陳三俊時文也。」上曰：「文佳，兒宜以為法。」都尉（按：楊春元）即修書幣延為子師，禮遇甚隆。[93]

90　編者不詳，（義門）《陳氏宗譜》，不分卷，〈列傳〉，頁 3。

91　編者不詳，（義門）《陳氏宗譜》，不分卷，〈列傳·岳州公〉，頁 3；朱之蕃，〈勅授承直郎湖廣岳州府通判六山陳公墓誌銘〉，同前書，不分卷，〈墓誌〉，頁 3。

92　陳宗慶，〈六山公上督學使者書〉，在編者不詳，（義門）《陳氏宗譜》，不分卷，〈書〉，頁 1-5。

93　編者不詳，（義門）《陳氏宗譜》，不分卷，〈列傳·蒼梧公〉，頁 7。

　　明末該族最知名者即陳畫，陳畫雖無功名，但以學術而為族人所尊，稱其「儒林公」，而他在金溪當地的聲名，也被比擬為「與陳、羅、章、艾相伯仲」。[94] 陳畫應是在吳堂的介紹下而識艾南英，艾南英讚許其「於理學澄凝堅定，抱負海涵」，[95] 並稱陳畫、陳疇兄弟是「理學萃於一門」。[96] 但他不像吳堂隨從艾南英前往福建，而是始終居鄉在家，所以以他為中心，在金溪當地形成理學與制藝的群體圈。他的講學處是五柳軒，從遊者達數百人之多，若據族譜載其講習理學的情景：

> 講學於五柳軒，從遊者數百人，惓惓然以孝弟為重。[97]
>
> 嘗講學于五柳園，從遊者皆衰衣大袖，歌詩揖讓，有儒者氣象。[98]

另一方面，陳畫也教授門人與族人制藝，書房名作「重樂軒」。據《戌元櫟林周氏族譜》載其族人周居仁在此學習事：

> 時陳（畫）負重名，從遊者多名宿，每課文，必擇其尤精者付梓，公（按：周居仁）文與者十數，而試不售。[99]

大約等到崇禎十七年（1644）[100]，陳畫集結諸父昆季同人友生之文，合

94　編者不詳，（義門）《陳氏宗譜》，不分卷，〈列傳·儒林公〉，頁 9。

95　編者不詳，（義門）《陳氏宗譜》，不分卷，〈列傳·儒林公〉，頁 9。

96　編者不詳，（義門）《陳氏宗譜》，不分卷，〈列傳·隱逸公〉，頁 10。

97　編者不詳，（義門）《陳氏宗譜》，不分卷，〈列傳·儒林公〉，頁 9。

98　編者不詳，（義門）《陳氏宗譜》，不分卷，〈列傳·隱逸公〉，頁 10。

99　周穆菴修，《戌元櫟林周氏族譜》（金溪合市鎮冀家戌元村周新友家藏，道光二十四年〔1844〕重修本），卷 1，頁 77。

100　艾南英，《天傭子集》，卷首，《年譜》，頁 4：「〈重樂軒序〉疑在是年。」但考其序文前後文意，實難想像值此明亡之際，陳畫仍編此書，且艾南英亦有暇作此序文。加上陳畫在崇禎十三年（1640）編《庚辰房選》，然後息影 5 年，若把崇禎十三年（1640）亦計算在內，

為《重樂軒初選》，艾南英為其作序，說：

> 陳子惟易，取朋友之義，題其軒曰重樂，且集錄弟子課藝，合於
> 文章法，與其諸父昆弟較習之作，以行於世，蓋憤近日之為舉業
> 者，怪妖龐雜，思所以正之，而為是編也。[101]

陳畫的講學對家族及地方的影響頗大，所以直到他卒後，族弟陳
甸仍繼續講學活動。後詳。

金溪年輕一輩的知名士人，除了吳堂、陳畫以外，還有孔大德
（？-1660），但因其相關資料甚少，所以附見於此。孔大德屬於聖裔
孔氏，該族在金溪的其中一支位於河源鎮朱坊孔家村，該村至今仍存
「聖裔」牌坊一座，[102] 以及《聖裔孔氏宗譜》一部。孔大德屬於繡谷
分支，居住在縣城內，而該分支的族譜今已難以尋訪，加上孔大德亦
無著作傳世，所以相關的資料很少，僅《聖裔孔氏宗譜》中載其考取
天啟丁卯科（1627）解元，[103] 未載其它言行事為。

此外，翻檢各族族譜，另有金紫何氏的文社，相關資料極少，推
測是家族內部的社集，亦附錄於此。金紫何氏的知名人物有何自學與
何清，何自學是宣德二年（1427）進士，曾薦吳與弼於朝，[104] 何清是弘
治八年（1495）舉人。但此後便無族人考取舉人以上功名。直到萬曆年
間的何學夔與何學孔兄弟，這兩位是該族較知名的士人，他們負責祠

則從崇禎十三到十七年（1640-1644）正滿五年之數，所以推測該序作於崇禎十七年（1644）
左右。

101　艾南英，《天傭子集》，卷4，〈重樂軒初選序〉，頁61。

102　此牌坊的記載，亦見於編者不詳，《聖裔孔氏宗譜》（金溪河源鎮朱坊孔家村孔國珍管譜，
年分不詳），卷尾，〈坊額記〉，頁1。

103　編者不詳，《聖裔孔氏宗譜》，卷首，〈坊額記〉，頁1。

104　胡釗、松安等纂修，（道光）《金谿縣志》，卷11，〈宦業〉，頁7-8。

堂祭儀的修訂，但也只是邑庠生而已。[105] 也因此，萬曆三十二年（1604）何學孔發起金紫文會，鼓勵族中子弟用功考取功名，與會者應都是何氏族人。[106]

四、清初以金溪為中心的集會

明清鼎革之際，江右四大家中，除了陳際泰早卒，其他三家亦在此變亂之際亡故。章世純時任廣西柳州知府，在得知京師陷落後抑鬱而卒。艾南英先應羅川王之邀，起兵抗擊清軍於金溪，待江西陷落後，入閩見隆武帝，順治三年（1646）病卒。[107] 羅萬藻則在料理完艾南英的喪事，數月後亦卒。

明末江右四大家聲名最盛時，臨川年輕一輩的士人亦起而集結文社，較知名者即天啟七年（1627）的金石台大社，此社最初由陳際泰倡議，中間一度衰微，當張采來任臨川知縣時復振而作之。陳際泰的二子陳孝威、陳孝逸，以及傅占衡（1606-1660）、吳程、曾有矩、舒紫芬、管子敬、游公大、劉鐘秀、郄六奕等人皆在社中，成員共十八人。[108]

105　何清的傳，見羅垣，〈希軒公傳〉，在編者不詳，《金紫何氏重修合譜》（金溪左坊鎮后車何家何榮華管譜，民國三十一年〔1942〕版），後卷，無頁碼；何學夔的傳見何容，〈賓虞公傳〉，同前書，後卷，無頁碼。祠堂祭儀事，見何學夔，〈修祠堂祭儀序〉，在編者不詳，《金紫何氏重修合譜》，後卷，無頁碼。

106　何學孔，〈金紫文會序〉，編者不詳，《金紫何氏重修合譜》，後卷，無頁碼。

107　艾南英的生平，見胡業恒，〈天傭公事略〉，在艾秉和修，《艾氏重修宗譜》，不分卷，〈傳〉，頁44-46。

108　社集成員之名，請分見陳孝威，《壼山集》，卷1，〈曾上平傳〉，頁8，以及陳孝逸，《癡山集》（收入《四庫禁燬書叢刊》，集部第49冊，據清初刻本影印），卷3，〈虛葬亡友劉文伯墓誌銘〉，頁1。也有說14人，見陳孝威，《壼山集》，卷1，〈祭管子敬文〉，頁15：「上平（按：曾有矩）、紫芬、先民（按：吳程）、謝子、平生（按：陳奇才）、貞一、陸奕、太止、文伯（按：劉鐘秀）、平叔（按：傅占衡）、威（按：陳孝威）、逸（按：陳孝逸），暨爾（按：管子敬），合為一社十四人。」

　　明清之際，該社成員不少亡故，即連陳孝威也在廣東病卒。一如
傅占衡說：

> 曾上平（按：曾有矩）、吳先民（按：吳程）、舒紫芬、管子敬、游公大、
> 劉文伯（按：劉鐘秀）、陳興霸（按：陳孝威），平生在六七知己中，
> 謂之最貴矣，然壽亦不至中。[109]

　　於是此時遂以陳孝逸與傅占衡成為社群的領袖，陳孝逸是陳際泰
之子，早有文名，而傅占衡亦頗受一些士人的推崇肯定。[110]

　　一方面是同社的臨川士人亡故，陳孝逸、傅占衡二人在清初所經
常往來的，反而不少是金溪、南城士人，如陳孝威自述：

> 敝邑曾上平、吳先民、劉文伯、管子敬，後先凋謝，痛我同盟。
> 於今崔嵬靈光，獨平生（按：陳奇才）、亦人（按：李國昌）、伯子（按：
> 涂柏）、惟易（按：陳晝）、玄近（按：鄭邑雋）、大千、平叔（按：
> 傅占衡）輩數人耳。[111]

> 盱江徐仲光（按：徐芳，1618- ?）、金谿吳仲升（按：吳堂）、孔登
> 小（按：孔大德）、家惟易、鄭玄近，或遠或邇，然志同道合，跡

109　傅占衡，《湘帆堂集》，卷6，〈陳平生別傳〉，頁18。陳孝逸也談及此事說：「壬午（崇
　　禎十五年，1642），吳先民（按：吳程）死；不半歲，曾上平（按：曾有矩）又死；乙酉冬（順
　　治二年，1645），李君揚死，其年，北大將劉某掠豐城隱溪、文伯乃遇害死。」見陳孝逸，《癲
　　山集》，卷3，〈虛葬亡友劉文伯墓誌銘〉，頁1。吳程、曾上平、陳孝威三人交情有如鼎
　　之三足，三人間的往來，請見陳孝威，《壺山集》，卷1，〈吳先民傳〉，頁7；卷1，〈曾
　　上平傳〉，頁8-9。

110　如彭士望（1610-1683）推崇傅占衡的文章非湯顯祖與江右四大家所能及。見彭士望，《恥躬
　　堂文鈔》（收入《清代詩文集彙編》，第32冊，據清咸豐二年〔1852〕重刻本影印），卷3，
　　〈復王元升書〉，頁11；〈與魏善伯書〉，頁14。

111　陳孝逸，《癲山集》，卷6，〈寄歐無奇蕭繡虎〉，頁9。

疏心殷。[112]

曾、吳、劉、管四人皆與陳孝逸同社的臨川士人，而幾人卒後，陳孝逸所引以為友的幾人，除了傅占衡、陳平生是臨川人，涂柏來自宜黃，以及徐芳出自南城以外，其他幾人：吳堂、陳畫、孔大德、鄭邑雋、李國昌，都是金溪人。

　　陳、傅二人在清初看似消極困頓，但細察其行跡，卻似常前往他縣與該縣士人集會，如與南城徐芳，據載：

> （傅占衡）與南城徐芳、鄧炅相契合，往來建武，留寓景雲、大平諸剎。[113]

> （陳孝逸）常寓南城章山寺，與徐拙菴（按：徐芳）、鄧止仲（按：鄧廷彬）、蕭明彝（按：蕭韻）友善。[114]

　　由於都是在寺院聚首，所以幾人在此集會的可能性很大。如貴溪張雲鶚，據載：

> 張雲鶚，字次飛，一字鐵公，……明亡，絕意仕進，築室章源山中，焚儒冠，髮鬖鬖不薙，裹頭，自製一氊帽，雖盛暑燕私不脫去，……與同里周鳳儀、金谿孔大德、臨川陳孝逸為烟霞交，秋暑雪餘，涼月在地，經營慘澹，詩趣蜿蟺，引觴互酌，陶然就醉。[115]

112　陳孝逸，《癡山集》，卷6，〈答溫伯芳〉，頁16。

113　李人鏡等修，梅體萱等纂，（同治）《南城縣志》（收入《中國方志叢書‧華中地方‧江西省》，第818號，據清同治十二年〔1873〕刊本影印），卷8之1，〈流寓〉，頁20。

114　李人鏡等修，梅體萱等纂，（同治）《南城縣志》，卷8之1，〈流寓〉，頁15。陳孝逸，《癡山集》，卷6，〈與鄧止仲〉，頁9：「客夏數度入貴郡，一寓章山寺。」

115　楊長杰等修，黃聯珏等纂，（同治）《貴溪縣志》（收入《中國方志叢書‧華中地方‧江西省》，

張雲鶚的態度應是反清的，而陳孝逸則經常與其集會。

　　陳、傅二人也確實不斷出現在清初金溪士人的交遊及社集記述中，如疎溪吳玉爾的交遊圈中便有陳、傅二人：

> （吳）玉爾，字玠軒，……以《書經》中崇禎癸酉（六年，1633）
> 鄉試第十一名，……豣坪徐登龍先生，公之故人也，道義相尚。
> 當懷宗時，高隱不仕，與公及臨川傅占衡、陳孝逸，本邑吳堂、
> 陳疇、陳畫、聶文麟諸先生唱和。[116]

徐登龍談易代之際聶文麟在鄉交遊事則說：

> 涉亂以來，惟同二三聲氣，及方聞布衣士，論文賦詩，此外杜門
> 匿影，自當世諸新貴求聖見顏色不可得。[117]

文末有編者補充說：

> 此「二三聲氣」，蓋指臨川傅公占衡，字平叔；縣右孔公有德，
> 號秀野；大塘吳公堂，號通隱；市心陳公畫，字惟易；陳公疇，
> 字惟範；瑤溪傅公振鐘，字義然；大衍鄒公定本，及徐公諸人也。[118]

第 873 號，據清同治十年〔1871〕刊本影印），卷 8 之 9，〈隱逸〉，頁 7。

116　吳順昌修，《疎溪吳氏宗譜》，卷 8，〈御史公傳〉，頁 4。徐登龍是天啟四年（1624）舉人，
　　相關事蹟不詳，所引文雖說徐登龍是豣坪徐氏，但查該族族譜，未列徐登龍之名，不知何故。
　　此段說徐登龍與吳玉爾二人是故交，高隱不仕，亦不盡然。吳玉爾在考取崇禎六年（1633）
　　舉人以後任官，明亡則奔走王事於閩、浙間，最後悲憤絕粒，殉難於閩。「高隱不仕」有可
　　能是族譜編者因政治忌諱而曲隱吳玉爾殉難的用詞。吳玉爾殉難事反而見諸地方志上，見胡
　　釗、松安等纂修，（道光）《金谿縣志》，卷 11，〈宦業〉，頁 38。

117　聶友于等修，《崇陽聶氏族譜》，卷 5，頁 19。

118　聶友于等修，《崇陽聶氏族譜》，卷 5，頁 20。

吳玉爾是吳悌的族人，崇禎六年（1633）舉人；徐登龍的事蹟不詳，僅知他是天啟四年（1624）舉人。若先不談吳、徐二人，金溪當地應以吳堂、陳畫、孔大德等人為中心，加上崇陽聶氏的代表人物聶文麟。[119]這些人應會有集會或社集，所以陳畫傳記中的這段話便很值得注意：

（陳畫）與平叔傅公、蘇門聶公（按：聶文麟）、通隱吳公、秀野孔公，及弟惟範（按：陳疇）先生隱居講道。[120]

前文談到陳畫在五柳軒講學，從遊者達數百人之多，此處亦指稱以陳畫為中心，隱居講道。另據臨川黃石麟所述，他與陳畫在金溪論學，而論學處應即五柳軒。[121]五柳軒的講學活動直到陳畫卒後，其族弟陳旬仍延續之，據載：

（陳旬）少從族兄惟易先生遊，潛心味道，臨川陳少游、同邑傅平叔、孔秀野諸先生，交相引重，往復切劘，益肆力關閩濂洛之學，大有所得。絕意仕進，繼惟易先生講學五柳軒，遠近來學者踵趾相錯，每會講，鄰師率學子環而諦聽者常百十人。公學以主靜為本，行以孝弟為基，……門弟子多騰踔于時，而馮夢颺太史（按：馮詠，1672-1731）兄弟受業沈深，名亦愈著。[122]

也因此，「隱居講道」四字應該不是沒有實指。陳畫的五柳軒很

119　聶文麟是聶良杞之子，萬曆四十七年（1619）進士，崇禎十五年（1642）致仕。致仕的年分請見聶友于等修，《崇陽聶氏族譜》，卷4，〈外集貤封〉，頁349。

120　編者不詳，（義門）《陳氏宗譜》，〈列傳·儒林公〉，頁9。

121　黃石麟，《半蕪園集》（收入《四庫禁燬書叢刊》，集部第150冊，據清康熙六十一年〔1722〕黃承昊等刻本影印）。

122　編者不詳，（義門）《陳氏宗譜》，〈列傳·淑度公〉，頁15。

有可能是眾人往來聚會之處。而且相較於南城、貴溪兩地的集會，五柳軒可能才是最重要的集會中心。文中的馮詠是金溪人，康熙六十年（1721）進士，是下一輩與李紱並列，同為撫州最知名的士人。[123]

　　陳孝逸、傅占衡往來金溪、南城、貴溪等地與人集會，原因為何，今已不得而知，從陳孝逸與彭士望、錢謙益、方以智（1611-1671）等人的往來，[124] 我們固然懷疑可能跟反清活動有關，只是苦無證據。但可確定的是，陳、傅二人，尤其是陳孝逸，隱然承續其父陳際泰的角色，成為撫州地區的士人領袖。也因此，當江南陳濟生在順治年間著手編纂《天啟崇禎兩朝遺詩》一書，諮詢陳孝逸的意見，而陳孝逸推薦予陳濟生的，除了江右四大家的作品以外，便是金溪陳畫與孔大德二人的著作。陳孝逸說：

> 宗兄名山之羅，所願任其驅役，第敝地諸先難，如帖上諸公，古文字特少，即有之，徵索不易。又其文字，或使人以不見為恨，其人更重。然已為布檄，得便續致。至于《章柳州》、《天傭子》、《小千園》等集，苦無貳本，不敢付，倘有閒力，卻抄寄也。孔登小《秀野廬襍詩》併《和陶詩》、家惟易《筮攷》，偶在几間，敬納去。二兄皆林廬徐無中人，吾黨之最嶽嶽者，頗有他著，會須宗兄見之。[125]

《章柳州》、《天傭子》、《小千園》分別是章世純、艾南英、羅萬藻三人的著作，而陳孝逸因無三人著作的副本，擔心遺落而不敢寄

123　李紱，《穆堂初稿》（收入《清代詩文集彙編》，第 232 冊，據清道光十一年〔1831〕奉國堂刻本影印），卷 34，〈馮李合橐序〉，頁 25。

124　陳孝逸，《癡山集》，卷 6，〈又柬卓庵〉，頁 12；同前書，〈答彭躬庵〉，頁 17-18。

125　陳孝逸，《癡山集》，卷 6，〈寄陳皇士太僕〉，頁 17。

送。[126] 而他所大力推薦的同輩士人，即金溪陳畫與孔大德二人著作。

　　陳孝逸、傅占衡，以及諸多金溪士人，以五柳軒為中心所形成的群體，他們在清初是不應科舉亦不任官的。前引貴溪張雲鷟的個案，他最極端的行為是不薙髮，其他人雖未如此，但亦自放於政權之外。這些士人在明末皆以制藝聞名，但入清以後，便不再殫心於此，傅占衡的話最可生動說明：

> 時文衰則師座廢，雖金谿人如無家人，兩生（按：吳堂、陳畫）效如是，安得不泥諸壁□。自洪武辛亥（1371）以來，名儒鉅公、照史碩老皆專出於是。成弘間始微標名目，如王唐薛瞿。到崇禎末，房如蝶，社如蝗，言理學則周程張朱之嫡派在是，談文采則左丘明、司馬遷、劉向、楊雄，衛官奔走，其助朝算禪世用則二十一史治亂成敗臚列，未嘗不似。然其末也，上不能當一城一堡之衝，次不足備一箭一砲之用，最下不可言。由此論之，糊壁為幸。[127]

　　所以我們另一方面也看到臨川李來泰這個名字。李來泰，字仲章，號石台，順治九年（1652）進士，他的官運並不亨通，因與上司不和被革職，還鄉後又被誣陷與耿精忠部屬勾結叛亂而下獄。直到康熙十八年（1679）獲舉薦參加博學鴻詞科考試，才又入朝為官，並參與纂修《明史》。但他卻是康熙年間撫州地區的士人領袖，所以在這段時期的文獻資料中，都不斷看到士人提及李石臺這個名字，一如黃石麟所說：「學者莫不仰其言行以為當世之師」。[128] 這也凸顯，入清以後，大約

126　後來似是陳畫將《天傭子集》刊刻出版，有易學實作序，見易學實，《犀崖文集》（收入《四庫全書存目叢書》，集部第 198 冊，據清康熙刻本影印），卷 5，〈天傭子敘〉，頁 8；卷 18，〈寄陳惟易〉，頁 5。

127　傅占衡，《湘帆堂集》，卷 8，〈吳陳二子選文糊壁記〉，頁 8-9。

128　黃石麟，《半燕園集》，卷 6，〈李石臺先生傳文苑〉，頁 15。

一代的時間，陳孝逸、陳畫等人的社集活動便難再持續下去，所以樂安李煥章談及臨川、金溪入清以後社集活動之蕭索，說：

> 金溪，西江之名區，……郡陳、章、羅、艾四家，洎陳興霸（按：陳孝威）、少游（按：陳孝逸）、傅平叔（按：傅占衡）諸君子，文章交遊之盛，今壇社寂寞，流風莫續，至於唏嘘嘆息，泣下沾襟，舉坐為之罷懽。[129]

李煥章所舉雖都是臨川士人，但仍可想見臨川、金溪兩地流風莫續的景象。

小結

　　本文主要利用族譜資料以重構地方小讀書人的交遊與社集活動。很多地方上的小讀書人因無著作傳世，所以往往只有地方志上簡短的幾行敘述，但這些人卻可能是地方社集活動的要角，如車泰來、張應雷、聶良杞、黃宣、吳堂、陳畫，這些人雖然不是當世第一流的人物，但在金溪當地都有舉足輕重的地位。過去這些人的身影不曾出現在任何討論中，但少掉這些人，其實很難了解明中晚期金溪的思想文化發展，及其講會或社集活動。

　　利用族譜資料，配合文集、地方志，我們不僅重新認識這些人，也看到明中晚期金溪從心學講會轉向制藝文社的發展，以及江右四大家中的艾南英，加上吳堂、陳畫等人所主導的明末制藝文社。明亡清初，臨川陳孝逸、傅占衡二人與金溪士人之間的關係密切，而陳畫的

129　李煥章，《織水齋集》（收入《四庫全書存目叢書》，集部第208冊，據清乾隆間鈔本影印），〈方叔衡詩草序〉，總頁773。

五柳軒很可能是整個撫州地區的集會中心。

　　過去對清初江西往往較注意江右三山的謝文洊、寧都九子等人，然而，謝文洊、寧都九子，其實跟明末的文社群體關係不深，這也使得從明末到清初對江西思想文化史的敘述呈現斷裂而不連續的現象，似乎明亡以後，明末曾經活躍的一批人就此退隱淡出，而由另一批人走上主舞臺。這個敘述固然不能說毫無道理，但仍不免太過粗略或簡化之嫌。

　　本文所做的，正是藉由不同性質的史料，復原金溪地方小讀書人的言行事為，進一步了解臨川與金溪士人群體的社集活動。若以臨川與金溪為基礎，應該有可能更大範圍掌握整個撫州地區，從明末到清初的地方小讀書人的動態。

第九章
從一目十行、日誦萬言看
中國近世士人的博覽強記之風 *

前言

在日常生活中，常以「一目十行」形容一個人讀書快速且記憶力佳，古籍則另有「日誦萬言」一詞，而具備此類能力的人，往往被視為天才或有特異功能。但即使是天才，往往須在社會重視其才能時，天賦才會凸顯；相反地，若是所處群體並不重視，例如在士人圈中，具備演戲才華的人，天賦很容易被埋沒。所以當相關記載越來越多，而且有人專門討論時，便形成值得探討的一種文化現象。從士人共同追求的目標來思考一目十行、日誦萬言，便有其歷史的趣味及意義。

一目十行或日誦萬言跟士人的讀書法有關，而以歐陽修（1007-1072）與朱熹的讀書法最為著名，而且影響當代及後世甚大，目前相關研究多將之放在學術史或思想史的脈絡下討論，所談較多偏重在對一家的學術思想之研究或討論。[1] 也有學者綜觀宋、元兩代理學家的

---

* 本章文稿以〈從一目十行過目即誦看中國近世士人的博覽強記之風〉原刊於 2020 年《明代研究》第 34 期，頁 95-144。於收錄本專書時略作增刪，謹此說明。

1 如林素芬，〈論歐陽修的讀書法及其作史之實踐〉，《慈濟大學人文社會科學學刊》，7（花蓮，2008），頁 124-157；林啟屏，〈朱子讀書法與經典詮釋：一個信念分析的進路〉，《中正漢學研究》，23（嘉義，2014），頁 1-23；王雪卿，〈讀書如何成為一種工夫：朱子讀書法的工夫論研究〉，《清華中文學報》，13（新竹，2015），頁 49-106。

讀書法，以及反思這類讀書法的學習規劃，與近世士人的知識世界的關係。[2] 程端禮（1271-1345）的《程氏家塾讀書分年日程》（以下簡稱《讀書分年日程》）則是在歐陽修、朱熹的讀書法以外，也很重要的日程規劃書。

　　本文則從人們如何看待及討論記憶力，而涉及讀書法與讀書日程規劃。隋唐以前的相關記載，多將一目十行、日誦萬言視為是少數士人的特殊才能，但兩宋以後隨著署名歐陽修所作讀書法的流行而有變，這個讀書法提出一個中人可行的方式，不追求超凡的記憶力，而是落實到日常生活中，藉由每日的積累，達到跟記憶力超凡者同樣的結果。記憶力超凡者可以在短期內記下十三經，而此讀書法則讓中人之資者日積月累以數年的時間達到相同的成果。由於歐陽修讀書法的流行，原本只是少數人炫耀的才能，如今即使一般士人也必須承受記誦數十萬言儒經的期待與壓力。尤其隨著明中期以後印刷術的流行，許多過去不易得不易見的儒經與古籍都變得相對易得易見。過去士人即使有意遍讀十三經，也未必有十三經可讀，如今則不必再受限於現實條件，加上科舉制度下，八股文寫作亦要求記誦儒經及博覽子史，都對士人產生莫大的心理壓力。於是理學家──尤其是心學家指出另一條路、另一個選擇，所以先後有朱熹的讀書法、程端禮的《讀書分年日程》，以及王守仁的〈訓蒙大意示教讀劉伯頌等〉（以下簡稱〈訓蒙大意〉），但從金溪此一個案來看，效果似很有限。

一、一目十行俱下

　　「一目十行」（或「十行俱下」）一詞較早的知名典故來自《北齊

2　胡琦，〈宋元理學家讀書法與「唐宋八大家」的經典化〉，《中國文哲研究集刊》，52（臺北，2018），頁 1-43。

書‧文襄六王傳‧河南康舒王孝瑜傳》：「謙慎寬厚，兼愛文學，
讀書敏速，十行俱下，覆棊不失一道。」[3] 十行俱下與覆棋不失一道併
用，以十行俱下形容讀者的速度，而覆棋不失一道，則是下完棋後仍
然可以根據落子先後次序，從第一手覆到最後一手，以此形容其記憶
力佳。由於行棋有邏輯可循，所以覆棋不失一道雖然不易，但仍非難
以企及之事。此後一目十行俱下便獨立流行，而專指士人讀書速度甚
快，直到明清仍常見這類詞，如明代姚鏌（1465-1538）的故事，據載：

> 先生一目十行，通夕可了數百卷，無論甲乙，唱名時悉能覆誦其
> 文，士無不驚以為神。[4]

因為一目十行，所以姚鏌一晚便可看完數百篇文，速度算是快的，至
於對所讀文章可達到什麼程度的覆誦，此處未能得其詳，所以不易深
論，但應只是為了強調姚鏌有好好讀完，而非草率翻過而已。我們若
翻檢古籍或地方志，便可找到許多「一目十行」的例子，儘管大多數
後面都沒有加上能夠覆誦其文一類的句子，但意思仍是一樣，亦即雖
然讀書很快，但卻不是草草讀過而已。

　　除了十行以外，常見的還有五行、七行、八行俱下，行數的不同，
除了只是個別記載的差異以外，似乎也有一些外在客觀的因素可以探
究。其中，隋唐以後雕版印刷術的流行及使用應是關鍵因素，所以此
處便以隋唐以前，及兩宋以後為前後兩段時期分別討論。

　　隋唐以前，除了北齊河南王高孝瑜（537-563）的十行俱下以外，

3　李百藥，《北齊書》（北京：中華書局，1972），卷 11，〈列傳第三‧文襄六王〉，頁
　　144。

4　馮可鏞修，楊泰亨纂，（光緒）《慈谿縣志》（收入《中國方志叢書‧華中地方‧浙江省》，
　　第 213 號，據清光緒二十五年〔1899〕德潤書院刊本影印），卷 27，〈列傳四‧明二〉，頁
　　22。

還有五行俱下與七行俱下。五行俱下以應奉的例子最著——孔融（153-208）《孔北海集》載：「汝南應世叔，讀書五行俱下。」[5]另有七行俱下，典故源出南北朝的宋世祖（430-464，453-464在位）：「少機穎，神明爽發，讀書七行俱下，才藻甚美。」[6]宋世祖之弟宋明帝（439-472，466-472在位），據《文苑英華》載：「宋明帝博好文章，才思朗捷，常讀書奏，號稱七行俱下。」[7]書奏即書簡、奏章。應奉是東漢人，高孝瑜及宋世祖、宋明帝都是南北朝人。

　　雕版印刷術流行以前，許多文獻會寫在簡帛或紙本上。應奉的時代較早，當時所讀文獻應是寫在簡帛或竹簡、木簡上，而高孝瑜及宋世祖、宋明帝所讀則是紙本的經卷。一個人是否五行、七行或十行俱下，應該有可供人外在判斷的標準，此標準應即竹簡或卷軸捲動的行為。讀的人先攤開五行、七行或十行的寬幅，而一旦捲動竹簡或卷軸，旁人便知他已讀竟。據此可知，應奉所攤開的竹簡應有五行左右，而高孝瑜等人每次開的卷軸則有七行或十行的寬幅。

　　兩宋以後，同樣的詞彙仍被廣泛使用，直到明清亦然，如清人汪琬（1624-1690）與凌廷堪（1757-1809）：

　　汪琬，字苕文，少孤自奮，讀書五行俱下。[8]

5　孔融，《孔北海集》（收入《景印文淵閣四庫全書》，第1063冊），〈汝潁優劣論〉，頁20。

6　李延壽，《南史》（北京：中華書局，1975），卷2，〈宋本紀中第二〉，頁55。

7　裴子野，〈雕蟲論并序〉，收入李昉等奉敕編，《文苑英華》（收入《景印文淵閣四庫全書》，第1340冊，臺北：臺灣商務印書館，1983），卷742，〈文〉，頁1。七行俱下的例子，除了帝王以外，有些僧人也是如此，如五代延壽智覺禪師（904-976）「持《法華經》，七行俱下，才六旬，悉能誦之」。釋道原，《景德傳燈錄》（收入《四部叢刊三編》，第57-58冊，上海：上海書店出版社，1985），卷26，〈行思禪師第十世・前天台山德韶國師法嗣〉，頁9。如唐代善伏師（？-660），「生即白首，誦經典，一目七行」。見史能之纂修，（咸淳）《重修毗陵志》（收入《續修四庫全書》，第699冊，據明刻本影印），卷25，〈僊釋〉，頁229-230。

先生姓凌氏，諱廷堪，……生有異稟，觀書十行俱下。[9]

儘管詞彙相同，但所實指的狀況有別。雕版印刷的流行，使得士人所讀除了抄本以外，也有刊刻的本子。這類刊刻本一頁的行數從七到十行皆有，也有一些是十二或十四行。無論七、八、十行俱下，應指讀竟一頁，五行俱下則指讀竟半頁。五、十行俱下的差別，跟閱讀者持書的方式有關，若是把書的左右兩頁反折，一次讀一頁，則是十行俱下。若是把書捲成小圓筒狀，一次只讀半頁，讀竟右半頁，手腕稍轉一下，便可繼續讀左半頁，旁人據其手腕的轉動而知其讀竟，此即五行俱下。

不過，七行或八行俱下雖跟十行俱下都指讀竟一頁，但彼此間仍有細微的差別。「十行俱下」本就是一種帶有矜炫意思的形容詞，而當人們已習用此類詞彙，卻捨十行而標舉七或八行俱下，便頗耐人尋味。刻本行數的多寡跟成本有關，若每行的字數差異不大的話，行數越少，成本越高，而行數越多，則成本越低。七或八的刻本成本應較十行高，因此儘管在一般的用法上，七或八行與十行俱下之間並無明顯區別，但在某些個案卻可能是為凸顯此人的家世或身分而選擇七或八行俱下的用法。如北宋真宗（968-1022，997-1022 在位）被形容為「天縱將聖，典學時敏，百斤中程，七行俱下，詳延英俊」。[10]供清高宗（1711-1799，1735-1769 在位，1795-1799 太上皇）翻檢的《欽定文淵閣四庫全書》，在排版上也是一頁八行。明初劉基（1311-1375）雖非帝王

8　李銘皖、譚鈞培修，馮桂芬纂，（同治）《蘇州府志》（收入《中國地方志集成·江蘇府縣志輯》，第 9 冊，據清光緒八年〔1882〕江蘇書局刻本影印），卷 88，〈人物十五〉，頁 12。

9　張其錦編，《凌次仲先生年譜》，收入北京圖書館出版社古籍影印編輯室輯，《乾嘉名儒年譜》，第 10 冊（北京：北京圖書館出版社，2006），〈凌次仲先生事略狀〉，頁 1。

10　葉清臣，〈御書閣牌〉，收入董斯張等輯，《吳興藝文補》（收入《四庫全書存目叢書》，集部第 376-378 冊，據明崇禎六年〔1633〕刻本影印），卷 13，〈宋文〉，頁 42。

之尊，卻是世家子弟，他所讀的書也是一頁七行，據載：

> 曾祖濠為翰林掌書，每陰雨積雪，登高邱，望其聚突無煙者賑
> 之；……祖廷槐、父爌，有智計，通經術，為遂昌教諭。基少穎脫，
> 讀書七行俱下。[11]

《揚州畫舫錄》所載的吳秘，家世富至百萬，同樣標榜其一目七
行：

> 吳景和，以一文起家，富至百萬；子秘，字衡山，聰明過人，一
> 目七行，世以孝稱。[12]

蘇州吳尚儉（1528-1601）家世貴顯，讀書則是一目八行俱下：

> 吳先生尚儉，字恭先，尚書文端公孫，參知子孝公子也，家世貴
> 顯。……嗜讀書，一目八行俱下。[13]

除此以外，一目二十行的說法也不少見。古籍一面約十至十四行，
若將書攤開，左右兩面並看，最多可達廿八行。若有雙行夾註則行數

11　傅維鱗，《明書》（上海：商務印書館，1937，《國學基本叢書》本），卷143，〈劉基傳〉，
　　頁2844。在張時徹（1500-1577）《芝園集》中也有記錄其一目七行的能力，而且更為詳細：「公
　　諱基，字伯溫，神知迥絕，讀書能七行俱下。年十四入郡膠，師受《春秋》，未嘗執經讀誦，
　　而默識無遺，辨決疑義，出人意表。為文輒有奇氣，諸家百氏，過目即洞其旨。」見張時徹，
　　《芝園定集》（收入《四庫全書存目叢書》，集部第82冊，據明嘉靖刻本影印）），卷41，〈明
　　開國翊運守正文臣資善大夫贈太師謚文成護軍誠意伯劉公神道碑銘〉，頁2。

12　李斗，《揚州畫舫錄》（收入《續修四庫全書》，史部第733冊，據清乾隆六十年〔1795〕
　　自然盒刻本影印），卷13，〈橋西錄〉，頁3。

13　文震孟，《姑蘇名賢小紀》（收入《故宮珍本叢刊》，史部第61冊，海口：海南出版社，
　　2001，據明萬曆四十二年〔1614〕刊本影印），卷下，〈封大夫吳德園先生〉，頁34。

更多。所以一目二十行，指其一次讀竟雙面，可推知此人應該是把書攤開在書桌上，而非拿在手上讀。

　　儘管各個時代都有一目二十行的例子，但就目前所見，似以清代士人更強調行數，更喜誇大其數目，如：

> 張晉徵（1601-1665），「爰從伯氏仲銘公，手授四傳，目數十行下，無少遺忘」。[14]

> 汪中（1745-1794），「少聰敏，讀書數十行下，而確然隤然，不形于詞色。少長，遂通《五經正義》及群經註疏，貫串勃窣，其積穰穰，有叩者則應對不窮。」[15]

> 汪廷璋，「初就外傳，讀書日（按：應作目）下數十行，塾師奇之」。[16]

> 祝德星，「性穎悟，讀書數十行下，而發憤攻苦，至廢寢饋，年纔逾冠，致瘵疾卒」。[17]

以上幾例，除了張晉徵身處明末以外，其餘皆清人，此現象可能跟清代博學及考據的學風有關。明、清學術有別，明人講究的博學是博而雜，清人是博而精，反映在讀書方式上，清人講究考據，所以可能更常把書攤開在桌上默讀，而非拿在手上朗朗誦讀，加上考據文字常有雙行夾註的情形，所以兩頁常達數十行之多。可能是這個緣故，所以

14　金之俊，《金文通公集》（收入《清代詩文集彙編》，第 8 冊，據清康熙二十五年〔1686〕懷天堂刻本影印），卷 13，〈前中憲大夫福建觀察使菊存張公墓誌銘〉，頁 1-2。

15　王昶，《春融堂集》（收入《清代詩文集彙編》，第 358 冊，據清嘉慶十二年〔1807〕塾南書舍刻本影），卷 59，〈汪容甫墓碣〉，頁 7。

16　錢陳群，《香樹齋文集》（收入《清代詩文集彙編》，第 262 冊，據清乾隆刻同治光緒間遞修本影印），卷 21，〈奉宸苑卿汪君廷璋傳〉，頁 15。

17　阮元輯，《兩浙輶軒錄》（收入《續修四庫全書》，第 1684 冊，據清嘉慶仁和朱氏碧溪艸堂錢塘陳氏種榆千儓館刻本影印），卷 38，〈祝德星〉小傳，頁 46。

清代文獻較常見一目數十行的記載，以強調其讀書速度之快之多。

二、過目成誦或日誦千言萬言

　　除了一目十行，另有關於「過目成誦」的記載。《廣韻》對「誦」的解釋是「讀誦也」，古人讀書常會朗讀出聲，所以應是朗誦、誦讀之意，而「過目成誦」則常指其能夠記憶內容。[18]如東漢荀悅（148-209）的例子：

> （荀）悅，字仲豫，……年十二，能說《春秋》。家貧無書，每之人閒，所見篇牘，一覽多能誦記。[19]

　　一覽多能誦記，應指他對許多段落內容都已記憶無誤。此處未指明所見篇牘長短，由於簡牘多以篇計，若僅只一篇，字數不至於太多。另如北齊元文遙的例子，據說在《何遜集》初傳入洛陽時，文遙一覽便誦：

> 文遙敏慧夙成，濟陰王暉業每云：「此子王佐才也。」暉業嘗大會賓客，有人將《何遜集》初入洛，諸賢皆贊賞之。河間邢卲試命文遙，誦之幾遍可得？文遙一覽便誦，時年十餘歲。[20]

18　如金溪的樟林周氏的周禮，族譜記載他「讀書以記誦為主，聲朗朗不休」，便是誦讀出聲以助記憶。見周穆菴修，《戊元樟林周氏族譜》（金溪合市鎮龔家戊元村周新友家藏，道光二十四年〔1843〕重修本），卷1，〈世系橫圖・濟八十公〉，頁80。

19　范曄，《後漢書》（北京：中華書局，1965），卷62，〈荀韓鍾陳列傳第五十二〉，頁2058。

20　李百藥，《北齊書》，卷38，〈列傳第三十・元文遙〉，頁503。

何遜（？-518），字仲言，東海人，南北朝的梁朝詩人，卒後，同鄉王
僧孺（465-522）集其著作為八卷本，但大部分已亡佚，明代《永樂大典》
所收的殘本僅二卷，而且只有詩作。儘管不確定當時文遙所誦《何遜
集》卷數，但宴會中賓客未必帶足八卷本的集子，加上《何遜集》中
有不少詩作，所須誦讀的字數不會太多。另如唐代蘇頲（670-727）之
例，據載他「一覽至千言，輒覆誦」，[21] 可知他單次記憶的字數大約在
千言左右。

　　另有一些特殊個案，所讀是卷帙頗大的史書，而且能夠記誦下
來。如南北朝梁朝的陸倕（470-526）晝夜讀書，能夠記誦共一百卷、
達八十多萬字的《漢書》，且以默書《漢書‧五行志》證明這項能力：

> 陸倕，字佐公，吳郡吳人也。……倕少勤學，善屬文。於宅內起
> 兩間茅屋，杜絕往來，晝夜讀書，如此者數載。所讀一遍，必誦
> 於口。嘗借人《漢書》，失〈五行志〉四卷，乃暗寫還之，略無
> 遺脫。[22]

由於不清楚陸倕每讀一遍所花時間，所以難以估算其記憶效率，倘若
他是一日讀半卷或一卷，則可能花費半年到一年的時間，每日所須記
憶的應有數千字左右。至於邢邵（496-？）的例子則更令人驚異，據載：

> （邢）邵，字子才，小字吉，少時有避，遂不行名。……十歲便
> 能屬文，雅有才思，聰明強記，日誦萬餘言。……少在洛陽，會
> 天下無事，與時名勝，專以山水游宴為娛，不暇勤業。嘗霖雨，
> 乃讀《漢書》，五日略能徧之。後因飲謔倦，方廣尋經史，五行

21　歐陽修，《新唐書》（北京：中華書局，1975），卷125，〈列傳第五十‧蘇瓌〉，頁
　　4399。

22　姚思廉，《梁書》（北京：中華書局，1973），卷27，〈列傳第二十一‧陸倕〉，頁401。

俱下，一覽便無所遺。文章典麗，既贍且速。年未二十，名動衣
冠。[23]

邢邵日常能力是五行俱下，日誦萬餘言，已甚驚人，而五天讀竟《漢
書》，若說他能記誦，等於平均一天須記誦十六萬字，可謂驚世駭俗，
幾非人力所能，所以關鍵可能在「略能徧之」，亦即邢邵只是熟讀《漢
書》，未必有全部背下來。[24] 類似的誇飾形容亦見於明末復社成員夏
允彝（？-1645）談其父親讀《資治通鑑》：

嘗讀涑水氏《通鑒》，一月盡之，終身不忘。[25]

《資治通鑑》全書共三百萬字，一月盡之，等於一天須記誦十萬字，
這根本不可能，因此所謂的不忘，也比較像是對《資治通鑑》內容的
熟悉。

對於古人談論記誦的記載，我們有必要同時考慮兩方面：首先，
古人說的記誦，未必都是指一字不漏的記憶無誤。其次，所謂的記憶，
其實牽涉兩方，一方是記憶者，一方是旁觀者。旁觀者不會坐在旁邊，
等某人把三百萬字的《通鑑》背給他聽，也不會拿著一本《通鑑》，

23　李延壽，《北史》（北京：中華書局，1974），卷43，〈列傳第三十一‧邢巒〉，頁
　　1588。

24　北宋張安道（1007-1091）的例子與邢邵相似，蘇軾（1037-1101）在其墓誌銘寫道：「公年
　　十三，入應天府學。穎悟絕人，家貧無書，嘗就人借三史，旬日輒歸之，曰：吾已得其詳矣。
　　凡書皆一閱，終身不再讀。」家貧無書一事，正好說明北宋的書籍流通仍較有限，所以記誦
　　有其必要性。三史即《史記》、《漢書》、《後漢書》，張安道在十日之內便可得三史之詳，
　　驚世駭俗的程度不下於邢邵五日讀《漢書》。所謂得其詳，較可能的解釋，應是指精讀熟悉
　　的意思。引文見蘇軾，《東坡後集》（臺北：臺灣中華書局，1965，據匋齋校刊本校刊），
　　卷17，〈張文定公墓誌銘〉，頁1。

25　陳子龍，《安雅堂稿》（收入《續修四庫全書》，第1387-1388冊，據明末刻本影印），卷13，〈夏
　　方餘先生傳〉，頁20-21。

像老師考學生一樣，讓人把《通鑑》從第一頁背到最後一頁。所以我們可以推測一種可能的情境是：夏允彝讀《通鑑》時，其父把書中某卷的故事說了一遍，由於所講故事的情節、人物問答的內容都極詳盡，於是便讓夏允彝歎服其父能夠記誦《通鑑》。

除了過目成誦，也有一種用法是為記誦能力加上時間單位——通常是以一日為單位，而有一日千言與萬言之別。能夠一日千言或數千言的人，已是資質極其聰穎。如沈一貫（？-1615）為江應曉作墓誌銘，稱其「幼而穎拔，日誦千餘言，塾師屢遜席」，[26] 李流芳（1575-1629）的仲兄李名芳（1565-1593），幼時也是「日讀數千言，或自默識，叩輒成誦」。[27] 至於更上一層的日誦萬言，則已不只是聰穎而已，而根本不是常人所能。萬言是千言的十倍字數，所以能夠日誦萬言的人，等於能夠以十倍於聰穎之士的讀書分量記誦及吸收各門各類的知識。前引邢邵日誦萬餘言，若是循序漸進，則八十萬字的《漢書》，只需八十天便可記誦完畢。另如宋代丁宋傑（1197-1266），據稱他「誦《前漢書》，日萬字」，[28] 同樣也是「日誦萬言」。元代吳萊（1297-1340）的記憶力也很驚人，據載：

> （吳）萊，字立夫，……天資絕人，七歲能屬文，凡書一經目，輒成誦，嘗往族父家，日易《漢書》一帙以去，族父迫扣之，萊琅然而誦，不遺一字，三易他編，皆如之，眾驚以為神。[29]

---

26 沈一貫，《喙鳴文集》（收入《四庫禁燬書叢刊》，集部第176冊，據明刻本影印），卷15，〈明故江涪陵公墓誌銘〉，頁44。

27 顧天埈，《顧太史文集》，卷5，〈翰林院庶吉士李君墓誌銘〉，頁11。

28 劉克莊，《後村先生大全集》（收入《四部叢刊初編》，第216冊，上海：上海書店出版社，1989，據上海涵芬樓景印舊鈔本影印），卷164，〈丁宋傑〉，頁4b。

29 宋濂等撰，《元史》（北京：中華書局，1976），卷181，〈列傳第六十八・黃溍〉，頁4189。

此處說「一經目輒成誦」是指對《漢書》的記憶。《漢書》一卷的字數平均約八千字，一帙應有一到數卷不等，所以吳萊每日所讀應達到萬言以上。

由於重視記憶力，所以還衍生出很多傳說故事，如清初李來泰回憶臨川當地流傳以久的故事，這則故事的主角是宋人蔡元導，據說他把書販擔中的書取來讀，「一覽成誦」，該名書販氣憤不已，於是「焚書而去」，而該地點便被取名為焚書丘。[30] 類似情節甚至也可見於今日的武俠小說，[31] 可知這類故事多麼為人所津津樂道。另外也很流行記憶力比賽以互較高下，這類比賽講究只看過一或幾次，然後較量各自記得多少。如南北朝蕭穎士（707-758）等三人「誦路傍碑」便是很典型的例子：

> 蕭穎士嘗與李華（714-774）、陸據游洛龍門，讀誦路傍碑，穎士即誦，華再閱，據三乃能盡記。聞者謂三人才高下，此其分也。[32]

這類競賽在不同時代都有，而且常成為人口傳誦的故事。如沈鯉也談到同年進士韓楫（1527-1605），「與同里張文毅公並有才名，嘗共讀道旁碑，一過目輒互相覆誦無遺，人傳異之。」[33] 看來路旁的碑刻是很好的記憶比賽道具。

另一則很著名的故事，即明代歸有光與友人季龍伯相約記誦壽序

---

30 李來泰，《蓮龕集》（收入《清代詩文集彙編》，第 122 冊，據清雍正十三年（1735）刻本影印），卷 11，〈山川〉，頁 10。

31 如金庸《大漠英雄傳》中黃藥師之妻只把《九陰真經》翻讀過一遍，便可記誦無礙。

32 不著撰人，《錦繡萬花谷》（收入《景印文淵閣四庫全書》，第 924 冊），卷 23，〈才德・誦路傍碑〉，頁 4。

33 沈鯉，劉榛輯，《亦玉堂稿》（收入《景印文淵閣四庫全書》，第 1288 冊），卷 10，〈明中議大夫通政使司右通政元澤韓公墓誌銘〉，頁 12。

事，在江南一帶廣為人所知。季龍伯向來以記憶聞名，據載他讀書不
超過二遍：

> 有言公（按：季龍伯）一目成誦者，公曰：無之，吾于書讀不過二遍，
> 庶幾不忘耳。[34]

由於季龍伯的記憶力甚強，所以某日他與歸有光共遊王鏊故宅，便比
賽記憶壽序，據載：

> 都南濠（按：都穆）嘗為王文恪公（按：王鏊）作壽序，幾萬言，為
> 郡人所傳誦。先生（按：季龍伯）偕太僕（按：歸有光）、經元（按：
> 即經魁方元儒）往觀之，讀二遍，而私至寓所各書焉。太僕忘數十
> 處，盡補之；經元忘二十餘字；先生忘二字耳。蓋其穎異如此。[35]

季龍伯讀書不過二遍，而此次讀二遍，所以全篇壽序內容只忘了兩字，
就記憶力的比賽來看，季龍伯大勝。但此事還有後續：

> 太僕多訛脫，輒以意竄入，其文愈善。公自訟曰：吾政自苦其二
> 遍，不如熙甫忘。學者傳說公言至今。[36]

歸有光的記憶力雖不如季龍伯，但輔以己意所寫下的壽序，反而較原
作更佳，此例或也凸顯記憶力的局限所在，即使記憶力強，也不見得
能夠得到更多的讚譽。

34　張大復，《崑山人物傳》（收入《續修四庫全書》，第 541 冊，據明刻清雍正二年〔1724〕
　　汪中鵬重修本影印），卷 8，〈季龍伯〉，頁 13。

35　張大復，《梅花草堂集》（收入《續修四庫全書》，第 1380 冊，據明崇禎刻本影印），卷 11，〈先
　　外祖季五山先生暨支狄二孺人墓誌〉，頁 1。

36　張大復，《崑山人物傳》，卷 8，〈季龍伯〉，頁 13。

　　以上所述對記憶力的矜炫，多限制在某個碑刻或某篇文章，而沒有廣及於平日所讀的全部書。如前引吳萊的「凡書一經目輒成誦」，只限於他對《漢書》的精讀與記憶。如季龍伯的記憶力雖佳，「于書讀不過二遍」，但應會選擇某些典籍認真讀過兩遍，以記下內容，而某些典籍則只讀一遍而不記誦。而且在季龍伯與歸有光的這場比賽中，我們可以想像，當時幾人應是屏氣凝神，把那篇壽序好好讀完一遍以後又再重複一遍，以求記憶無誤，而不是如表面上給人的印象，只是迅速看過一遍而已。

三、兩詞結合——作為日常記憶力的指標

　　「一目十行」與「過目成誦」除了各有所指以外，兩詞也常被連用，前者講究速度，後者要求記憶。人腦不是相機，難以快速一閃而過便即記住全部內容，所以兩詞連用更凸顯其非凡能力。

　　「一目十行」與「過目」，字面上意義差不多，但細究則不同。「一目十行」指一次讀十行的文字，應會很快讀完，所以時間不會花費太久，畢竟是「一目」，所以若拖太久便很奇怪。「過目」跟前面所常用的「一覽」、「一過」很相近，指讀過一遍，但花多少時間則不確定。舉例來說，同樣讀一頁十行的文章，一目十行者只須一目便即過去，而過目成誦者卻可能分作數次方才結束，所以若是一覽或一過而成誦者，讀一頁的時間，可以是一分鐘也可以是十分鐘。一如唐代常敬忠的例子，據載他「一過誦千言」、七過誦萬言，此處的一過，便是指讀過一遍之意，而所花的時間應不會是短短幾分鐘的時間而已。[37]

37　佚名，《新編翰苑新書前集》（收入《北京圖書館古籍珍本叢刊》，第74冊，據明抄本影印），卷68，〈頌德下‧記聞〉，頁8：「常敬忠十五歲上書，言能一過誦千言，張燕公問曰：能十過誦萬言乎？曰：能。以萬字試之，七過已通熟。」。

也因此，若是一目十行與過目成誦連用，則偏重強調可以在很快的速度內讀過並記住。只是對一目的時間多久並沒有標準，最誇張的說法，即如李冶（1192-1279）所主張的「一息讀竟」，[38] 這種速度的精讀應該不太可能。比較常見的例子，是在限定條件下迅速讀過，且能成誦，而不是漫然說成每天每日讀書皆如此，如殷雲霄（1480-1516），據載他是「讀書數行下，既成誦，終身不忘」，[39] 看來殷雲霄的記憶力是非常強的，但須注意他的前提是「既成誦」，至於須多少時間才能既成誦則不確定，而且他未必會記下所讀的每本書，而是只選擇特定的一些書才成誦。又如王慎中（1509-1559）談其友人洪朝選（1516-1582）的記誦能力，也是一目十餘行下便可成誦，他說：

> 書一目十餘行下，一經手，未嘗再觀。書至千百餘卷，君蓋無所不觀，而亦未嘗再觀。余嘗翻其架上書，書無一卷完者。讀竟，即為人竊去，君亦不復顧也。[40]

經手應即過目的意思，未嘗再觀，則是凸顯他只讀過一次便即記住。王慎中為了阻止讀者多疑，還特別用「書無一卷完者」，以證明洪朝選真的把架上的千百餘卷書都看過一遍，而且都記了下來。

另有一些個案會區別一目之下所讀的行數多寡不同，而記憶程度也隨之有別。如晚明曠禪師（1556-1601），他能詩作文，與後七子相關人物如王穉登（1535-1612）、屠隆等人往來，他讀書從四行到十行

38　李冶，《敬齋古今黈》（收入《廣州大典》，叢部第 34 冊，廣州：廣州出版社，2008，據清道光咸豐間番禺潘氏海山仙館刻本影印），卷 4，頁 331：「應奉讀書五行俱下，宋孝武省讀書奏，能七行俱下，蓋言其敏也，五行、七行俱下，猶云一息讀竟耳。」

39　過庭訓，《本朝分省人物考》，卷 17，〈南直隸鳳陽府四〉，殷雲霄」條，頁 20。

40　何喬遠編撰，廈門大學古籍整理研究所歷史系古籍整理研究室《閩書》校點組校點，《閩書》（福州：福建人民出版社，1994-1995），卷 152，〈蓄德志〉，頁 4502。

到二十行，經歷一段曲折的變化：

> 年甫十一時，讀書不過四行，即窮日之力不能記憶，每自悔恨流
> 涕。忽發願禮清淨三業，亡何，忽成誦十行，乃至二十行俱下，
> 見者怪而詰之，師亦不知其故。[41]

而且一目十行與二十行的差別也會被拿來比較，如地方志上載鮑之鍾
（1740-1802）：

> 讀書目十行，中年後猶一過覽；二十行，記一月不遺隻字。[42]

若一目十行，所讀字數較少，可記得多年不忘；若一目二十行，同樣
時間內所讀字數較多，記憶力只可維持一個月。

　　還有一種方式是把「一目十行」（或數行）與「日誦千言」（或數
千言）連用，這在明清兩代的許多文獻，尤其是地方志上頗為常見。[43]

41　黃汝亨，《寓林集》，卷 14，〈語溪曠禪師塔銘〉，頁 33。

42　何紹章、馮壽鏡修，呂耀斗等纂，（光緒）《丹徒縣志》（收入《中國地方志集成・江蘇府縣志輯》，第 29 冊，據清光緒五年〔1879〕刻本影印。），卷 33，頁 35。

43　元代韓性（1266-1341），「七歲讀書，數行俱下，日記萬言」，見楊維新修，張元汴、徐渭纂，（萬曆）《會稽縣志》（收入《天一閣藏明代方志選刊續編》，第 28 冊，上海：上海書店出版社，1990，據明萬曆刊本影印），卷 11，〈人物傳・列賢〉，頁 12。
　　元代朱嗣壽（1287-1355），「幼聰悟，讀書數行並下，日記近萬言」。見徐一夔，〈鞠隱先生墓碣〉，收入王壽頤、潘紀恩修，王棻、李仲昭纂，（光緒）《僊居志》（收入《地方志人物傳記資料叢刊・華東卷》下編，第 94 冊，北京：國家圖書館，2012，清光緒二十年〔1894〕木活字印本），卷 4，〈文外編六・碑銘〉，頁 5。
　　明代張楗，「七歲讀書，數行俱下，日記萬言」。見（光緒）《僊居志》，卷 15，〈人物・列傳〉，頁 28。
　　明代李遇知（1583-1644），「自童子時，光采四照，日授萬言不忘，且數行俱下」。見劉如漢，〈少保天卿李公紀略〉，收入嚴如熤原本，楊名颺續纂，（民國）《漢南續修郡志》（收入《中國地方志集成・陝西府縣志輯》，第 50 冊，南京：鳳凰出版社，2007，據民國十三年〔1924〕刻本影印），卷 27，〈藝文下〉，頁 20。

由於確定指出所讀的字數，所以讓「一目十行」的「一目」變得更具體，而讓我們可以估算閱讀與記憶的效率。

如五千字應有兩百五十行，考慮到常因抬頭分段而數字便算一行的狀況，則可能有三百行以上。若是一目十行俱下，則五千字三百行，需看三十目，即三十次十行俱下。假設四小時的時間，以三十次算，則每次八分鐘。亦即每次十行俱下，把十行的文字（兩百字以內）讀過記下，約需花八分鐘。

八分鐘才能一目十行俱下是否太久？這個問題不易回答。若是所記誦的字數是兩千五百字，同樣花四小時，則十行俱下的速度便會拖慢成十六分鐘。相對地，若是日誦萬言者，花四小時讀，則每次十行俱下的時間是四分鐘。

無論是一目數行或十行，日誦千言或萬言，這類在古籍或地方志中常見的記載，都屬於特殊卓越的能力，不是一般人能夠做到，而且也不太可能真實指涉日常生活中每天的讀書速度。畢竟若是日誦萬言，則一年下來便可記憶三百六十五萬言，即使是日誦千言，則三年下來也達百萬言，若說可以全數記誦無誤，委實不可思議。

明代吳崇節，「讀書數行俱下，日誦二萬言」。見蔣繼洙等修，李樹藩等纂，（同治）《廣信府志》（收入《中國方志叢書・華中地方・江西省》，第 106 號，據清同治十二年〔1873〕刊本影印），卷 9 之 3，〈人物・儒林〉，頁 41。

宋代朱吉甫（1205-1265），「觀書數行並下，日誦數千言，終身不忘」。文及翁，〈朱吉甫墓碑紀略〉，汪榮等修，張行孚等纂，（同治）《安吉縣志》（收入《中國地方志集成・浙江府縣志輯》，第 29 冊，上海：上海書店出版社，1993，據清同治十三年〔1874〕刻本影印），卷 15，頁 6。

明代章模，「日記數千言，目五行俱下」。田琯纂修，（萬曆）《新昌縣志》（收入《天一閣藏明代方志選刊》，第 25 冊，上海：上海古籍書店，1964，據明萬曆七年〔1579〕刻本影印），卷 11，〈鄉賢志・遺英〉，頁 65。

清代趙元福，「少穎悟，一目數行，日誦數千言」。見孫毓琇修，賈恩紱纂，（民國）《鹽山新志》（收入《中國方志叢書・華北地方・河北省》，第 496 號，臺北：成文出版社，1976，據民國五年〔1916〕刊本影印），卷 18，〈人物篇十之中・文學列傳〉，頁 8。

　　參考清人徐嘉炎（1632-1704）的例子，應有助於我們對這類誇大用詞的理解，據載：

> 徐嘉炎，字勝力，……一目十行下，誦三遍，終身不忘。……康熙壬子（1672）副榜，戊午（1678）舉博學鴻詞，……歷侍讀學士，……直南書房，召嘉炎至榻前，問：「爾五經、《通鑑》皆能成誦否？」嘉炎奏：「五經或可背誦，《通鑑》恐未能悉舉其詞。」隨問《尚書》「咸有一德」，嘉炎奏明書旨，朗誦終篇，後更端問宋元祐三黨諸人是非，嘉炎數對諸人姓名、始末及先儒論斷優劣語。[44]

儘管說徐嘉炎誦三遍終身不忘，但實際上是可背誦五經，而無法背誦史籍。經書與史籍的區別，下文談到歐陽修的讀書法將再詳及。

　　清人陳其元（1811-1881）的話也可參考。陳其元稱許金谿戴敦元（1768-1834）是他生平最佩服的博雅宏通之士，他說：

> 余特搜僻典數則叩之，公則曰：年老記憶不真，似在某書某卷第幾頁第幾行內，其前則某語，其後則某語。試繙之，則百不爽一。蓋公固十行俱下，過目不忘者也。余嘗問公：天下書應俱讀盡矣？公曰：古今書籍浩如淵海，人生歲月幾何，安能讀得遍？惟天下總此義理，古人今人說來說去，不過是此等話頭，當世以為獨得之奇者，大率俱前世人之唾餘耳。[45]

44　許瑤光等修，吳仰賢等纂，（光緒）《嘉興府志》（收入《中國方志叢書・華中地方・浙江省》，第53號，據清光緒五年〔1879〕刊本影印），卷52，〈列傳・秀水〉，頁57-58。

45　陳其元，《庸閒齋筆記》（收入《續修四庫全書》，第1142冊，據清同治十三年〔1874〕刻本影印），卷2，頁24。

陳其元所叩詢之僻典或有可能恰好是戴敦元較熟悉的幾本書，所以戴敦元能夠記誦卷頁行數，而陳其元便誇稱其過目不忘。這跟陳寅恪的助手所述頗類似，據說陳寅恪在眼盲以後，無法親自翻書，便指點助手查某本史書的第幾卷第幾頁第幾行。

這類矜誇或誇飾記憶力的用詞，往往會限定記誦的範圍或書籍：或者是用在記誦特定的某部典籍，或者是用在某次的考驗。這種在限定條件下誇飾其記憶力超凡的的敘述方式，始終是人們談論記憶力時的主線。但在這條主線以外，還發展出另一條線，這條線所注意的是人們在日常生活上的記憶力，署名歐陽修的讀書法便是在此脈絡下提出的，這個讀書法不追求超凡的記憶力，而是針對一般人，藉由每日的積累，可以達到跟記憶力超凡者同樣的結果。記憶力超凡者可以在短期內記下十三經，而此讀書法則讓中人之資者以一日三百字的進度，日積月累，以數年的時間記誦十三經共數十萬字的內容。但另一方面，因為歐陽修的讀書法的流行，原本只是少數人炫耀的才能，如今讓一般士人也必須承受記誦數十萬言儒經的期待與壓力。

四、歐陽修讀書法的典範

一目十行過目即誦可說是許多士人追求的目標，但這個目標會因時代不同而有別，而且跟兩個條件有關，一是書籍的數量，一是記誦的用處——主要是為準備科舉考試。這兩點都可以在隋唐與兩宋之間劃出分界。

首先，隋唐以前的書籍流通數量有限，許多後世人手一本的書籍，當時未必能夠輕易獲得，只有少數人才可能讀到全部儒經。但兩宋以後雕版印刷術的流行，士人較諸前代更可能接觸到各類書籍，尤其是明中期以後，書籍流通更盛，書籍市場亦更蓬勃，加上書籍的價格大

幅下降，許多人都可買得起書，於是士人不僅有了通讀十三經的條件，甚至也可輕易涉獵史、子、集類的書。[46] 有人據此而對比古今之博學之別，舉西晉以博學著稱的張華（232-300）為例，指出：

> 文之傳於今者多矣乎，古人之爲博易與耳。張茂先（按：張華）擅號百代，綜其書，以車計者僅三十，自卷積之而盈車，自一積之而三十，竊意一車之載，終歲可了，數年而程，世而畢焉。人生十齡而知書，年四十則駸駸乎方駕茂先矣。自茲以來，若水之達，佔畢矻矻，有莫舉名。田家之牛，三千汗之不足；竇氏之棟，五百充而有餘。洋洋多矣乎。人即一目數十行下，日閉門手一編，倏忽百年，將毋徧觀而盡識否也。[47]

據載張華曾讀三十車書，若一年讀一車，三十年便可通讀完畢，如此便可號稱博學。但今日書籍太多，以致今人即使日日勤學，一目數十行下，終其一生也難以達到足以號稱博學的程度。

---

46 宋代印刷術已發達，而書籍流通亦較前代為多，如蘇軾對比從宋初到他所處時代的變化，指出：「予猶及見老儒先生，自言其少時，欲求《史記》、《漢書》而不可得，幸而得之，皆手自書，日夜誦讀，惟恐不及。近歲市人轉相摹刻，諸子百家之書，日傳萬紙，學者之於書，多且易致如此。」見蘇軾，〈李氏山房藏書記〉，收入茅坤編，《唐宋八大家文鈔》，收入《景印文淵閣四庫全書》，第 1383-1384 冊，卷 140，頁 14。在他的上一代，即連《史記》、《漢書》也不易見，而經過一代以後，不僅史籍，即連諸子百家之書都已非難得之物。但我們也不能對蘇軾的話過度推衍，如北宋張安道須向人借三史，顯示這類書籍在當時仍是奢品。魏了翁（1178-1237）記載友人之父丁泰亨（1123-1196）的例子：「公幼而明晤，日記二千言，時版本文字尚少，經、傳、《史》、《漢書》皆晝抄夜誦。」見魏了翁，《鶴山先生大全文集》（收入《四部叢刊初編》，上海：商務印書館，1922，據烏程劉氏嘉業堂藏宋刊本景印），卷 81，〈贈奉直大夫丁公墓誌銘〉，頁 1-2。顯示當時書籍流通的程度仍有限，抄寫傳錄仍有必要。

47 楊名中，〈潘方陵一枝集序〉，收入盧文弨輯，莊翊昆等校補，《常郡八邑藝文志》（收入《續修四庫全書》，第 917 冊，據清光緒十六年〔1890〕刻本影印），卷 6 下，〈國朝序〉，頁 12。

　　其次，宋以後的士人須藉由讀書考試以取得功名，記誦是須具備的基本能力，尤其明清兩代的科舉考試是以制藝寫作為主，而制藝是儒經的經義之學，理想上士人必須熟習全部儒經，所以對記誦的要求更加明確。也因此，歐陽修的讀書法雖在宋代提出，但在入明以後更加流行，受到明人的重視。

　　正是在書籍流通較多與科舉考試制度化的背景下，署名為歐陽修與鄭耕老（1108-1172）各有一套讀書法，這兩套讀書法是否確實是歐陽修與鄭耕老所作，今已難以考證，在後世的流傳上——尤其是署名歐陽修的讀書法的廣泛流行，加上歐陽修在宋學的位置，以及文章泰斗的身分，[48] 讓後世士人更願意認定是歐陽修所作，於是虛亦作實了。這兩套讀書法的共通點是要求士人必須記誦全部的儒家經典，所以不僅計算儒經的總字數，而且根據總字數換算出平均每日須記誦的字數，最後更宣稱這是讓中人或中人以下之士所遵循的標準，亦即這是最低要求，是絕大多數士人都能夠做到的程度。歐陽修的讀書法如下：

> 立身以力學為先，學以讀書為本。今取《孝經》、《論》、《孟》、六經，以字計之：《孝經》一千九百三字，《論語》萬有一千七百五字，《孟子》三萬四千六百八十五字，《周易》二萬四千一百七字，《尚書》二萬五千七百字，《詩》三萬九千二百三十四字，《禮記》九萬九千一十字，《周禮》四萬五千八百六字，《春秋左傳》一十九萬六千八百四十五字。止以中才為准，若日誦三百字，不過四年半可畢。或稍鈍，減中人之半，亦九年可畢。其餘觸類而長之，雖縷秩浩繁，第能加日積之功，何所不至！[49]

48　關於歐陽修在宋學的地位，請見錢穆，〈初期宋學〉，收入氏著，《中國學術思想史論叢》（三），《錢賓四先生全集》（甲編），第 20 冊（臺北：聯經出版事業公司，1994），頁 1-17。

49　佚名，《居家必用事類全集》（收入《北京圖書館古籍珍本叢刊》，第 61 冊，據明刻本影印），

歐陽修只列出八部經書。若據錢泰吉（1791-1863）所錄鄭耕老的讀書
法，則是更擴充到十三經，十三經的總字數共六十四萬字，錢泰吉說：

> 十三經共六十四萬七千五百六十字。荒經者每日能溫熟一千字，
> 兩年可畢；即有他務閒斷，亦兩年半可畢；乃因循歲月，一經未治，
> 殊為可惜。姜西溟謂，東方朔三年誦二十二萬言，每年正得七萬
> 三千三百餘言，以一年三百六十日成數算之，則一日所誦，纔得
> 二百零三言耳；蓋中人最下之課也。[50]

以上都是針對儒經而設。由於一日所記只有數百字，所以被認定是「中
人最下之課」。王梓材（1792-1851）認為鄭耕老之說是本自歐陽修。[51]

　　歐陽修讀書法流傳很廣，而且被收入元人所編《居家必用事類全
集》的〈歐陽文忠公讀書法〉條中，儼然成為士人所應追求的典範。
而且這個讀書法所未明言，但又極為明顯的意思是：若有人無法做到，
就是自甘於閒逸偷惰，所以長輩教導子侄時，也會引用此讀書法，如
清初姜宸英（1628-1699）與子姪論讀書時說：

> 讀書不須務多，但嚴立課程，勿使作輟，則日累月積，所蓄自富，

50　錢泰吉，《曝書雜記》（收入《續修四庫全書》，第 926 冊，據清道光十九年〔1839〕別下
　　齋叢書本影印），卷 1，頁 2-3。計算十三經字數內容如下：「《易》二萬四千四百三十七字，
　　《書》二萬七千一百三十四字，《詩》四萬八百四十八字，《禮記》九萬八千九百九十四字，
　　《周禮》四萬九千一百五十六字，《儀禮》五萬七千一百一十一字，《春秋左傳》一十九萬
　　八千九百四十五字，《公羊》四萬四千七百四十八字，《穀梁》四萬二千八十九字，《孝經》
　　二千一百一十三字，《論語》一萬六千五百九字，《爾雅》一萬七千九百一十一字，《孟子》三萬
　　四千六百八十五字。」

51　見黃宗羲原著，全祖望補修，陳金生、梁運華點校，《宋元學案》（北京：中華書局，
　　1986），卷 4，〈廬陵學案・機宜鄭先生耕老〉，頁 220，王梓材（1792-1851）案語：「……
　　是先生之說蓋本歐公，而字數有異爾。」

且可不致遺忘。歐陽公言《孝經》、《論語》、《孟子》、《易》、《尚書》、《詩》、《禮》、《周禮》、《春秋》、《左傳》，準以中人之資，日讀三百字，不過四年半可畢，稍鈍者，減中人之半，亦九年可畢。今計九年可畢，則日讀百五十字。[52]

綜言之，此讀書法對記誦能力立下很清楚的標準，每日幾字、應記誦哪幾本經典，都有很具體的規定，而且宣稱這只是中人之法，亦即對四民之首的士人而言，這應是大多數皆可行的。過去士人若見人有日誦萬言或過目不忘的能力，或會將之視為超凡才能與傳說，詠歎讚美而視為不可及。但如今歐陽修讀書法所規定的日誦三百字的進度，卻讓士人無可推諉，避無可避，而不得不面對與承擔記誦全部儒經的壓力。

五、對記憶力的焦慮困擾

這股風氣讓不少人十分焦慮，畢竟每個人的記憶力有別，儘管一日三百字，看似是中人亦可達成，但所規定記誦儒經的字數，加總以後達數十萬之多，若想維持不忘，洵實不易。偏偏該讀書法規定應記誦的儒經跟科舉考試密切相關，並非是為了炫耀博學而設，所以又讓士人很難推諉不理，於是士人不僅必須「六經不可一日去手」，而且還有「夾袋六經」（類似巾箱本）的發明，以便士人在行住坐臥間皆可背誦。[53]

52　盧文弨，〈與從子掌絲書〉附記，收入賀長齡、魏源等編，《清經世文編》（北京：中華書局，1992），卷5，〈學術五・文學〉，頁137。

53　葉夢得，〈論藏書〉三則，收入董斯張等輯，《吳興藝文補》，卷16，頁54-55：「惟六經不可一日去手，……前輩說劉原父初為窮經之學，寢食坐臥，雖謁客，未嘗不以六經自隨，蠅頭細書為一編，置夾袋中；人或效之。後傭書者遂為雕板，世傳夾袋六經是也。」

　　尤有甚者，當許多士人被記誦全部儒經的要求所困擾時，偏偏還
有一些精英士人對此標準不以為足，刻意在書單上增列新的書籍。例
如以博學著稱的胡震亨（1569-1645），便增加子部、《史》、《漢》與《文
選》等書進入書單中，而把標準懸得更高，他說：

> 人日誦萬言，以書葉計之，不過二十許葉，似不為多，然必加遍
> 數方熟；如加十遍，便是二百葉書，那得不費一日。此惟上等天
> 資能辦，未可輕言也。[54]

又說：

> 今且誦他十分之一，千言加之百遍，書亦可漸讀盡。偶閱《癸辛
> 雜識》，記有《易》、《書》、《詩》、《禮記》、《周禮》、《春
> 秋左傳》，字數共五十三萬有奇，⋯⋯是誦萬言者五十日之功，
> 誦千言者五百日之功也。更加以諸子、《史》、《漢》、《文選》
> 等書，亦不過加二三千日足辦。人只因循過日不讀，或讀亦作輟
> 自廢耳，若肯拚數年工夫讀去，何患書之不盡，作一淹博名流哉！
> 吾老矣，度不能垂頭償此願，書此，望兒孫輩亟圖之。[55]

胡震亨先承認能夠日誦萬言的人極少，所以「降低」標準，只要求日
誦千言，但所記誦的書籍，除了儒經以外，還包括諸子、《史記》、《漢
書》、《文選》等書，總字數非常多。在胡震亨看來，如此才足以作
一淹博名流，但其實這已非常人可行，即連胡震亨本人也自承未能做
到。不過，若是從前後語義來看，讓人不免懷疑胡震亨或許只是追求

54　胡震亨，《讀書雜錄》（收入《四庫全書存目叢書》，子部第109冊，據清康熙十八〔1679〕
　　年刻本影印），卷上，頁1。

55　胡震亨，《讀書雜錄》，卷上，頁1。

熟讀，而未必要求記誦，就像前引夏允彝之父熟讀《通鑑》到各個細節都能流利說出一樣，而給予旁人已記誦下全部內容的印象。

　　胡震亨的態度所反映的是在此對記誦能力的追求風氣下，人們已很難達到滿足點，所以無論是歐陽修的讀書法，或是類似胡震亨的態度，都帶給士人極大的不安或焦慮，而且這種不安或焦慮，不僅限於沒有功名的士人而已，即連舉人、進士中亦有人為此而倍感壓力。如明末徐芳，他是進士出身，但連他也為記憶力所困擾，他指出：

> 予性闇僿而喜讀書，自經史以逮百家傳記之言，目之所涉，十得六七也，而往往逸去不為我有。當其快適，自謂了無剩義，及掩卷移晷，即已惘然無所記識，豈非務博而不能專之過與！即以為大意既得，其浩瀚纖瑣，無庸過為馳注，然理可以類通，事不可以臆舉，大意之悞，其病有時與不讀書等。[56]

所讀的是經史百家傳記之言，不限於儒經而已，而且是「目之所涉，十得六七」，記憶力已算甚佳，但他仍無法滿意，甚至以「與不讀書等」來自責。所以徐芳試圖發展一種記憶術，利用摘要的方式以幫助記憶，但仍可想見他對記憶力的焦慮與不安。徐芳說：

> 故嘗以為古人之學，博聞之外，必資強識。而卷籍委積，非有異慧絕世，終不能兼綜無漏。莫若即其辭事之該切宏鉅者，編綴成書，使口可誦而帙易書，于目無繁營，而胸有堅據，庶乎剗蕪塘濫，以歸精約之道也。[57]

56　徐芳，《懸榻編》（收入《四庫禁燬書叢刊》，集部第86冊，據清康熙刻本影印），卷2，〈讀史要編序〉，頁50。

57　徐芳，《懸榻編》，卷2，〈讀史要編序〉，頁50。

徐芳的記憶術，讓人聯想到一度流行於晚明的利瑪竇（Matteo Ricci, 1552-1610）的西洋記憶術。利瑪竇在萬曆年間來到中國居住，與當時士人有很頻繁的往來，而他注意到中國士人對記憶的執著與焦慮，在史景遷的《利瑪竇的記憶宮殿》一書中，便指出利瑪竇利用記憶術吸引士人的目光，如利瑪竇談到石星之子，他在科舉考試落榜後，身心都處在接近崩潰的狀態，利瑪竇便利用他對及第的渴望而傳授其記憶術。[58] 利瑪竇對此記憶術很有把握，他很肯定得授此記憶術的學生將有十分驚人的成效，他說：

> 凡記法既熟，任其順逆探取，皆能熟誦。然後，精練敏易，久存
> 不忘。[59]

利瑪竇以文言文寫作《西國記法》，讓我們可以得窺其記憶術的大致內容。利瑪竇在此書指出，得把須記憶的事物化為實在的物件，放置在想像的處所中，而且針對中文的文字特點，設計出多種把中文字轉為圖像的方法。他以「學而時習之，不亦說乎」這句話為例，記憶方法是：

> 以俊秀學童立觀書冊為「學」字，以武士倒提鑣爬象「而」字。
> 以日照寺前，一人望之，象「時」字，或以姓「時」、名「時」
> 之人。以日生兩翼，一人駭觀，象「習」字，或以姓「習」、名「習」
> 之人。以一人持尺許之木，削斷其頭，象「不」字。以一人肩橫
> 一戈，腰懸兩錘，象「夾」字；「夾」，篆文，即「亦」字也。以

58　這一段所述內容參見史景遷（Jonathan D. Spence），陳恒、梅義征譯，《利瑪竇的記憶宮殿》（臺北：麥田出版公司，2007），頁185。

59　利瑪竇（Matteo Ricci），《西國記法》（收入《中國宗教歷史文獻集成・東傳福音》，第11冊，合肥：黃山書社，2005），〈明用篇第二〉，頁6。

傳說築巖，取「說」字，或以一人拍手仰面而笑，亦象「說」字。
以一胡人胡服而居，假借「乎」字。以上九字，逐字立象，循其
次第，置之九處，此蓋一字寄一處之例也。[60]

簡言之，就是用形象的方式記憶每一個字，然後每個字在記憶宮殿中
各有位置，也就是「一字寄一處」的意思。

　　除了徐芳及利瑪竇的記憶術以外，醫書也相當程度反映了人們對
記誦能力的追求。前述「日誦萬言」只有上才者才能做到，兩宋以來
的一些醫書便以「日誦萬言」為目標而開處方。如流行甚廣的鐵甕先
生瓊玉膏便跟此有關，此藥方最早見於南宋洪遵（1120-1174）的《洪
氏集驗方》，用藥是人參、生地黃、白茯苓：

> 此膏填精補髓，腸化為筋，萬神具足，五臟盈溢，髓實血滿，髮
> 白變黑，返老還童，行如奔馬。日進數食，或終日不食亦不飢。
> 關通強記，日誦萬言，神識高邁，夜無夢想。[61]

　　此處主述對修煉成地仙的益處，日誦萬言只是成效之一。至於北
宋張君房所編的《雲笈七籤》中的「開心益智方」與「安神強記方」，
而服食其方的效果，雖亦與成仙有關，但也有增強記憶的效果，前者
的藥方是胤粉、菖蒲、遠志、人參、龜甲、署預、龍骨——

60　利瑪竇，《西國記法》，〈定識篇第五〉，頁 19-20。

61　洪遵撰，《洪氏集驗方》（收入《歷代中醫珍本集成》，第 10 冊，上海：上海三聯書店，
　　1990，以《叢書集成》本為底，參酌 1986 年人民衛生出版社鉛印本校正刊），卷 1，〈鐵
　　甕先生神仙祕法瓊玉膏〉，頁 5；亦見忽思慧，《飲膳正要》（收入《四部叢刊續編》，第 50 冊，
　　上海：上海書店出版社，1984，據上海涵芬樓景印中華學藝社借照日本岩崎氏靜嘉堂文庫藏
　　明刊本重印），卷 2，〈鐵甕先生瓊玉膏〉，頁 12；王好古，《醫壘元戎》（收入《四庫全
　　書珍本‧四集》，第 141 冊，臺北：臺灣商務印書館，1973，據國立故宮博物院藏文淵閣四
　　庫全書影印），卷 9，〈瓊玉膏鐵甕先生方〉，頁 50。

服得百日，心神開悟；二百日，耳目聰明；三百日，問一知十；滿三年，夜視有光，日誦萬言，一覽無忘，長生久視，狀若神明。[62]

後者的藥方是胤丹、防風、遠志、天門冬、菖蒲、人參、茯苓及通草——

服得三百日，舊日之事，皆總記之；六百日，平生習學者，悉記儼然；九百日，誦萬言，終身不忘。[63]

南宋張杲（1149-1227）的《醫說》引所的〈健忘詩〉，同樣以日誦萬言為目標：

健忘詩云：桂遠人三四，天菖地亦同，茯苓加一倍，日誦萬言通。[64]

桂遠人即官桂、遠志、人參；天菖地即巴戟天、石菖蒲、地骨皮。以上不斷出現的菖蒲應即石菖蒲，與遠志同樣都有安神益智、治健忘的功效。[65]

儘管人們普遍重視記誦能力甚至為此焦慮，但我們也不應忽略流行於宋元明三代的理學，對知識與記憶力另有一套看法，而且也帶來不小的影響。

62　張君房，《雲笈七籤》（收入胡道靜等選輯，《道藏要籍選刊》，第 1 冊，上海：上海古籍出版社，1989，據 1923 至 1926 年間上海涵芬樓縮印明刊《正統道藏》本選印），卷 78，〈方藥・七主開心益智〉，頁 13。

63　張君房，《雲笈七籤》，卷 78，〈方藥・十六主安神強記方〉，頁 19。

64　張杲，《醫說》（收入《景印文淵閣四庫全書》，第 742 冊），卷 5，〈健忘詩〉，頁 3。

65　李永春主編，《實用中醫辭典》（臺北：知音出版社，2011），頁 195。

六、另一種聲音

前文談到歐陽修讀書法的流行，以及科舉考試的制度化，使得記誦儒經一事倍受重視，但同時代不會只有一種聲音，也不會只有單一標準。當人們一味追求記誦儒經時，宋明兩代的程朱學者與心學家皆指出另一條路、另一種選擇，這個選擇不是反對記誦，也不是要求士人不必記誦，而是對記誦儒經提出另一種見解與立場。

科舉制度始於隋唐，在實行之初，唐高宗朝的劉嶢已注意到科舉助長人們對日誦萬言的追求與推崇，以致於背離了儒學的真諦，遂上疏說：

> 國家以禮部為考秀之門，考文章於甲乙，故天下響應驅馳於才藝，不務於德行。……至如日誦萬言，何關理體；文成七步，未足化人。……今舍其本而循其末，況古之作文，必諧風雅，今之末學，不近典謨，勞心於草木之間，極筆於煙雲之際，以此成俗，斯大謬也。[66]

文中的理體應即治體，以避唐高宗李治的諱。此處主要是對科舉考試以文藝為主的批評，所以把文藝與德行對立，而「日誦萬言」與「文成七步」便被放在治體與化人的對立面。治體的確定涵義未明，有可能指儒經所載的施政原則。在劉嶢看來，即使記憶力強，仍無益於治。

劉嶢的批評在當時尚只是空谷足音，附和或同道者不多，而隨著理學的興起，劉嶢的這段話不僅被重新提起，[67]而且理學家還拋出新見

66　杜佑，《通典》（收入《景印文淵閣四庫全書》，第603冊），卷17，〈選舉五〉，頁6。

67　如元代吳澄（1249-1333）便重述劉嶢的發言，說：「蓋儒之為儒，非取其有日誦萬言之博也，非取其文成七步之敏也，以其孝悌於家，敦睦於族，忠信於鄉，所厚者人倫，所行者天理爾。」

解。理學區別尊德性與道問學，而把尊德性放到第一位的背景因素之一，正是為了應付日益增加的書籍及知識。所以對日誦萬言，程頤表示：

> 問：人有日誦萬言，或妙絕技藝，此可學否？曰：不可。大凡所
> 受之才，雖加勉強，止可少進，而鈍者不可使利也；惟理可進。
> 除是，積學既久，能變其氣質，則愚必明，柔必強。[68]

程頤並未否定日誦萬言的價值，但是將其視為天賦而不可學。至於對記誦的態度，則可見程顥（1032-1085）批評謝良佐（1050-1103）的這段話，《近思錄集解》記載如下：

> 謝先生初以記問為學，自負該博，對明道舉史書成篇，不遺一字，
> 明道曰：賢却記得許多，可謂玩物喪志。謝聞此語，汗流浹背，
> 面發赤。及看明道讀史，又却逐行看過，不蹉一字。謝甚不服，
> 後來省悟，却將此事做話頭，接引博學之士。……人心虛明，所
> 以具萬理而應萬事，有所繫滯，則本志未免昏塞，所貴乎讀書，
> 將以存心而明理也。苟徒務記誦為博，則書也者，亦外物而已。
> 故曰玩物喪志。[69]

吳澄撰，吳當編，《吳文正集》（收入《四庫全書珍本·二集》，第322冊，據國立故宮博物院藏文淵閣四庫全書影印），卷30，〈贈建昌醫學吳學錄序〉，頁19-20。劉峴的奏摺載於杜佑《通典》，我們不確定吳澄是否讀過此書，而吳澄竟特別注意到劉峴的這段話，可見對此頗有會心與同感。

68 石𡤤編，朱熹刪定，《中庸輯略》（收入《景印文淵閣四庫全書》，第198冊），卷下，頁28。

69 葉采，《近思錄集解》（收入《續修四庫全書》，第934冊，據元刻明修本影印），卷2，頁17；亦見於陳沆，《近思錄補注》（收入《續修四庫全書》，第934冊，據清稿本影印），卷2，頁700。

謝良佐應是記誦無礙之士，以此自負，卻被說成是玩物喪志，所持理由是：讀書是為存心而明理，亦即尊德性，若偏重記誦，則將流於逐末。[70] 呂本中（1084-1145）的弟子林之奇（1112-1176）亦附和說：

> 誦記之於學，末也。古之君子，其格物致知誠意正心脩身齊家治國平天下之學，既已先立乎其大者矣，然後以其餘力及之，而非所以先之也。……洎夫科第興，而士之大學既已悖其先後本末之序矣，則小學亦流而為博洽捷給之歸，利祿之所在，萬矢之質的也。[71]

朱熹也多次回答門人弟子有關記誦的問題，而這些對話多被收錄在《朱子讀書法》中，該書是朱熹門人輔廣所輯，張洪、齊熙補訂，節錄朱熹文集、語類中的內容，排比綴輯，分門隸屬，如四庫館臣所說，雖不足以言著述，但「條分縷析，綱目井然，於朱子一家之學，亦可云覃思研究矣」。[72] 朱熹的著作甚多，一般人往往難以通讀盡覽，而該書因僅有四卷，反而有利於流通，所以讀者不少，直到當代仍為不少人所知。[73] 在此書中，朱熹否定秦漢以來重視記誦的讀書法，他說：

> 自秦漢以來，士之所求乎書者，類以記誦、剽掠為功，而不及乎

70　葉采，《近思錄集解》，卷2，頁480；亦見於陳沆，《近思錄補注》，卷2，頁700。

71　林之奇，《拙齋文集》（收入《四庫全書珍本‧二集》，第263冊），卷16，〈送陳童子序〉，頁17。

72　永瑢等撰，〈提要〉，收入張洪、齊熙同編，《朱子讀書法》（收入《景印文淵閣四庫全書》，第709冊），卷首，頁351。

73　如錢穆、余英時等先生便常稱引，如余英時說：「中國傳統的讀書法，講得最親切有味的無過於朱熹，……朱子不但現身說法，而且也總結了荀子以來的讀書經驗，最能為我們指點門徑。」見余英時，〈怎樣讀中國書〉，《中國文化與現代變遷》（臺北：三民書局，1992），頁262；錢穆，〈朱子讀書法〉，收入氏著，《學籥》，在《錢賓四先生全集》（甲編），第24冊，頁5-33。

窮理修身之要。[74]

兩宋理學本有質疑秦漢以來學術的傾向，朱熹甚至批評秦漢以來的讀書法是以記誦剽掠為功，對此我們固然不必同意其評語，但朱熹把秦漢與兩宋理學的讀書法截然劃開，去彼取此的立場則是確定的。

不過，朱熹並未否定記誦的必要性，但他認為記誦是為了理解義理，所以引張載的話說：

> 橫渠（按：張載）云：書須成誦，精神都是夜中或靜坐得之，不記則思不起。[75]

又說：

> 書只是熟讀，常常記在心頭始得。[76]
>
> 讀書須是成誦方精熟。[77]

主張「書須成誦」，理由是：必須成誦，才能夠時時反思回想。所以不僅不特別強調記誦能力，而且更建議應「寬著期限，緊著課程」，意即日日皆須用功，但可少讀慢讀，即使一日僅讀一兩百字亦無妨，他說：

> 書宜少看，要極熟。小兒讀書記得，而大人多記不得者，只為小

74　張洪、齊熙同編，《朱子讀書法》，卷1，〈綱領〉，頁2-3。

75　張洪、齊熙同編，《朱子讀書法》，卷1，〈熟讀精思〉，頁24。

76　張洪、齊熙同編，《朱子讀書法》，卷1，〈熟讀精思〉，頁27。

77　張洪、齊熙同編，《朱子讀書法》，卷1，〈熟讀精思〉，頁27。

兒心專一。日授一百字，則只是一百字；二百字，則只是二百字；……寬著期限，緊著課程。[78]

以及必須多誦遍數，他說：

不可牽強暗記，只是要多誦遍數，自然上口，久遠不忘。[79]

讀書法且先讀數十過，已得文義四五分，然後看解，又得二三分，又卻讀正文，又得一二分。[80]

這兩點正與一目十行、過目成誦的要求相反，所以當有人為資質魯鈍，記憶力不佳而苦惱，朱熹便開導說：

時舉云：某緣資質魯鈍，全記不起。先生曰：只是貪多，故記不得。福州陳晉之極魯鈍，讀書只五十字，必三百遍而後能熟，積累讀去，後來卻應賢良。要之，人只是不會耐苦耳。[81]

這段對話很有趣，因為類似的對話大概很難發生在前文所舉的那些記憶力極佳的人身邊，他們自身既不會有此憂慮，而且在炫耀與標榜記憶力的風氣下，「資質魯鈍」的人很容易被排擠到邊緣，而難有發言權。但這些人卻願意向朱熹訴苦，而朱熹也寬慰之，鼓勵他們不必好高鶩遠，只須從五十字做起，即使讀誦三百遍之多才能記下亦不妨。

朱熹「寬著期限，緊著課程」的原則，以及強調遍數、一點點積

---

78 張洪、齊熙同編，《朱子讀書法》，卷3，〈熟讀精思〉，頁28。

79 張洪、齊熙同編，《朱子讀書法》，卷1，〈綱領〉，頁11。

80 張洪、齊熙同編，《朱子讀書法》，卷3，〈熟讀精思〉，頁24。

81 張洪、齊熙同編，《朱子讀書法》，卷1，〈熟讀精思〉，頁24-25。

累到極熟的做法，影響所及而有程端禮的《讀書分年日程》。據其讀
書法，依序有讀經日程、看史日程、看文日程、作文日程。經書須記
誦，史籍須熟讀，看文、作文則直接跟科舉寫作有關。[82] 此書規定：

> 日止讀一書，自幼至長皆然。此朱子苦口教人之語。隨日力、性
> 資，自一二百字，漸增至六七百字。日永年長，可近千字乃已。
> 每大段內，必分作細段。每細段必看讀百遍，倍讀百遍，又通倍
> 讀二三十遍。後，凡讀經書仿此。[83]

至於讀書的工夫，則是秉承朱熹說書須極熟的主張，所以每天除了新
功課以外，還必須把前幾天所讀的再複習過，具體方式即分段看讀百
遍，背誦百遍，然後再通篇背讀二三十遍。[84] 如其所言：

> 既每細段看讀百遍，倍讀百遍，又通倍大段。早倍溫冊首書，夜
> 以序通倍溫已讀書。守此，決無不熟之理。[85]

也因此，從八歲入學始，須花六到七年的時間，才能夠把包括《小
學》、《四書》及幾部經書的正文讀熟。但有必要注意的是，此處規
定每日所須記誦的字數，雖以一二百字為基礎，但以能夠達到近千字
為佳，等於是「日誦千言」，這也顯示朱熹的讀書法雖儘量不凸出科
考的壓力，但到了《讀書分年日程》卻已無法滿足於每日僅讀一二百

82　參見程端禮，《程氏家塾讀書分年日程》（合肥：黃山書社，1992），卷 1、2，尤其是頁
　　77-80。

83　程端禮，《程氏家塾讀書分年日程》，卷 1，〈自八歲入學之後〉，頁 28。

84　以上俱見程端禮，《程氏家塾讀書分年日程》，卷 1，〈自八歲入學之後〉，頁 31。

85　程端禮，《程氏家塾讀書分年日程》，卷 1，〈自八歲入學之後〉，頁 40。

字而已。《讀書分年日程》的影響十分深遠，直到明末仍有實踐者。[86]

　　儘管程朱學者批評一目十行、日誦萬言之風，但連程朱學者本身也不易完全擺脫這股風氣的糾纏。首先，《讀書分年日程》中要求記誦經書，而儒經的總字數達數十萬字之多，這點就須具備相當程度的記憶力。其次，兩宋儒者並不排斥博學，而且博學與記誦往往會被聯繫在一起，程朱學者所標舉的「格物窮理」既是窮究事事物物之理，所以也有博學的傾向。[87]尤其在程朱學成為官方認可的學術，《四書集注》成為科舉考試的定本以後，士人為了應試，即令研習程朱學的典籍亦不免流於記誦訓詁。張洪在《朱子讀書法》的序言中批評「以記覽為工者」是「誇多鬪靡，務以榮華其言，希世取寵而已，法於何有」，[88]儘管未必專指士人為舉業讀書而言，但末流確實落入此弊，明代知名的布衣學者陳真晟（1410-1473）便批評說：

> 學校雖用程朱之書，然不過使之勤記誦訓詁攻舉業而已，而於身
> 心正學之教，則實未嘗舉行故也。[89]

　　明中期陽明心學興起，在心性學說及對儒經的解釋雖與程朱學立異，但批評記誦的態度則是一致的，而且走得更遠。在「拔本塞源論」

86　如高攀龍之友諸延之，據說他「于書無所不誦，雖至精熟，必覆讀數百過，故其書終身不忘」。高攀龍，《高子遺書》（《無錫文庫》，第 4 輯第 84 冊，南京：鳳凰出版社，2011，據明崇禎五年〔1632〕錢士升、陳龍正等刻本與高子遺書未刻稿合刊），卷 9 下，〈諸延之先生七十序〉，頁 89。

87　余英時，〈從宋明儒學的發展論清代思想史〉，收入氏著，《歷史與思想》（臺北：聯經出版事業公司，1976），頁 87-119。

88　張洪，〈編定《朱子讀書法》原序〉，收入張洪、齊㷆同編，《朱子讀書法》，卷首，頁352-353。

89　陳真晟，《布衣陳先生存稿》（收入《續修四庫全書》，第 1330 冊，據明萬曆李畿嗣刻本影印），卷 1，〈程朱正學纂要〉，頁 1。

中，王守仁攻擊當時的程朱學末流流於記誦詞章訓詁的弊病，然後完全立腳在道德性命之學的這一邊。[90] 王守仁跟大弟子歐陽德的對話，也表達王守仁把良知超然於道問學之上的立場。歐陽德問：

> 竊意良知雖不由見聞而有，然學者之知未嘗不由見聞而發；滯於見聞固非，而見聞亦良知之用也。……若致其良知而求之見聞，似亦知行合一之功矣。[91]

王守仁則是直截斬斷多聞多見涉入良知的可能性，而回答說：

> 若曰致其良知而求之見聞，則語意之間未免為二，此與專求之見聞之末者雖稍不同，其為未得精一之旨，則一而已。[92]

若是跟程朱學必須窮盡萬事萬物之理，等待「一旦豁然貫通」相比，王守仁主張必須提挈良知，而且良知超然於見聞之上。朱、王的學術之辨有極精細而複雜的部分，程朱學並未把心性與見聞混淆為一，但我們若是把陽明心學與同時代的程朱學末流相較，陽明心學確實更側重在心性良知的這一面。對於士人所關心的舉業文字，王守仁也用良知來說：

> 只要良知真切，雖做舉業，不為心累；總有累亦易覺，克之而已。且如讀書時，良知知得強記之心不是，即克去之；有欲速之心不

90　「拔本塞源論」見王守仁撰，吳光等編校，《王陽明全集》（新編本），第1冊，卷2，《語錄二》，〈答顧東橋書〉，頁45-62。

91　王守仁撰，吳光等編校，《王陽明全集》（新編本），第1冊，卷2，《語錄二》，〈答歐陽崇一〉，頁77。

92　王守仁撰，吳光等編校，《王陽明全集》（新編本），第1冊，卷2，《語錄二》，〈答歐陽崇一〉，頁78。

是，即克去之；有誇多鬥靡之心不是，即克去之。如此，亦只是終日與聖賢印對，是個純乎天理之心。任他讀書，亦只是調攝此心而已，何累之有？[93]

不能有強記之心，不能有欲速之心，不能有誇多鬥靡之心，凡此幾種心，皆與一目十行、日誦萬言的趨向相近相通，而必須用良知克去。

〈訓蒙大意〉則可視為王守仁的讀書法，他說：

凡授書不在徒多，但貴精熟。量其資稟，能二百字者，止可授以一百字。常使精神力量有餘，則無厭苦之患，而有自得之美。諷誦之際，務令專心一志，口誦心惟，字字句句，紬繹反覆，抑揚其音節，寬虛其心意。久則義禮浹洽，聰明日開矣。[94]

大旨是讀書貴精熟，以及對能讀二百字者只授予一百字，而且必須紬繹反覆字句，直到領悟其字義為止。這雖是教導生童之法，仍可反映王守仁的主張。跟前引朱熹談讀書法相較，兩人都求精熟而不求多讀，也都強調專心一志、反覆誦讀。我們甚至可以說，儘管朱、王二人對心性義理的見解有別，但王守仁卻以良知學引導人們重新回到朱熹的讀書法的原則及精神。

稍後的一些士人，如李長祥（1609-1673）與董其昌，二人也跟朱熹、王守仁有類似的見解。他們未必受到程朱學或陽明心學的直接影響，但或可視為是在理學空氣下而得出相似的見解。董其昌，字玄宰，南

93　王守仁撰，吳光等編校，《王陽明全集》（新編本），第 1 冊，卷 3，《語錄三》，〈傳習錄下〉，頁 110。

94　王守仁撰，吳光等編校，《王陽明全集》（新編本），第 1 冊，卷 2，《語錄二》，〈訓蒙大意示教讀劉伯頌等〉，頁 97。

直隸華亭縣人，萬曆十七年（1589）進士，他是著名的書畫家，也是制藝名家，同時與理學陣營的人頗有聯繫，所以天啟年間首善書院講學便有董其昌的身影。[95] 董其昌著有《舉業蓓蕾》，以教導後輩如何讀書及作舉業文，在其中一段標題是「記誦是些小過度」中，他說：

> 莫亂記。人若靠得自家性靈，便不須靠別人，此可與覺者道。今人頭場，記那腐爛時文，去改竄成篇；二三場，記那程墨舊話，去套寫，亦曾舉網得魚，終是別人羅網，已陳芻狗，何所用之？且見近時場中，最厭棄此品，恐不是實靠得的。莫若只靠自家性靈，靠看書功夫作主也。難道不記？弟莫亂記那腐爛時文，莫亂記那怪誕書。……莫多記。不記些，怕枯索了；多記，又怕塞我真靈。今人苦無記性，又苦記不得許多，終日悶悶，靈機自牿。今且無多記，理學編集若干，時時涵泳；史、子編集若干，間嘗摹擬；程文揀錄數十篇，墨卷揀錄百餘篇，二三場亦只揀擇上上程墨，共記數十篇，時嘗溫習，時嘗玩想，久之自有解處。[96]

董其昌重複標記性靈，應跟晚明文壇講究性靈以及董氏本人篤信佛學有關，而無論是性靈詩派或三教合一之風下的釋氏之學，都跟陽明心學頗有淵源，而且董其昌所說的性靈與舉業文的關係，也跟王守仁對良知與舉業文的關係的談法很相近。

　　李長祥，字研齋，四川達縣人，崇禎十六年（1633）進士，是清初

95　天啟初年鄒元標、馮從吾（1556-1627）在北京倡立首善書院，當時首輔葉向高（1559-1627）為此撰文，而由董其昌書寫。葉向高，〈新建首善書院記〉，收入馮從吾，《馮少墟續集》（收入《叢書集成三編》，第14冊，臺北：新文豐出版公司，1997，據馮恭定全書本影印），《附錄》，頁777。

96　董其昌編，馬鏞點校，《董其昌全集》（上海：上海書畫出版社，2013），第3冊，〈舉業蓓蕾〉，頁43-44。

唐甄（1630-1704）的舅父，唐甄的思想接近陸王心學一路，李長祥說：

> 世之侈言讀書者，謂一目數行下，甚謂一目數十行下，此不知讀
> 書者之言也。卽有其人矣，亦不知讀書者之所爲也。又謂過目成
> 誦，此亦不知讀書者也。……今書之垂於古人也，無論聖人之書，
> 卽諸子百家之書，彼其作之固有指矣，而常以終身。夫終身作之，
> 一旦而窮之，古無是也。……余不敢謂能讀書，而亦不敢不勉。
> 常取數年前所讀之書，再讀之，其前之以爲是者，今則惑焉；其
> 以爲布帛之文，雖野人之猶被服者，今則美錦而欲著之矣。蓋精
> 義沈藏，進於文字，聚我心思，久乃得之。故曰：「人一能之，
> 已百之；人十能之，已千之。」非謂人之處於敏，而已實遜焉，
> 故爲是勤苦之，以自補其不逮也。讀書之方如是也。雖以孔子言
> 之，猶然也。若數行下，數十行下，與所謂過目成誦，皆絕異於
> 人者也，吾不慕之矣。[97]

無論是追求一目十行或過目成誦者，都被李長祥批評是「不知讀書」。
在李長祥看來，既然精義沉藏於文字中，所以理想的讀書方式，應是
聚精會神，久乃得之。這跟前引王守仁說：「諷誦之際，務令專心一志，
口誦心惟，字字句句，紬繹反覆，抑揚其音節，寬虛其心意。久則義
禮浹洽，聰明日開矣」，[98] 可謂是如出一轍。

　　儘管程朱學或陽明心學在追求一目十行、過目成誦的風氣之外開
了另一條路，此路卻甚顛簸難行且備受挑戰。無論是程朱學者或心學
家都沒有讓人不管記誦的意思，他們所在意的，是人們不應迷失於對

97　李長祥，《天問閣文集》（收入《四庫禁燬書叢刊》，集部第 11 冊，據民國吳興劉氏刻求恕
　　齋叢書本影印），卷 3，〈讀書作文〉，頁 32。

98　王守仁，《王陽明全集》（新編本），第 1 冊，卷 2，《語錄二》，〈訓蒙大意示教讀劉伯頌
　　等〉，頁 97。

記誦的追逐之風下，而輕忽了對儒經義理的深究探討。但也因此在日常實踐上，人們仍有可能淹沒耽溺到龐雜的典籍中。尤其是明中期以後，許許多多過去難得或未見的古籍紛紛問世，這類書籍的大量增加與廣泛流行，讓學風日益轉向博學多聞這一邊，理學陣營不僅對此難以應對，甚至一些心學家還走入博學一途，如泰州學派的焦竑就以博學著稱。何良俊（1506-1573）對陽明心學的批評，正可說明理學陣營——尤其是明中晚期流行的陽明心學所面臨的挑戰之嚴峻。何良俊以博學著稱，家中藏書達四萬卷之多，而他曾與聶豹有過一段對話，他記述道：

> 壬子（1552）冬到都，首謁雙江先生。先生問：別來二十年做得甚麼功夫？余對以二十年惟閉門讀書，雖二十一代全史亦皆涉獵兩遍。先生云：汝吳下士人，凡有資質者，皆把精神費在這箇上。蓋先生方談心性而黜記誦之學故也。余口雖不言，心甚不然之。[99]

廿一史指明以前不含《舊唐書》及《舊五代史》的歷朝正史，共兩千五百三十一卷，而明人喜用讀竟廿一史以宣示其博學。倘若何良俊確如所言花費二十年的時間把廿一史讀過兩遍，亦即十年讀完一遍，則他是以每日精讀不到一卷的速度在進行，不僅跟一目十行過目成誦追求速度與效率尚有數間之隔，且其勤奮與毅力極為難得。不想聶豹卻以簡短一句話便否定其努力，並隱然有責備他徒耗心力的意思，此令何良俊深不以為然，所以他接著說：

> 蓋經術所以經世務，而諸史以載歷代行事之跡。故六經如醫家《素難》，而諸史則其藥案也。夫自三代而下，以至於今，越歷既久，

99　何良俊，《四友齋叢說》（收入《明清筆記史料叢刊》，北京：中國書店，2000），卷5，頁43。

> 凡古人已行之事，何所不有，若遇事變，取古人成跡斟酌損益，
> 庶有依據。茍師心自用，縱養得虛靜，何能事事曲當哉！[100]

何良俊不僅批評聶豹不重視史書，而且懷疑聶豹是因心學瞧不起記誦之學，隱然把心學與記誦對立起來，指責聶豹「師心自用」。

等到明末制藝風潮起，講究「通經學古」，領導風氣的江南復社與江西豫章派皆強調必須熟讀經、史、子書，等於又回到講究博學與記誦的學風，如名列江右四大家之一的陳際泰便以善記憶為人所稱道，其子記述道：

> 府君精於史學，一眸而收之，更無遺義。於時邑有士大夫，善記
> 憶，自謂廿一史寢食中物，無敢過而致難者，聞府君能，欲觀其
> 淺深，橫挑數十發，其人交舉交絀，乃再拜謝曰：如君真名士，
> 吾儕猶坐雲霧耳。[101]

這又是一場記憶競賽，以廿一史作為記憶力的檢證方式，勝者便可稱名士。既然如此講究記憶力，同樣名列江右四大家之一的艾南英有激烈批評陽明心學的言論便不足怪了，艾南英說：

> 王氏之學無他，其人束書不觀，遊談無根，必樂易簡，凌躐階級
> 而言超悟，其高者不過悍然不顧，而以不學為安，以不求於心為
> 得。[102]

100　何良俊，《四友齋叢說》，卷5，頁43。

101　陳孝逸，《癡山集》，卷1，〈府君行述〉，頁9-10。

102　艾南英，《天傭子集》，卷4，〈張伯羹稿序〉，頁45。

艾南英是董其昌下一輩的人物，董其昌尚強調性靈，而與陽明心學有互通處，但艾南英則是完全否定陽明心學。艾南英的文章及言論在當世都頗具影響力，而他以「束書不觀，遊談無根」攻擊陽明心學，應可代表明末不少士人的普遍想法。

七、個案：以金溪地方士人為例

　　本節將以江西撫州府金溪縣為例，來看一目十行、過目成誦兩詞在地方上的流行與影響，選擇金溪的原因，在於此地能夠蒐集到大量族譜。一般來說，地方史的思想文化史研究很常利用當地士人文集與地方志，勾勒該地士人群體與思想文化系譜，以及更進一步談思想或學術的草根化。但若欲考察「一目十行」、「過目成誦」這類詞語及概念在地方上是否流行，以及造成什麼樣的影響，文集與地方志所能提供的資料將很有限，畢竟這類詞語或概念本就不會頻繁出現，所以我們即使蒐羅整個縣或府的文集及地方志資料，也許只會得到零星的個案。但若是把範圍擴大到省，如整個江西省，大概就失去了地方史的意義。族譜是很地方性的文獻，而在金溪的各族族譜中，我們看到這兩個詞語多次出現，儘管都是用在地方上籍籍無名的讀書人身上，但卻可讓我們看到這兩個詞如何進入到一般人的生活與家庭中。

　　一目十行在金溪的族譜中的使用，一如所料，往往跟科舉考試連結一起，而且有不少例子是用來形容孩童的聰慧。例如櫟林周敬修，他的兄長說：

　　吾弟敬修，幼聰慧，讀書輒數行下，己咸以亢宗目之。[103]

103　周穆菴修，《戊元櫟林周氏族譜》，卷1，〈世系橫圖・柏六九公〉，頁100。

超溪谷氏的澄再公，被稱作金溪城南之鴻儒，海豐張映台（1723-1786）為其作傳，說：

> 生而類異，讀書數行俱下，為文墨守理法，援筆而成，……乃厄於數奇，屢試不售，竟以儒士終老。[104]

蘭陵蕭氏的鴻十七公，臨川周光霆為其作傳說：

> 鴻十七公，……讀書一目數行，淹貫經史，己酉羅郡公徵入文苑。[105]

基本上都是以一目數行或數行俱下形容其資質穎異，並直接聯繫到科舉考試，所以周敬修因可讀書數行下，便被寄予復興家族的重責大任。

過日成誦的使用也跟科舉考試有關，但較多樣化，而且有程度之別，一種是有著跟記路旁碑一樣的記憶力，如櫟林周氏的周公佐能夠在閱卷後默寫出所批閱的十餘篇文章：

> 辛卯，吳邑侯縣試，鳴高（按：周公佐）代閱卷，所拔多知名士。鳴高歸語太翁曰：場中之文磊砢英多，援筆錄十餘卷，不遺一字。其過目不忘如此。[106]

104　王加泉修，《超溪谷氏六修宗譜》（金溪琅琚鎮谷家村谷南方家藏，澔灣忠信堂 1996 年重修本），卷 1，〈澄再公傳〉，頁 1。

105　編者不詳，《蘭陵丁坊蕭氏六修宗譜》（金溪左坊鎮許家大隊蕭家村蕭伙林管譜，1995 年東邑宗美仁齋寶刊印本），不分卷，〈家傳〉，頁 10。

106　張颭，〈周元柱先生傳〉，在周穆菴修，《戊元櫟林周氏族譜》，卷 2，頁 169-171，引文見頁 170。

更進一步則是如櫟林周氏的周居仁，能夠讀書兩遍後便過目不忘：

> 公幼聰明，讀書再遍即脫口，……陳惟易（按：陳畫）見而愛之，
> 因命明年就受業，三載而學成。時陳負重名，從遊者多名宿，每
> 課文必擇其尤者付梓，公文與者十數，而試不售。[107]

另外也有標出記誦多少字，千言是較常見的，而萬言較難較少。
據此亦可理解醫書會以「日誦萬言」為標準來用藥的原因。相關記載
如下：

> （周公佐）天資穎異，日記數千言，儕輩咸望而畏之，餼於郡庠，
> 歲科首拔者五。[108]

> （楊元吉）居平酷嗜讀書，日記數千言，寓目不再。舉業文清真爾
> 雅，以理法為宗，尤精古文辭。[109]

> （周擇）自髫齔，警挺不類群兒，日課數千言，過目不忘。及長，
> 博學強記。[110]

> （楊廷貴）讀書志古，日誦萬餘言，遇目輒不忘。……胸抱經濟，
> 無以自效，……遂究心於《靈樞》、《素問》。[111]

107　周穆菴修，《戌元櫟林周氏族譜》，卷 1，〈世系橫圖・濟六十公〉，頁 77。

108　張颿，〈周元柱先生傳〉，在周穆菴修，《戌元櫟林周氏族譜》，卷 2，頁 169-171，引文見
　　　頁 170。

109　徐宗臬，〈楊警室先生傳〉，在編者不詳，《泗源楊氏家譜》（殘譜）（金溪琉璃鄉蒲塘楊
　　　泗楊九瓶家藏，年分不詳），卷 2，頁 32-37，引文見頁 35。

110　梁大任，〈宣義郎擇公墓誌銘〉，在周敬群、周盈科等修，《水門周氏宗譜》（金溪琅琚鎮
　　　陳河村周志安家藏，1948 年重修本），卷 5，頁 10-12，引文見頁 10。

111　詹崇，〈杏軒記〉，在楊錫齡等修，《楊氏宗譜》，卷 1，頁 5-6，引文見頁 5。

楊廷貴雖棄儒從醫，但最初仍用心於舉業，所以此處與其他幾人並列，幾人都是在跟科考有關的場合而被形容為過目成誦。

也有一些跟科考無關的例子，如不求仕進的周甯，以及布衣白丁的王捷魁：

> （周甯）自幼聰敏，質性過人，讀書過目成誦，然不求仕進。[112]

> （王捷魁）為白丁，……資敏善記，喜閱古今傳書，過目不忘，多識先哲格及及名人流傳詩詞，解韻語，自然合律。[113]

棄儒從商的徐觀成被形容為「性頗好忘」則頗特別，據載：

> （徐觀成）平生業儒，以試數不利，……乃為商，未嘗離卷。少年善為八股藝，……遇書無不讀，尤善觀八股清算法，旁學青囊家言，嘗手抄書，夜深不寐。性頗好忘，遇事輒記而起行之。[114]

僅因不能過目成誦，必須遇事輒記，竟便被評為「好忘」。

另有幾個較為特殊的個案。櫟林周氏的周學修，其兄穆菴公形容他時把重點放在「能悟」：

> 讀書能悟而能記，試多售。[115]

112　周向日修，《蓬橋周氏族譜》（金溪合市鎮斛塘上周坊村周德生、周細武家藏，清光緒七年〔1881〕重修本），卷2，〈誠公派下世系〉，頁2。

113　編者不詳，《石峰王氏宗譜》（金溪秀谷鎮王家巷王保光家藏，年分不詳），卷2，〈毅庵公行略〉，頁7。

114　徐似錦，〈梧九二公志銘〉，收入徐永山等修，《耿陽徐氏族譜》（金溪琉璃鄉蒲塘小耿徐氏家藏，2010年重修東鄉何鴻文刊印本），後卷，頁5。

115　周穆菴修，《戌元櫟林周氏族譜》，卷1，〈世系橫圖・栢八一公〉，頁103。

但同樣是穆菴公評價族子周禮，則說周禮「讀書以記誦為主」，[116] 兩者適成對比。周學修的「能悟」，與另一位族人周恒濟很相似，譜上記載周恒濟是「少記誦而研理精」：

> （周恒濟）業儒，……讀書少記誦而研理精，晚好岐黃術。[117]

這種跟過目成誦相對，而強調「能悟」與「研理精」，是否受到理學的影響所致呢？這點不易回答。類似的敘述亦見於萬曆年間范允臨（1558-1641）的文集。范允臨，南直隸吳縣人，萬曆二十三年（1595）進士，工書畫，與董其昌聲名相當。他在形容其妻徐君時，便說她「不能記憶」「多所悟入」，范允臨說：

> 細君閒居寥寂，無所事事，漫取唐人韻讀之，時一倣效，咿唔短章，遂能成詠。……從此汎濫詩書，上探漢魏六朝，下及唐之初盛，已而直遡三百篇根源，遂逮楚之騷賦，幡然作曰：詩在是乎！然又不能竟讀，不數行，頭為岑岑，執卷就臥，思之移時，似有所醒。於書不能記憶，亦求甚解，而多所悟入，如禪宗之不以漸以頓也。[118]

范允臨將「多所悟入」連結到禪宗，這跟前引董其昌強調性靈的說法同出一轍，而且應跟晚明的三教合一之風有關。

強調研理或領悟的說法，固然不會因理學或禪宗而有，但在過目成誦高揚的風氣下，若沒有理學或禪宗對領悟的高度評價，恐不容易

116　周穆菴修，《戊元櫟林周氏族譜》，卷1，〈世系橫圖‧濟八十公〉，頁80。

117　周穆菴修，《戊元櫟林周氏族譜》，卷1，〈世系橫圖‧濟六公〉，頁67。

118　范允臨，《輸寥館集》（收入《四庫禁燬書叢刊》，集部第101冊，據清初刻本影印），卷3，〈絡緯吟小引〉，頁265。

被作為正面價值而提出。但即使如此，也只有櫟林周氏的兩則記載而已，也可以說，即使從兩宋以來，程朱學或陽明心學指出另一條路、另一種選擇，但在科舉考試的實際需求下，地方上士人仍然一面倒地傾向於一目十行、過目成誦。

另一方面，與悟入相對的背誦，對地方家族而言，這是跟科舉考試直接相關的，所以更加重要。這也許可以部分解釋為何到了萬曆中期以後，隨著陽明心學由盛轉衰，而制藝風潮幾乎有如浪潮一般席捲而來，許許多多的制藝文社在各地林立而起，而一些理學或心學講會也迅速轉型為制藝文社。曾經盛極一時，各地鄉會、家會林立的陽明心學，很快便讓位於制藝風潮，而退居次位了。

小結

本文是對博覽強記之風的研究，如何算是博覽強記，這個標準往往是變動而沒有固定答案，所以本文從日常生活中人們常用的一目十行、過目即誦來看這兩個詞在歷代的使用與變化，然後進一步看人們對記憶力的討論。一目十行、過目即誦這類用來炫耀或誇飾記憶力的用詞流行甚廣也甚久，即使到當代仍常有人使用，但有超凡記憶力的人畢竟為數甚少，一個僅適用於極少數人的詞，卻普遍流行於一般士人的日常生活中，那麼人們如何看待及討論記憶力的問題，便很值得注意，所以本文接著把目光焦點放到兩宋以後的歐陽修讀書法，這個讀書法固然不是因科舉考試而有，但其流行有可能跟科考有關。歐陽修讀書法不要求在速度上凸出（如一目十行），也不追求短時間的記誦無誤（如過目即誦），而是把重點放在每日記誦的累積成果上。這一方面讓人們不必執著於天賦的能力，另一方面也對一般士人給出看似簡單但實則不易達到的標準與要求。

　　歐陽修讀書法提出中人一日可記誦三百字的最低要求，這點規範了士人的讀書進度，讓士人無法以沒有超凡記憶力為遁詞，這是這個讀書法的關鍵所在。至於讀書法所列的書單，則可以隨時代變遷而更易，於是也讓此讀書法可以因應科考的形式與內容而調整書單。晚明董其昌所列應記誦的書單不是十三經，而是理學編集、子史編集、程文數十篇、墨卷百餘篇，但士人仍可按照歐陽修讀書法的原則，以一日三百字的進度讀書記誦。

　　兩宋以後的程朱學與陽明心學的讀書法更強調對文字義理的理解，而更少把重點放在記憶力上。但無論是程朱學或陽明心學仍不可能對士人準備科考的需求視而不見，所以他們仍不得不有其記誦標準，而其標準較諸歐陽修讀書法的更低，即使一日僅五十字亦無妨。同時放寬對記誦速度的要求，所以朱熹說「書宜少看」，而王守仁則說「授書不在徒多」，而更希望人們精熟所讀書，以求久而能夠義理浹洽。但從金溪的個案來看，理學在這方面的影響仍很有限。

　　早期對廣義的理學的研究，較多把眼光放在理學家的學術內容，尤其是少數大思想家的學說，後來陸續注意到這些大思想家以外的其他人，尤其是明中晚期陽明心學流行以後的士人及士人群體，[119] 以及更一步談心學家的生活及社會角色。[120] 但我們仍不能忽略一門學術對一般人生活的影響，這些影響有可能是重要的，只是不明顯可見。這也造成在學術論文寫作上的困難，要廣泛談一門學術對一般人的影響，資料有限，以及不容易證明都是很棘手的問題。這類困難在近現代思想史領域較有可能得到解決，畢竟這段時期的資料極為多元且豐富，包括有許多個人的私密日記，以及流行於人手之間的報紙期刊等。

119　如清初講經會、陽明學講會，請見王汎森，〈清初的講經會〉，《中央研究院歷史語言研究所集刊》，68：3（臺北，1997），頁 503-588；呂妙芬，〈陽明學講會〉，《新史學》，9：2（臺北，1998），頁 45-87。

但明清思想史則沒有這些優越的條件。[120]

　　本文對理學與記誦的討論，就是想看理學與士人生活間的關係。思想對一般人生活上的影響，也許只有薄薄的一層，不易見亦不容易論證，但我們若把這些薄薄的一層，一層層地堆疊起來，累積到一定的厚度，便有可能較容易看到思想的作用。這也表示，我們必須從生活上的許多事物看到思想的痕跡，即使在論證單一事物與思想的關係時或仍不盡如人意，但在對各方各面的事物都研究過後，中間的聯繫便有可能變得清晰起來。但這就需要更多的成果累積了。

120　如王汎森，〈日譜與明末清初思想家：以顏李學派為主的討論〉，《中央研究院歷史語言研究所集刊》，69：2（臺北，1998），頁 245-294；王汎森，〈明代心學家的社會角色：以顏鈞的「急救心火」為例〉，《晚明清初思想十論》（上海：復旦大學出版社，2004），頁 1-28。

結論

　　這本書是以陽明心學與制藝風潮為主脈絡，涉及同時代共同流行的文學復古運動。由於本書以江西為主場景，而江西的心學之風極盛，文人及詩社皆較少，所以明中期雖同時有陽明心學與文學復古運動，但主軸偏重在陽明心學，所講述的也以陽明心學下的小讀書人故事居多。透過本書的討論，我們看到陽明心學與文學復古運動雖曾盛極一時，但下迄明末，小讀書人這一端卻轉向制藝寫作，既以制藝寫作結合窮經與應舉兩事，也讓制藝寫作儼然凌駕於陽明心學與文學復古運動之上。

　　陽明心學對近代中國的思想、文化與生活有甚為深遠的影響力，而對陽明心學以思想史的研究為多，主要側重在心學大儒的研究，即使是部分研究談陽明心學向下普及，也較容易側重從庶民化、啟蒙教化等解度切入來看，蒐集一些布衣平民的資料作為成功的案例。也因此，我們知道大儒，也知道一些布衣處士及平民，對一般的小讀書人反而不見得熟悉，不僅對小讀書人的日常生活，他們的微生命史感興趣的人不多，專題的研究也很有限。但我們不能忽略一點：一門思想或學術被理解的方式，以及所傳播的內容，往往會因階層的差異而有差別——儘管陽明心學是希望打破身分階層的限制，但無可否認的，這類因身分階層而有別的情形在心學世界仍存在，因此大儒與小讀書人若對陽明心學有不同的理解及因應之道，也是很合理的。若大儒有高遠的思想與洞見，小讀書人則是把這些思想與哲理當作作業在學習與吸收。若大儒有著引領時代思潮的決心與魅力，小讀書人則是跟隨在後，而且往往在不同大儒間遊走，在不同思潮間徘徊。也因此，我

們不應忽視這些小讀書人，他們的日常生活與生命史，其實較諸大儒另有一番面貌。

這本書並不打算在既有的大論述以外另提新觀點，毋寧說，我最初的想法就只是為小讀書人說故事，而一則則的故事說下來，卻發現這些小讀書人的日常生活，與大論述雖不相違，但也不盡同。也因此，當我們在談心學的流行，以及心學帶來的啟蒙、鬆綁與解放，不能過度誇張鬆綁及解放的程度，否則便很容易忽略在這些大趨勢、大論述的夾縫中的個人及細節。同樣地，儒學經世的基調，以及陽明心學在明中晚期所凸出的覺民行道之途，都不能被扁平化或單一理解，在覺民行道的大途中，不可否認還有其他的小徑歧路。

因此本書討論三部分：一是陽明心學在小讀書人間的流傳。過去人們較熟悉的是陽明心學在思想上的創發，但思想的創發與思想的流傳並不是同一件事，所以也有必要了解這門學術如何廣泛流傳，及於各個階層間。陽明心學的流傳主要是藉由講會、《傳習錄》等小書，以及心學家的畫像共三管齊下。人們可能藉由講會接觸心學學說，在沒有講會的地方，則有像《傳書錄》這類小書可讀，有畫像可敬拜。這讓陽明心學不會只是紙上的論說或大儒的話語而已，而可以進入到小讀書人的生活世界。

一是晚明的宗教狂熱。明末三教合一之風的盛起，與陽明心學、文學都有關係，但在晚明龍沙讖預言的熱潮中，讓我們看到理性的思想與文學的另一面，人們對此有著超乎常理的癡迷與狂醉。除了知名的心學家、文人置身此熱潮，李鼎這些小讀書人也在其中，而且李鼎不僅僅在思辨上、學理上談論而已，而是親身實踐，放棄一切前往南昌西山等待八百地仙的來臨。尤其值得注意的是，儘管義無反顧投身於信仰中，李鼎卻仍無法脫離儒學經世的框架，而得出淨明道的出世，與儒學的出世並不相違的論點。

　　一是明末的制藝風潮，以及從陽明心學到制藝風潮的遞換轉變，這也是本書的主軸重點所在。從李鼎到涂伯昌，是從內緣的角度來看明末制藝風潮的興起，而金溪的研究則是從外在的社集活動來談。在陽明心學、文學復古運動與制藝風潮的三者的纏捲中，陽明心學與制藝寫作之間的關係更為密切而直接，所以在地方上也是從講會轉變成文社，相形之下，復古派的詩社在其中僅占到較小的角色。我們無法確定這是屬於江西的特色或是江西以外的其他地區也是如此，這將有待未來的研究。

　　在明中晚期的三股風潮中，陽明心學與文學復古運動都有領袖人物，提出具體的主張，以及反對先前的學術或文風。所以我們看到陽明心學在正德、嘉靖以後臻於極盛，大儒主張致良知，與程朱學立異，除了講會以外，還有古本《大學》、《傳習錄》以及畫像的廣泛流傳。前、後七子在弘治朝以後先後崛起，提出「文必秦漢，詩必盛唐」的口號，反對明初以來的臺閣體及程朱學。明末制藝風潮則不然，儘管制藝文壇在明末有江右四大家，江南有周鍾、有張溥、張采，有豫章社、復社等制藝文社，但這些人與社對制藝寫作並沒有宣言式的主張，我們至多從張采與艾南英的往來信件，以及一些相關的文獻記錄抽出「通經學古」一詞而已。也可以說，這是一股沒有大人物為核心，沒有大人物倡導、創新與主導的風潮，但這股風潮反而跟會試的方向、小讀書人的利害關係緊密相連。在陽明心學的研究中，我們從大儒的生平經歷便可大體知道整個陽明心學運動的主軸及大方向，但在制藝風潮中，除了豫章社與復社核心人物以外，許許多多的小讀書人的生活及活動，也有可能影響整個制藝的流風及走向。所以談明末的制藝風潮，除了江右四大家、復社二張這些大人物，還必須注意小讀書人這一邊。

　　當一股風潮起來的時候，對小讀書人而言，也可能像是在學習新功課，而且必須把這項新功課融入到他們每日的生活中。當明中期陽

明心學及文學復古運動鼎盛時，我們看到大儒、大文人喊出新見解新口號，但同時代的小讀書人所在意的，卻可能是有新功課來了。我們可試著想像：心學家就像課堂上的老師，對小學生下達作業，這些小學生先是試著了解這項功課的內容，然後必須在不影響日常生活的節奏與步調下，儘量抽出精神與時間來完成這項功課。在涂伯昌這一個案中，我們沒有看到太多得聆大道的喜悅，反而涂伯昌更像是不知道怎麼完成作業的學生。我們沒有看到致良知的啟悟，反而看到的是作業帶來的壓力。

當心學大儒在為無善無惡之說爭辯時，小讀書人則正急切地把這些心學家的學說及著述作為解經的原則，以便他們寫作制藝文章。所以我們看到涂伯昌及其姪涂世名分別讀心學家涂宗濬的著作，讀大儒羅汝芳的文集，而且讀後有所印合，聳然於所未至。在心學大儒的生平傳記中，常記載大儒在有所印合以後，便會徹悟心性良知，從此此心瑩然澄澈，宇宙皆我良知。但涂伯昌這位小讀書人卻不然，他在印合以後，則是提筆寫作制藝文章，成效是「洞洞不竭若是」。也可以說，當心學大儒仍為心性之說而斷斷爭辯時，小讀書人卻亟於把心學與制藝寫作連結在一起。

於是我們也就可以理解明末的一些場景，包括顧憲成在東林書院講學，既談理學，也向聽講的小讀書人示範解經的方法，在顧憲成是解經，但在小讀書人聽來則是可用於制藝寫作的原則概念。另外如吉水李日宣，他是羅洪先所親近的谷村李氏的族人，他任官時常在書院集合當地讀書人講學，他講的是心學，但會中卻有人問：

> 一生問先生：所講者，舉業乎？抑聖賢學問乎？[1]

1　李日宣，《敬修堂文集》（北京中國國家圖書館藏清乾隆李氏家刻本清嘉慶六年〔1801〕李氏補刻本），《會語》，卷 17，〈傳是堂三會〉，頁 11。

　　顯示李日宣所講的心學,被一些人當作是跟舉業有關,而有利於制藝寫作。類似的例子可以不斷說下去,而且越接近明末越多類似的故事,尤其是一些心學家也開始主動向小讀書人談制藝。如江西安福心學家鄒德溥,他是知名的心學大儒鄒守益的孫子,他主持青原講會,這是當地的年度心學盛會,但聽眾之一的劉元卿因鄉試不利,灰心喪志,所思所想的都是舉業,於是鄒德溥改以舉業作文之法吸引劉元卿,劉元卿及其姪劉孔當受其吸引而入其門下,日後分別考取舉人與進士功名。

　　與鄒德溥同輩的鄒德泳,也在《明儒學案》列名有案,有關他生平事蹟的記載不多,他也是有意思的心學家,既在書院與士紳講心學,也與小讀書人談制藝。我們從鄒德泳留下的制藝作品及其評語可知,已有進士功名的他仍寫作制藝,而且還根據小讀書人的意見修訂文稿,這讓他與小讀書人間有許多交集。過去我們常見心學家與小讀書人商討心性良知,小讀書人勤勉不倦,有時甚至還會作出朝聞道夕死可矣的反應動作。但在鄒德泳,卻見他與小讀書人共同研討制藝內容,雙方孜孜矻矻,儼然是把制藝當作第一要務。甚至在鄒德泳七十二歲時,[2] 他仍作四書文〈從容中道聖人也〉,與小讀書人相互切磋琢磨。人們常注意理學家的晚年,據此評估理學家的學術進境,被譽為明末理學殿軍的劉宗周,他晚年糾纏於《大學》的諸多版本無法釋懷,此事便常被人所提起與咏嘆。但相較之下,晚年的鄒德泳卻是措意四書文的制藝文字,而且這些文字還被收入他的文集中。

　　我們若是採用《四庫全書總目》「窮經」與「應舉」的二分法,而且把窮經的涵義擴大為不只是研習儒經,也包括對學問、對文學的窮究,無論是陽明心學或文學復古運動,都可算是偏在窮經的這一面。

2　鄒德泳的年紀應小於鄒德涵與鄒德溥,鄒德溥生於 1549 年,所以據此往後加 72 即 1621 年,即天啟元年,亦即此文可能作於天啟元年以後。

這兩股運動由精英提出及推動以後，下及於一般的讀書人。小讀書人一方面受到這兩股風潮的影響，但一方面對於與切身相關的應舉無法置之不理。窮經與應舉之間的分歧，造成小讀書人的焦慮，直到確立心學與制藝的連結，小讀書人的焦慮方才能夠得到舒緩。

　　陽明心學運動與文學復古運動這兩場極盛大的思潮及運動，有著多方多面的內容，任何一場運動的影響之廣之大，甚至不是一本書所能夠交代得了的。所以本書不從大思潮，而是從小讀書人的這一端來看，看小讀書人如何應對窮經與應舉的二分。心學與文學復古運動皆不直接有利於應舉，制藝則吸收了這兩場運動的部分成果——包括陽明心學對儒經解釋的鬆綁，以及文學復古運動促發的古籍刊刻及復活的熱潮。制藝文章不再只是應試的工具，也成為有價值有意義的文體——既是足以與詩古文辭並列甚至凌駕其上的新文體，也是解經之用的經義之學。[3] 以制藝為新文體，經義之學，與詩古文辭並列又凌駕其上，正是明末制藝風潮下的幾個特點。

　　以制藝為新文體，統合心學與詩古文辭，這是明末制藝風潮發展出來的新線索，而且吸引許許多多的小讀書人投身其中，讓制藝風潮儼然成為明末的主導流風。至於陽明心學與文學復古運動這兩場運動，當然仍持續有其自身的發展，所以在明末我們仍看到有人傳講心學，也有人成立詩社及創作詩古文辭。三股風潮或運動在明末錯綜複雜的歷史中各自如何發展，以及彼此之間的作用與關係，則有待更多的研究。我目前撰寫的另一本專書，正是以此為題，希望能夠更具體而深入解答這個問題。

3　相關研究請見張藝曦，〈明中晚期江西詩、文社集活動的發展與動向〉，《新史學》，32：2（臺北，2020），頁 65-115。

參考書目

一、傳統文獻

不著撰人，《錦繡萬花谷》，收入《景印文淵閣四庫全書》，第 924 冊，臺北：
　　臺灣商務印書館，1983，據國立故宮博物院藏本影印。

孔　融，《孔北海集》，收入《景印文淵閣四庫全書》，第 1063 冊。

尤時熙，《擬學小記》，收入《四庫全書存目叢書》，子部第 9 冊，臺南：莊
　　嚴文化事業公司，1997，據清同治三年（1864）刻本影印。

尹　襄，《巽峰集》，收入《四庫全書存目叢書》，集部第 67 冊，據清光緒七
　　年（1881）永錫堂刻本影印。

文德翼，《求是堂文集》，收入《四庫禁燬書叢刊》，集部第 141 冊，北京：
　　北京出版社，2000，據明末刻本影印。

文震孟，《姑蘇名賢小紀》，收入《故宮珍本叢刊》，史部第 61 冊，海口：海
　　南出版社，2001，據明萬曆四十二年（1614）刊本影印。

方以智，《浮山文集後編》，收入《清代詩文集彙編》，第 35 冊，上海：上海
　　古籍出版社，2010，據清康熙此藏軒刻本影印。

方　苞奉敕編，《欽定四書文》，收入《景印文淵閣四庫全書》，第 1451 冊。

方懋祿等修，夏之翰等纂，（乾隆）《新城縣志》，收入《中國方志叢書·華
　　中地方·江西省》，第 896 號，臺北：成文出版社，1989，據清乾隆十六
　　（1751）年刊本影印。

方濬頤，《二知軒文存》，收入《清代詩文集彙編》，第 661 冊，據清光緒四
　　年（1878）刻本影印。

方濬頤，《夢園書畫錄》，收入《歷代書畫錄輯刊》，第 4-5 冊，北京：北京
　　圖書館出版社，2007，據清光緒三年（1877）定遠方氏成都刻本影印。

毛　憲，《古菴毛先生文集》，收入《四庫全書存目叢書》，集部第 67 冊，據
　　明嘉靖四十一年（1562）毛訢刻本影印。

王士性，《廣志繹》，收入《四庫全書存目叢書》，史部第 251 冊，據清康熙
　　十五年（1676）刻本影印。

王士禛，《居易錄》，收入《文津閣四庫全書》，第 871 冊，北京：商務印書館，
　　2006，據中國國家圖書館藏本影印。

王元鼎輯，《年譜》，收入《王心齋先生全集》，臺北：廣文書局，1979，據
　　日本嘉永元年（1848）刻本影印。

王世貞，《弇州山人續稿》，收入《明人文集叢刊》，第 1 期第 22 種，臺北：
　　文海出版社，1970，據明崇禎間刊本影印。

王世貞，《弇州四部稿續稿》，收入《景印文淵閣四庫全書》，第 1279-1284 冊。

王世貞，《讀書後》，收入《文津閣四庫全書》，第 429 冊。

王世懋，《王奉常集》，收入《四庫全書存目叢書》，集部第 133 冊，據明萬
　　曆刻本影印。

王世懋，《嵩書》，收入《四庫全書存目叢書》，史部第 232 冊，據明萬曆刻
　　本影印。

王加泉修，《超溪谷氏六修宗譜》，金溪琅琚鎮谷家村谷南方家藏，浙灣忠信
　　堂 1996 年重修本。

王好古，《醫壘元戎》，收入《四庫全書珍本·四集》，第 141 冊，臺北：臺
　　灣商務印書館，1973，據國立故宮博物院藏文淵閣四庫全書影印。

王守仁，《王陽明全集》，臺北：大申書局，1983。

王守仁著，吳光等編校，《王陽明全集（新編本）》，杭州：浙江古籍出版社，
　　2010。

王守仁撰，吳光等校，《王陽明全集》，上海：上海古籍出版社，1992。

王有年編，（康熙）《金谿縣志》，收入《中國方志叢書·華中地方·江西省》，
　　第 798 號，據清康熙二十一年（1682）刊本影印

王步青，《已山先生別集》，收入《四庫全書存目叢書》，集部第 273 冊，據
　　清乾隆敦復堂刻本影印。

王建中等修，劉繹等纂，（同治）《永豐縣志》，收入《中國方志叢書·華中地方·
　　江西省》，第 760 號，據清同治十三年（1874）刻本影印。

王　昶，《春融堂集》，收入《清代詩文集彙編》，第 358 冊，據清嘉慶十二
　　年（1807）塾南書舍刻本影印。

王時槐，《友慶堂合稿》，收入《四庫全書存目叢書》，集部第 114 冊，據清光緒三十三年（1907）重刻本影印。

王慎中，《玩芳堂摘稿》，收入《四庫全書存目叢書》，集部第 88 冊，據明嘉靖二十九年（1550）蔡克廉刻本影印。

王猷定，《四照堂文集》，收入《四庫未收書輯刊》，第 5 輯第 27 冊，北京：北京出版社，1997，據清康熙二十二年（1683）王珮刻本影印。

王義山，《稼村類稿》，收入《四庫全書珍本》，第 335 冊，臺北：臺灣商務印書館，1969-1970。

王壽頤、潘紀恩修，王棻、李仲昭纂，（光緒）《僊居志》，收入《地方志人物傳記資料叢刊·華東卷》下編，第 94 冊，北京：國家圖書館，2012，據清光　二十年（1894）木活字本影印。

王　翰等修，陳言等纂，（乾隆）《永新縣志》，收入《中國方志叢書·華中地方·江西省》，第 756 號，據清乾隆十一年（1746）刊本影印。

丘兆麟，《玉書庭全集》，北京中國國家圖書館藏清康熙十一年（1672）修本。

包發鸞修，趙惟仁等纂，《民國南豐縣志》，收入《中國地方志集成·江西府縣志輯》，第 58 冊，南京：江蘇古籍出版社，1996，據民國 13 年（1924）鉛印本影印。

史能之纂修，（咸淳）《重修毗陵志》，收入《續修四庫全書》，第 699 冊，上海：上海古籍出版社，1997，據明刻本影印。

永　瑢等撰，《四庫全書總目》，北京：中華書局，1965。

永　瑢等撰，《欽定四庫全書總目》，臺北：臺灣商務印書館，1983。

田琯纂修，（萬曆）《新昌縣志》，收入《天一閣藏明代方志選刊》，第 25 冊，上海：上海古籍書店，1964，據明萬曆七年（1579）刻本影印。

石憝編，朱熹刪定，《中庸輯略》，收入《景印文淵閣四庫全書》，第 198 冊。

伍守陽，《內金丹》，收入傅金銓編纂，《濟一子道書十七種》，據民國十年（1921）上海書局石印本影印。

伍守陽，《仙佛合宗語錄》，收入閻永和、彭翰然重刻，賀龍驤校訂，《重刊道藏輯要》，第 159 冊，清光緒丙午年（1906）成都二僊庵重刊本。

朱多熿，《朱宗良集》，臺北國立故宮博物院藏明萬曆二十五年（1597）刊本。

朱吾弼，《朱密所先生密林漫稿》，收入《天津孤本秘籍叢刊》，第 11 冊，北京：中華全國圖書館文獻縮微複製中心，1999，據明天啟二年（1622）朱恆敬等校刻本影印。

朱長春，《四書萬卷樓新鐫主意》，日本國立公文書館內閣文庫藏明刊本。

朱長春，《朱太復文集》，收入《四庫禁燬書叢刊》，集部第 206 冊，據明萬曆刻本影印

朱　善，《朱一齋先生文集》，收入《四庫全書存目叢書》，集部第 25 冊，據明成化二十二年（1496）朱維鑑刻本影印。

朱　衡，《朱鎮山先生集》，臺北國立故宮博物院藏北平圖書館善本書膠片，據明萬曆十九年（1591）嶺南陳宗愈憖源刊本攝製。

朱謀垔，《畫史會要》，收入《文淵閣四庫全書》，第 816 冊。

朱彝尊，《靜志居詩話》，收入《續修四庫全書》，第 1698 冊，據清嘉慶二十四年（1821）扶荔山房刻本影印。

江　璧等修，胡景辰等纂，（同治）《進賢縣志》，收入《中國地方志集成・江西府縣志輯》，第 59 冊，據清同治十年（1871）刻本影印。

艾秉和修，《艾氏重修宗譜》，金溪琉璃鄉雙塘村艾氏家藏，1994 年版。

艾南英，《天傭子集》，臺北：藝文印書館，1980，據清道光十六年（1836）重刻本影印。

艾南英，《天傭子集》，收入《四庫禁燬書叢刊補編》，第 72 冊，北京：北京出版社，2005，據清康熙刻本影印。

何良俊，《四友齋叢說》，收入《明清筆記史料叢刊》，北京：中國書店，2000。

何紹基，《東洲草堂詩鈔》，收入《清代詩文集彙編》，第 604 冊，據清同治六年（1867）長沙無圖刻本影印。

何紹章、馮壽鏡修，呂耀斗等纂，（光緒）《丹徒縣志》，收入《中國地方志集成・江蘇府縣志輯》，第 29 冊，南京：鳳凰出版社，2008，據清光緒五年（1879）刻本影印。

何喬遠編撰，廈門大學古籍整理研究所歷史系古籍整理研究室《閩書》校點組校點，《閩書》，福州：福建人民出版社，1994-1995。

余之禎、王時槐等纂修，（萬曆）《吉安府志》，北京：書目文獻出版社，1991，據明萬曆十三年（1585）刻本影印。

佚　名，《居家必用事類全集》，收入《北京圖書館古籍珍本叢刊》，第 61 冊，北京：書目文獻出版社，1988，據明刻本影印。

佚　名，《新編翰苑新書前集》，收入《北京圖書館古籍珍本叢刊》，第 74 冊，據明抄本影印。

利瑪竇（Matteo Ricci），《西國記法》，收入《中國宗教歷史文獻集成·東傳福音》，第 11 冊，合肥：黃山書社，2005。

吳　悌，《吳　山先生遺集》，收入《四庫全書存目叢書》，史部第 83 冊，據清咸豐二年（1852）頤園刻本影印。

吳　雲，《天門詩文稿》，江西省圖書館藏清鈔本。

吳順昌修，《　溪吳氏宗譜》，民國三十年（1941）修。

吳慶坻撰，張文其、劉德麟點校，《蕉廊脞錄》，北京：中華書局，1990。

吳　澄撰，吳當編，《吳文正集》，收入《四庫全書珍本·二集》，第 322 冊，據國立故宮博物院藏文淵閣四庫全書影印。

吳謙牧，《吳志仁先生遺稿》，中國國家圖書館藏清鈔本。

吳　騫編，《陳乾初先生年譜》，收入《北京圖書館藏珍本年譜叢刊》，第 68 冊，北京：北京圖書館出版社，1998，據民國四年（1915）鉛印本影印。

呂　柟，《涇野先生文集》，收入《四庫全書存目叢書》，集部第 60 冊，據明嘉靖三十四年（1555）于德昌刻本影印。

宋長白，《柳亭詩話》，收入《四庫全書存目叢書》，集部第 421 冊，據清康熙天茁園刻本影印。

宋儀望，《華陽館文集》，收入《四庫全書存目叢書》，集部第 116 冊，據清道光二十二年（1842）宋氏中和堂刻本印。

宋　濂，《宋學士文集》，臺北：臺灣商務印書館，1965，《萬有文庫》本。

宋　濂等撰，《元史》，北京：中華書局，1976。

宋懋澄，《九籥集》，收入《續修四庫全書》，第 1374 冊，據明萬曆刻本影印。

李人鏡修，梅體萱纂，（同治）《南城縣志》，收入《中國地方志集成·江西府縣志輯》，第 55-56 冊，據清同治十二年（1873）刻本影印。

李士萊等修，胡業恆等纂，（同治）《東鄉縣志》，收入《中國方志叢書・華中地方・江西省》，第 793 號，據清同治八年（1869）刊本影印

李　中，《谷平先生文集》，收入《四庫全書存目叢書》，集部第 71 冊，據清光緒十三年（1887）吉永葆元堂刻本影印。

李中馥撰，凌毅點校，《原李耳戴》，北京：中華書局，1997。

李元度撰，《國朝先正事略》，臺北：臺灣中華書局，1965。

李天植，《龍湫集》，哈佛大學燕京圖書館藏清乾隆十七年（1752）刊本。

李　斗，《揚州畫舫錄》，收入《續修四庫全書》，史部第 733 冊，據清乾隆六十年（1795）自然盦刻本影印。

李日宣，《敬修堂文集》，北京中國國家圖書館藏清乾隆李氏家刻本清嘉慶六年（1801）李氏補刻本。

李光地，《榕村集》，收入《景印文淵閣四庫全書》，第 1324 冊。

李百藥撰，《北齊書》，北京：中華書局，1972。

李　冶，《敬齋古今黈》，收入《廣州大典》，叢部第 34 冊，廣州：廣州出版社，2008，據清道光咸豐間番禺潘氏海山仙館刻本影印。

李廷機撰，沈鯉校，余彰德梓，《新鐫翰林九我李先生家傳四書文林貫旨》，東京國立公文書館內閣文庫藏明萬曆二十八年（1600）刊本。

李　材撰，熊尚文編，《見羅李先生觀我堂稿》，東京：高橋情報，1993，據日本內閣文庫藏明萬曆間愛成堂刊本影印。

李來泰，《蓮龕集》，收入《四庫全書存目叢書》，集部第 222 冊，據清雍正李轍等刻本影印。

李來泰，《蓮龕集》，收入《清代詩文集彙編》，第 122 冊，據清雍正十三年（1735）刻本影印。

李延壽撰，《北史》，北京：中華書局，1974。

李延壽撰，《南史》，北京：中華書局，1975。

李　昉等奉敕編，《文苑英華》，收入《景印文淵閣四庫全書》，第 1340 冊。

李長祥，《天問閣文集》，收入《四庫禁燬書叢刊》，集部第 11 冊，據民國吳興劉氏刻求恕齋叢書本影印。

李　紱，《穆堂初　》，收入《四庫禁燬書叢刊補編》，第 86 冊，據清乾隆刻本影印。

李　紱，《穆堂初稿》，收入《清代詩文集彙編》，第 232 冊，據清道光十一年（1831）奉國堂刻本影印。

李慈銘著，由雲龍輯，《越縵堂讀書記》，上海：上海書店出版社，2000。

李煥章，《織水齋集》，收入《四庫全書存目叢書》，集部第 208 冊，據清乾隆間鈔本影印。

李　鼎，《李長卿集》，臺北國家圖書館善本室微捲，據明萬曆四十年（1612）豫章李氏家刊本攝製。

李銘皖、譚鈞培修，馮桂芬纂，（同治）《蘇州府志》，收入《中國地方志集成・江蘇府縣志輯》，第 9 冊，據清光緒八年（1882）江蘇書局刻本影印。

李　贄，《李溫陵集》，收入《續修四庫全書》，集部第 1352 冊，據明刻本影印。

李　贄，《焚書》，北京：中華書局，1974。

李　顒，《二曲集》，收入《清代詩文集彙編》，第 105 冊，據清康熙三十三年（1694）高爾公刻後印本影印。

杜　佑，《通典》，收入《景印文淵閣四庫全書》，第 603 冊。

汪　循，《汪仁峰文集》，收入《四庫全書存目叢書》，集部第 47 冊，據清康熙刻本影印。

汪　循，《汪仁峰外集》，收入《四庫全書存目叢書》，集部第 47 冊，據清康熙刻本影印。

汪榮等修，張行孚等纂，（同治）《安吉縣志》，收入《中國地方志集成・浙江府縣志輯》，第 29 冊，上海：上海書店出版社，1993，據清同治十三年（1874）刻本影印。

沈一貫，《喙鳴文集》，收入《四庫禁燬書叢刊》，集部第 176 冊，據明刻本影印。

沈德符著，黎欣點校，《萬曆野獲編》，北京：文化藝術出版社，1998。

沈　鯉撰，劉榛輯，《亦玉堂稿》，收入《景印文淵閣四庫全書》，第 1288 冊。

阮元輯，《兩浙輶軒錄》，收入《續修四庫全書》，第 1684 冊，據清嘉慶仁和朱氏碧溪艸堂錢塘陳氏種榆千儓館刻本影印。

周天德等修纂，（康熙）《新城縣志》，收入《中國方志叢書・華中地方・江西省》，第 895 號，據清康熙十二年（1673）刊本影印。

周右修，蔡復午等纂，（嘉慶）《東臺縣志》，收入《中國地方志集成・江蘇府縣志輯》，第 60 冊，南京：鳳凰出版社，2008，據嘉慶二十二年（1817）鉛印本影印。

周向日修，《崖橋周氏族譜》，金溪合市鎮斛塘上周坊村周德生、周細武家藏，清光緒七年（1881）重修本。

周汝登，《東越證學錄》，收入《四庫全書存目叢書》，集部第 165 冊，據明萬曆刻本影印。

周亮工，《因樹屋書影》，收入《續修四庫全書》，第 1134 冊，據清康熙六年（1667）刻本影印。

周敬群、周盈科等修，《水門周氏宗譜》，金溪琅琚鎮陳河村周志安家藏，1948 年重修本。

周　暉，《二續金陵瑣事》，收入《筆記小說大觀》，第 16 編第 4 冊，臺北：新興書局，1988。

周樹槐等纂修，（道光）《吉水縣志》，收入《中國方志叢書・華中地方・江西省》，第 766 號，據清道光五年（1825）刻本影印。

周穆菴修，《戊元櫟林周氏族譜》，金溪合市鎮龔家戊元村周新友家藏，清道光二十四年（1843）重修本。

周體觀，《青雲譜志》，收入《中國道觀志叢刊》，第 24 冊，據民國九年（1920）住持徐雲岩重刻本影印。

定祥修，劉繹纂，（光緒）《吉安府志》，收入《中國方志叢書・華中地方・江西省》，第 251 號，據清光緒元年（1875）刊本影印。

屈大均，《翁山文外》，收入《清代詩文集彙編》，第 119 冊，據清康熙刻本影印。

忽思慧，《飲膳正要》，收入《四部叢刊續編》，第 50 冊，上海：上海書店出版社，1984，據上海涵芬樓景印中華學藝社借照日本岩崎氏靜嘉堂文庫藏明刊本重印。

承霈修，杜有裳、楊兆崧纂，（同治）《新建縣志》，收入《中國方志集成・江西府縣志輯》，第 5-6 冊，據清同治十年（1871）刻本影印。

劉昌嶽修、鄧家祺纂，（同治）《江西省新城縣志》，收入《中國地方志集成・江西府縣志輯》，第 57 冊，據清同治十年（1871）刻本影印。

易學實，《犀崖文集》，收入《四庫全書存目叢書》，集部第 198 冊，據清康熙刻本影印。

林之奇，《拙齋文集》，收入《四庫全書珍本・二集》，第 263 冊。

邵子彝等修，魯琪光等纂，（同治）《建昌府志》，收入《中國方志叢書・華中地方・江西省》，第 831 號，據清同治十一（1872）年刊本影印。

邵　寶，《容春堂集》，收入《景印文淵閣四庫全書》，第 1258 冊。

金之俊，《金文通公集》，收入《清代詩文集彙編》，第 8 冊，據清康熙二十五年（1686）懷天堂刻本影印。

金桂馨、漆逢源纂輯，《逍遙山萬壽宮通志》，收入《中國道觀志叢刊》，第 30-31 冊，南京：江蘇古籍出版社，2000，據清光緒四年（1878）刊本影印。

俞長城，《可儀堂一百二十名家制義》，東京日本公文書館藏文盛堂懷德堂全梓乾隆三年（1738）重鐫本。

姚之駰撰，《元明事類鈔》，收入《景印文淵閣四庫全書》，第 884 冊。

姚思廉撰，《梁書》，北京：中華書局，1973。

姚濬昌等修，周立瀛等纂，（同治）《安福縣志》，收入《中國方志叢書・華中地方・江西省》，第 773 號，據同治十一年（1872）刻本影印。

施　岑編，《西山許真君八十五化錄》，收入《中華道藏》，第 46 冊，北京：華夏出版社，2004。

洪遵輯，《洪氏集驗方》，收入《歷代中醫珍本集成》，第 10 冊，上海：上海三聯書店，1990，以《叢書集成》本為底，參酌 1986 年人民衛生出版社鉛印本校正影刊。

胡之玫編校，《太上靈寶淨明宗教錄》，收入《藏外道書》，第 7 冊，成都：巴蜀書社，1992，據道藏輯要本影印。

胡　松，《胡莊肅公文集》，收入《四庫全書存目叢書》，集部第 91 冊，據明萬曆十三年（1585）胡梗刻本影印。

胡　直，《衡廬精舍藏稿》，收入《景印文淵閣四庫全書》，第 1287 冊。

胡　釗、松安等修纂，（道光）《金谿縣志》，收入《中國方志叢書・華中地方・江西省》，第 800 號，據清道光六年（1826）刊本影印。

胡震亨撰，《讀書雜錄》，收入《四庫全書存目叢書》，子部第 109 冊，據清康熙十八（1679）年刻本影印。

胡　儼，《胡祭酒集》，收入《北京圖書館古籍珍本叢刊》，第 102 冊，據明隆慶四年（1570）李遷刻本影印。

范允臨，《輸寥館集》，收入《四庫禁燬書叢刊》，集部第 101 冊，據上海圖
　　書館藏清初刻本影印。

范淶修，章潢纂，（萬曆）《新修南昌府志》，收入《日本藏中國罕見地方志
　　叢刊》，第 8 冊，北京：書目文獻出版社，1992，據日本內閣文庫藏明萬曆
　　十六年（1588）刻本影印。

范　曄撰，李賢等注，《後漢書》，北京：中華書局，1965。

茅　坤，《茅鹿門先生文集》，收入《續修四庫全書》，第 1344-1345 冊，據
　　明萬曆刻本影印。

茅　坤編，《唐宋八大家文鈔》，收入《景印文淵閣四庫全書》，第 1383-1384 冊。

夏　燮，《明通鑑》，臺北：世界書局，1962。

孫七政，《松韻堂集》，收入《四庫全書存目叢書》，集部第 142 冊，據明萬
　　曆四十五年（1616）孫朝肅刻本影印。

孫奇逢，《孫徵君日譜錄存》，收入《續修四庫全書》，第 559 冊，據清光緒
　　十一年（1885）刻本影印。

孫奇逢，《理學宗傳》，收入《孔子文化大全》，濟南：山東友誼書社，
　　1989，據清光緒浙江書局刻本影印。

孫奇逢編，《理學宗傳》，收入《續修四庫全書》，第 514 冊，據清康熙六年
　　（1667）張沐程啟朱刻本影印。

孫　雄輯，《道咸同光四朝詩史》，收入《歷代詩史長編》，第 18 種，新北：
　　鼎文書局，1971。

孫慎行，《玄晏齋集》，收入《四庫禁燬叢書》，集部第 123 冊，據明崇禎刻
　　本影印。

孫毓琇修，賈恩紱纂，（民國）《鹽山新志》，收入《中國方志叢書・華北地
　　方・河北省》，第 496 號，臺北：成文出版社，1976，據民國五年（1916）
　　刊本影印。

徐世溥，《榆溪逸　》，收入《清代詩文集彙編》，第 26 冊，據清嘉慶年間刻
　　本影印。

徐永山等修，《耿陽徐氏族譜》，金溪琉璃鄉蒲塘小耿徐氏家藏，2010 年重修
　　東鄉何鴻文刊印本。

徐　芳，《懸榻編》，收入《四庫禁燬書叢刊》，集部第 86 冊，據清康熙刻本
　　影印。

徐　問，《山堂續稿》，收入《四庫全書存目叢書》，集部第 54 冊，據明嘉靖二十年（1638）張志選刻崇禎十一年（1638）徐邦式重修本影印。

徐雲淋修，《印山徐氏宗譜》，金溪琉璃鄉印衫徐樣清家藏，民國三十五年（1946）十修。

徐　熥，《鼇峰集》，收入《續修四庫全書》，第 1381 冊，據明天啟五年（1625）南居益刻本影印。

徐　熥撰，沈文倬校注，《筆精》，福州：福建人民出版社，1997。

徐奮鵬，《徐筆峒先生十二部文集》，臺北國立故宮博物院藏北平圖書館善本書膠片，據明秣陵王鳳翔光啟堂重刊本攝製。

徐學謨，《歸有園稿》，收入《四庫全書存目叢書》，集部第 125 冊，據明萬曆二十一年（1593）張汝濟刻四十年徐元嘏重修本影印。

涂伯昌，《涂子一杯水》，收入《四庫全書存目叢書》，集部第 193 冊，據清康熙四十五年（1706）涂見春刻本影印。

涂國鼎，《性餘堂集》，收入《四庫禁燬書叢刊補編》，第 69 冊，據天津圖書館藏清康熙蒨園刻本影印。

秦　瀛，《小峴山人詩文集》，收入《續修四庫全書》，第 1464-1465 冊，據清嘉慶刻本影印。

翁方綱，《復初齋文集》，收入《清代詩文集彙編》，第 382 冊，據清李彥章校刻本影印。

翁方綱，《復初齋外集》，收入《清代詩文集彙編》，第 382 冊，據清李彥章校刻本影印。

耿定向，《耿天臺先生文集》，收入《四庫全書存目叢書》，集部第 131 冊，據明萬曆二十六年（1598）劉元卿刻本影印。

袁中道，《珂雪齋近集》，收入《明代論著叢刊》，臺北：偉文圖書公司，1976，據中央圖書館藏本影印。

袁中道撰，錢伯城點校，《珂雪齋集》，上海：上海古籍出版社，2007。

袁　黃，《袁了凡先生兩行齋集》，臺北國家圖書館善本室微捲，據明天啟四年（1624）嘉興袁氏家刊本攝製。

高攀龍，《高子遺書》，收入《景印文淵閣四庫全書》，第 1292 冊。

高攀龍，《高子遺書》，收入《無錫文庫》，第4輯第84冊，南京：鳳凰出版社，
　　2011，據明崇禎五年（1632）錢士升、陳龍正等刻本與高子遺書未刻稿合刊。

屠　隆，《栖真館集》，收入《續修四庫全書》，第1360冊，據明萬曆十八年
　　（1590）呂氏栖真館刻本影印。

屠　隆，《鴻苞》，收入《四庫全書存目叢書》，子部第89-90冊，據明萬曆
　　三十八年（1610）茅元儀刻本影印。

崔　銑，《洹詞》，收入《景印文淵閣四庫全書》，第1267冊。

張大復，《崑山人物傳》，收入《續修四庫全書》，第541冊，據明刻清雍正
　　二年（1724）汪中鵬重修本影印。

張大復，《梅花草堂集》，收入《續修四庫全書》，第1380冊，據明崇禎刻本
　　影印。

張伯行，《小學集解》，收入《四庫全書存目叢書》，子部第3冊，據清同治
　　重刻正誼堂全書本影印。

張　位，《閒雲館集》，東京：高橋情報，1990，據日本內閣文庫藏明刊本影印。

張君房，《雲笈七籤》，收入胡道靜等選輯，《道藏要籍選刊》，第1冊，上
　　海：上海古籍出版社，1989，據1923至1926年間上海涵芬樓縮印明刊《正
　　統道藏》本選印。

張廷玉等撰，鄭天挺點校，《新校本明史》，北京：中華書局，1995。

張邦奇，《張文定公環碧堂集》，收入《續修四庫全書》，第1337冊，據明刻
　　本影印。

張其錦編，《凌次仲先生年譜》，收入北京圖書館出版社古籍影印編輯室輯，《乾
　　嘉名儒年譜》，第10冊，北京，北京圖書館出版社，2006。

張　岱，《陶菴夢憶》，臺北：金楓出版社，1996。

張　岱編，《陽明先生遺像冊》，收入劉家平等主編，《中華歷史人物別傳集》，
　　第21冊，北京：線裝書局，2003。

張　杲，《醫說》，收入《景印文淵閣四庫全書》，第742冊。

張　采，《知畏堂文存》，收入《四庫禁燬書叢刊》，集部第81冊，據清康熙
　　刻本影印。

張　采，《知畏堂詩存》，收入《四庫禁燬書叢刊》，集部第81冊，據清康熙
　　刻本影印。

張　洪、齊熙同編，《朱子讀書法》，收入《景印文淵閣四庫全書》，第 709 冊。

張貞生，《庸書》，收入《四庫全書存目叢書》，集部第 229 冊，據清康熙十八年（1679）張世坤張世坊講學山房刻本影印。

張　夏，《雒閩源流錄》，收入《四庫全書存目叢書》，史部第 123 冊，據清康熙二十一年（1682）黃昌衢彝敘堂刻本影印。

張時徹，《芝園定集》，收入《四庫全書存目叢書》，集部第 82 冊，據明嘉靖刻本影印。

張　溥，〈十三經類語序〉，載羅萬藻編，《十三經類語》，收入《四庫全書存目叢書》，子部第 217 冊，據明崇禎十三年（1640）刻本影印。

張　萱，《西園聞見錄》，收入《續修四庫全書》，第 1168-1170 冊，據民國二十九年（1940）哈佛燕京學社印本影印。

張維屏編撰，陳永正點校，《國朝詩人徵略二編》，廣州：中山大學出版社，2004。

張蔭階、張啟元等修，《橫渠張氏宗譜》，東邑宗美仁齋 1995 年新鎸本。

張豫章編，《御選宋金元明四朝詩》，收入《景印文淵閣四庫全書》，第 1443 冊。

曹于汴，《仰節堂集》，收入《景印文淵閣四庫全書》，第 1293 冊。

曹學佺，《石倉文稿》，收入《續修四庫全書》，第 1367 冊，據明萬曆刻本影印。

曹學佺，《石倉全集》，東京：高橋情報，1993，據日本內閣文庫藏明刊本影印。

梁　寅，《新喻梁石門先生集》，收入《北京圖書館古籍珍本叢刊》，第 96 冊，據清乾隆十五年（1840）刻本影印。

梅鼎祚，《鹿裘石室集》，收入《四庫禁燬書叢刊》，集部第 58 冊，據明天啟三年（1623）玄白堂影印。

章　袞，《章介菴文集》，收入《四庫全書存目叢書》，集部第 81 冊，據清乾隆十八年（1753）章文先刻本影印。

符兆鵬等修，趙繼元等纂，（同治）《太湖縣志》，收入《中國方志叢書・華中地方・安徽省》，第 106 號，臺北：成文出版社，1985，據清同治十一年（1872）刊本影印。

許三禮，《政學合一集》，收入《四庫全書存目叢書》，子部第 165 冊，據清康熙刻本影印。

許治修，沈德潛、顧詒祿纂，（乾隆）《元和縣志》，揚州：江蘇廣陵古籍刻印社，
　　1991，據乾隆二十六年（1761）刻本影印。

許瑤光等修，吳仰賢等纂，（光緒）《嘉興府志》，收入《中國方志叢書・華
　　中地方・浙江省》，第 53 號，據清光緒五年（1879）刊本影印。

許　遜，《靈劍子》，收入《中華道藏》，第 31 冊。

許應鑅修，謝煌纂，（光緒）《撫州府志》，收入《中國方志叢書・華中地方・
　　江西省》，第 253 號，據清光　二年（1876）刊本影印。

許應鑅等修，曾作舟等纂，（同治）《南昌府志》，收入《中國方志叢書・華
　　中地方・江西省》，第 812 號，據清同治十二年（1873）刊本影印。

郭子章，《蠙衣生傳草》，收入《四庫全書存目叢書》，集部第 156 冊，據明
　　萬曆刻本影印。

郭　棐，（萬曆）《粵大記》，收入《日本藏中國罕見地方志叢刊》，第 2 冊，
　　據日本內閣文庫藏明萬曆間刻本影印。

陳子龍，《安雅堂稿》，收入《續修四庫全書》，第 1387-1388 冊，據明末刻
　　本影印。

陳仁錫，《無夢園遺集》，收入《續修四庫全書》，第 1382 冊，據明崇禎八年
　　（1635）陳禮錫陳智錫等刻本影印。

陳弘緒，《江城名蹟》，收入《四庫全書珍本》，第 361 冊，臺北：臺灣商務
　　印書館，1969-1970。

陳弘緒，《恒山存稿》，收入《清代詩文集彙編》，第 11 冊，據清康熙二十六
　　年（1687）陳玫刻本影印。。

陳弘緒，《陳士業先生集》，收入《四庫全書存目叢書補編》，第 54 冊，濟南：
　　齊魯書社，2001，據清康熙二十六年（1687）刻本影印。

陳弘緒，《鴻桷集》，收入《清代詩文集彙編》，第 11 冊，據清康熙二十六年
　　（1687）陳玫重刻本影印。

陳田輯撰，《明詩紀事》，上海：上海古籍出版社，1993。

陳孝逸，《壺山集》，收入《四庫禁燬書叢刊》，集部第 72 冊，據清順治刻本
　　影印。

陳孝逸，《癡山集》，收入《四庫禁燬書叢刊》，集部第 49 冊，據清初刻本影印。

陳　沆，《近思錄補注》，收入《續修四庫全書》，第 934 冊，據清稿本影印。

陳其元，《庸閒齋筆記》，收入《續修四庫全書》，第 1142 冊，據清同治十三年（1874）刻本影印。

陳昌積，《龍津原集》，臺北國家圖書館藏微捲，據中央圖書館藏明嘉靖間毛汝麒等校刊本攝製。

陳致虛，《金丹大要》，收入閻鶴洲輯，《道書全集》，第 1 冊，明萬曆辛卯（1591）金陵閻氏刊本。

陳真晟，《布衣陳先生存稿》，收入《續修四庫全書》，第 1330 冊，據明萬曆李畿嗣刻本影印。

陳際泰，《大乙山房文集》，收入《四庫禁燬書叢刊補編》，第 67 冊，據明崇禎六年（1633）刻本影印。

陳際泰，《已吾集》，收入《四庫禁燬書叢刊》，集部第 9 冊，據清順治李來泰刻本影印。

陳　確，《乾初先生遺集》，收入《清代詩文集彙編》，第 20 冊，據清陳敬璋餐霞軒抄本影印。

陳　謨，《海桑集》，收入《景印文淵閣四庫全書》，第 1232 冊。

陳獻章撰，孫通海點校，《陳獻章集》，北京：中華書局，1987。

陳繼儒，〈斬蛟記〉，收入《稀見珍本明清傳奇小說集》，長春：吉林出版社，2007。

陳懿典，《陳學士先生初集》，收入《四庫禁燬叢書》，集部第 78 冊，據明萬曆四十八年（1620）曹憲來刻本影印。

陶兆麟修，蔡逢思纂，（光緒）《高明縣志》，收入《中國方志叢書・華南地方・廣東省》，第 186 號，臺北：成文出版社，1974，據清光緒二十年（1894）刊本影印。

陶望齡，《歇菴集》，收入《續修四庫全書》，第 1365 冊，據明萬曆喬時敏等刻本影印。

傅占衡，《湘帆堂集》，收入《四庫禁燬書叢刊》，集部第 165 冊，據清康熙六十一年（1722）活字本刻本影印。

傅金銓編纂，《濟一子道書十七種》，據民國十年（1921）上海書局石印本影印。

傅維鱗纂，《明書》，上海：商務印書館，1937，《國學基本叢書》本。

彭士望，《恥躬堂文鈔》，收入《清代詩文集彙編》，第 32 冊，據清咸豐二年（1852）重刻本影印。

彭好古，《石函記》，收入胡道靜等主編，《藏外道書》，第 6 冊。

彭好古，《銅符鐵券》，收入胡道靜等主編，《藏外道書》，第 6 冊。

彭際盛等修，胡宗元等纂，（光緒）《吉水縣志》，收入《中國地方志輯成·江西府縣志輯》，第 65 冊，據清光緒元年（1875）刻本影印。

揭傒斯，《揭文安公全集》，收入《四部叢刊初編》，第 237 冊，上海：上海書店出版社，1989，據上海涵芬樓借景烏程蔣氏密 樓藏孔荭谷鈔本重印。

斐大中等修，秦緗業等纂，（光緒）《無錫金匱縣志》，收入《中國方志叢書·華中地方·江蘇省》，第 21 號，臺北：成文出版社，1970，據清光緒七年（1881）刊本影印。

曾同亨，《泉湖山房稿》，東京：高橋情報，1991，據日本內閣文庫藏明刊本影印。

曾國藩、劉坤一等修，劉繹、趙之謙等纂，（光緒）《江西通志》，收入《中國地方志集成》，第 3-7 冊，南京：鳳凰出版社，2009，據清光緒七年（1881）刻本影印。

曾國藩、劉坤一等修，劉繹、趙之謙等纂，（光緒）《江西通志》，收入《續修四庫全書》，第 656-660 冊，據清光緒七年（1881）刻本影印。

曾　燠，《賞雨茅屋詩集》，收入《清代詩文集彙編》，第 456 冊，據清咸豐十一年（1861）重刻本影印。

曾燠輯，《江西詩徵》，收入《續修四庫全書》，第 1690 冊，據清嘉慶九年（1804）賞雨茅屋刻本影印。

湛若水，《湛甘泉先生文集》，收入《四庫全書存目叢書》，集部第 56-57 冊，據清康熙二十年（1681）黃楷刻本影印。

湯日昭、王光蘊纂修，（萬曆）《溫州府志》，收入《四庫全書存目叢書》，史部第 210-211 冊，據明萬曆刻本影印。

湯來賀，《內省齋文集》，收入《四庫全書存目叢書》，集部第 199 冊，據清康熙書林五車樓刻本影印。

湯斌修，孫珮纂，（康熙）《吳縣志》，揚州：江蘇廣陵古籍刻印社，1989，據康熙三十年（1691）刻本影印。

湯賓尹，《鼎鐫睡菴湯太史四書脈》，哈佛大學燕京圖書館藏明萬曆四十三年（1615）序刊本。

湯賓尹，《睡庵稿》，收入《四庫禁燬書叢刊》，集部第 63 冊，據明萬曆間刻本影印。

焦　竑，《焦氏澹園續集》，收入《續修四庫全書》，第 1364 冊，據明萬曆三十九年（1611）朱汝鰲刻本影印。

焦　竑撰，李劍雄點校，《澹園集》，北京：中華書局，1999。

焦　竑編纂，《國朝獻徵錄》，臺北：臺灣學生書局，1965。

程嗣章，《明儒講學考》，收入《四庫全書存目叢書》，子部第 29 冊，據清道光四年（1824）刻本影印。

程端禮撰，姜漢椿校注，《程氏家塾讀書分年日程》，合肥：黃山書社，1992。

程　顥、程頤撰，潘富恩導讀，《二程遺書》，上海：上海古籍出版社，2000。

童範儼等修，陳慶齡等纂，（同治）《臨川縣志》，收入《中國方志叢書・華中地方・江西省》，第 946 號，據日本國會圖書館藏清同治九年（1870）刊本影印。

賀長齡，《耐菴詩文存》，收入《清代詩文集彙編》，第 550 冊，據清咸豐十一年（1861）刻本影印。

賀長齡、魏源等編，《清經世文編》，北京：中華書局，1992。

賀貽孫，《水田居文集》，收入《四庫全書存目叢書》，集部第 208 冊，據清道光至同治間賜書樓刻水田居全集本影印。

項　珂、劉馥桂等修，（同治）《萬年縣志》，收入《中國方志叢書・華中地方・江西省》，第 258 號，據清同治十年（1871）刊本影印。

馮可鏞修，楊泰亨纂，（光緒）《慈谿縣志》，收入《中國方志叢書・華中地方・浙江省》，第 213 號，據清光緒二十五年（1899）德潤書院刊本影印。

馮金伯，《國朝畫識》，收入《中國歷代畫史匯編》，第 4 冊，天津：天津古籍出版社，1997，據中華書局聚珍仿宋版精校影印。

馮從吾，《馮少墟續集》，收入《叢書集成三編》，第 14 冊，臺北：新文豐出版公司，1997，據馮恭定全書本影印。

馮夢龍，《警世通言》，收入《古本小說集成》，第316冊，上海：上海古籍
　　出版社，1994，據兼善堂本影印。

黃　中，《黃雪瀑集》，收入《四庫未收書輯刊》，第7輯第23冊，據清康熙
　　汲古堂刻本影印。

黃元吉編集，徐慧校正，《淨明忠孝全書》，收入《正統道藏》，第41冊，臺
　　北：新文豐出版公司，1985。

黃石麟，《半蕪園集》，收入《四庫禁燬書叢刊》，集部第150冊，據清康熙
　　六十一年（1722）黃承昊等刻本影印。

黃汝亨，《寓林集》，收入《四庫禁燬書叢刊》，集部第42-43冊，據明天啟
　　二年（1622）武林黃氏原刊本影印。

黃汝亨，《寓林集》，收入《續修四庫全書》，第1369冊，據明天啟四年（1624）
　　吳敬吳芝等刻本影印。

黃　佐，《小學古訓》，收入《嶺南遺書》，清道光三十年（1850）南海伍氏
　　粵雅堂文字歡娛室刊本。

黃宗羲，《南雷文定三集》，收入《清代詩文集彙編》，第33冊，據清康熙刻
　　本影印。

黃宗羲，《南雷文定前集》，收入《清代詩文集彙編》，第33冊，據清康熙刻
　　本影印。

黃宗羲原著，全祖望補修，陳金生、梁運華點校，《宋元學案》，北京：中華書局，
　　1986。

黃宗羲撰，沈芝盈點校，《明儒學案》，臺北：里仁書局，1987。

黃宗羲撰，沈善洪主編，《黃宗羲全集》，杭州：浙江古籍出版社，1985-
　　1994。

黃道周，《黃石齋先生文集》，收入《續修四庫全書》，第1384冊，據清康熙
　　五十三年（1714）鄭玫刻本影印。

黃端伯，《瑤光閣集》，收入《四庫全書存目叢書》，集部第193冊，據清乾
　　隆黃祐刻本影印。

楊長杰等修，黃聯　等纂，（同治）《貴溪縣志》，收入《中國方志叢書·華
　　中地方·江西省》，第873號，據清同治十年（1871）刊本影印。

楊思本，《榴館初函集》，收入《四庫全書存目叢書》，集部第194-195冊，
　　據清康熙十三年（1674）楊日升刻本影印。

楊　訒，徐迪惠等纂，（道光）《泰和縣志》，《中國方志叢書・華中地方・江西省》，第 839 號，據清道光六年（1826）刊本影印。

楊　廉，《楊文恪公文集》，收入《續修四庫全書》，第 1332 冊，據明刻本影印。

楊　漣，《楊忠烈公文集》，收入《續修四庫全書》，第 1371 冊，據清順治十七年（1660）李贊元刻本影印。

楊維新修，張元汴、徐渭纂，（萬曆）《會稽縣志》，收入《天一閣藏明代方志選刊續編》，第 28 冊，上海：上海書店出版社，1990，據明萬曆刊本影印。

楊維楨，《鐵崖賦藁》，收入《續修四庫全書》，第 1325 冊，據清勞權家抄本影印。

楊錫齡等修，《楊氏宗譜》，金溪印山楊軍輝家藏，清光緒九年（1883）重修本。

楊應詔，《天游山人集》，收入《北京圖書館古籍珍本叢刊》，第 110 冊，據明刻本影印。

瑞　麟等修，史澄等纂，（光緒）《廣州府志》，收入《中國方志叢書・華南地方・廣東省》，第 1 號，臺北：成文出版社，1966，據光緒五年（1879）刻本影印。

萬承蒼，《孺廬先生文錄》，收入李祖陶輯，《國朝文錄續編》，《續修四庫全書》，第 1671 冊，據清同治七年（1868）李氏刻本影印。

萬　恭，《洞陽子集》，臺北國家圖書館漢學研究中心藏日本尊經閣文庫明萬曆刊本影印本。

萬　恭，《洞陽子集再續集》，臺北國家圖書館漢學研究中心藏日本尊經閣文庫明萬曆刊本影印本。

萬時華，《溉園初／二集》，收入《四庫禁燬書叢刊》，集部第 144 冊，據明末刻本影印。

葉　采，《近思錄集解》，收入《續修四庫全書》，第 934 冊，據元刻明修本影印。

董其昌編，馬鏞點校，《董其昌全集》，上海：上海書畫出版社，2013。

董斯張等輯，《吳興藝文補》，收入《四庫全書存目叢書》，集部第 376-378 冊，據明崇禎六年（1633）刻本影印。

董傳策，《邕歈稿》，收入《四庫全書存目叢書》，集部第 122 冊，據明萬曆刻本影印。

董　穀，《碧里雜存》，收入《叢書集成初編》，第 2911 冊，北京：中華書局，1985，據鹽邑志林本影印。

虞淳熙，《虞德園先生集》，收入《四庫禁燬書叢刊》，集部第 43 冊，據明末
　　刻本影印。

過庭訓，《本朝分省人物考》，收入《續修四庫全書》，第 533-536 冊，據明
　　天啟刻本影印。

鄒元標，《願學集》，收入《文淵閣四庫全書》，第 1294 冊。

鄒元標撰，周汝登等編，《鄒子存真集》，東京：高橋情報，1991，據日本內
　　閣文庫藏明天啟二年（1622）序李生文重刊本影印。

鄒守益，《東廓鄒先生文集》，收入《四庫全書存目叢書》，集部第 65-66 冊，
　　據清刻本影印。

鄒守益，《東廓鄒先生遺稿》，臺北國家圖書館藏嘉靖末年刊本。

鄒守益著，董平編校整理，《鄒守益集》，南京：鳳凰出版社，2007。

鄒守益編，《王陽明先生圖譜》，收入《北京圖書館藏珍本年譜叢刊》，第 43 冊，
　　北京：北京圖書館出版社，1998，據民國三十年（1941）本影印。

鄒守益編，《王陽明先生圖譜》，收入《四庫未收書輯刊》，第 4 輯第 17 冊，
　　據清鈔本影印。

鄒德涵，《鄒聚所先生文集》，收入《四庫全書存目叢書》，集部第 157 冊，
　　據明萬曆鄒袞刻本影印。

鄒德涵，《鄒聚所先生外集》，收入《四庫全書存目叢書》，集部第 157 冊，
　　據明萬曆鄒袞刻本影印。

鄒德溥，《鄒泗山先生文集》，中央研究院傅斯年圖書館藏安成紹恩堂刊本清
　　刊本。

鄒鍾泉，《道南淵源錄》，收入《四庫未收書輯刊》，第 9 輯 7 冊，據清道光
　　二十八年（1848）道南祠刻本影印。

雷士俊，《艾陵文鈔》，收入《四庫禁燬書叢刊》，集部第 90 冊，據清康熙莘
　　樂草堂刻本影印。

熊人霖，《南榮集詩文選》，東京：高橋情報，1994，據日本內閣文庫藏明崇
　　禎十六年（1643）刊本影印。

熊明遇，《文直行書》，收入《四庫禁燬書叢刊》，集部第 106 冊，據清順治
　　十七年（1660）熊人霖刻本影印。

熊開元，《魚山剩稿》，收入《筆記小說大觀》，第 43 編第 4 冊，臺北：新興書局，1986。

熊　過，《南沙先生文集》，收入《四庫全書存目叢書》，集部第 91 冊，據明泰昌元年（1620）熊胤衡刻本印。

管志道，《續問辨牘》，收入《四庫全書存目叢書》，子部第 87 冊，據明萬曆刻本影印。

蒲松齡，《聊齋誌異校會注評本》，臺北：里仁書局，1978。

劉元卿，《劉聘君全集》，收入《四庫全書存目叢書》，集部第 154 冊，據清咸豐二年（1852）重刻本影印。

劉孔當撰，劉以城編，《劉喜聞先生集》，東京：高橋情報，1993，據日本內閣文庫藏明萬曆三十九年（1611）陳邦瞻校刊本影印。

劉氏合族修，（安福）《三舍劉氏六續族譜》，收入《中國族譜集成·劉氏族譜》，第 13-14 冊，成都：巴蜀書社，1995，據清光緒三十一年（1905）刻本影印。

劉克莊，《後村先生大全集》，收入《四部叢刊初編》，第 216 冊，據上海涵芬樓景印舊鈔本影印。

劉宗堯纂，（民國）《遷江縣志》，收入《中國方志叢書·華南地方·廣西省》，第 136 號，臺北：成文出版社，1967，據民國二十四年（1935）鉛印本影印。

劉岳申，《申齋劉先生文集》，收入《元代珍本文集彙刊》，臺北：國立中央圖書館，1970。

劉昌嶽修，鄧家祺纂，（同治）《新城縣志》，收入《中國方志叢書·華中地方·江西省》，第 256 號，據清同治九年（1870）刊本影印。

劉　夏，《劉尚賓文集》，收入《續修四庫全書》，第 1326 冊，據明永樂劉拙刻成化劉衢增修本影印。

劉　崧，《槎翁文集》，收入《四庫全書存目叢書》，集部第 24 冊，據明嘉靖元年（1522）徐冠刻本影印。

劉應秋，《劉大司成文集》，臺北國家圖書館藏明吉水劉氏家刊本。

撰者不詳，《孝行錄》，東京：合資會社東京國文社，1922。

樂　史，《太平寰宇記》，收入《景印文淵閣四庫全書》，第 470 冊。

歐大任，《歐虞部集》，收入《四庫禁燬書叢刊》，集部第 47-48 冊，據清刻本影印。

歐陽守道，《巽齋文集》，收入《景印文淵閣四庫全書》，第 1183 冊。

歐陽修撰，《新唐書》，北京：中華書局，1975。

歐陽桂，《西山志》，收入《四庫禁燬書叢刊》，史部第 72 冊，據清乾隆
　　三十一年（1765）梅谷山房刻本影印。

歐陽德，《歐陽南野先生文集》，收入《四庫全書存目叢書》，集部第 81 冊，
　　據明嘉靖刻本影印。

歐陽鐸，《歐陽恭簡公文集》，收入《四庫全書存目叢書》，集部第 64 冊，據
　　明嘉靖刻本影印。

編者不詳，（安福）《南溪劉氏續修族譜》，上海圖書館藏清崇本堂木活字本。

編者不詳，（安福）《續脩安福令歐陽公通譜》，上海圖書館藏民國 26 年（1937）
　　影印本。

編者不詳，（義門）《陳氏宗譜》，金溪秀谷鎮嚴良陳家村陳國華家藏，清同
　　治五年（1864）修。

編者不詳，（廬陵）《平溪羅氏四修族譜》，上海圖書館藏民國一經堂木活字本。

編者不詳，《上源徐氏宗譜》，金溪琉璃鄉印山上源徐水興家藏，民國三十五
　　年（1946）十修。

編者不詳，《石峰王氏宗譜》，金溪秀谷鎮王家巷王保光家藏，年分不詳。

編者不詳，《仲嶺胡氏族譜》，金溪縣合市鎮仲嶺胡家村胡勤生收藏，年分不詳。

編者不詳，《全氏宗譜》，金溪合市鎮全坊村全自康家藏，民國三十七年（1948）
　　修。

編者不詳，《泗源楊氏家譜》（殘譜），金溪琉璃鄉蒲塘楊泗楊九瓶家藏，年
　　分不詳。

編者不詳，《金紫何氏重修合譜》，金溪左坊鎮后車何家何榮華管譜，民國
　　三十一年（1942）版。

編者不詳，《黃氏十修族譜》，金溪滸灣鎮黃坊黃福堂家藏，民國十年（1921）
　　修。

編者不詳，《聖裔孔氏宗譜》，金溪河源鎮朱坊孔家村孔國珍管譜，年分不詳。

編者不詳，《臨坊王氏族譜》，民國三十三年（1944）修。

編者不詳，《舉林車氏十脩族譜》，金溪滸灣鎮黃坊車家車澤民家藏，民國
　　二十四年（1935）版。

編者不詳，《蘭陵丁坊蕭氏六修宗譜》，金溪左坊鎮許家大隊蕭家村蕭伙林管譜，1995 年東邑宗美仁齋寶刊印本。

蔡汝楠，《自知堂集》，收入《四庫全書存目叢書》，集部第 97 冊，據明嘉靖刻本影印。

蔣方增修，（道光）《瑞金縣志》，收入《中國地方志集成·江西府縣志輯》，第 81 冊，據清道光二年（1822）刻本影印。

蔣繼洙等修，李樹藩等纂，（同治）《廣信府志》，收入《中國方志叢書·華中地方·江西省》，第 106 號，據清同治十二年（1873）刊本影印。

鄧元錫，《潛學編》，收入《四庫全書存目叢書》，集部第 130 冊，據明萬曆三十五年（1607）左宗郢刻本影印。

鄧　澄，《鄧東垣集》，收入《四庫禁燬叢刊補編》，第 80 冊，據清敦夙堂活字本影印。

鄭元祐，《僑吳集》，收入《元代珍本文集彙刊》，第 13 冊，臺北：國立中央圖書館，1970，據鈔本影印。

鄭　鄤，《崏陽草堂詩文集》，收入《四庫禁燬書叢刊》，集部第 126 冊，據民國二十一年（1932）活字本影印。

黎元寬，《進賢堂稿》，收入《四庫禁燬書叢刊》，集部第 145-146 冊，據清康熙刻本影印。

盧文弨輯，莊翊昆等校補，《常郡八邑藝文志》，收入《續修四庫全書》，第 917 冊，據清光緒十六年（1890）刻本影印。

盧崧等修，朱承煦等纂，（乾隆）《吉安府志》，收入《中國方志叢書·華中地方·江西省》，第 769 號，臺北：成文出版社，1989，據清乾隆四十一年（1776）原刊、道光二十二年（1842）補刻本影印。

蕭良榦等修，張元忭等纂，（萬曆）《紹興府志》，收入《中國方志叢書·華中地方·浙江省》，第 520 號，臺北：成文出版社，1983，據明萬曆十五年（1587）刊本影印。

蕭　鎡，《尚約居士集》，東京：高橋情報，1990，據日本內閣文庫藏明弘治七年（1494）刊後補本影印。

錢希言，《獪園》，收入氏著，《松樞十九山》，東京：高橋情報，1991，據日本內閣文庫藏明萬曆二十八年（1600）序刊本影印。

錢　泳撰，張偉點校，《履園叢話》，北京：中華書局，1979。

錢泰吉，《曝書雜記》，收入《續修四庫全書》，第 926 冊，據清道光十九年
　　（1839）別下齋叢書本影印。

錢陳群，《香樹齋文集》，收入《清代詩文集彙編》，第 262 冊，據清乾隆刻
　　同治光　間遞修本影印。

錢德洪編，《陽明先生年譜》，收入《宋明理學家年譜》，第 11 冊，北京：北
　　京圖書館，2005，據明嘉靖四十三年（1564）刻本影印。

錢謙益，《列朝詩集小傳》，上海：上海古籍出版社，2008。

錢謙益，《列朝詩集小傳》，收入《明代傳記叢刊》，第 11 冊，臺北：明文書
　　局，1991。

錢謙益著，錢曾箋注，錢仲聯標校，《牧齋有學集》，上海：上海古籍出版社，
　　2009。

錢謙益著，錢曾箋注，錢仲聯標校，《牧齋初學集》，上海：上海古籍出版社，
　　2009。

錢謙益撰集，許逸民等點校，《列朝詩集》，北京：中華書局，2007。

儲大文，《存硯樓二集》，收入《四庫未收書輯刊》，第 9 輯第 19 冊，據清乾
　　隆京江張氏刻十九年儲球孫等補修本影印。

繆荃孫、吳昌綬、董康撰，吳格整理點校，《嘉業堂藏書志》，上海：復旦大
　　學出版社，1997。

薛　甲，《畏齋薛先生藝文類稿》，收入《北京圖書館古籍珍本叢刊》，第 110
　　冊，據明隆慶刻本影印。

薛　岡，《天爵堂文集》，收入《四庫未收書輯刊》，第 6 輯第 25 冊，據明崇
　　禎刻本影印。

謝文洊，《謝程山集》，收入《四庫全書存目叢書》，集部第 209 冊，據清道
　　光三十年（1850）刻謝程山先生全書影印。

謝廷讚，《步丘草》，東京，高橋情報，1990，據日本內閣文庫藏明萬曆間刊
　　本影印。

謝廷讚，《霞繼亭集》，臺北國家圖書館藏明萬曆刊本。

謝旻等修，陶成等纂，（雍正）《江西通志》，收入《中國方志叢書・華中地方・
　　江西省》，第 782 號，據清雍正十年（1732）刊本影印。

謝鳴謙輯，《程山謝明學先生年譜》，附於謝文洊，《謝程山集》，收入《四庫全書存目叢書》，集部第 209 冊。

聶友于等修，《崇陽聶氏族譜》，金溪合市鎮崇麓聶家村聶海平家藏，鼎容瑞堂 2012 年重鐫。

聶　豹，《雙江聶先生文集》，收入《四庫全書存目叢書》，集部第 72 冊，據明嘉靖四十三年（1564）吳鳳瑞刻隆慶六年（1572）印本影印。

顏　鈞著，黃宣民標點整理，《顏鈞集》，北京：中國社會科學出版社，1996。

魏了翁，《鶴山先生大全文集》，收入《四部叢刊初編》，上海：商務印書館，1922，據烏程劉氏嘉業堂藏宋刊本景印。

魏　瀛修，魯琪光、鍾音鴻纂，（同治）《贛州府志》，收入《中國地方志集成・江西府縣志輯》，第 73-74 冊，據清同治十二年（1873）刻本影印。

羅大紘，《紫原文集》，收入《四庫禁燬書叢刊》，集部第 139-140 冊，據明末刻本影印。

羅子理，《羅德安先生文集》，收入《天津圖書館孤本秘籍叢書》，第 10 冊，北京：中華全國圖書館文獻縮微複製中心，1999，據明隆慶四年（1570）羅紈刻本影印。

羅洪先，《念菴文集》，收入《景印文淵閣四庫全書》，第 1275 冊。

羅欽順著，閻韜點校，《困知記》，北京：中華書局，1990。

羅萬藻，《此觀堂集》，收入《四庫全書存目叢書》，集部第 192 冊，據清乾隆二十一年（1756）躍齋刻本影印。

嚴如熤原本，楊名颺續纂，（民國）《漢南續修郡志》，收入《中國地方志集成・陝西府縣志輯》，第 50 冊，南京：鳳凰出版社，2007，據民國十三年（1924）刻本影印。

蘇　軾，《東坡後集》，收入《東坡七集》，第 2 冊，臺北：臺灣中華書局，1965，據匋齋校刊本校刊。

釋道原，《景德傳燈錄》，收入《四部叢刊三編》，第 57-58 冊，上海：上海書店出版社，1985，據上海涵芬樓景印常熟瞿氏鐵琴銅劍樓藏宋刻本重印。

顧天埈，《顧太史文集》，收入《四庫禁燬書叢刊》，集部第 9 冊，據明崇禎刻本影印。

顧起元，《雪堂隨筆》，收入《四庫禁燬書叢刊》，集部第 80 冊，據明天啟七年（1627）刻本影印。

顧憲成，《涇皋藏稿》，收入《景印文淵閣四庫全書》，第 1292 冊。

酈道元，《水經注》，收入《景印文淵閣四庫全書》，第 573 冊。

龔　煒，《巢林筆談》，收入《續修四庫全書》，第 1177 冊，據清乾隆三十年（1765）蓼懷閣刻本影印。

二、近人論著

丁國祥，《復社研究》，南京：鳳凰出版社，2011。

丁常春，《伍守陽內丹思想研究》，成都：巴蜀書社，2007。

小野和子，《明季党社考：東林党と復社》，京都：同朋社，1996。

山下龍二，《陽明學の研究──展開篇》，東京：現代情報社，1971。

孔慶茂，《八股文史》，南京：鳳凰出版社，2008。

尹星凡，〈羅欽順及其《困知記》〉，收入鄭曉江主編，《江右思想家研究》，北京：中國社會科學出版社，2003，頁 230-241。

方祖猷，《王畿評傳》，南京：南京大學出版社，2001。

毛禮鎂編，《江西省高安縣淨明道科儀本彙編》，臺北：新文豐出版公司，2006。

王汎森，〈日譜與明末清初思想家──以顏李學派為主的討論〉，《中央研究院歷史語言研究所集刊》，69：2（臺北，1998），頁 245-294。

王汎森，〈明代中晚期思想文化的大變動〉，未刊稿。

王汎森，〈明代後期的造偽與思想爭論──豐坊與《大學》石經〉，《新史學》，6：4（臺北，1995），頁 1-20。

王汎森，〈明末清初的人譜與省過會〉，《中央研究院歷史語言研究所集刊》，63：3（臺北，1993），頁 679-712。

王汎森，〈清代儒者的全神堂──《國史儒林傳》與道光年間顧祠祭的成立〉，《中央研究院歷史語言研究所集刊》，79：1（臺北，2008），頁 63-93。

王汎森，〈清初的講經會〉，《中央研究院歷史語言研究所集刊》，68：3（臺北，1997），頁 503-588。

王汎森，〈清初思想趨向與《劉子節要》——兼論清初蕺山學派的分裂〉，《中央研究院歷史語言研究所集刊》，68：2（臺北，1997），頁 417-448。

王昌偉，〈明末清初秦地文人在揚州的結社活動〉，收入張藝曦主編，《結社的藝術：16-18 世紀東亞世界的文人社集》，臺北：聯經出版事業公司，2020，頁 327-354。

王雪卿，〈讀書如何成為一種工夫：朱子讀書法的工夫論研究〉，《清華中文學報》，13（新竹，2015），頁 49-106。

王鴻泰，〈城市舞台——明後期南京的城市游樂與文藝社群〉，收入張藝曦主編，《結社的藝術：16-18 世紀東亞世界的文人社集》，頁 29-73。

史景遷（Jonathan D. Spence），陳恒、梅義征譯，《利瑪竇的記憶宮殿》，臺北：麥田出版公司，2007。

任繼愈主編，《中國道教史（增訂本）》，北京：中國社會科學出版社，2001。

吉川幸次郎著，鄭清茂譯，《元明詩概說》，臺北：聯經出版事業公司，2012。

吉田公平，《陸象山と王陽明》，東京：研文出版社，1990。

向　靜，〈感仁興義、樹立風聲：明代正統年間義民形象的塑造〉，《北大史學》19（北京，2014），頁 96-116。

朱　治，《元明朱子學的遞嬗：《四書五經性理大全》研究》，北京：人民出版社，2019。

朱越利，〈《靈劍子》的年代、內容及影響〉，收入賴宗賢統籌，詹石窗主編，《道韻》，臺北：中華大道事業公司，2001，第 9 輯，頁 127-148。

何宗美，《文人結社與明代文學的演進》，北京：北京人民出版社，2011。

余英時，〈從宋明儒學的發展論清代思想史〉，收入氏著，《歷史與思想》，臺北：聯經出版事業公司，1987，頁 87-119。

余英時，〈清代思想史的一個新解釋〉，收入氏著，《歷史與思想》，頁 121-156。

余英時，《中國文化與現代變遷》，臺北：三民書局，1992。

余英時，《宋明理學與政治文化》，臺北：允晨文化實業公司，2004。

余英時，《論戴震與章學誠：清代中期學術思想史的研究》，北京：生活・讀書・新知三聯書店，2005。

吳　震，《明代知識界講學活動繫年：1522-1602》，上海：學林出版社，2003。

吳　震，《陽明後學研究》，上海：上海人民出版社，2003。

吳　震，《羅汝芳評傳》，南京：南京大學出版社，2005。

呂妙芬，〈明代寧國府的陽明講會活動〉，《新史學》，12：1（臺北，2001），頁 53-114。

呂妙芬，〈明清儒學關於個體不朽、死後想像、祭祀原理之論述〉，「第四屆國際漢學會議」，臺北：中央研究院，2012 年 6 月 21-24 日。

呂妙芬，〈陽明學講會〉，《新史學》，9：2（臺北，1998），頁 45-87。

呂妙芬，〈顏子之傳：一個為陽明學爭取正統的聲音〉，《漢學研究》，15：1（臺北，1997），頁 73-92。

呂妙芬，《陽明學士人社群——歷史、思想與實踐》，臺北：中央研究院近代史研究所，2003。

李永春主編，《實用中醫辭典》，臺北：知音出版社，2011。

李玉栓，《明代文人結社考》，北京：中華書局，2013。

李宜蓁，〈入明使節的肖像：妙智院藏《策彥周良像》之研究〉，臺北：國立臺灣大學藝術史研究所碩士論文，2010。

李紀祥，〈入道之序：由「陳（淳）、黃（榦）之歧」到李滉《聖學十圖》〉，《國立中央大學文學院人文學報》，24（桃園，2001），頁 241-337。

李紀祥，《兩宋以來大學改本之研究》，臺北：臺灣學生書局，1988。

李慶龍，〈羅汝芳思想研究〉，臺北：國立臺灣大學歷史學研究所博士論文，1999。

李曉文，〈贛南客家地區許真君信仰研究〉，贛州：江西贛南師範學院碩士論文，2007。

李豐楙，〈六朝道教的末世救劫觀〉，收入沈清松主編，《末世與希望》，臺北：五南出版社，1999，頁 131-156。

李豐楙，〈六朝道教的度救觀——真君、種民與度世〉，《東方宗教研究》，5（臺北，1996），頁 137-160。

李豐楙，〈宋代水神許遜傳說之研究〉，《漢學研究》，8：1（臺北，1990），頁 363-400。

李豐楙，〈許遜的顯化與聖蹟：一個非常化祖師形象的歷史刻畫〉，收入李豐楙、廖肇亨主編，《聖傳與詩禪：中國文學與宗教論集》，臺北：中央研究院中國文哲研究所，2007，頁 367-441。

李豐楙，〈傳承與對應——六朝道經中「末世」說的提出與衍變〉，《中國文哲研究集刊》，9（臺北，1996），頁 91-130。

李豐楙，《許遜與薩守堅：鄧志謨道教小說研究》，臺北：臺灣學生書局，1997。

束景南，《朱熹佚文輯考》，南京：江蘇古籍出版社，1991。

沈俊平，《舉業津梁：明中葉以後坊刻制舉用書的生產與流通》，臺北：臺灣學生書局，2009。

周建新，〈客家民間信仰的地域分野：以許真君與三山國王為例〉，《韶關學院學報（社會科學版）》，1（廣東，2002），頁 76-82。

孟　森，〈袁了凡斬蛟記考〉，收入氏著，《明清史論著集刊續編》，臺北：南天書局，1987，頁 73-80。

林素芬，〈論歐陽修的讀書法及其作史之實踐〉，《慈濟大學人文社會科學學刊》，7（花蓮，2008），頁 124-157。

林啟屏，〈朱子讀書法與經典詮釋：一個信念分析的進路〉，《中正漢學研究》，23（嘉義，2014），頁 1-23。

林慶彰，〈晚明經學的復興運動〉，收入氏著，《明代經學研究論集》，臺北：文史哲出版社，1994，頁 79-145。

林麗月，〈科場競爭與天下之「公」：明代科舉區域配額問題的一些考察〉，《國立臺灣師範大學歷史學報》，20（臺北，1992），頁 43-73。

邱士華，〈許初竹岡阡表介述〉，《故宮文物月刊》，377（臺北，2014），頁 62-71。

長岡龍作編，《造形の場》，《講座日本美術史》，2，東京：東京大學出版會，2005。

侯美珍，《明代鄉會試《詩經》義出題研究》，臺北：臺灣學生書局，2014。

姜一涵，〈普林斯頓大學美術博物館藏王陽明三札卷〉，《明報月刊》，10：1（香港，1975），頁 58-65。

柳存仁，〈許遜與蘭公〉，收入氏著，《和風堂文集》，上海：上海古籍出版社，1991，（中），頁 714-752。

相井手誠之輔，〈頂相における像主の表象──見心來復象の場合〉，《仏教芸術》282（九州，2005），頁 13-35。

秋月觀暎，《中國近世道教の形成：淨明道の基礎的研究》，東京：創文社，1978。

科大衛著，曾憲冠譯，李子歸、陳博翼校，《明清社會和禮儀》，北京：北京師範大學出版社，2016。

胡　琦，〈宋元理學家讀書法與「唐宋八大家」的經典化〉，《中國文哲研究集刊》，52（臺北，2018），頁 1-43。

范純武，〈飛鸞、修真與辦善──鄭觀應與上海的宗教世界〉，收入巫仁恕、康豹等編，《從城市看中國的現代性》，臺北：中央研究院近代史研究所，2010，頁 247-274。

卿希泰、唐大潮，《道教史》，南京：江蘇人民出版社，2006。

卿希泰主編，《中國道教史》，臺北：中華道統出版社，1997。

徐兆安，〈英雄與神仙：十六世紀中國士人的經世功業、文辭習氣與道教經驗〉，新竹：國立清華大學歷史研究所碩士論文，2008。

徐美潔，〈屠隆淨明道信仰及其性靈詩論〉，上海：上海師範大學人文與傳播學院碩士論文，2008。

徐朔方，《屠隆年譜》，收入氏著，《晚明曲家年譜》，杭州：浙江古籍出版社，1993，第 2 卷，頁 309-394。

徐朔方，《湯顯祖年譜》，上海：上海古籍出版社，1980。

袁海燕，〈《江西新城保甲圖冊》與新城中田地方勢力〉，《華南研究資料中心通訊》，18（香港，2000），頁 20-21。

高橋進，《朱熹と王陽明──物と心と理の比較思想論》，東京：國會刊行會，1977。

張澤洪，〈淨明道在江南的傳播及其影響：以道派關係史為中心〉，《中國史研究》，3（北京，2002），頁 47-58。

張藝曦，〈史語所藏《宋儒學案》在清中葉的編纂與流傳〉，《中央研究院歷史語言研究所集刊》，80：3（臺北，2009），頁 451-505。

張藝曦，〈吉安府價值觀的轉變——以兩本府志為中心的分析〉，收入氏著，《社群、家族與王學的鄉里實踐》，臺北：國立臺灣大學出版委員會，2006，〈附錄二〉，頁 403-432。

張藝曦，〈明中晚期士人社集與思潮發展〉，收入林宛儒主編，《以文會友——雅集圖特展》，臺北：國立故宮博物院，2019，頁 250-261。

張藝曦，〈明中晚期古本《大學》與《傳習錄》的流傳及影響〉，《漢學研究》，24：1（臺北，2006），頁 235-268。

張藝曦，〈明中晚期江西詩、文社集活動的發展與動向〉，《新史學》，32：2（臺北，2020），頁 65-115。

張藝曦，〈明中晚期的思想文化風潮與士人活動〉，《中華文物學會 2019 年刊》（臺北，2019），頁 128-136。

張藝曦，〈明及清初地方小讀書人的社集活動：以江西金溪為例〉，收入張藝曦等主編，《結社的藝術：16-18 世紀東亞世界的文人社集》，頁 283-324。

張藝曦，〈明代士人的睡眠時間與睡眠觀念〉，《明代研究通訊》，5（臺北，2002），頁 35-55。

張藝曦，〈明代陽明畫像的流傳及其作用——兼及清代的發展〉，《思想史》，5，臺北：聯經出版事業公司，2016，頁 95-155。

張藝曦，〈飛昇出世的期待：明中晚期士人與龍沙讖〉，《新史學》，22：1（臺北，2011），頁 1-57。

張藝曦，〈經學、書院與家族：南宋末到明初江西吉水的學術發展〉，《新史學》，23：4（臺北，2012），頁 7-60。

張藝曦，〈詩文、制藝與經世：以李鼎為例〉，《明代研究》，25（臺北，2015），頁 83-114。

張藝曦，《社群、家族與王學的鄉里實踐：以明中晚期江西吉水、安福兩縣為例》，臺北：國立臺灣大學出版委員會，2006。

張藝曦、王昌偉、許齊雄、何淑宜主編，《結社的藝術：16-18 世紀東亞世界的文人社集》，臺北：聯經出版事業公司，2020。

曹松葉，〈宋元明清書院概況〉，《國立中山大學語言歷史學研究所週刊》，第 10 集（1929-1930）第 111 期，頁 3-31；第 112 期，頁 13-31；第 113 期，頁 3-29；第 114 期，頁 3-24；第 115 期，頁 8-21。

盛朗西，《中國書院制度》，臺北：華世出版社，1977。

章文煥，《萬壽宮》，北京：華夏出版社，2004。

郭　武，〈元代淨明道與朱陸之學關係略論〉，《宗教學研究》，2（成都，2005），頁 9-14。

郭　武，〈朱道朗與青雲派〉，《宗教學研究》，4（成都，2008），頁 6-11。

郭　武，〈宋、元淨明道與儒學關係綜論——兼談影響宗教融合的因素〉，《宗教哲學》，34（南投，2005），頁 17-34。

郭　武，《《淨明忠孝全書》研究：以宋、元社會為背景的考察》，北京：中國社會科學出版社，2005。

郭紹虞，〈明代的文人集團〉，收入氏著，《照隅室古典文學論集》，上海：上海古籍出版社，1986，頁 518-610。

野口鐵郎，〈道教的千年王　運動の萌芽〉，收入秋月觀　編，《道教と宗教文化》，東京：株式會社平河出版社，1987，頁 456-470。

陳文新、余來明編，《明代文學與科舉文化國際學術研討會論文集》，武漢：武漢大學出版社，2010。

陳立立，〈江右商與萬壽宮〉，《江西科技師範學院學報》，2（南昌，2005），頁 72-78。

陳　來，〈《朱子新學案》述評〉，收入氏著，《中國近世思想史研究》，北京：商務印書館，2003，頁 221-239。

陳　來，《中國近世思想史研究》，北京：商務印書館，2003。

陳時龍，《明代的科舉與經學》，北京：中國社會科學出版社，2018。

陳寅恪，《柳如是別傳》，北京：生活・讀書・新知三聯書店，2001。

陳榮捷，《朱學論集》，臺北：臺灣學生書局，1982。

陳寶良，《中國的社與會》，杭州：浙江人民出版社，1996。

單國強，〈肖像畫類型芻議〉，《故宮博物院院刊》，4（北京，1990），頁 11-23。

程玉瑛，〈王艮（1483-1541）與泰州學派：良知的普及化〉，《國立臺灣師範大學歷史學報》，17（臺北，1989），頁 59-136。

程玉瑛，《晚明被遺忘的思想家：羅汝芳（近溪）詩文事蹟編年》，臺北：廣文書局，1995。

華人德，〈明清肖像畫略論〉，《藝術家》，218（臺北，1993），頁 236-245。

馮玉榮，〈醫者同社與研經講學：以明末清初錢塘侶山堂為中心的討論〉，收入張藝曦主編，《結社的藝術：16-18 世紀東亞世界的文人社集》，頁 489-525。

馮玉榮，《明末清初松江士人與地方社會》，北京：中國會科學出版社，2011。

黃小石，《淨明道研究》，成都：巴蜀書社，1999。

黃明理，《儒者歸有光析論：以應舉為考察核心》，臺北：里仁書局，2009。

黃聖修，〈宗族與詩社：明末廣東詩文集社研究〉，收入張藝曦主編，《結社的藝術：16-18 世紀東亞世界的文人社集》，頁 241-281。

楊正顯，《陶望齡與晚明思想》，臺北：花木蘭出版社，2010。

楊俊峰，〈改革者的內心世界——鄭觀應的道教信仰與濟世志業〉，《臺大歷史學報》，35（臺北，2005），頁 85-126。

楊儒賓，〈《雅》、《頌》與西周儒家的「對越」精神〉，收入《中國哲學與文化》，第 11 輯，桂林：廣西師範大學出版社，2014，頁 39-67。

萱場まゆみ，〈頂相と掛真——興国寺本法燈　師像からの考察〉，《美術史研究》，33（東京，1995），頁 93-108。

廖可斌，《明代文學復古運動研究》，北京：商務印書館，2008。

廖可斌，《復古派與明代文學思潮》，臺北：文津出版社，1994。

蒙文通，《古史甄微》，成都：巴蜀書社，1999。

趙　榆，〈孫悅漢及其收藏的宣聖及七十二賢贊圖卷〉，《收藏家》，1（北京，2002），頁 49-51。

劉　勇，〈鄧元錫與《皇明書》：十六世紀晚期的明代學術思想史編撰〉，廣州：中山大學歷史學碩士論文，2005。

劉　勇，《中晚明士人的講學活動與學派建構：以李材（1529-1607）為中心的研究》，北京：商務印書館，2015。

劉海峰、張亞群編，《科舉制的終結與科舉學的興起》，武漢：華中師範大學出版社，2006。

劉海峰編，《二十世紀科舉研究論文選編》，武漢：武漢大學出版社，2009。

德永弘道，〈南宋初期の禪宗祖師像について——拙菴德光贊達磨像を中心に〉，（上），《國華》，929（東京，1971），頁 7-17；（下），930（東京，1971），頁 5-22。

潘振泰，〈明代江門心學的崛起與式微〉，《新史學》，7：2（臺北，1996），頁 1-46。

鄧愛虹，〈利瑪竇、章潢、熊明遇與南昌地區的西學東漸〉，《江西教育學院學報》，25：4（南昌，2004），頁 105-109。

鄧麗華，〈從曾鯨肖像畫看晚明文人個人形象的建立〉，臺北：國立臺灣師範大學美術研究所碩士論文，1991。

鄭振鐸，〈「聖蹟圖」跋〉，收錄於《中國古代版畫叢刊》，第 1 冊，上海：上海古籍出版社，1988，頁 390-392。

錢　明，〈王陽明的道教情結——以晚年生活為主線〉，《杭州師範學院學報（社會科學版）》，2（杭州，2004），頁 24-30。

錢　明，《王陽明及其學派論考》，北京：人民出版社，2009。

錢　穆，〈初期宋學〉，收入氏著，《中國學術思想史論叢》（三），《錢賓四先生全集》（甲編），第 20 冊，臺北：聯經出版事業公司，1994，頁 1-17。

錢　穆，《中國學術思想史論叢》（七），臺北：東大圖書公司，1979。

錢　穆，《學籥》，收入《錢賓四先生全集》（甲編），第 24 冊。

錢　穆，《講堂遺錄》（上），收入《錢賓四先生全集》（丙編），第 52 冊，臺北：聯經出版事業公司，1995。

繆詠禾，《明代出版史稿》，南京：江蘇人民出版社，2000。

謝國楨，《明清之際黨社運動考》，北京：中華書局，1982。

鍾彩鈞，〈上海復旦大學藏《整菴續稿》及其價值〉，《中國文哲研究通訊》，5：3（臺北，1995），頁 137-141。

鍾彩鈞，〈羅整菴的理氣論〉，《中國文哲研究集刊》，6（臺北，1995），頁 199-220。

鍾彩鈞，〈羅整菴的經世思想與其政治社會背景〉，《中國文哲研究集刊》，8（臺北，1996），頁 197-226。

蘇晉仁、蕭鍊子選輯，《歷代釋道人物志》，成都：巴蜀書社，1988。

龔篤清，《明代八股文史》，長沙：嶽麓書社，2015。

Chartier, Roger. translated by Lydia G. Cochrane. *The Cultural Origins of the French Revolution*. Durham, N. C.: Duke University Press, 1991.

Edwards, Mark U. Jr. *Printing, Propaganda, and Martin Luther*. Berkeley: University of California Press, 1994.

Elman. Benjamin A. *A Cultural History of Civil Examinations in Late Imperial China*. Berkeley: University of California Press, 2000.

Febvre, Lucien. and Henri-Jean Martin. translated by David Gerard. *The Coming of the Book: The Impact of Printing 1450-1800*. London: N. L. B., 1976.

Foulk, T. Griffith. and Robert H. Sharf, "On the Ritual Use of Ch'an Portraiture in Medieval China." *Cahiers d'Extrême-Asie*, 7（1993）: 149-219.

Murray, Julia K. "The Temple of Confucius and Pictorial Biographies of the Sage." *The Journal of Asian Studies*, 55:2（May 1996）: 269-300.

Shuichi Miura（三浦秀一）,"Nourishing Life and Becoming an Immortal: the Case of the Literati of the Wanli Period, Ming China." Paper presented at symposium "An International Workshop on Life, Disease and Death in Western and Eastern History of Ideas and Medicine," Needham Research Institute, Cambridge UK, 2004.

Waltner, Ann. "T'an-Yang-Tzu and Wang Shih-Chen: Visionary and Bureaucrat in the Late Ming." *Late Imperial China* 8:1（June 1987）, pp. 105-131.

Wu, Pei-yi. *The Confucian's Progress: Autobiographical Writings in Traditional China*. Princeton: Princeton University Press, 2000.

三、圖像

圖 1：無款，宋徽國朱文公遺像，臺北，國立故宮博物館藏。

圖 2：傳蔡世新，陽明先生小像，上海，上海博物館藏。

圖 3：無款，王陽明畫像，北京，中國歷史博物館（今名中國國家博物館）藏。轉錄自計文淵，《王陽明法書集》（杭州：西泠印社，1996）。

圖 4：無款，大儒王陽明先生像，上海，上海博物館藏。

圖 5：無款，王陽明像，新澤西，普林斯頓大學藝術博物館（Princeton University Art Museum）藏。

圖 6、7：取自鄒守益編，《王陽明先生圖譜》，頁 11、13。

圖 8：傳陳洪綬，陽明先生像，麻州，福格博物館（Fogg Museum）藏。

圖 9：無款，石刻陽明像，楊儒賓教授藏。

圖 10：溥心畬，王文成公像，臺北，國立故宮博物院藏。

四、其他

（傳）曾鯨，〈天泉坐月圖〉，Poly Auction 2010/01/23，拍品 674 號。

郭詡，〈文公先生像軸〉，「明郭詡繪畫作品欣賞」，https://kknews.cc/zh-tw/
　　culture/6kebo43.html（2021/08/02）

索引

二、主題詞

國家圖書館出版品預行編目（CIP）資料

歧路彷徨：明代小讀書人的選擇與困境 / 張藝曦著 .
-- 初版 . -- 新竹市：國立陽明交通大學出版社 , 2022.06

面；　公分 . -- (歷史與傳記系列)

ISBN 978-986-5470-34-0(平裝)

1.CST: 知識分子 2.CST: 明代

546.1135　　　　　　　　111007138

歷史與傳記系列

歧路彷徨：明代小讀書人的選擇與困境

作　　者：張藝曦
封面設計：柯俊仰
內頁排版：黃春香
執行編輯：陳建安

出 版 者：國立陽明交通大學出版社
發 行 人：林奇宏
社　　長：黃明居
執行主編：程惠芳
編　　輯：陳建安
行　　銷：蕭芷芃
地　　址：新竹市大學路 1001 號
讀者服務：03-5712121 #50503　（週一至週五上午 8:30 至下午 5:00）
傳　　真：03-5731764
e - m a i l：press@nycu.edu.tw
官　　網：https://press.nycu.edu.tw
FB 粉絲團：https://www.facebook.com/nycupress
製版印刷：中茂分色製版印刷事業股份有限公司
出版日期：2022 年 6 月初版一刷
定　　價：520 元
I S B N：978-986-5470-34-0
G P N：1011100601

展售門市查詢：

　陽明交通大學出版社　https://press.nycu.edu.tw
　三民書局（臺北市重慶南路一段 61 號)）
　網址：http://www.sanmin.com.tw　電話：02-23617511

或洽政府出版品集中展售門市：
　國家書店（臺北市松江路 209 號 1 樓）
　網址：http://www.govbooks.com.tw　電話：02-25180207
　五南文化廣場（臺中市西區臺灣大道二段 85 號）
　網址：http://www.wunanbooks.com.tw　電話：04-22260330

──本書通過國立陽明交通大學出版社學術審查──